经济学分析的基本框架

——经济学理论及其方法中阶选讲

乔 翔 编著

中国矿业大学出版社
·徐州·

内 容 简 介

本书遵循“以分析方法为主轴编排知识内容继而阐释分析方法”(而非“以阐释知识内容为线索折射分析方法”)的基本思路，着力说明四大经典且具基础意义的分析框架在经济学分析中的表现形式和运用艺术。书中内容涵盖当代西方经济学和马克思主义政治经济学的若干重要专题，具体分作五章。第一章简单说明经济学中分析框架的概念、形式、地位、由来、验证与学习问题。第二章阐释理性人框架在消费决策、生产经营决策、经济周期和经济增长问题中的表现形式和应用特点。第三章阐释供求均衡框架在局部均衡、一般均衡和宏观经济均衡问题中的表现形式和应用特点。第四章阐释博弈论框架在完全信息静态及动态博弈、不完全信息静态及动态博弈中的表现形式和应用特点。第五章阐释唯物辩证法框架的基本含义、表现形式与应用特点。

本书可作为财经管理类各专业高年级本科生以及工商管理类各专业硕士生学习相关经济学课程的教材或参考用书，也可作为对经济学有兴趣且具有高中及以上数学基础的各类读者了解、学习、研究、反思、运用经济学思维及其分析方法的参考读物。

图书在版编目(CIP)数据

经济学分析的基本框架 ：经济学理论及其方法中阶选讲 / 乔翔编著. — 徐州 ：中国矿业大学出版社，2022.11

ISBN 978 - 7 - 5646 - 5617 - 1

Ⅰ. ①经… Ⅱ. ①乔… Ⅲ. ①经济分析 Ⅳ. ①F224.12

中国版本图书馆 CIP 数据核字(2022)第 211361 号

书　　名　经济学分析的基本框架——经济学理论及其方法中阶选讲
编　　著　乔　翔
责任编辑　史凤萍
出版发行　中国矿业大学出版社有限责任公司
(江苏省徐州市解放南路　邮编 221008)
营销热线　(0516)83885370　83884103
出版服务　(0516)83995789　83884920
网　　址　http://www.cumtp.com　**E-mail**:cumtpvip@cumtp.com
印　　刷　徐州中矿大印发科技有限公司
开　　本　787 mm×1092 mm　1/16　**印张** 13.5　**字数** 345 千字
版次印次　2022 年 11 月第 1 版　2022 年 11 月第 1 次印刷
定　　价　52.00 元

前　言

在经济学分析中，“分析框架”可大致理解为在具体经济问题分析时所采用的视角、出发点或参照系。比如，面对商品价格决定问题，有西方经济学背景的人会立即想到供求均衡、继而从供给和需求以及两者的均衡等方面分析市场价格决定问题，有马克思主义政治经济学背景的人会立即想到价值规律、继而从价格背后的价值本原及其表现形式与具体结构等方面分析市场价格的决定问题。这里，供求均衡和价值规律就是两种分析框架，它们针对商品价格决定问题提供了不同的视角（从供求角度看问题还是从价值规律角度看问题）、出发点（从供求出发还是从价值出发）和参照系（以供求均衡为参照还是以价值规律为参照），有力体现了经济学的思维直觉和分析方法。

本书从当代西方经济学研究和马克思主义政治经济学研究的“工具库”中“优选”了四个较具基础意义且不乏经典性质的分析框架，即理性人框架（或称作“理性选择”框架）、供求均衡框架（或称为“供求论框架”）、博弈论框架和唯物辩证法框架（或称为“辩证法框架”）。其中，理性人框架、供求均衡框架和博弈论框架源自当代西方经济学研究，唯物辩证法框架源自马克思主义政治经济学研究。

简单来看，理性人框架扼要刻画了行为个体的决策机制及其经济后果，供求均衡框架扼要刻画了供给、需求及其均衡机制对市场价格、社会价格体系乃至资源配置的影响，博弈论框架扼要刻画了个体策略或行为之间的互动机制及其经济后果，唯物辩证法框架扼要刻画了经济事物的联系发展特性及其基本机制。

反言之，如果您想探究那些最终可被归结为行为个体的决策机制及其经济后果的问题，那么原则上您可首先考虑理性人框架；如果您想探究那些最终可被归结为供给、需求及其均衡机制对市场价格、社会价格体系乃至资源配置影响的问题，那么原则上您可首先考虑供求均衡框架；如果您想探究那些最终可被归结为个体策略或行为之间的互动机制及其经济后果的问题，那么原则上您可首先考虑博弈论框架；如果您想探究那些最终可被归结为经济事物（包括经济行为人）的联系发展特性及其基本机制的问题，那么原则上您可首先考虑唯物辩证法框架。

当然，这四个框架并非等量齐观。仅从经济学分析角度看，理性人框架是供求均衡框架和博弈论框架的基础，因供求论框架中的供给与需求分别来自生产者和消费者的理性选择，博弈论框架中的策略或行为选择多数情况下也总是立足于所有局中人的理性选择；就此而论，如果说理性人框架是一种“基础框架”，那么，供求论框架和博弈论框架可谓立足于这个基础框架之上的“衍生框架”。与前三个框架不同的是，唯物辩证法框架并不考虑理性不理性的问题，也不是前三个框架的加总。简单说来，它直接立足于经济事物联系发展的辩证规律，强调现实、动态且立体地审视个人决策问题和社会经济问题，如此有助于消除前三个框架“深入性有余”但“片面性同样突出”的痼疾；同样，它本身既包括较具普适意义的系列基础框架，也包括较具针对意义的一些衍生框架。

本书使用了不少数学公式。对此，深望读者不必望而生畏或太过介意。经济学说到底是一门关乎经济利益及其算计的学问。实际上，本书所使用的数学工具仅涉及当代经济学分析中最为常见的那些数学工具。它们主要是微积分及其基本运算技巧（国内高中阶段如今多数已经触及），仅极个别处触及线性代数、概率统计、动态最优化、实变函数。所以，读者只要拥有必要的耐心，即便仅具备国内现有的高中数学基础应该也能理解全书至少半数内容。当然，读者若有问道情怀，且对上述数学工具抱有足够的耐心，即便此前未曾接受过系统的经济学专业教育，相信本书部分内容也可提供某些国内经济学硕士生水准的启发（这也正是本书副标题冠名以“中阶”的因由之一）。

本书可作为高校有关专业经济学课程（如经济学概论、政治经济学、微观经济学、宏观经济学、中级西方经济学、经济学方法论、经济哲学等）的参考教材，或作为具有高中及以上数学基础的各类读者了解、学习、研究、反思、运用经济学思维及其分析方法的参考读物。若有教师考虑以本书作为授课所用教材，可根据自身学时安排、听众基础、教学目标及教学手段选择等条件确定具体的讲授与讨论内容（本书各节内容之间大体相对独立，因而也便于随机取舍），未必全部讲授、亦未必完全拘泥于本书内容，直接由本书四大框架入手重构自己的讲授（或分析）体系也未尝不可。但无论如何，笔者建议，唯物辩证法框架相关内容不宜完全舍弃，因其思想观点与逻辑方法本质上有别于前三个框架，在某种程度上对于统合前三个框架以及对于读者全面理解现实经济政策、尤其是从事与财经管理相关的实际工作可能更具启发意义。

相对于读者的创造性使用而言，本书不过是登山之杖、引玉之砖。囿于水平，个中定然存在不少疏漏和错误，在此敬希读者批评指正（可发邮件至 qxdalian@126.com）。另外，读者若对本书有更好的改进建议，亦可拨冗赐教，谢谢。

乔　翔

2022 年 7 月 30 日

目　录

第一章　导　论

爱看武打片的观众往往对武林高手的搏击技能赞叹不已。其实，大家对武术稍加了解就会明白，严格的武术训练格外注重基本功和功夫架（俗称“招式”）等的程式化训练。在此之后，师父们一般才会教演套路、组织对练。其中，基本功往往涉及手、掌、拳、腿、步、足等的单项训练，功夫架则是立足单项训练所作的组合训练。

与武术训练和实战类似，财经类专业的学习和研究同样需要具备一定的基本功训练，需要经受一定规格的功夫架训练，需要面对现实具体问题灵活运用甚至拓展程式化训练内容。其中，“基本功训练”涉及逻辑、历史、数学、语言等基础科目的训练，关乎经济学分析所需的最具基础意义的技能要求：分析经济问题不能不讲逻辑、不能缺乏历史根据、不能回避数量关系、不能离开语言表述。而“功夫架训练”则立足于逻辑、历史、数学和语言等的基础技能，着力突出财经工作者面对一般经济问题时所应具备的分析直觉与经典套路。

比如，遇到价格问题，经过“功夫架训练”的财经工作者眼前就会瞬间浮现出供求定理以及与市场结构有关的知识内容和分析要点；面对经济效益难以测度的财政支出项目选择，经过“功夫架训练”的财经工作者眼前就会立即闪现出与成本有效性相关的知识内容和分析要点。不难想见，这些“功夫架训练”的基本内容源自一代代经济学者的不懈探索，是经济学者们在长期的理论反思与应用研究中不断沉淀、积累而成的知识财富，从不同侧面或在不同程度上揭示了经济运动的基本规律。

在财经学习与研究领域，“功夫架训练”的基本内容即所谓“分析框架”（the framework 或 the analytical framework）。它在财经类专业的学习过程中往往起着承前启后的作用，一定意义上构成财经教育体系的核心内容。从某种角度看，政治经济学、微观经济学、宏观经济学等理论经济学科目致力于逐步建构分析框架，而公共经济学、货币金融学、国际经济学（一般含国际贸易学、国际金融学、国际投资学等）则在相当程度上致力于运用这些分析框架，继而揭示诸如财政、税收、金融、国际经济与合作等的较为经典的现实问题的深层规律。如此学成之后，喜好理论探索者可能对分析框架做些反思、加以推广继而展开实证检验，偏好现实应用者却可能将分析框架的由来或推理过程忘得一干二净，但对分析框架所涵盖的某些要点及其基本关联却可能终生难忘，因为后者在相当程度上已经融入了他的思维定式。

鉴于财经领域的研究门类较为宽广、分析框架复杂多样，而其中的经济学分析框架相对更具基础与普适意义，本书将主要阐释经济学中若干较具经典意义的分析框架。考虑到部分读者可能仍对分析框架问题存在疑惑，本章将对分析框架的概念、形式、由来和学习等基本问题做些说明。

一、分析框架的概念

简言之，分析框架就是指分析具体经济问题时所采用的基本框架。它是由一系列较具普适意义的主要变量（或分析要素）及其关系所组成的、具有一定抽象性质进而能在一些具体经济问题分析时提供视角、出发点或参照系的逻辑关系系统。

比如，针对某地旧房租金及其变动问题，经济学养厚重的读者会下意识地考虑从供和求两个角度展开分析。这是因为，微观经济学中的供给曲线和需求曲线为分析一般商品的价格及其波动问题提供了基本的参照系，而旧房租金无疑是个价格现象。据此，读者基于供给函数和需求函数的一般定义和基本结构，结合当地旧房出租供求的实际特点，建立当地旧房出租的供给函数与需求函数，进而得出相应的供给曲线和需求曲线，继而根据影响旧房出租供求因素的可能变动，推断旧房出租供求曲线的可能移动以及旧房租金的水平及其波动趋势。这种从供求角度反映一般商品的价格及其决定机制的框架即供求框架。

不难理解，供求框架在一定程度上揭示了商品价格及其波动的经验规律，在分析商品的价格及其波动方面具有相当的普适性。它不仅可用于分析旧房租金及其波动问题，还可拓展用于分析衣服、食品、机械设备、劳动力等诸多商品的价格及其波动问题。这意味着，在具体应用供求框架时，我们还需要充分考虑具体商品相对特殊的时空环境，以期反映同类商品在不同地区和不同历史阶段之间的差异。毕竟，就大连的旧房出租市场与加格达奇的旧房出租市场而言，两者既有共性又各有其个性；供求框架只是在租金分析时提供了较具基础意义或一般性质的逻辑结构，可在相当意义上反映影响两个市场租金水平的共性因素，而两个市场独有的个性因素是否还会从供给端和需求端产生影响仍然是需要深究的。这也说明，采用分析框架虽非一劳永逸，但至少可以让我们节约一些精力。

二、分析框架的形式

分析框架可以是一种数理方程系统，也可以是一种事理关系系统，还可以是一则经典案例或启发性故事。换言之，分析框架有多种表现形式，如数理形式、事理形式和事例形式。

数理形式的分析框架较为常见，它是指采用数学公式、几何图形等数学手段表述的分析框架，亦即数理模型。在微观经济学、宏观经济学乃至国际经济学等课程的学习过程中，我们接触最多的就是数理形式的分析框架，如理性人框架、*D*-*S* 框架（即需求-供给框架）、*S*-*C*-*P* 框架（即“结构-行为-绩效”框架）、*IS*-*LM*-*BP* 框架（表征商品市场、货币市场和对外市场同时均衡的框架）、*AD*-*AS* 框架（即“总需求-总供给”框架）、博弈论框架。这些框架可能体现为几何图形，如需求和供给曲线的“剪刀”式交叉可集中表征 *D*-*S* 框架；也可能体现为一系列代数方程，如 *AD*-*AS* 框架虽然整体看来仅仅立足于总需求函数和总供给函数以及两者相等的条件，但这些函数实质上涵盖消费函数、投资函数、进口函数、货币需求函数、货币供给函数、劳动需求函数、劳动供给函数、总量生产函数等一系列内容。由于分析框架相对直观，所选变量较为经典，故而，数理形式的分析框架往往构成计量经济建模乃至惯常思考的重要基础。也因此，这些框架构成本书阐述的重点。

事理形式的分析框架即用概念及其间的一般关系所表示的分析框架，亦即事理模型、概念模型或概念框架，它往往依托于一定的理论基础或方法论基础。不少读者在过去或许已经接触了不少哲学和系统科学的分析方法，后者就蕴含大量的事理形式的分析框架。比如，对于任何一个相对独立的事物（包括相对独立的某种经济学现象），当我们试图从边界、组分、层次、结构和功能等角度分析该事物的基本内容时，我们就是在使用基于系统科学方法和视角的事理模型或概念框架。又如，对于资源配置、生产关系、经营理念问题，当我们从"生产力—生产关系—上层建筑"的联系中展开分析时，我们就是在运用基于唯物史观的事理模型或概念框架。不仅如此，通常为分析直观起见，同时也为便于清晰把握分析变量与分析线索，我们还可将事理形式的分析框架以逻辑框图的方式描绘出来。比如，针对国际海洋经济基本关系与文化心理结构之间的互动关系，我们可基于唯物史观绘制逻辑框图，进而以逻辑框图为逻辑指引展开分析（见图 1-1）。当然，出于简化或方便记忆考虑，逻辑框图中的文字有时也可用字母、符号或图形代替。

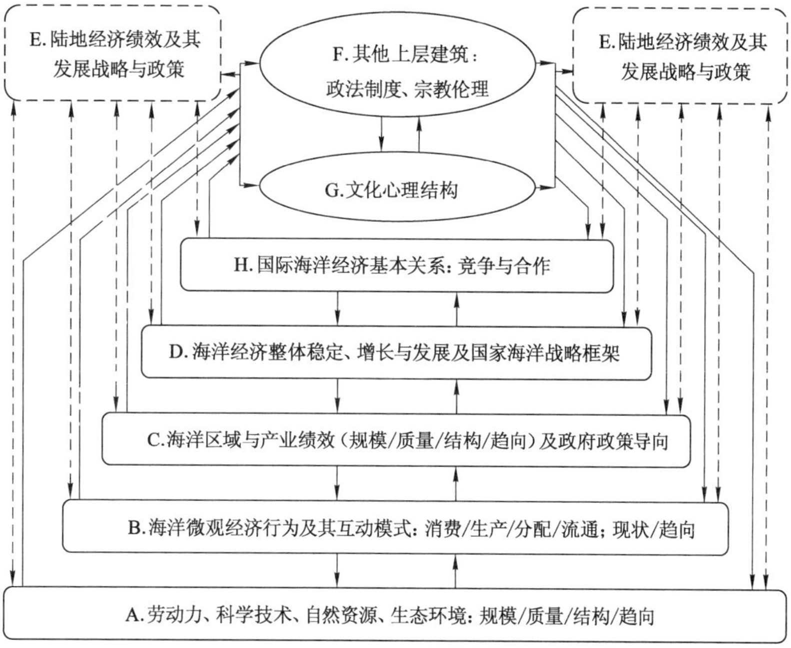

图中实线表示"作用"，虚线表示"影响"，箭头方向表示作用或影响方向

图 1-1　国际海洋经济基本关系与文化心理结构之互动关系基本模式图

事例形式的分析框架，即以经典案例（或经典故事）内含的分析要素及其逻辑关系而形成的分析框架。我们不妨将其称作案例模型。比如，当代西方新制度主义经济学代表人物罗纳德·科斯在其经典论文《社会成本问题》中，就采用农夫和养牛者之间关于损害责任定价的经典案例，从中引出用于产权与外部性问题分析的要素及其关系，实质上为阐释产权与外部性问题提出一个较具经典意义的交易费用分析框架。在此基础上，他又在"斯特奇斯诉布里奇曼"案、"库克诉福布斯"案、"布赖恩特诉勒菲索"案和"巴斯诉格雷戈里"案等四个案例中验证了交易费用分析框架，从中不仅运用并深化了该框架，更重要的是证实了该框架及其理论假说在现实中的存在性。由此，社会成本分析框架及其理论假说就不仅仅是一种猜测，还是一种具有现实质感的、在一定程度上可视作"规律"加以运用的理论。

其实,数理模型也好,事理模型或案例模型也罢,其中都蕴含较具一般意义的分析要素及逻辑关系。不仅如此,对特定的分析框架而言,当其事理模型和案例模型完全可量化时,其数理模型、事理模型和案例模型实则等价,其间可以互相推演。就此,接触过政治经济学、微观经济学和宏观经济学的读者,也不妨针对某个经济学理论,分别采用数理方程、事理模式和经典故事等方式做出描述,从中发掘最适合自己理解的方式。

无论是马克思主义经济学,还是当代西方经济学(即所谓"现代经济学"),都有一些相对特定的分析框架。后者并非空穴来风,它根源于人们对现实生活的直观感受或对实践与历史的深刻体察,在一定程度上反映了人们对经济规律的认识。考虑到当代西方经济学相对直观且其理论建构过程深受西方科学主义哲学的影响,在某种意义上也影响着当代中国特色社会主义经济理论的建设与发展进程,接下来我们将主要对当代西方经济学中的分析框架做些考察,相信这对进一步发展马克思主义政治经济学及其分析框架亦不无借鉴意义。

三、分析框架的地位

如前所述,分析框架在财经学习与研究中具有承前启后的地位。如果我们将其置于当代西方经济理论甚至政策研究的基本程式下做些考察,这种枢纽地位可能表现得更为明显。

应该说,当代西方经济学在其理论的建构过程中逐步形成了一种相对统一且极具规范效力的研究流程,后者大体体现为"文献综述—分析框架—实证检验—结论对策"等四个环节。我们不妨将其称作当代西方财经研究的"基本程式"①。目前,它不仅盛行于西方经济学界,在我国经济学界也大行其道。它不仅在相当意义上刻画了具体的研究过程及方法,还直接决定了与该过程相应的学术论文的主体架构与撰写思路。

第一步即文献综述。在此阶段,研究者通过对预选问题所有可能相关的文献成果展开综合且扼要的叙述与评价,从中确立自己的选题导向、彰显自己选题的创新价值。其中"文献"主要指与预选问题相关的经典教材、权威专著、重要论文、公开报告等;"成果"主要指与预选问题相关的、由之前相关研究者在其文献中所提出的思想、观点、方法甚至关键数据。在对既往文献成果予以梳理且述评的过程中,研究者可逐步发掘自己的预选问题同既往文献成果之间的异同,通过比较与归纳,在把握既往文献的漏点、盲点甚至误点的基础上,根据自己的研究能力与偏好,出于创新考虑,将自己原本模糊的预选问题聚焦、转换为最终的研究选题或论文选题。可见,文献综述绝非简单的文献罗列或观点陈述,它实质上是一种对研

① 应该指出,这种程式不同于马克思经济学的建构模式。按照马佩先生的说法(见马佩:《辩证逻辑》,河南大学出版社2006年版,第252、255～265页),马克思经济学的建构模式大体有两种思路:其一,"由抽象上升到具体"模式,《资本论》整体理论建构即采取该模式;其二,"逻辑和历史相统一"模式,如《资本论》关于价值形式发展规律的论述即采取该模式。两种模式实际上相互渗透、密切交融,与其说是"两种模式"不如说是"两重模式"。单就"由抽象上升到具体"模式而论,其中的纯粹推导过程(即"抽象"阶段)似乎对应当代西方财经研究基本程式中的"分析框架"环节。实则不然:"抽象"部分的结论相对于最终的结论(即存在于"具体"部分的结论)仅是中间节点,因而仅对其展开实证讨论无疑具有片面或静态意义;况且,马克思的抽象是基于历史事实的、具有社会浓缩意义的科学抽象,有别于西方经济学微观基础构建中的、为简化而简化假设意义上的"抽象"。不仅如此,"由抽象上升到具体"的过程还有别于当代西方财经研究基本程式中"分析框架"和"实证讨论"等两个环节的总和:后者在两个环节之间存在证伪关系(实证讨论旨在证伪分析框架及其假说);"由抽象上升到具体"则意味着现实或历史合乎逻辑地得到再现,意味着"分析框架"及其不断丰富且深入的结论(实则逻辑推演及深化)更加逼近以至最终复活"实证依据"(即现实或历史)。

究选题的发掘、辨别及创新性质的论证过程。这也意味着，在经济理论甚至政策研究过程中，研究（或论文）选题的确立过程在相当程度上等价于文献综述的完成过程。

比如，某位读者（假设路人甲）对大连城区的出租房市场价格感兴趣，他考虑将其作为一项课题加以研究。此时“大连城区出租房市场价格”对他而言就是个预选问题，因为他最终还需要判断这个问题是否值得研究，或者有没有加以改进再做研究的必要。为此，他登录了一些权威网站，在检索栏中输入“大连”“出租房”“价格”等关键词，由此阅读甚至下载了不少关于大连城区出租房市场的研究报告。同时，他也在当地图书馆里查阅了数十本关于出租房（包括但不限于大连城区出租房）价格问题的专著、教材，以及上百篇期刊论文和研究报告。

这些参考的、下载的、借阅的甚至购买的电子或纸质材料无疑构成了他研究“大连城区出租房市场价格”问题的文献。在通读这些文献时，通过梳理、归纳、比较，同时也运用他自己的批判精神，他在不断感知“大连城区出租房市场价格”的文献及其成果的丰富性。然而，某一天他猛然意识到：这些研究成果均不同程度忽视了“大连城区出租房市场价格”问题中的市场结构因素。由此，他对“大连城区出租房市场价格中的市场结构因素”相关的文献及其成果再做系统梳理，之后发现相关研究的确是个盲点，他无疑可将预选问题“大连城区出租房市场价格”转换为“市场结构因素对大连城区出租房市场价格的影响”。容易看出，如此变更之后，课题名称更为细致且准确，自然内容也具体多了。

第二步即分析框架。在此阶段，研究者针对上述文献综述所确立的选题，基于自己的批判性反思以及自己对现实经济社会的体察，对之前相关研究的文献成果做出继承与批判，通过增减变量、对既有分析框架予以微调或改造甚至予以重新创设等方式，深入解析选题背后可能较具规律探索意义的关键因素及其可能关系，进而做出推断并提出假说。这种包含有关键因素及其可能关系、同时又具有一定规律色彩的假说，即我们本书的主要话题——分析框架。不过请注意，此时的分析框架还仅仅是个假说，它只是我们综合理论观点经逻辑推理的产物。它的要素及其关系网络是否真的在现实生活中存在过，它的推论或假说是否具有现实的质感，此时还未得到证实或证伪。

相应地，那位路人甲确定将其研究课题定为“市场结构因素对大连城区出租房市场价格的影响”之后，他将如何考量“市场结构因素”及其对“大连城区出租房市场价格的影响”呢？可以想见，他将综合既有研究成果，同时根据自己的观察和分析，系统考虑市场结构因素的测度、市场结构因素背后的决定因素、市场结构因素对大连城区出租房市场价格的影响机制与效果测度，为此他可能在既有的“S-C-P”框架和博弈论之间进行取舍或整合（因为这两个框架在分析市场结构问题时较常用到），进而建立逻辑关系网络，且从中对因素之间的关系做出推断，形成假说。由此，他在实现破题之时，也形成了他研究“市场结构因素对大连城区出租房市场价格的影响”的初步分析框架。显然，此时的分析框架还仅仅是基于既有理论知识且经逻辑推理而来的，它不过是假说或推断，未必与事实相吻合。

第三步即实证检验。在此阶段，研究者须用实际发生的案例或数据对第二步涉及的变量予以测度，对其中的假说或其分析框架予以检验。如果现有实际发生的数据或案例不能在统计学和计量经济学意义上明确否定前述假说或其分析框架，那么，前述假说或其分析框架就是具有现实基础或现实质感的，因而至少在暂时意义上可视作经验规律。否则，前述假说或其分析框架就是错误的，因而需要抛弃；此时，若坚持在既定选题下进行研究，就须从第二步重新开始探索，否则就须彻底更换选题并从第一步重新开始。

此时，路人甲也在紧锣密鼓地忙碌着。他登录各类网站，拼命搜集与其第二步研究所提出的各类变量及其框架相关的各种数据及案例材料。他运用案例比对、统计分析或计量经济分析的方式，量化了他在第二步研究中涉及的相关指标，继而发现既有的数据及其统计或计量经济分析并不能有力否定他在第二步研究中所导出的假说。因而，他在第二步研究中所确定的假说及其分析框架在现实中都是存在的，他至少也暂时触摸到了市场结构因素对大连城区出租房市场价格影响的经验规律。

第四步即结论对策。在此阶段，研究者在明确肯定前述分析框架及其经验规律性质的基础上，根据政策操作的内在需求或目标导向，依托分析框架及其背后的规律性质，提出有效实施政策操作目标的对策建议。

与之相应，路人甲同样马不停蹄。他可能觉得大连市当前正在全力发展经济，可能会导致劳动力供求的同步推升，而出租房市场价格对于劳动力而言更大意义上是成本因素。为此，他本着降低大连城区出租房价格的目的，依据他在第三步所探究的经验规律，从市场结构结构角度提出了较具操作意义的政策建议。

不难发现，分析框架在经济理论甚至政策研究基本程式中扮演着重要角色。在某种程度上，文献综述由其而生，实证检验因其而作，结论对策因其而成。从某种意义上说，经济理论甚至政策研究的基本程式，正是分析框架萌芽、成形、壮大乃至功能显现的过程。

四、分析框架的由来

整体来看，当代西方经济学中的分析框架大都植根于一定的公理化假设，基于一定的推理，经过逐步建构而形成。这种公理化假设反映了学者们对于经济社会具体问题的基本立场和主要共识，同学者们的直观感受、价值倾向或所持有的意识形态不无联系。

学过微观经济学的读者都知道，理性人假设在具体应用时涉及效用函数和预算集合两大要件。其中，效用函数立足于消费集和偏好关系，对此当代西方经济学者均做了严格的公理化假设，在此前提下一个分析性能相对优良的效用函数才得以出现在我们面前。同样，关于预算集合，西方经济学者也做了一些诸如非空性、连续性、凸性等公理化假设，由此保证了一个分析性能优良的预算集或预算线（可视作预算集的退化形态）能够存在。

单纯从逻辑（实则形式逻辑）推理角度看，基于公理化假设的理论建构模式的确很严谨，毕竟推理链条环环相扣。这在相当意义上也体现了分析框架内在的精巧性与技术性。然而，若将这个由公理化假设开始的步步推理过程投放到社会经济现实及其动态过程，将二者相观照，分析框架的内在缺憾近乎一目了然。

首先，经济学中的公理化假设往往脱离社会现实，容易借机掩盖假设的提出者在意识形态问题上的倾向性。对此，我们不妨以消费集（即由各个商品的可能消费量的组合而构成的集合）为例做些说明。

我们知道，关于消费集，西方经济学者一般赋予其非空性（要求消费集存在）、连续性（要求消费物品无限可分）和凸性（要求各消费组合之间可自由搭配或任意组合）等的公理化假设。单从抽象推理或形式逻辑角度看，这些公理化在假设上都是可能的、允许的，毕竟即便从一种想象或幻觉展开推理也无可厚非。

然而，从现实生活角度看，这些公理化假设就大有问题。姑且不论各社会阶层消费集的实质性差别，即便是消费集的连续性和凸性假设也值得反思，远非如同研究者假设起来那般自由任性。诚然，在数学意义上，我们可强调各个消费物品所采用的计量单位无穷大（如面包消费量以十亿个为一个计量单位），如此近似理解消费集的连续性①也未尝不可。但请注意，经济学家毕竟不是数学家②，他没有理由漠视最为明显的经济现实：食用面包的消费者要么选择食用一块正常大小的面包，要么干脆不选择，而不是去选择一个重量不足 0.1 毫克的面包屑③。因为在现实意义上，重量不足 0.1 毫克的面包屑对任何一个消费者几乎毫无意义，因而也就没有存在的价值。这同样适用于基于连续性的凸性假设。这样一来，以如此无穷小计量单位为基准的所有分析结论对现实决策的意义将大打折扣。此外，人们所能想象到的属于自己的消费集，实质上还要受到人们的收入水平、社会地位和消费心理等因素的影响。这些因素既同社会生产力的发展水平有关，也同人们在经济关系中所处的地位及人们的思想道德观念有关，且随着时代的发展不断变化。因此，一个确定的且具有学理抽象或普适意义的消费集，尽管在数学上或形式逻辑上成立，但在现实意义上很难存在。

其次，即便公理化假设完全紧扣现实生活的主要结构及其特征，基于形式逻辑的推理过程也并不等价于社会经济的实际运行过程。换言之，社会经济的实际运行过程未必遵循形式逻辑推理的思路而展开。

社会经济的实际运行时刻不停。不仅如此，由于社会经济总是联系发展的，在其运行重新开启的每一刻，往往又会融入或凸显更多的影响因素，同时，原有的影响因素及其结构关系实际上也总在发生着量变甚至质变。这不同于纯粹基于形式逻辑推理而产生的“规律”，后者的每一步都是按照既定的“轨道”运行的，而前者在事实上可能时刻遭受外在的“扰动”甚或“撞击”，以致“变轨”甚至出现“反转”。

学过微观经济学的读者或许都能体会到，由一系列从严格假设出发而导出的竞争性市场经济均衡，在形式逻辑（或数理逻辑）推理意义上无可挑剔甚至令人叹为观止。个中断言的自由竞争与价格机制对于经济社会资源有效配置乃至社会福利增进的意义也是深刻的，也由此提醒人们在面对经济资源配置、社会经济运行乃至社会公众福利问题时，需要高度重视自由竞争与价格机制的作用。然而，面对现实经济问题及其改革，若将自由竞争与价格机制视作无所不破的金规铁律，不假思索地直接在经济体制改革中完全照搬自由竞争与价格机制教条④，最终导致的往往就是衰退、动荡、垄断甚至无序。所以，我们不能将形式逻辑（或数理逻辑）直接等同于现实逻辑，相应地，也不能将理论逻辑简单地等同于实践逻辑。

五、分析框架的验证

当代西方经济学直接基于分析框架而衍生的理论推断能否真正预测且反映经济现实？

---

① 比如，将面包的消费单位设定为 10 亿（甚至更大），那么，一个面包的消费量近似无穷小，由此达成消费集的连续性与可分性。

② 迄今为止，经济学家对于数学似乎并无实质性建树。尤其是在纯粹数学领域，我们几乎看不到某位经济学家的名号。就经济学家所使用的数学工具本身而言，其开创者往往并非经济学家（包括计量经济学家）。我们或许可以举出欧几里得、牛顿、莱布尼茨，甚至可能记得黎曼、勒贝格、巴拿赫、希尔伯特、伽罗瓦，但他们无一算作经济学家。

③ 当然，消费者若是食品检验员或具有食品检验员的深厚素养须另当别论。

④ 此即所谓的经济改革中的“休克疗法”。“休克”即英文单词 shock（意为“冲击”）的音译。

后续衍生的政策主张能否真正尊重经济规律？这些都值得存疑[①]，需要做出检验。然而，检验环节所秉持的逻辑依据却又存在根深蒂固的缺憾。

当代西方经济学研究的基本程式表明，在基于公理化假设之后，研究者一般会设定方程（或变量）且做出推断，继而形成一些推论或提出一些假说，然后将那些一时间尚未被现有数据证伪的推论或假说视作经验规律，进而以其为参照、考虑到有关政策目标而提出相应的对策建议。也就是说，抽象逻辑推理和基于既有数据针对推理结论展开的证伪构成了当代西方经济学理论建构的两大关键环节。然而，后者真的足以保证未经证伪的推论能够充分反映现实意义上的经济规律甚至和现实意义上的经济规律画等号吗？

假设从A能推出B、从B能推出C，那么，从A就可以推出C。这在形式逻辑上没有问题，在可控或可重复性试验中，“A→B→C”之间的推理链条往往也容易得到保证。换句话说，基于形式逻辑的抽象逻辑推理在可控或可重复情形下完全合理。但在现实经济生活中，由于时刻存在着其他因素的渗透，无论“A→B”还是“B→C”，其间的作用机制或演替过程都将经受扰动以致出现变异，而A、B、C事实上也可能同时处于波动甚至“型塑”状态（即便其内核或实质尚未发生改变）。也就是说，这些经过公理化假设及推理所产生的分析结论仅仅具有局部且暂刻的性质：相对于难以控制或难以重复的现实经济运动，这些抽象逻辑推论只是在局部或静态意义上成立，因其同复杂变动且往往不可复制的经济现实相去甚远。

即便忽略抽象逻辑推理同现实经济运动之间的本质区别，那么，是否一时间尚未被现有数据证伪的逻辑推论就可被视作经济规律？如果我们崇尚既得数据（而不是涵盖未来所有可能的数据）、坚信逻辑推论仅能被证伪（而不能被证实），那么，这种没有被现有数据证伪的逻辑推论至少可在暂时意义上能被视作较具可信性质的经济规律——因为一时间我们还找不到具有否定效力的数据，所以我们就不能够断定逻辑推论存在谬误，也因此这种未被否定的逻辑推论就是值得肯定的。

显然，这里的“跳跃”不无缺漏：“未被否定”难道果真等同于“肯定”？比如，我们看到了10万只长着白色羽毛的天鹅，但没有发现1例长着黑色羽毛的天鹅，就此我们固然可以否定“天鹅的羽毛一定是黑色的”，但能否由此稀里糊涂地断言“天鹅的羽毛一定都是白色的”？显然不能！在此，我们所看到的10万只长着白色羽毛的天鹅仅仅意味着“迄今为止我们所看到的10万只天鹅都长着白色的羽毛”，这同“所有天鹅的羽毛都是白色的”或者“天鹅的羽毛可能是白色的、黑色的或者是灰色的”本质上是两码事：你发现了什么固然有助于你对某个推论形成直观感知，但后者本身终究不是客观事物本身，更不能简单地直接等同于对客观事物本身的判断（尤其是针对客观事物的全称式判断），除非你在判断前穷尽该判断相关的

① 当代西方主流经济学界（以及当今国内经济学界绝大多数研究者）强调实证验证，以期从中判断所得出的理论观点（实则理论假说）能否被现有数据及其分析方法证伪。若被证伪则需要放弃理论假说，否则可暂时接受。这种实证方式一般基于过去的数据资料（因而可视作关于过去的局部历史）对理论假说展开验证，研究方式明显借鉴自然科学与工程技术科学的可控实验研究方式，指导思想则基于西方科学哲学中的证伪主义。实际上，社会经济现象的抽象不同于自然科学和工程技术实验的设定。虽然两者均力求把握经济事物的基本关系或关键联系（往往体现为主要变量之间的关系），以便从中揭示基本规律，进而服务于实践，但前者的研究对象在现实意义上总是发展的、事后往往也难以完全重复，因而其研究方法客观上应当具备动态的演进性质、彰显辩证法的气度。而后者的研究对象在现实意义上却是可以重复的，其研究方法未必一定需要具备动态演进性质甚或辩证法的气度，它只需揭示且验证研究对象内在的规律、以便在现实意义上重现甚至再造研究对象。

全部客观事实[①]。

在现实生活中，经过现有数据证伪“过滤”的、未被否定的逻辑推论仅仅在暂刻且局部意义上成立。或许，在全局或整体意义上，只有当源自历史、现在和未来的全部证据都不能否定逻辑推论时，“未被否定”与“肯定”方可等价。但那时，证实与证伪还有什么实质性区别？

进一步说，一旦我们有充分的理由认为完全可能存在与既有结论相反的证据，即便尚无直接对应的数据记录[②]、目前未被现实地发掘或呈现出来，此时对逻辑推论保持一份质疑或批判也是必要的。这正如，尽管有 100 个观察结果表明“鸡生蛋”，但生活经验或者进一步的历史材料让我们实在难以否定“蛋生鸡”。实际上，同上述天鹅羽毛的判断问题类似，更重要的问题或许在于：鸡生蛋、蛋生鸡、天鹅羽毛呈现不同颜色的前提条件和内在机理各是什么？可见，姑且不论模型风险或在抽象推论证伪时存在的小概率问题，同抽象逻辑推理的过程相类似，经过证伪“过滤”的逻辑推论的真理性严格说来仍然是局部的、暂刻的。

至此，我们揭示了西方经济学分析框架在真理性方面内在且固有的缺憾。当然，这并不意味着西方经济学中的分析框架一无是处以致可被我们一股脑地弃之不用。我们在此仅仅是提醒读者在使用分析框架时多一些审慎，多一些积极主动的批判精神。

实际上，即便是马克思主义政治经济学中的分析框架，也同西方经济学中的分析框架不无相似之处：均有相对特定的公理化假设，均须借助推导形成推论。只不过，马克思主义政治经济学的公理化假设往往集中体现为兼具逻辑基础和历史依据的科学抽象（这种科学抽象强调充分的历史根据而非经验直觉），其推理过程并非仅限于形式逻辑，而是在相当意义上强调辩证逻辑、积极融入唯物辩证法要义，因此推理链条在整体上并非单向度的，而是多向度且具动态复合性质的，因而其理论更能逼近现实。当然，在检验理论的方式上，马克思主义政治经济学也有别于西方经济学，它不仅重视逻辑检验，更强调实践检验，且将实践视作检验真理的唯一或终极标准。辩证逻辑观与实践真理观，使得马克思主义政治经济学明显区别于西方经济学，也更有助于我们深刻理解分析框架的存在地位与应用价值。

不过，无论如何，分析框架毕竟诠释了一些较具基础意义的分析变量及其经验关系，因而在某些情况下可以作为分析具体问题的出发点和参照系——在了解既有分析框架的前提假设和适用范围的基础上，通过充分融入反映具体经济问题的特殊变量或特殊关系，大家可对具体经济问题的内在机理展开分析。总之，分析框架如同一把双刃剑，我们虽可用其披荆斩棘、拓展新知，但用之不当、过于盲从也可能产生谬误、造成误判、伤及自身甚至遗祸于经济社会。因而，面对分析框架，我们所要做的，就是准确地理解它、合理地对待它、恰当地使用它，以期有效服务于我们对某些社会经济问题形成专业且不失常识的判断。

---

① 这就涉及经济科学研究对象本身的超验性质问题。对此有兴趣者可研读劳森：《经济学与实在》，龚威译，高等教育出版社 2014 年版。

② 比如，由于经济或技术的原因，量化或测度某些证据存在困难。当然，如果此时迫不及待地“硬要”对证据予以定量测度，势必有以偏概全甚至偷换概念之嫌，其最终结论必属偏见或一隅之见。因此，真正“成功”的数量分析（尤其是基于数量维度的实证分析），当是在定量测度结果同被测度对象（证据）本身完全同一（即所测结果确为被测对象、被测对象之量确为所测结果）的基础上才可展开，否则难免将“A 之局部同 B 之局部之关系”等同于“A 同 B 之关系”。由于社会科学研究对象绝大多数具有非可控性、非可重复性、层次性、结构性甚至开放性（或联系性），对其进行“成功”的定量（实证）分析并非易事。

六、分析框架的学习

正如本章开篇所述，分析框架在财经类专业学习中具有承前启后的作用。这使得，重视分析框架及其学习不可替代相关前置课程的学习。实际上，微观经济学和宏观经济学课程在某种程度上体现了分析框架甚至可视作分析框架的运用，其知识体系对于深入理解现代经济同样是有益且必要的。比如，你要理解市场经济是如何运行的，就得理解消费者和生产者的基本行为以及由此而产生的供求机制，这些需要微观经济学的知识内容。你要分析通货膨胀和失业等问题，就需要了解总供给和总需求，把握两者背后的决定机制，这些需要宏观经济学的知识内容。可见，这些前置课程提供了理解现代经济的系统知识背景，其学习有利于促进深入学习分析框架、灵活运用分析框架。学习分析框架，非但不应排斥相关前置课程的学习，相反，还应高度重视其学习或积累，以期不断夯实应用分析框架的知识背景，在分析框架与基础课程之间实现良性互促。

另外，大家在学习分析框架过程中也应积极且主动地做些反思。分析框架仅仅是一种相对合理且有效的分析工具。虽然它不乏相对真理性质，能够揭示现实经济问题的一些因素及其内在关系，但在具体运用时，若要深入把握现实经济问题的内在规律，我们不能忽略现实经济问题特有的构成因素及其时空条件，不能仅仅固守分析框架所揭示的分析要点及其逻辑关系。不仅如此，随着研究的不断积累，现实中较具共性意义且影响相对明确的某些因素在一定条件下可被纳入既有分析框架，同样，原有的一些分析因素也可能因其无足轻重而被剔除出既有分析框架。从某种意义上说，正是由于这种内在的动态开放的“可拓展”性质，分析框架才成为是“框架”而非“理论”。在学习分析框架时，主动且积极的反思有助于适时把握分析框架对现实经济问题分析的启发意义，对实现分析框架与经济现实之间的良性互动极为必要。

我们既然可在基础科目的学习与总结中析离出分析框架，从对现实经济的研究与反思中重构分析框架，那么，我们能不能直接以分析框架为中心，在对后者的内向追问中不断强化基础科目学习、在对后者的外向拓展中持续关注现实经济问题？答案当然是肯定的，只不过无论如何都需要我们付出坚实的努力。

总之，作为思考或探究现实经济问题的一种高度凝练的专业化分析工具，经济学中的分析框架值得我们重视，也锤炼着我们的应用技巧、考验着我们的智慧与耐性。

最后，我们简单交代一下本书后续章节的基本内容。本书将展现当代经济学分析惯常使用的四类框架，即理性人框架（或“理性选择框架”）、供求均衡框架（或“供求论框架”）、博弈论框架以及唯物辩证法框架（或“辩证法框架”）。其中，大家对前三种框架或许能够认可甚至耳熟能详，但对最后一种框架不免疑窦丛生：唯物主义不是哲学吗？它本身内容深刻且宏大，怎么也可称作“分析框架”？它如何能与那些针对性和专业性较强、技术特征明显的“分析框架”等同论之？这到底是在引导我们谈论经济学还是哲学抑或是政治学？难道本书作者还想在经济学类的讨论中不失时机地对我们加强一下“思想政治教育”？相信随着本书的学习与讨论，这些问题将会逐步得到解决。让我们拭目以待！

第二章 理性人框架与经济学分析

“理性”是当代西方经济学分析中的一个核心概念，基于理性的分析框架及其“衍生”分析框架几乎构成当代西方经济社会相关理论建构的重要基石①。理性人，简言之即行为合乎逻辑的人，后者可能是个体户或单个消费者，也可能是家庭、企业、非营利组织甚至政府机构。理性人框架即表征行为人做出合乎逻辑的选择的一组分析框架，它集中体现为行为人在特定约束条件下，为最大限度地实现既定目标所作的最优选择。在经济学领域，该类框架主要用于分析消费物品及其组合的选择、生产要素及其配置的选择、生产与消费协同及分工模式的选择、经济周期与经济增长中的最佳条件选择等问题。反过来说，只要涉及消费、生产、分工、经济周期与经济增长等的选择问题，我们都可以首先考虑采用理性人框架展开分析。不仅如此，该框架极具“空筐效应”，因而还被用于分析其他一些社会科学（甚至自然科学）问题。囿于篇幅，我们在此仅对消费、生产、周期和增长问题做些介绍，借以展现理性人框架应用的具体方法及特点。

第一节 理性选择与消费决策

消费选择问题即消费者（或行为人作为消费者的侧面，下同）面对既定的收入水平和商品价格、为实现最大的满足感（或效用水平）而选择最佳的商品消费及其数量组合，或者消费者面对既定的价格水平以最小支付实现既定效用水平（满足感）而选择最佳的商品消费及其数量组合。在某些条件下，两个“数量组合”往往是等价的：结果完全一致。本节将着力说明与这种等价分析相关的一些概念和方法，之后探究它们在财政政策选择和跨期消费选择中的应用特点与分析思路。

---

① 西方经济学界关于“理性”的英文词汇至少有两个，即 rationality 和 reason。如 Bill Gerrard 于 1993 年主编的论文集 *The Economics of Rationality*（理性经济学），Herbert Gintis 于 2009 年撰写的专著 *The Bounds of Reason：Game Theory and The Unification of The Behavaioral Sciences*（理性的边界：博弈论与整合的各门行为科学）。两词均有“理性”“合理”之义，但 rationality 相对更为常用（本书所用的“理性”亦是 rationality），如“有限理性”译自“limited rationality”，“非理性繁荣”译自“irrational exuberance”。不仅如此，除“理性”“合理”等义项外，rationality 还具有“理智”“神志清楚”之义，相对更强调思维推理（因而更强调合乎逻辑），而 reason 还具有“公道”“适当”“务实”“明白道理”之义，相对更强调合乎情理（因而涵盖但不限于合乎逻辑）。总之，大体来看，reason 比 rationality 更为宽泛。从 A 导出 B 进而导出 C，那么从 A 可导出 C 即 rationality，从 A 可能导出 C 也可能导不出 C 仍可能属于 reason。这正如，假定偏好具有传递性，就桃子和李子相比，于同学更喜欢吃李子；就李子和梨子相比，于同学更喜欢吃梨子。那么，当桃子和梨子相比时，于同学更喜欢吃梨子，可说明于同学具有 rationality；但三者相比，于同学由于某些原因仍选择吃桃子，此时他具有 reason。值得注意的是，理性并非仅限于人类的经济活动，人类的非经济活动（如国际政治行为）甚至动物的一些选择活动（即自然进化）亦可能具有理性特征。本章主要讨论部分人类经济活动中的理性。

一、引例:从郑同学食堂点菜说起

郑同学目前在某高校就读。每月郑同学来自父母资助的生活费以及自己课外零星打工的收入合计约 2 000 元。考虑到社会交际、日常学习、三餐主食等的刚性需要,郑同学平均每日仅能将 20 元钱用于点菜。已知食堂每份荤菜 4 元,每份素菜 1 元,那么,郑同学该如何点菜才能让自己获得最大满足?

显然,郑同学用尽 20 元点菜将可能出现多种荤素菜搭配:(荤菜 5 份,素菜 0 份)、(荤菜 4 份,素菜 4 份)、(荤菜 3 份,素菜 8 份)、(荤菜 2 份,素菜 12 份)、(荤菜 1 份、素菜 16 份)、(荤菜 0 份,素菜 20 份)。我们将荤菜和素菜的份数分别记作 x_1,x_2,则(x_1,x_2) 具有 6 种可能的组合方式:(5,0)、(4,4)、(3,8)、(2,12)、(1,16)、(0,20)。

由于这些菜品组合都是郑同学有能力选择的消费组合,因而它们称作可行的消费组合(或消费束)。那么,郑同学最终会选择其中哪一种组合?如果郑同学讨厌荤菜,那他可能会选择(0,20)组合;如果他讨厌素菜,那他可能会选择(5,0)组合;如果他荤素都不排斥,但相对可能更偏向素菜,那他可能选择(2,12)或(1,16)组合;如果他相对更偏向荤菜,则可能选择(4,4)或(3,8)组合。

这意味着,郑同学最终选择何种消费组合,不仅取决于他是否有条件去选择(这要看郑同学的收入水平和菜品的价格水平),还取决于他的消费理念或消费习惯(这决定了郑同学因选择菜品组合进行消费所产生的满足感,即效用函数)。

不过,倘若郑同学对这种满足感或效用函数不加深究(随遇而安,或感受不到各种消费组合所产生的满足感之间的差异),“一切从心即可”,那他可能抓阄决定消费组合。或者,郑同学在不同情境中面对同一消费组合所产生的满足感存在明显差异,此时特定情境将直接对应特定的消费组合。比如,周一晚间需要通宵打工故而周一选择(5,0)组合,周三整天没课且没有打工安排因而选择(0,20)组合而不再是(5,0)组合。

然而,倘若郑同学的效用函数相对明确且稳定。比如,学校经济实验研究中心测定与分析后发现,郑同学的菜品消费组合 (x_1,x_2) 及其满足度 U 之间大致呈下述关系

$$U=3x_1+5x_2 \tag{2-1}$$

考虑到郑同学的收入水平以及菜品的价格之间所存在的关系,则有下述预算约束

$$4x_1+x_2=20 \tag{2-2}$$

稍加计算可知,此时郑同学的最佳消费组合为(0,20),对应的最大效用为 100。这就是说,只要郑同学的效用函数为 $U=3x_1+5x_2$ 且他力求在菜品消费中获得最大的满足,那他最终一定会选择(0,20)的消费组合。

二、效用最大化与消费者均衡

上述郑同学菜品消费的例子反映了基于特定预算约束追求最大效用时的选择问题,具

有相当的推广意义。一般地，我们可假设消费者的效用函数[①]为

$$U = U(x_1, x_2, \cdots, x_n) \tag{2-3}$$

其中，x_i 为第 i 种商品的消费量($i = 1, \cdots, n$)，U 为效用量。

西方经济学家们通常假定，当其他条件不变时，某商品消费量越大，因该商品消费所产生的效用量就会越高（"多多益善"是也），即边际效用为正。所谓边际效用，即在其他条件不变时，消费者平均每增加一个单位的某商品（如第 i 种商品）消费所增加的效用，记作 $MU_i \triangleq \partial U / \partial x_i$。边际效用为正可简单记作 $U'(\cdot) > 0$。不仅如此，西方经济学家们通常还假定，单位消费量增加所引起的效用增量随着消费量的持久增加将会呈现递减趋势（即所谓"边际效用递减规律"），于是有 $U''(\cdot) < 0$。

各类商品的价格分别为 $p_1, p_2, \cdots, p_n$，预算收入为 I，此时有预算约束

$$p_1 x_1 + p_2 x_2 + \cdots + p_n x_n \leqslant I \tag{2-4}$$

将式(2-3)和式(2-4)合写，则有效用最大化问题(UMP)，即

$$\begin{cases} \max\limits_{x_1, x_2, \cdots, x_n} \quad U(x_1, x_2, \cdots, x_n) \\ \text{s. t.} \quad p_1 x_1 + p_2 x_2 + \cdots + p_n x_n \leqslant I \end{cases} \tag{2-5}$$

其中，max 表示"最大化"，$x_1, x_2, \cdots, x_n$ 为决策变量。令拉格朗日函数

$$L = U(x_1, x_2, \cdots, x_n) + \lambda(I - p_1 x_1 - p_2 x_2 - \cdots - p_n x_n) \tag{2-6}$$

在式(2-6)取得最优值时，对于任一商品（不妨记作 i）有一阶必要条件

$$\frac{\partial L}{\partial x_i} = 0 \tag{2-7}$$

考虑互补-松弛条件，有

$$\begin{cases} \lambda > 0, & 若\ p_1 x_1 + p_2 x_2 + \cdots + p_n x_n = I \\ \lambda = 0, & 若\ p_1 x_1 + p_2 x_2 + \cdots + p_n x_n < I \end{cases} \tag{2-8}$$

进一步得

$$\frac{\partial U / \partial x_i}{p_i} = \frac{MU_i}{p_i} = \lambda = \partial L / \partial I > 0 \tag{2-9}$$

上式即消费者均衡条件。这意味着，当消费者获得最大效用时，此时消费者消费任何商品的单位价格的边际效用均相同，且均等于货币的影子价格。由预算约束条件和消费者均衡条件，我们进一步可得到最优的消费组合，记作

$$x^* = (x_1^*, x_2^*, \cdots, x_n^*) \tag{2-10}$$

容易理解，任何一个商品的最优消费量都是消费者收入水平和所有商品价格水平等外生变量的函数，即

$$x_i^* = x_i(p_1, p_2, \cdots, p_n; I) = x_i(P, I) \tag{2-11}$$

---

① 效用函数的构建仰赖于对消费集（即消费组合的集合）和偏好关系的一系列公理化假设。比如，消费集须满足非空（意味着消费集总存在）、闭集（意味着任何商品均可无限分割）和凸集（意味着商品之间可任意组合）等的公理化假设。偏好关系则要求满足完备性（意味着任何两个消费组合都可比较）、传递性（意味着任何消费组合的两两比较均可外推）、连续性（意味着任何偏好关系之间均存在过渡"地带"）、单调性（意味着偏好强弱同消费组合的数量之间存在直接对应关系）、凸性（意味着约定效用函数的拟凹性质以确保存在最大效用）等的公理化假设。如此，一个由消费集到效用集之间的分析性质良好的映射关系（亦即具有良好特性的效用函数）得以建立。类似地，对预算集也存在一定的要求，如需满足非空、闭、凸等条件，以确保它同效用函数相匹配存在最优解。

其中，$P=[p_1,p_2,\cdots,p_n]$，$x_i(\cdot)$ 又称作普通需求函数(或马歇尔需求函数)。直觉让我们感到，商品的普通需求函数通常是其价格水平的非增函数(即某商品价格水平越高至少不会增加该商品的普通需求)，也是收入水平的非减函数(即收入水平越高至少不会降低该商品的普通需求)。读者不妨就此尝试给出证明。

同样，此时最大效用水平(记作 v)直接取决于最优消费组合，但归根结底也是消费者收入水平和所有商品价格水平等外生变量的函数，即

$$v=U^{\max}=U(x_1^*,x_2^*,\cdots,x_n^*)=v[X(P,I)]=v(P,I) \tag{2-12}$$

式中，$X(P,I)\triangleq[x_1(p_1,p_2,\cdots,p_n;I),x_2(p_1,p_2,\cdots,p_n;I),\cdots,x_n(p_1,p_2,\cdots,p_n;I)]$，$v(\cdot)$ 称作间接效用函数。间接效用函数反映了最大效用水平同收入水平和所有商品价格之间的关系，有别于效用函数 $U(\cdot)$(或可谓"直接效用函数"，旨在反映效用水平同消费量之间的关系)。

不难理解，当降低所有商品价格或提高收入水平时，消费数量均将增加，间接效用水平随之增加；换句话说，间接效用函数是价格水平的非增函数、收入水平的非减函数。不仅如此，当所有商品的价格和收入水平以相同幅度变化时，假如消费者是敏锐的或此时不存在货币幻觉效应(即只看到收入增加而没看到价格增加)，最优消费组合与间接效用水平均不发生变化；这意味着，间接效用函数具有零次齐次性，即 $v(tP,tI)=v(P,I)$。

此外，间接效用函数还具有拟凸性。其大意是指：基于价格和收入折中之后的间接效用水平不会超过折中之前相对较高的间接效用水平。后者不免令人费解。我们不妨先考虑"低价格—高收入"时的间接效用水平以及"高价格—低收入"时的间接效用水平，此时显然前一间接效用水平高于后一间接效用水平。现在，我们对原价格和原收入分别折中。容易理解，折中后的价格依然高于原低价格、折中后的收入依然低于原高收入，因而折中后的间接效用水平难敌折中前的较高间接效用水平。为严谨起见，下面运用反证法证明。

用数学公式表示间接效用函数的拟凸性，即 $v(P_3,I_3)\leqslant\max\{v(P_1,I_1),v(P_1,I_1)\}$。

其中，$P_3=\lambda P_1+(1-\lambda)P_2$，$I_3=\lambda I_1+(1-\lambda)I_2$，$0\leqslant\lambda\leqslant1$。令与价格序列 P_1,P_2,P_3 对应的最优消费量分别为 X_1,X_2,X_3，则 $P_1X_1\leqslant I_1$，$P_2X_2\leqslant I_2$，$P_3X_3\leqslant I_3$，且 $0\leqslant\lambda\leqslant1$，于是

$$\left.\begin{array}{l}v(P_3,I_3)>v(P_1,I_1)\Rightarrow P_1X_3>P_1X_1=I_1\\ v(P_3,I_3)>v(P_2,I_2)\Rightarrow P_2X_3>P_2X_2=I_2\end{array}\right\}\Rightarrow[\lambda P_1+(1-\lambda)P_2]X_3>\lambda I_1+(1-\lambda)I_2$$

$\Leftrightarrow P_3X_3>I_3$，后者同 $P_3X_3\leqslant I_3$ 相矛盾，因而间接效用函数的确存在拟凸性。

对一元函数而言，拟凸性意味着该函数的二阶导数为非负，意味着"边际"递减问题。

考虑到 v 与 x，以及上述普通需求函数与商品价格和收入水平的关系，我们或许可判断间接效用函数与商品价格和收入水平的关系。不仅如此，一般来说，普通需求函数与间接效用函数之间还存在下述关系，即

$$x_i(P,I)=-\frac{\partial v/\partial p_i}{\partial v/\partial I} \tag{2-13}$$

式(2-13)称作罗伊恒等式。它为普通需求函数建模分析提供了有益的启发。容易想到，供求关系分析自然少不了对供给和需求的分析。作为其中核心要件之一的普通需求函数，它揭示了需求量同收入水平和所有商品价格水平之间的关系，但它直接存在于行为人的内心世界，我们难以从外观上直接把握且予以精准测度。然而，倘若针对某个消费者，一旦

我们拥有其关于收入水平、商品价格水平以及消费商品产生的最大满足感等的大量的历史数据，那么，由此或许就可借助计量经济学方法导出间接效用函数及其经验形式，进而考虑由罗伊恒等式推导普通需求函数。当然，个中关于“最大满足感”的测度涉及心理、行为与实验经济学等的理论与方法，虽然未必完全真实、准确，但毕竟有助于经验数据分析。

现在我们可对郑同学的饮食消费做出更多考察。假若郑同学每日可用于饮食消费的收入仍为 20 元，荤菜价格仍为 4 元/份，素菜价格仍为 1 元/份，但主食价格为 1 元/份，点心和饮料的价格均为 2 元/份，而郑同学的效用函数经测定发现大致具有如下经验关系

$$U = x_1^{2/5} x_2^{3/10} x_3^{1/10} x_4^{1/10} x_5^{1/10} \tag{2-14}$$

其中，x_1, x_2, x_3, x_4, x_5 依次为荤菜、素菜、主食、点心、饮料等的消费量。此时，倘若郑同学用尽其 20 元，则有预算约束

$$4x_1 + x_2 + x_3 + 2x_4 + 2x_5 = 20 \tag{2-15}$$

注意到郑同学此时的效用函数满足一阶偏导为正、二阶偏导为负的基本假定。在此前提下，由消费者均衡条件和式(2-14)可算出郑同学此时的最佳消费及最大效用水平，即

$$x_1^* = 2, x_2^* = 6, x_3^* = 2, x_4^* = x_5^* = 1, U^{\max} = 2^{4/5} 3^{3/10} \tag{2-16}$$

进一步地，倘若将郑同学的收入水平以及所有商品的价格均放宽，由此可得出郑同学的间接效用函数以及各类商品的普通需求函数。(读者可自行练习一下)

那么，在现实生活中，郑同学果真会按照上述程序及计算结果选择他的饮食消费吗？多半应该不会。除非他具有如同上述推理所需要的数学功底，且他有足够的时间和耐心进行上述计算(可见，“理性”的消费选择也是需要条件的，这也意味着并非什么消费者都具有理性选择的能力)。事实上，郑同学在决策时更可能“从心所欲”。尤其是当他的效用函数始终如一时，他极有可能在一次次的“试错”中不断趋近上述最优消费组合。换句话说，如果上述效用函数果真准确描述了郑同学的饮食消费组合与其产生的满足感之间的关系，且郑同学本人时时刻刻都是个不折不扣的理性主义者，那他真会按照上述程序及计算结果行事。

三、支出最小化与消费者均衡

郑同学既可能基于特定预算约束为追求最大效用而选择消费，也可能基于特定的效用水平为谋求最小支出而选择菜品组合。后者即支出最小化问题(*EMP*)，其一般形式为

$$\begin{cases} \min\limits_{x_1, x_2, \cdots x_n} & p_1 x_1 + p_2 x_2 + \cdots + p_n x_n \\ \text{s. t.} & U(x_1, x_2, \cdots, x_n) \geqslant U_0 \end{cases} \tag{2-17}$$

其中，min 表示“最小化”；x_i 为第 i 种商品的消费量($i = 1, \cdots, n$)；各类商品的价格分别为 $p_1, p_2, \cdots, p_n$；$U(\cdot)$ 为效用函数，且 $U'(\cdot) > 0, U''(\cdot) < 0$；$U_0$ 为某个特定的效用水平。

与前文效用最大化问题分析类似，设定拉格朗日函数且根据其一阶必要条件和互补-松弛条件，仍可得到消费者均衡条件[与式(2-9)完全相同]。

类似地，借助消费者均衡条件和 $U(x_1, x_2, \cdots, x_n) = U_0$，我们可导出各商品最佳的消费量及其组合。值得注意的是，此时消费者的特定的效用水平以及所有商品的价格水平构成了既定的影响因素(即外生变量)。因而，此时第 i 种商品(其他商品类似)的最佳消费量或需求量决定于特定的效用水平以及所有商品的价格水平，亦即

$$h_i^* = h_i(p_1, p_2, \cdots, p_n; U_0) = h_i(P, U_0) \tag{2-18}$$

其中，$P=[p_1,p_2,\cdots,p_n]$，$h_i(\cdot)$ 称作补偿需求函数(或希克斯需求函数)。

记此时的最小支出为 e，则有

$$
\begin{aligned}
e &= p_1h_1^* + p_2h_2^* + \cdots + p_nh_n^* \\
&= p_1h_1(p_1,p_2,\cdots,p_n;U_0) + p_2h_2(p_1,p_2,\cdots,p_n;U_0) + \cdots + p_nh_n(p_1,p_2,\cdots, p_n;U_0) \\
&= e(p_1,p_2,\cdots,p_n;U_0) \\
&= e(P,U_0)
\end{aligned}
\tag{2-19}
$$

其中，$e(\cdot)$ 称作支出函数。不难理解，当商品的价格水平有所增加时，为了维持既定的效用水平，消费者的支出至少不能下降，因而支出函数为价格的非减函数；当所有商品的价格均以相同幅度增加时，为了维持既定的效用水平，消费者的支出需要增加相同的幅度，因而支出函数具有一次齐次性，即 $e(tP,U)=te(P,U),\forall t>0$；当效用水平增加时，为购买更多的商品就须增加支出，因而支出函数是效用的非减函数(这对应着"不差钱"情形)。

不仅如此，支出函数还有一个相对隐晦的性质，即拟凹性质。其大意是指：在保持效用水平不变的前提下，面对任意两种商品消费组合及其相应的最低支付，消费者若要立足该两种商品消费组合且重新选择消费组合，那他就须付出相对更多的代价(支出更多)。这意味着，原先基于最小支出的选择的确是最优选择，对其稍有改动就须支出更多。即便如此，支出函数的拟凹性可能仍然难以被直观理解。我们不妨由数学证明做些辅助。

支出函数的拟凹性用公式表示即 $e[\lambda P+(1-\lambda)P',U]\geqslant\lambda e(P,U)+(1-\lambda)e(P',U)$，其中 $\forall\lambda\in(0,1)$。设与 P' 和 P 相对应的最优消费组合分别为 H' 和 H，与新价格序列 $\lambda P+(1-\lambda)P'$ 相对应的最优消费组合为 H''。于是，

$$
\begin{aligned}
& e[\lambda P+(1-\lambda)P',U]=[\lambda P+(1-\lambda)P']H''=\lambda PH''+(1-\lambda)P'H'' \overset{P-H(P,U),P'--H(P',U)}{\geqslant} \\
& \lambda PH+(1-\lambda)P'H'=\lambda e(P,U)+(1-\lambda)e(P',U)
\end{aligned}
$$

对一元函数而言，拟凹性意味着该函数的二阶导数非负。

进一步地，可以证出补偿需求函数与支出函数之间存在如下关系，即

$$h_i(P,U_0)=\partial e(\cdot)/\partial p_i \tag{2-20}$$

式(2-20)即谢菲德引理。谢菲德引理为我们探讨补偿需求函数提供了有益的启发。倘若我们拥有某个消费者消费商品时的最小支出金额、商品的价格水平、相应的效用水平等的大量的历史数据，那么，由此或许就可借助计量经济学方法导出支出函数及其经验形式，进而考虑由谢菲德引理推导补偿需求函数。当然，个中关于"相应的效用水平"的测度仍将涉及心理、行为与实验经济学等的理论与方法，也可能失于真实和准确。

现在，我们再来看看郑同学的支出最小化问题。

为简化起见，仍考虑两种菜品消费选择情形。此时，荤菜价格仍为 4 元/份，素菜价格仍为 1 元/份，荤素菜消费量分别为 x_1，x_2，效用函数仍为 $U=3x_1+5x_2$。那么，为达到或保持 100 个单位的满足感，郑同学还会选择(0,20)组合吗?

图 2-1 描述了郑同学的支出最小化选择问题。图中，横轴表示荤菜的消费量，纵轴表示素菜的消费量。粗实线表示当效用水平为 100 个单位时郑同学消费荤素菜的各种可能组合。各条细实线代表郑同学选择荤素菜组合所应支付的可能金额(对应着 $4x_1+x_2$)，其间相互平行，其中越往右平移表示支付金额越高，越往左平移表示支付金额越低。由图 2-1 可

知,可行且最小的支付对应着(0,20)的消费组合。选择其他消费组合,郑同学要么多掏钱,要么就降低效用水平。

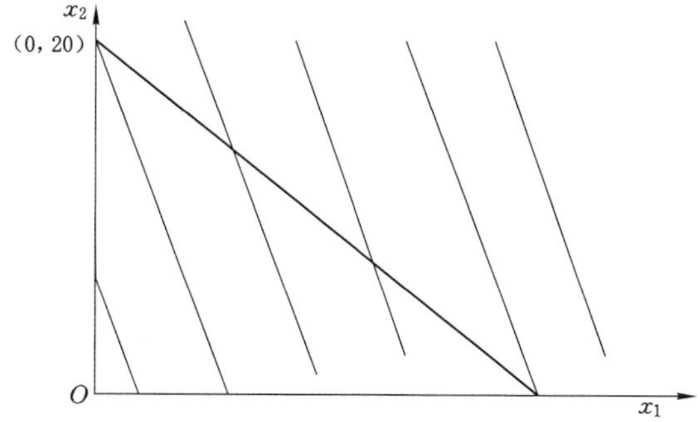

图 2-1　郑同学的最小支出化选择问题

在荤素菜价格既定时,当收入限定为 20 元时,郑同学为获得最大的效用,可选择(0,20)的消费组合,且此时效用为 100 个单位。另外,为获得 100 个单位的效用,郑同学至少需要花费 20 元,此时消费组合仍为(0,20)。这意味着,面对相同的商品价格,效用最大化问题的目标值(或约束值)和支出最小化问题的约束值(或目标值)相同,那么,两个问题终将拥有相同的最优消费组合。后者即效用最大化问题和支出最小化问题的对偶性。

四、效用最大化问题与支出最小化问题的对偶性

效用最大化问题(*UMP*)和支出最小化问题(*EMP*)的对偶性表明:两个问题并非完全等价;两个问题拥有相同的最优解是有前提的。图 2-2 进一步从几何角度揭示了它们的关系。其中,“无差异曲线”是指效用水平不变时消费者选择两种商品消费组合点的轨迹,它是效用函数的反映。

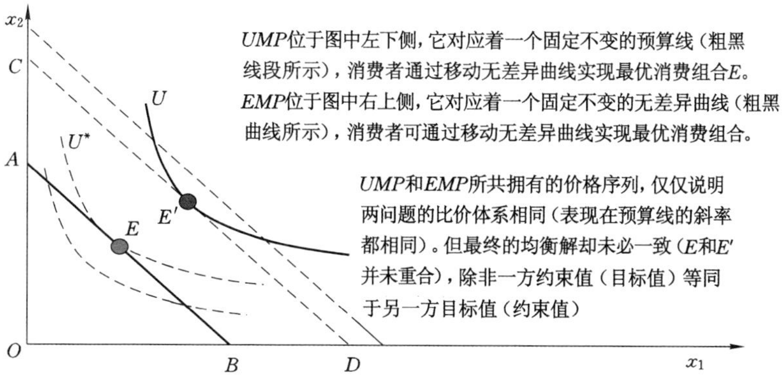

图 2-2　*UMP* 和 *EMP* 的几何图示与比较

根据上述分析,当效用最大化问题和支出最小化问题存在对偶性时,有

$$I = e(P, U_0) \tag{2-21}$$

$$U_0 = v[X(P, I)] \tag{2-22}$$

$$x_i(P, I) = h_i(P, U_0) = h_i\{P, v[X(P, I)]\} \tag{2-23}$$

$$h_i(P, U_0) = x_i(P, I) = x_i\{P, e(P, U_0)\} \tag{2-24}$$

需要提醒的是,式(2-21)～式(2-24)之间并非彼此独立的,而是互相依赖、互为条件、互为因果的(即由其中任一个等式可导出其他三个等式)。这些结论对我们分析较为复杂的消费者行为选择问题,往往会带来一些便利。仍以前文郑同学消费荤菜、素菜、主食、点心和饮料等商品为例。倘若商品的价格水平以及郑同学的效用函数形式均保持不变,那么,实现 $2^{4/5}3^{3/10}$ 的效用水平(注意,这正是郑同学在收入为 20 元时所能实现的最大效用),郑同学至少应该花费多少钱?基于对偶性,我们不假思索即可脱口而出——“20 元钱”。

五、财税政策与消费选择

在现实生活中,郑同学可能因符合贫困生标准平均每日可获得 5 元补助,这种货币补贴无疑增加了郑同学的预算收入,但各类食品的价格及其相对关系(或相对价格、比价体系)并不受此影响。由于郑同学的效用函数形式[①]以及商品价格并未发生变化,由消费者均衡条件可知,此时任一商品的单位价格所产生的边际效用均与之前相同。这种货币补贴有助于全面增加郑同学各类食品的消费数量。

同时,学校有关部门经过食堂消费大数据分析发现,郑同学荤菜消费太低。经私下了解,得知郑同学并无点外卖的习惯,有关部门决定连续 3 个月在郑同学选择荤菜消费时给予优惠。由此,郑同学某天刷卡消费时突然发现每份荤菜实际收费仅 3 元(而不是菜单上标注的每份 4 元)。这种针对荤菜消费的价格优惠相当于实物补贴[②],这虽然不会影响郑同学的收入水平,但对郑同学而言却改变着他所消费的各类食品的比价体系。此时,虽然郑同学的效用函数形式没有发生变化,但比价体系发生了变化,由消费者均衡条件可知,此时任一商品的单位价格所产生的边际效用均与之前有所不同。这种实物补贴虽然不会全面增加郑同学各类食品的消费数量,但可改变郑同学的食品消费结构:郑同学有可能因而降低素菜消费,转而享用更多的荤菜。

现在考虑郑同学每日既享受 5 元补助,又享受荤菜优惠价格(每份 3 元)时的消费选择。假定素菜、主食、点心和饮料价格不变,效用函数仍如式(2-14)所示。此时预算约束为

$$3x_1 + x_2 + x_3 + 2x_4 + 2x_5 = 25 \tag{2-25}$$

稍加计算可知,此时郑同学的最优选择是

$$x_1^* = 10/3, x_2^* = 7.5, x_3^* = 2.5, x_4^* = 1.25, x_5^* = 1, U^{\max} = 2.5^{9/10}2^{7/10}3^{-1/10} \tag{2-26}$$

与式(2-16)稍加比较可知,无论消费量还是效用水平,郑同学均有所改观。当然,郑同学未必能完全实现上述优化选择,比如,享受补助和荤菜优惠价格后,郑同学现在每天可打 3 份荤菜。后者虽然不是严格求得的 10/3 份,但总比原先的 2 份明显改观了。更何况,这种零星的结余可以在郑同学的消费卡中累积起来,不断增加郑同学的预算收入。

值得注意的是,学校为郑同学提供补助或优惠并未要求郑同学在享受之时做出相同的回报。比如,明确要求参加义务劳动抵补,或承诺以后加倍努力学习作为要件。这说明,货币补贴和实物补贴都是一方向另一方的单向价值让渡。这就是转移支付,是一种特殊的财

---

① 倘若郑同学的效用函数此时满足连续、拟凹性质的话。下同。

② 实物补贴即直接发放消费品。在收入水平不变的条件下,实物补贴增加了相应商品的可消费量,因而相当于降低了该商品的价格。

政政策。除转移支付外，财政政策还包括税收、政府购买、公债、预算等政策。

步入社会之后，郑同学不仅可能面对转移支付问题，更可能面对诸多税收问题。针对收入水平的所得税、针对消费某商品的消费税都将直接影响郑同学的消费选择，若郑同学从事经营活动，相关的营业税也将间接影响他的收入和消费选择。不过，倘若郑同学效用函数的基本形式维持不变——比如仍属式(2-13)所示情形，那么，这些影响仍然主要体现为预算约束的变化(在两种商品消费情形下，所得税可改变预算线的截距，消费税可改变预算线的斜率)，但郑同学的消费选择问题仍然可归结为效用最大化或支出最小化问题，继而可借助上述分析方法做出判断。

六、跨期消费与消费动态选择

在上述分析中，商品的最佳消费量组合构成郑同学的选择内容。而在商品价格既定时，商品的消费量将对应着一定的消费额(即该商品消费量同其价格的乘积)。倘若郑同学用尽其收入，那么，他关于所有商品的消费额的总和将等于他的收入。从这个意义上说，在商品价格既定时，郑同学的商品消费量组合选择意味着其相应的商品消费额分配选择，当然，后者反过来未必成立：相同的消费额可能存在多种消费量组合，如同相同的预算收入存在多种可能的消费量组合一样。

如果郑同学严于律己、精于计算，他每天关于各类商品的消费总额恰好等于他每日的预算收入，那他将实现收支平衡。否则，当消费额大于预算收入时，他将入不敷出，原先的预算约束将被“软化”，只能通过借贷填补他超出预算收入水平的消费。而当消费额小于预算收入时，他将形成储蓄，也就是预算收入中未被消费的节余，可能被郑同学存入银行或用于投资。

值得注意的是，货币往往都是有时间价值的，至少将货币存入银行之后，银行往往每天都在计算利息。同样，郑同学的借贷或储蓄行为严格说来也是有时间价值的，当然这种时间价值能否被郑同学每日清晰地感知则另当别论。实际生活中，郑同学对自己能够每天节余8元、10元未必满心欢喜，但对每日欠款8元、10元却可能战战兢兢，尤其当借款本息总额明显超过其现实的还款能力时。

在考虑到消费额、储蓄额和借款额等因素后，郑同学的消费选择实质上已经发生了两点微妙的变化。其一，从消费量组合选择逐渐转换为消费金额选择；其二，从单期(或即期)选择逐渐转换为跨期选择，郑同学可能今日多消费明日少消费，也可能今日少消费明日多消费，这也意味着，郑同学将力求整个期界(而不是其中某个时期)的效用最大化。

不妨先考虑一种简单的两期情形。为此，我们记郑同学的两期收入分别为 m_1, m_2，两期消费额分别为 c_1, c_2，单位货币的时间价值(或存贷款利率) 为 r，于是有

$$c_2 = m_2 + (m_1 - c_1)(1 + r) \Leftrightarrow c_1 + \frac{c_2}{1+r} = m_1 + \frac{m_2}{1+r} \tag{2-27}$$

式(2-27)的等号意味着硬性约束，此时两期消费的总价值等于两期收入的总价值。等式左边数值较大意味着消费过多，消费者(郑同学)因此须背负债务。等式左边数值较小意味着节余过多，消费者(郑同学)可望由此获得富余的资金乃至存款利息或投资收益。

同时，我们若发现郑同学的目标函数为

$$U = a\ln c_1 + (1 - a)\ln c_2 \tag{2-28}$$

其中，a 为常数，且 $0<a<1$。那么，仍由前文式(2-5)～式(2-10)的推导思路，可进一步计算出郑同学在两期的最优消费额，即

$$c_1^* = a\left(m_1 + \frac{m_2}{1+r}\right),\quad c_2^* = (1-a)(1+r)\left(m_1 + \frac{m_2}{1+r}\right) \tag{2-29}$$

式(2-29)表明，在跨期消费情形中，对于追求期间预算总收支平衡的消费者而言，各期的最优消费额并非可以随心所欲，而是至少要受到各期的消费偏好强度(本例中即 a 与 $1-a$)、收入水平以及相应的折现率(即 $1/1+r$)等因素的制约。如果消费者随心所欲，比如大肆借贷消费或超前消费，那他不仅将会形成巨额债务，也会降低其现实的效用水平。

可以看出，上述跨期消费情形同之前的即期消费情形在分析思路上并无实质区别。实际上，如果我们将跨期消费情形中的各期消费额均视作某个商品特定的“消费量”，那么，这个特殊的“商品”——各期消费额——的“价格”无疑就是该消费额所对应的累计折现率。

在上述简单情形中，各期消费额起初虽然看似相对独立，但因最终均受制于外部条件(即各期消费偏好强度、收入水平以及相应的贴现率)而互有关联[$c_2^*/c_1^*=(1-a)(1+r)/a$]。然而，在更为复杂的多期甚至无限期情形中，各期消费额之间往往直接关联(比如存在“棘轮效应”——下期消费额不能低于当期消费额)，此时最优消费量可能随时间波动而波动，甚至呈现为一条具有规律性质的运动路径。

对于有限期界 T，假设郑同学追求各期效用贴现累积水平(记作 U)的最大化①，即

$$\max_{c_t} U = \sum_{i=1}^{T} \beta^t \ln c_t \tag{2-30}$$

其中，$\ln c_t$ 为第 t 期的即期效用函数，c_t 指第 t 期的消费额，β 为给定的贴现因子且 $0<\beta<1$。另外，假设郑同学各期资产收入(记作 a_t)和固定的打工收入(记作 m)之和扣减当期消费额之后的余额形成本期剩余资产，后者经增值(增值率或收益率固定且记作 r)后形成郑同学的下期资产存量(即 a_{t+1})。于是，相邻两期资产存量之间有如下关系：

$$a_{t+1} = (1+r)(a_t + m - c_t) \Leftrightarrow c_t = a_t + m - \frac{a_{t+1}}{1+r} \tag{2-31}$$

将式(2-31)代入式(2-30)，得

$$\max_{a_t, a_{t+1}, t=1,2,\cdots,T} U = \sum_{i=1}^{T} \beta^t \ln\left[a_t + m - \frac{a_{t+1}}{1+r}\right] \tag{2-32}$$

构造递归方程②为

$$V(a_t) = \max_{a_t, a_{t+1}} \left\{\ln\left[a_t + m - \frac{a_{t+1}}{1+r}\right] + \beta V(a_{t+1})\right\} \tag{2-33}$$

---

① 本部分内容部分参阅阿西莫格鲁：《现代经济增长导论·上册》，唐志军、徐浩庆等译，中信出版社 2019 年版，第 226～236 页。读者宜具备简单的动态规划知识，否则可直接关注后续推导的结论及其含义。

② 即贝尔曼方程，简言之即用于描述倒数第 $n+1$ 期的函数值对倒数第 n 期的函数值的(逆向)递推影响的递归方程，其计算思路参见图 2-3。之所以需要构造具有逆向递推性质的递归方程，是因为：在动态规划问题中，前期变量(如第 t 期变量)往往决定于后期变量(在第 t 期变量之后的变量，如第 $t+1$ 期甚至第 $t+2$ 期等变量)，以致前期变量(含期初变量)都是最后一期变量逐层叠加作用的结果。这也使得，求解最后一期变量构成整个求解链条的关键——只要求出最后一期的变量值，各期变量值均可迎刃而解(将最后一期变量求解得到的值代入递归方程可得到倒数第 2 期的变量值，如此逐级代入相应层级的递归方程，可依次得到倒数第 3 期、倒数第 2 期直至倒数第 0 期的变量值)。当然，求解最后一期变量需要借助一定的条件(或要求递归方程满足某些潜在的约定条件，如优化条件和包络条件)，后者继而作为动态规划问题求解的基本依据。

其中，$V(a_t)$ 表示与 a_t 相对应的价值或价值函数(或倒数第 $T-t+1$ 期的价值)，$V(a_{t+1})$ 表示与 a_{t+1} 相对应的价值或价值函数(或倒数第 $T-t$ 期的价值)。此时 $\ln\left[a_t+m-\dfrac{a_{t+1}}{1+r}\right]$ 可视作由 $V(a_{t+1})$ 迈向 $V(a_t)$ 的一个特别增量(记作 F，其特别之处在于它不仅是增量，还要使增加后价值依然具有递推性质且力求最大化)。可见，价值函数实则是一种具有逆向(或从后往前)递推性质、力求步步合成最优的倒算的值函数，体现了动态规划问题的基本特点。关于 $V(a_t)$、$V(a_{t+1})$ 与 $F\left[\text{即}\ \ln\left(a_t+m-\dfrac{a_{t+1}}{1+r}\right)\right]$ 之间的逆向递推关系如图 2-3 所示，后者也隐含着价值函数(以及贝尔曼方程)设定的基本思路[①]。

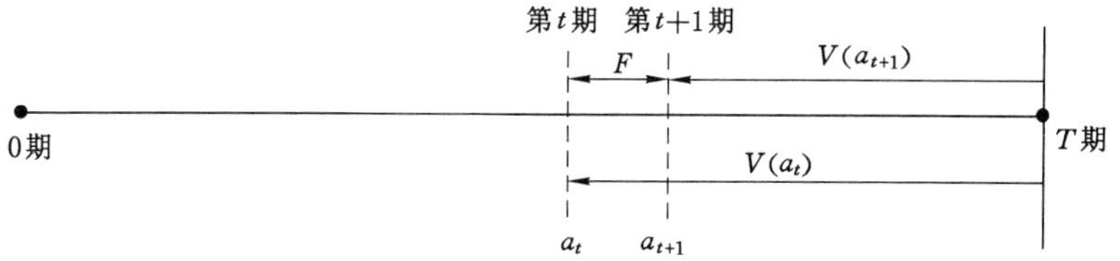

图 2-3　价值函数及其逆向递推性质示意图

相对于表征状态的变量(即状态变量) a_t 而言，状态变量 a_{t+1} 具有控制作用(因而此时 a_{t+1} 已“升格”为控制变量)，正是其调控作用使得 $V(a_t)$ 有可能获得最大值。

于是，由一阶必要条件，可得[②]

$$\frac{\partial\ln\left(a_t+m-\dfrac{a_{t+1}}{1+r}\right)}{\partial a_{t+1}}+\beta\frac{\partial V}{\partial a_{t+1}}=0\Leftrightarrow\frac{\partial V}{\partial a_{t+1}}=\frac{1}{\beta(1+r)\left(a_t+m-\dfrac{a_{t+1}}{1+r}\right)}\tag{2-34a}$$

针对状态变量 a_t，可得[③]

$$\frac{\partial V(a_t)}{\partial a_t}=\frac{1}{a_t+m-\dfrac{a_{t+1}}{1+r}}\Rightarrow\frac{\partial V(a_{t+1})}{\partial a_{t+1}}=\frac{1}{a_{t+1}+m-\dfrac{a_{t+2}}{1+r}}\tag{2-34b}$$

综合式(2-34a)和式(2-34b)，可得

$$a_{t+1}+m-\frac{a_{t+2}}{1+r}=\beta(1+r)\left(a_t+m-\frac{a_{t+1}}{1+r}\right)\Leftrightarrow c_{t+1}=\beta(1+r)c_t\Rightarrow c_t=c_0[\beta(1+r)]^t\tag{2-35}$$

其中，c_0 指期初的消费额。式(2-35)说明，追求期间效用最大化的郑同学，他在各期的最优消费额将主要取决于他在期初的消费水平(c_0)、当期的贴现水平(β^t)以及当期的收益水平[$(1+r)^t$]，且均与后者正向变动。

我们知道，贴现水平与收益水平的乘积体现了单个资产的价值(现时价值)。因而，式(2-35)告诉我们：当资产价值始终保持增长时[即 $\beta(1+r)>1$]，郑同学的消费将呈指数增

---

① 当然，这里已经假设值函数的结构形式不因时期变化而变化。

② 如此得到的反映值函数与其相应控制变量之间最优关系的方程即所谓动态规划问题的“欧拉方程”。

③ 如此得到的反映值函数与其相应控制变量之关系且具有递推性质的等式即所谓动态规划问题的“包络条件”。

长；当资产价值始终保持衰退时[即 $\beta(1+r)<1$]，郑同学的消费将呈指数衰减；当资产价值保持不变时[即 $\beta(1+r)=1$]，郑同学的消费将始终维持在期初消费水平。

第二节　理性选择与生产经营决策

与理性消费选择类似，生产选择问题即生产者(或行为人作为生产者的侧面，下同)面对既定的收入水平和要素价格、为实现最大的产量而选择最佳的要素使用及其数量组合，或者生产者面对既定的要素价格以最小支付实现既定产量而选择的最佳要素使用组合。在某些条件下，这两种情境中的要素使用组合完全相同。本节将着力说明与这种等价分析相关的一些概念和方法，之后探究它们在生产经营决策中的应用特点与分析思路。

一、引例：丁先生的快递门店经营

丁先生经过多年努力，终于全款购置了一间临街铺面。考虑到交通相对便利，马路较为宽敞，加之周边都是居民住宅区，丁先生打算利用铺面加盟某物流公司经营快递业务，以服务于附近百姓对于日益增长的互联网消费的需要。据悉，加盟费每年需 5 000 元，丁先生付清加盟费后每月仅剩下 30 500 元可用资金，当地快递服务人员月薪至少 3 000 元，铺面市场价租金每平方米约 200 元，办公设备购置约需 9 600 元(约用 4 年，每月合折旧费 200 元)，网费每月 100 元，水电费及物业费用合计每月约 200 元。有关统计分析表明，当地月包裹派件量(记作 Q)主要取决于门店面积(记作 S)以及雇员数量(记作 L)，且三者大致呈如下关系：

$$Q=1\,000L^{0.2}S^{0.8} \tag{2-36}$$

丁先生认为，自己使用的店面虽然归自己所有以致实际上无须支付租金，但理应比照市场价值折算成租金，以便真正反映自己的经营才能。这种按市场价值折算自有资源的使用成本即经济学分析中所谓的隐性成本。类似地，丁先生对自己经营才能予以定价或设定求偿价格即所谓正常利润。上述员工薪水、门店租金、网费、水电费和物业费、折旧费意味着丁先生每月将面临如下预算约束：

$$3\,000L+200S+100+200+200=30\,500 \tag{2-37}$$

式(2-37)等价于

$$3\,000L+200S=30\,000 \tag{2-38}$$

式(2-36)和式(2-38)构成了丁先生经营决策面临的基本问题：在既定的预算约束下，丁先生究竟该选择何种雇员数量和门店面积的组合(L，S)方可获得最大的月派件量？由于此处目标函数[即式(2-36)]相对烦琐，答案须经一定的计算，我们不妨在稍后给出。

二、产量最大化与生产者均衡

丁先生快递门店经营的案例反映了生产者基于特定预算约束追求最大产量时的最优选择问题，这具有相当的推广意义：经营管理者需要面对既定约束尽可能多做业务。

一般地，我们可假设生产者或企业家（或行为人作为生产者的侧面，下同）的生产函数①为

$$y=f(x_1,x_2,\cdots,x_n) \tag{2-39}$$

其中，x_i 为第 i 种要素的使用量（$i=1,\cdots,n$）。$y=f(x_1,x_2,\cdots,x_n)$ 为生产函数，反映了生产者所面对的多种投入与某种产出之间的经验关系②。一般地，投入一个劳动力可以生产出一件产品，投入两个劳动力至少也能生产出一件产品③；相比之下，前一种情形更有效率（或技术效率）。经济学分析中的生产函数，主要反映的就是此类具备技术效率特征的投入产出关系，而非笼统的投入产出关系。

西方经济学家通常假定，当其他条件不变时，某要素使用量的增加将提高整体的产出水平（即"边际报酬"或"边际产量"为正），但平均每单位要素使用量的增加所产生的产出增量将会持久呈现递减趋势（此即"边际报酬递减规律"）。其中，边际报酬或边际产量是指在其他条件不变时，生产者平均每增加 1 个单位的某种要素（如第 i 种要素）的使用所增加的产量。在数学上记作 $MP_i \triangleq \partial f/\partial x_i$ 或 $f'(\cdot)$。显然，这些假设意味着 $f'(\cdot)>0$，且在一定阶段还有 $f''(\cdot)<0$。

不仅如此，生产函数往往还有长短期之分：长期生产函数意味着在考察期内所有要素的使用量均能同时做出调整；短期生产函数意味着在考察期内至少有一种要素的使用量不能做出调整。针对丁先生而言，倘若雇工人数和门店面积都能同时做出调整，式(2-36)就是一种长期生产函数，此时 L 和 S 都是变量。倘若雇工人数可以频繁调整，而门店面积固定不变，此时 L 是变量，S 是某个特殊的固定值，式(2-36)就是一种短期生产函数。

由于所有要素的使用量调整都涉及生产经营规模，因而长期生产函数有助于反映规模报酬（又称"规模收益"）问题。由于在考察期内至少有一种要素的使用量保持不变，因而短期生产函数有助于揭示某些特定要素对于产出的边际产出或边际贡献问题。可见，规模报酬和边际产出都能反映生产的技术及其效率，只不过切入点不同：前者相对侧重整体反映，后者相对侧重局部反映。

各类要素的价格分别为 $p_1,p_2,\cdots,p_n$，预算收入为 I，此时有预算约束

$$p_1x_1+p_2x_2+\cdots+p_nx_n \leqslant I \tag{2-40}$$

将式(2-39)和式(2-40)合写，则有效用最大化问题（UMP），即

$$\begin{cases}\max\limits_{x_1,x_2,\cdots,x_n} & y=f(x_1,x_2,\cdots,x_n)\\ \text{s.t.} & p_1x_1+p_2x_2+\cdots+p_nx_n \leqslant I\end{cases} \tag{2-41}$$

令拉格朗日函数 $L=f(x_1,x_2,\cdots,x_n)+\lambda(I-p_1x_1-p_2x_2-\cdots-p_nx_n)$。

在式(2-41)取得最优值时，有一阶必要条件

$$\frac{\partial L}{\partial x_i}=0 \tag{2-42}$$

① 消费选择理论立足于消费者，其"投入"是最终产品，其"产出"即效用；生产选择理论立足于生产者，其"消费"涉及要素、中间产品或最终产品，而其"效用"则是产量、成本或利润。这种行为逻辑的相似性使得消费选择理论和生产选择理论在数学形式及实质上多有雷同。

② 当然，就生产技术而言，除存在"多种投入—一种产出"之外，还可能存在着"多种投入—多种产出""一种投入—多种产出""一种投入—一种产出"等情形。后者的数学表达方式也有别于此处的生产函数。

③ 除非这两个劳动力之间出现严重的内耗，以致出现如同"一个和尚挑水吃，两个和尚抬水吃，三个和尚没水吃"的情形。

考虑互补-松弛条件,有

$$\begin{aligned} \lambda > 0, \quad & 若\ p_1x_1 + p_2x_2 + \cdots + p_nx_n = I \\ \lambda = 0, \quad & 若\ p_1x_1 + p_2x_2 + \cdots + p_nx_n < I \end{aligned} \tag{2-43}$$

进一步得

$$\frac{\partial f/\partial x_i}{p_i} = \frac{MP_i}{p_i} = \lambda = \partial L/\partial I > 0 \tag{2-44}$$

上式即生产者均衡条件。这意味着,当生产者获得最大产量时,此时生产者使用任何要素的单位价格的边际产出均相同。由预算约束条件和生产者均衡条件,我们进一步可得到最优的要素组合,记作

$$x^* = (x_1^*, x_2^*, \cdots, x_n^*) \tag{2-45}$$

此时,任一要素的最优使用量(即需求量)都是生产者收入水平和所有要素价格水平等外生变量的函数,即

$$x_i^* = x_i(p_1, p_2, \cdots, p_n; I) = x_i(P, I) \tag{2-46}$$

其中,$P = (p_1, p_2, \cdots, p_n)$,这里的 $x_i(\cdot)$ 称作条件要素需求函数。

现在我们可考虑前述丁先生的经营决策问题了。注意到丁先生的生产函数即式(2-36)满足一阶偏导为正、二阶偏导为负的基本假定,在此前提下,由生产者均衡条件以及预算约束式(2-38),可计算出丁先生最佳雇工数量以及最佳门店面积,进而推算每月可能的最大派件量,即

$$L^* = 2, \quad S^* = 120, \quad Q^* = 1\,000 \times 2^{0.2}120^{0.8} = 52\,912 \tag{2-47}$$

进一步地,倘若将丁先生的收入水平以及所有要素的价格均放宽,我们可得到丁先生的条件要素需求函数。当然,在现实生活中,丁先生未必如此理性,未必会严格按照上述程序及计算结果选择他的雇工数量和门店面积。倘若丁先生的雇工数量和门店面积均超出上述计算结果,那么丁先生很可能负债经营。反之,倘若丁先生的雇工数量和门店面积均低于上述计算结果,丁先生每月或有结余,但如此不是员工过度疲劳,就是场地或办公设备过度负重。相比之下,我们当然希望丁先生能做出理性的用工用地选择。

三、最小成本化与生产者均衡

丁先生既可能基于特定预算约束为追求最大产量而选择要素使用组合,也可能基于特定产量为谋求最小支出而选择要素使用组合。后者即成本最小化问题,其一般形式为

$$\begin{cases} \min\limits_{x_1, x_2, \cdots x_n} & p_1x_1 + p_2x_2 + \cdots + p_nx_n \\ \text{s.t.} & f(x_1, x_2, \cdots, x_n) \geq y \end{cases} \tag{2-48}$$

其中,x_i 为第 i 种要素的使用量($i = 1, \cdots, n$);各类要素的价格分别为 $p_1, p_2, \cdots, p_n$;$f(\cdot)$ 为富有技术效率的生产函数,且 $f'(\cdot) > 0, f''(\cdot) < 0$;$y$ 为某个特定的产量。

与前文产量最大化问题分析类似,设定拉格朗日函数且根据其一阶必要条件和互补-松弛条件,仍可得到生产者均衡条件,后者与式(2-44)完全相同。类似地,借助生产者均衡条件和 $f(x_1, x_2, \cdots, x_n) \geq y$,我们可导出各要素的最佳的使用量。值得注意的是,此时特定的产量水平以及所有商品的价格水平构成了决定各要素最佳使用量的因素(外生变量),即

$$x_i^* = x_i(p_1, p_2, \cdots, p_n; y) = x_i(P, y) \tag{2-49}$$

其中，$P=(p_1,p_2,\cdots,p_n)$。将式(2-49)代入式(2-48)，即得成本函数

$$c=p_1x_1^*+p_2x_2^*+\cdots+p_nx_n^*=c(P,y) \tag{2-50}$$

也就是说，成本函数反映了产出水平与其相应的最小成本之间的关系。

与生产函数类似，成本函数也有长短期之分。短期成本函数是指存在固定成本的成本函数。所谓固定成本，即成本不随产量变化而变化的成本，如丁先生经营快递门店的加盟费不因业务量的多少而变化，故而可视作固定成本。一般地，短期成本函数可表示为

$$c=FC+VC(y) \tag{2-51}$$

其中，FC 为固定成本，通常为某个非负常数；$VC(y)$ 为可变成本，是产量的函数。

相应地，长期成本函数就是指不存在固定成本的成本函数，可表示为

$$c=c(y) \tag{2-52}$$

式(2-51)和式(2-52)均刻画的是全部成本同产量之间的关系，往往称作总成本函数。在此基础上，往往还有平均成本函数(记作 AC)和边际成本函数(记作 MC)之分。平均成本函数旨在反映平均成本同产量之间的关系，边际成本函数旨在反映边际成本同产量之间的关系。其中，平均成本即每单位产量所负担的成本，边际成本即平均每增加单位产量所增加的成本。两者定义式分别记作

$$AC(y)\triangleq c(y)/y,\quad MC(y)\triangleq \Delta c(y)/\Delta y \xrightarrow{\Delta y\to 0} \partial c(y)/\partial y \tag{2-53}$$

通常，当某个产量使得平均成本达到最低时，该产量相应的平均成本将等同于该产量相应的边际成本[①]。这意味着，边际成本的某个水平将是平均成本由低而高的转折点。

我们应该注意到，迄今为止，在数学形式上，消费行为理论和生产行为理论之间并无实质性区别。既然消费行为理论中的效用最大化问题与支出最小化问题之间存在对偶性，那么，生产行为理论中的产量最大化问题与成本最小化问题之间也将存在对偶性。这意味着，倘若产量最大化问题的目标值(约束值)等同于成本最小化问题的约束值(目标值)，那么，两者将拥有完全相同的最佳要素使用组合。

就前述丁先生的案例来说，为达到 52 912 件月派件量，面对当地市场雇工月薪 3 000 元、每平方米店面租金 200 元的行情，我们由对偶性很容易知道，丁先生约需雇佣 2 名服务人员和 120 平方米的店面，为此他每月最低需要支付 30 000 元的成本。当然，我们也可按照前述思路推导出丁先生的成本函数

$$c=(3\times 60^{-0.8}+0.2\times 60^{-0.2})Q\approx 0.567\,0Q \tag{2-54}$$

将月派件量 52 912 代入式(2-54)可知，此时丁先生的成本也的确约 30 000 元。

四、规模报酬与规模经济

在生产经营过程中，生产者经常会遇到要素使用规模扩张或收缩的现象，由此就必然面对规模报酬和规模经济的问题。实际上，两个问题并不等同。大致说来，规模报酬问题是个基于要素使用量等比例同时变动的技术账，规模经济问题是个基于要素使用变动(未必等比例同时变动)的经济账，两者不无交集但侧重点明显有别。

仅就两者的“规模”字义而论，无论要素使用量是否等比例同时变动，两者实质上都构成

① 读者可立足于式(2-53)中的两个定义式证之。

了整体生产经营规模的变动，尽管其间略有区别。丁先生将雇工数量和门店面积均增加 1 倍属于规模扩张，若他将雇工数量提高 3 倍、门店面积扩大 1 倍难道就不是规模扩张了么？这不过是另一种方式的规模扩张而已。实际上，规模报酬和规模经济的区别，主要还是体现在考察角度与方法的区别。

规模报酬立足于长期生产函数，主要反映所有要素使用量等比例同时变动同产出变动之间的关系。一般地，倘若要素规模的整体增幅大于产出增幅称作规模报酬递减，若小于则称作规模报酬递增，若相等则称作规模报酬不变。容易理解，之所以强调“长期生产函数”，乃是因为只有长期生产函数才能满足所有要素使用量等比例同时变动这一前提。比如，倘若前文的丁先生将雇工数量和店面面积均增加 1 倍，结果月派件量同样增加 1 倍，此时丁先生的经营即具有规模报酬不变性质[①]。显然，丁先生能对要素做出如此全面调整，绝非每月之功：其一，丁先生实在是“不差钱”，他手中得有足够的现金流所以他有能力全面增加雇工数量和店面面积；其二，相关的制度安排（如现行的劳动制度、契约制度、房屋租赁制度）允许他可以对雇员人数和店面面积同时进行调整，否则丁先生或许最多只能调整一种要素，或雇员人数或店面面积；其三，市场环境中的确存在着能够满足调整所需的资源（比如存在相对过剩的雇员和店面），否则丁先生再“不差钱”也将难以雇佣更多的员工、获取更大的门面，调整（尤其是要素扩张）在实际上也难达成。

我们通常可用 k 阶齐次生产函数描述规模报酬问题，即

$$f(tx_1,tx_2,\cdots,tx_n)=t^k f(x_1,x_2,\cdots,x_n),\quad k\begin{cases}>1,\text{规模报酬递增}\\=1,\text{规模报酬不变}\\<1,\text{规模报酬递减}\end{cases}\tag{2-55}$$

规模报酬问题往往隐含着一些重要规律。比如，当生产函数 $y=f(x_1,x_2,\cdots,x_n)$ 具有规模报酬特征时，亦即 $y=f(x_1,x_2,\cdots,x_n)$ 为 k 阶齐次生产函数时，可以证得[②]

$$f(x_1,x_2,\cdots,x_n)=k\sum_{i=1}^{n}\frac{\partial f}{\partial x_i}x_i\tag{2-56}$$

特别地，当 $k=1$ 时（此时规模报酬不变），有

$$f(x_1,x_2,\cdots,x_n)=\sum_{i=1}^{n}\frac{\partial f}{\partial x_i}x_i\tag{2-57}$$

式(2-57)表明，在规模报酬不变时，产出量等于各要素使用量与其相应的边际产量乘积之和。这就是所谓的产品分配净尽定理。由于某要素使用量与其相应的边际产量乘积相当于该要素对产出的贡献，因而，产品分配净尽定理意味着：如果按贡献原则分配产品，那么，产量最终可被各要素完全分配掉。反过来说，如果按照要素贡献完全分配掉产品，生产经营就须具备规模报酬不变性质。

进一步说，规模报酬侧重从技术效率角度反映长期生产经营状况。其中，规模报酬递增反映了要素扩张增进协同效率的情形，规模报酬递减反映了要素扩张降低协同效率的情形，规模报酬不变反映了要素扩张并不影响原有协同效率的情形。倘若丁先生的雇工和门店面积扩充 1 倍，结果发现月快件量增加了 3 倍，那么，其中极有可能是因为雇员之间的合作效

---

① 基于前文的设定，读者不妨尝试计算一下，结果是否果真如此。

② 读者可由规模报酬不变的定义及其函数形式，稍加变式分析证之。

能得到发挥、店面使用效率得到提高等的作用。

规模经济问题立足于长期平均成本函数，主要反映所有要素使用量变动同长期平均成本变动之间的关系。倘若在所有要素使用量增加之后，生产经营的平均成本相较之前不升反降，则称作规模经济，否则就是规模不经济。因而，规模经济问题着力从经济角度考察生产经营状况，揭示其间的经济效率问题。比如，在仅考虑两种要素（雇工数量和门店面积）的情况下，由式（2-47）我们知道，在原有最优组合（2，120）时，丁先生的平均成本为 0.57 元/件。现在，丁先生可再增招 1 个雇员（雇员增长率为 50%）、再扩大 30 平方米门店面积（门店面积增长率为 25%），结果丁先生发现门店的平均成本为 0.58 元/件，较规模扩张之前略有提高。这意味着丁先生的快递门店经营已经具备了规模不经济的性质。

类似于中国“富不过三代”的说法，企业的生产经营通常具有由规模经济向规模不经济转换的趋势。与之相应，其长期意义上的平均成本往往随着产量增加先降后升。这是因为，在生产经营的初始阶段，随着生产经营规模的扩张，由于分工、专业化等因素不断释放所有要素的潜力及其协同效率，尤其是组织内部的各类从业人员的学习活动及其累积效应[①]，产量的增长往往快于成本的增长以致降低平均成本，由此使得生产经营呈现出规模经济特征；但是，当生产经营发展及其规模不断扩张到一定阶段之后，随着生产经营中的协调事务不断增加，官僚主义习气可能滋长，管理与决策可能存在时滞或失误，加之要素需求推动也可能推高要素价格，生产经营中的成本增长幅度可能高于产量的增长幅度以致抬升平均成本，从而使生产经营呈现出规模不经济的特征。

可见，规模经济问题实质上隐含着成本变动幅度与产量变动幅度之间的对比关系问题，后者涉及弹性概念。所谓弹性，即某一变量变动单位幅度引起另一变量变动的幅度。一般地，规模经济可用成本-产出弹性（记作 $e_{c,y}$）以及规模经济指数（记作 SEI）测度，即

$$e_{c,y}=\frac{\mathrm{d}c/c}{\mathrm{d}y/y}=\frac{\mathrm{d}c/\mathrm{d}y}{c/y}=\frac{MC\,|_{y}}{AC\,|_{y}} \tag{2-58}$$

$$SEI=1-e_{c,y} \tag{2-59}$$

式（2-58）表明，某产量处（比如 y）的成本-产出弹性实则该产量处的边际产量与平均产量之比。式（2-58）和式（2-59）表明，成本-产出弹性与规模经济指数之间呈反向关系。当 $e_{c,y}<1$ 或 $SEI>0$ 时，生产经营属规模经济，此时边际成本大于平均成本；当 $e_{c,y}>1$ 或 $SEI<0$ 时，生产经营属规模不经济，此时平均成本大于边际成本。

就丁先生的快递门店扩张而言，在员工薪资和门店租金价格没有发生变动的前提下，增招员工和扩大铺面之所以能够增加平均成本，直观看来乃是由于产量增长相对较低所致（毕竟产量构成平均成本计算时的分母项，既然分母小势必分数大）。这同实际计算结果也相吻合。经计算，增招 1 个雇员和扩大 30 平方米铺面使得丁先生快递门店的总成本增加了 30%、产量增加了 29.6%，规模不经济的原因的确是因为成本增幅大于产量增幅。

那么，此时丁先生该如何仍旧维持规模经济效应呢？

丁先生深知，他可能无法左右员工薪资和门店租金价格，因为后者决定于当地市场环境和法律制度。因而，要想在扩张规模的同时继续保持规模经济，他只有寄希望于规模扩张之

① 此即“学习效应”。它一般会导致长期平均成本在原有基础上进一步下降。不过，即便如此，学习效应往往也难以扭转长期平均成本先降后升的基本特点。

后派件量能够获得更大增长，也就是在生产函数上下功夫。为此，他需要全力提高经营管理水平，充分发挥员工之间、门店不同区块之间、员工与门店区块之间的协同效率，以便让他所面对的生产函数能够脱胎换骨，比如由原先的 $Q=1\ 000L^{0.2}S^{0.8}$ 变为 $Q=1\ 000LS$。

需要注意的是，倘若丁先生所面对的生产函数恰恰反映了当地快递门店行业的技术与管理水平，体现了当地快递门店行业的投入产出关系，那么，当地快递门店行业在整体上将具有规模不经济特征。这也意味着，倘若丁先生能够不断改善技术和管理水平进而脱离规模不经济的"魔咒"，那他一定能在当地快递门店行业脱颖而出甚至拥有更大的市场份额。

一般来说，规模报酬递增企业不宜拆解，同属规模报酬递减企业之间不宜合并。但是，这种在规模报酬意义上近似"强合弱分"特性（几乎是"优胜劣汰"规则的翻版）在规模经济意义上未必存在：具有规模经济效应的企业合作起来未必仍然具有规模经济效应，同样，具有规模不经济效应的企业在拆分之后也未必依然具有规模不经济效应①。个中原因不难理解：相比规模报酬而言，规模经济效应要受到市场环境因素的影响，何况经营变更本身也将导致不同企业之间或其要素之间出现磨合。这些因素相互交织，需要具体问题具体分析。

在现实经济生活中，企业兼并、重组、纵向一体化、横向一体化等组织形式的变更都可能引发所有要素及生产经营规模的波动，进而影响产出和成本。不过，最终能否产生规模收益递增以及规模经济效应，归根结底取决于经营变更之后的技术效率、管理与协调效率以及市场环境。

五、联产兼营与范围经济

鉴于当地快递门店行业竞争加剧，或深感自家门店面积太大、员工工作时间太过富余，丁先生立足于既有员工数量和门店面积，考虑在快递门店中兼营其他业务。比如，在送件业务之外，开办上门取件业务，同时在门店顺带售卖一些包装物品甚至当地土特产品。这种利用既定要素，在主业之外从事相关业务的经营行为甚至相关产品的生产行为，拓展了原有的产出范围，体现了生产经营的多元化进程，引发了范围经济或范围不经济的问题。其中，范围经济是指联产兼营之后的成本低于联产兼营之前各类产出分散成本之和的现象，范围不经济是指联产兼营之后的成本高于联产兼营之前各类产出分散成本之和的现象。

假设生产者基于原定要素形成 n 种产出，通常用范围经济程度（记作 CS）测度是否存在范围经济

$$CS=\frac{\sum_{i=1}^{n}c_i(y_i)-c(y_1,y_2,\cdots,y_n)}{c(y_1,y_2,\cdots,y_n)} \tag{2-60}$$

当 $CS<0$ 时属范围不经济，当 $CS>0$ 时属范围经济。其中，y_i 指第 i 种产出的产量，$c(y_1,y_2,\cdots,y_n)$ 为兼营联产成本函数，$c_i(y_i)$ 为生产第 i 种产出的单一产出成本函数。

范围经济问题不同于规模报酬或规模经济问题。前者一般立足于要素规模不变，侧重考察多种产出的联产兼营成本问题。后两者立足于要素规模变动，侧重考察单一产出的产量变动或成本变动问题。

丁先生一定会追求范围经济吗？未必！范围经济仅仅刻画了联产兼营的相对成本高

① 读者可尝试给出数学证明。

低，这仅仅说明联产兼营相对于分散单干在成本上更划算。如果丁先生仅仅追求节约成本，那他会持续推进联产兼营以便谋求范围经济效应。然而，成本节约并不必然等价于利润增进，倘若丁先生更在乎利润，那他未必一贯坚持联产兼营模式。

假设 n 种产出的价格分别为 $p_1,p_2,\cdots,p_n$，将联产兼营之后的利润记作 π_1，则

$$\pi_1=p_1y_1+p_2y_2+\cdots+p_ny_n-c(y_1,y_2,\cdots,y_n) \tag{2-61a}$$

将单独分散多种经营的利润记作 π_2，则

$$\pi_2=p_1y_1+p_2y_2+\cdots+p_ny_n-\sum_{i=1}^{n}c_i(y_i) \tag{2-61b}$$

倘若在联产兼营之前仅生产一种产出（设为第 i 种产出），此时利润记作 π_3，则

$$\pi_3=p_iy_i-c_i(y_i) \tag{2-62}$$

倘若存在范围经济，且产出价格在兼营联产前后均保持不变，则有 $\pi_1>\pi_2$。

进一步说，当产出价格在联产兼营前后均保持不变时，或在相同的产出价格水平下，范围经济可以带来相对更多的利润（即 $\pi_1>\pi_2$ 和 $\pi_1>\pi_3$），追求利润的生产经营者会推崇联产兼营。不过，联产兼营活动也可能大大增加市场供给，推动产出价格大幅度下跌，如此将抵消联产经营所降低的成本、削减联产兼营的利润，以致达不到联产兼营之前的利润水平（即 $\pi_1<\pi_2$）、甚至低于单一产出时的利润（即 $\pi_1<\pi_3$）。如果追求利润的生产者能够准确预期到这一点，那他将不会考虑联产兼营。

值得注意的是，对于式(2-62)而言，当生产经营者取得最大利润时，有

$$\frac{\partial\pi_3}{\partial y_i}=0\Rightarrow p_i=MC_i(y_i)\Rightarrow y_i=s(p_i) \tag{2-63}$$

其中，$y_i=s(p_i)$ 称作产品 y_i 的供给函数。

进一步地，为了获取最大利润，生产经营者也会对其联产兼营的各类产出做出规划，此时由式(2-61a)可推知，

$$\frac{\partial c/\partial y_i}{\partial c/\partial y_j}=\frac{p_i}{p_j}\Rightarrow RPT_{i,j}\triangleq-\partial y_j/\partial y_i=\frac{p_i}{p_j} \tag{2-64}$$

其中，$RPT_{i,j}$ 称作产品 i 对产品 j 的转换率，它是指平均每减少一个单位的产品 i 的生产所能增加的产品 j 的产量。式(2-64)表明，最大利润时的产品转换率水平等于产出价格水平的倒数。这意味着，要想获得最大利润，联产兼营须按照产品转换率与价格比相反的原则进行。那么，由此可以推定每种产出的最优产量吗？答案是否定的。

我们知道，产量越多，相应的总成本一般就越高。只要“不差钱”、不在乎成本或不存在成本约束（此即后文“软约束”情形），生产者就可以一直按照式(2-63)确立的准则生产下去。换句话说，只有存在成本约束，我们才能讨论各种产出的最优产量问题。因而，范围经济中的最优产出组合实则预算约束水平和产品转换率水平共同作用的结果。

联产兼营所产生的范围经济以相同要素的使用为前提。在个体意义上，它类似于我们寻常所谓的“一专多能”“一心多用”，在相当程度上体现了分工的精细化以及合作的深化与广化进程，是一种以效率增进为前提的生产经营的集约化。这为我们思考企业兼并、重组等问题提供了重要启发，也有助于拓展且丰富范围经济的内涵。我们不妨将不同企业或组织兼并、重组前后的要素均视作一个统一的整体，此时要素规模在兼并、重组前后并无变化。在此前提下，倘若兼并、重组之后的产出范围相比兼并、重组之前进一步拓宽，兼并、重组之

后的生产经营成本相比兼并、重组之前进一步节约，那么，这种兼并、重组所产生的生产经营的集约化又何尝不是一种范围经济？如果说立足于企业或组织内部所产生的范围经济是一种基于内部协同效率提升因素的范围经济，那么，企业或组织之间通过兼并、重组所产生的范围经济无疑是一种基于外部协同效率提升因素的范围经济。

六、软约束与生产经营

"软约束"是匈牙利著名经济学家亚诺什·科尔内于1980年在其著作《短缺经济学》中提出的经典概念。该书提到与"生产增长"相关的一般三类约束：资源约束、需求约束和预算约束。其中，资源约束是指实际投入不多于其瞬间可用数量，需求约束是指产品销售量不多于既定价格下消费者对该产品的需求，预算约束是指企业支出不多于企业收入及其拥有的货币存量。当实际投入恰好等于其瞬间可用数量、产品销售量恰好等于其需求量、企业支出恰好等于企业收入，此时三类约束就是有效的、紧致的，不存在浪费，也限制了生产的进一步增长；倘若实际投入小于其瞬间可用数量、产品销售量小于其需求量、企业支出小于企业收入，此时三类约束就是无效的、松散的，存在浪费，生产仍有扩张的可能[①]。

进一步看，资源约束"坚如磐石"，属于较具刚性意义的"硬约束"，因为任何生产都离不开必要的物质前提。相比之下，需求约束和预算约束实则行为约束，更多地体现了人的行为规律、具有一定的主观倾向性，人们甚至可以打破需求约束和预算约束。行为约束的软硬程度"取决于具体的社会条件，即取决于要求遵守行为规则的社会关系"，未必都如同资源约束那般刚硬，有些行为约束可能硬度适中，有些则可能是软约束。不仅如此，科尔内教授还认为，"古典资本主义企业"通常面临需求约束，"传统社会主义企业"通常面临资源约束。

尽管科尔内当时提出且区别三类约束重点旨在阐述社会主义经济问题，但这种做法本身却具有相当的普适意义。时至今日，人类生产活动仍然面临着资源约束、需求约束和预算约束。尤其是面对全球性的资源枯竭和能源危机，资源约束现在不仅是众多社会主义企业的硬约束，还是众多资本主义企业的硬约束。随着市场化进程的不断深入，社会主义企业同资本主义企业一样，面临着较硬的、最终源自市场的需求约束。至于预算约束，在相当意义上则取决于企业所拥有的社会资源，与社会主义抑或是资本主义并无必然关系。在现实生活中，无论在资本主义国家还是社会主义国家，享有特权的企业组织往往都可能存在软预算约束问题，后者甚至牵涉国家力量。尤其当各类特权（包括政治特权）均可进入市场且展开充分流通的情况下，就某些享有特权的企业而言，软约束问题不仅在其预算约束中可能存在，在其资源约束甚至需求约束中同样可能存在。

软约束可以让享受软约束特权的生产经营者获得更多物质资源甚至把控更多的市场需求，同时也可获取更多的资金支持，由此有助于企业或生产经营者提供更多的产出或服务。尤其在国民经济极度失衡或国内产业发展不足时，国家针对某些产业或某些骨干企业施以必要限度的软约束也有助于这些产业或企业获得较快增长甚至提升其竞争力。这些无疑都是软约束的积极后果。然而，在现实意义上，软约束的弊端似乎更多：资源浪费，产品积压，需求乏力，供求失衡，人浮于事，服务质量低下，运行效率不佳，官僚主义风气滋长，政府财政压力及风险加大。显然，软约束及其背后的特权同市场经济所崇尚的公平与效率取向格格

① 参见科尔内：《短缺经济学》（上册），张晓光、李振宁等译，经济科学出版社1986年版，第31～34页。

不入。就此而论，在市场竞争中，消除软约束无异于消除市场特权，如此方能让各类企业组织或生产经营者真正成为平等竞争的市场主体。

如果丁先生相比同行能获得更多的银行信贷支持，客观上就有预算软化的可能。如果这种“软化”的预算约束被丁先生积极利用，且的确就此能够让丁先生的派件量、发件量乃至相关经营明显增加，那么这种软化的预算约束无疑有些正面意义。不过，如果丁先生因此再也没有了预算约束的烦恼，那他还会像有预算硬约束时那样去拼搏吗？或者，如果员工们有一天意识到他们的丁老板财力雄厚，他们还会像有预算硬约束时那样去努力吗？当然，此时还得考虑丁先生及其员工的生活理念和工作素养。但是，如果人类的惰性或机会主义倾向总是杂处其间，答案在相当程度上将是否定的。推而广之，如果不乏惰性或机会主义倾向的丁老板们或员工们都如此面对软约束，那么，整个社会经济的运行效率将从何谈起?!

七、跨期选择与利润最大化

实际生活中，生产经营活动往往并非开门获利，多数情况更可能起初亏损、进而盈利、最终落败。对于快递门店经营，丁先生可能制订了详细的长期经营计划。此时，他不再追求各期利润的最大化，而是力求在整个经营期间内的利润总量的最大化。考虑到货币的时间价值，这种利润总量（记作 π）的最大化进一步表现为各期利润贴现累积的最大化[①]，即

$$\max_{K_t, L_t} \pi = \sum_{i=1}^{T} \beta^t \{pf(K_t, L_t) - wL_t - r[\delta K_t + (K_t - K_{t-1})]\} \tag{2-65}$$

其中，T 指经营期间，β 指贴现因子，K_t 指第 t 期的资本（如机器设备房屋等价值）存量，L_t 指第 t 期的劳动力投入，w 指工资，r 指资本的价格（如租金或利息率），δ 指折旧率，$K_t - K_{t-1}$ 相当于第 t 期的新增投资。为简单起见，这里假设商品价格、工资和资本价格均保持不变。

鉴于式(2-65)中 K_t，L_t 均具控制作用，可构造值函数 $V(K_t, L_t)$，且使得

$$V(K_{t-1}, L_{t-1}) = \max\{pf(K_t, L_t) - wL_t - r[\delta K_t + (K_t - K_{t-1})] + \beta V(K_t, L_t)\} \tag{2-66}$$

式(2-66)即式(2-65)所诠释的问题的贝尔曼方程。对于式(2-66)，由控制变量 K_t 及一阶必要条件，可得方程（欧拉方程），即

$$\frac{\partial V(K_{t-1}, L_{t-1})}{\partial K_t} = 0 \Rightarrow p\frac{\partial f(K_t, L_t)}{\partial K_t} - r\delta - r + \beta\frac{\partial V(K_t, L_t)}{\partial K_t} = 0 \tag{2-67}$$

对于式(2-66)，两边对表征状态的变量 K_{t-1} 偏微分，可得等式（即包络条件）

$$\frac{\partial V(K_{t-1}, L_{t-1})}{\partial K_{t-1}} = r \Rightarrow \frac{\partial V(K_t, L_t)}{\partial K_t} = r \tag{2-68}$$

注意式(2-68)的推导运用了递推式。将式(2-68)代入式(2-67)，可得

$$\frac{\partial f(K_t, L_t)}{\partial K_t} = \frac{r(1+\delta-\beta)}{p} \tag{2-69a}$$

类似地，可得

$$\frac{\partial f(K_t, L_t)}{\partial L_t} = \frac{w}{p} \tag{2-69b}$$

---

① 下述分析仍基于动态规划视角。不熟悉者可直接阅读后面的结论。

式(2-69a)和式(2-69b)的右端都是常数。这表明,基于前述假设情形,丁先生如果想在长期经营中获得最大利润,他就要遵循给定的边际产出水平安排生产经营。进一步说,他支付给员工的实际工资须按照员工的边际产出制定,他支付给资本的租金既要考虑商品与服务的价格,也需要考虑折旧率和资本的边际产出因素。

第三节　微观基础与经济周期

理性人框架有助于分析消费选择和生产经营选择问题。不仅如此,从消费者和生产者等微观经济主体的理性选择出发,往往还有助于揭示经济周期和经济增长内在机制以及宏观经济政策的作用后果①。这就是所谓的“宏观经济学的微观经济学基础”(以下简称为“微观基础”)问题。自 20 世纪 70 年代美国经济学家罗伯特·卢卡斯强调理性预期及其对宏观经济政策效果的影响以来,微观基础逐步成为西方主流经济学开展经济周期和经济增长理论研究乃至宏观经济理论建构的出发点。本节就此结合实际经济周期研究做些介绍,以期进一步展现理性人框架的运用及其拓展分析艺术。

一、经济周期的基本概念及主要诱因

经济周期与经济波动相联系。经济波动可能杂乱无序,也可能有规可循。经济周期实则经济波动的一种特殊表现,它指的是经济(通常指宏观经济变量,如产出、消费、投资等)波动中的那些具有周期性质的波动。经济波动未必都是周期性波动,有些波动可能是趋势性因素引起的波动(即趋势性波动),有些波动可能是季节性因素引起的波动(即季节性波动),有些波动可能是不规则因素引起的波动(即不规则波动)。在具体计算时,人们往往扣除经济波动中的趋势性、季节性和不规则波动,继而将剩下的波动归结为周期性波动。

一般来说,经济周期包括萧条、复苏、繁荣、危机等四个相互继起、周而复始的阶段。从周期持续(或轮回一次经历)的时间来看,经济周期又有长周期(又称康德拉季耶夫周期,平均 50～60 年)、中周期(含朱格拉周期,平均 10 年;库兹涅茨周期,平均 20 年)以及短周期(又称基钦周期,平均 3～5 年)等的区分。

关于经济周期的主要诱因,经济学家们曾做过不少研究。如卡尔多、萨缪尔森和希克斯等人强调国民收入与储蓄和投资之间的互动循环对经济周期的影响;德尔宾强调消费规模的扩张与收缩;哈伯勒强调投资规模的扩张与收缩;霍特里特强调信用规模的扩张与收缩;熊彼特强调技术创新和制度创新;尼耳强调社会公众心理及其预期;卡列茨基强调政治周期及其相伴的公共政策等因素对经济周期的主导性影响;杰文斯甚至认为太阳黑子的周期性波动影响地理、生态与环境,进而作用于农业甚至最终导致经济运行出现周期性波动。此外,还有学者强调价格调整、货币供给、技术冲击等因素对经济周期的影响。这些研究对我们理解现实经济周期问题均有启发。

在此,我们主要就实际经济周期理论做些讨论,因其直接从微观基础出发,较能充分体

① 值得注意的是,新兴古典主义经济学家们从“消费者—(兼)—生产者”的理性选择与分工及专业化选择中也能做到这一点。限于篇幅,本书不予介绍。有兴趣者可参阅杨小凯:《经济学:新兴古典与新古典框架》,张定胜、张永生、李利明译,社会科学文献出版社 2003 年版。

现理性选择在经济周期及其理论分析中的先导地位。需要说明的是，实际经济周期中的“实际”二字，在相当程度上可视作“货币”或“价格”等的对称①。它主要指一些具有实体质感的因素，如技术及其创新、人口数量、政府支出、石油危机、自然灾害、战争、瘟疫等。其中，技术及其创新的随机性扰动对经济周期造成的主导性影响即所谓“技术冲击”。

二、实际经济周期理论的特点与思路

实际经济周期理论直接依托代表性消费者和代表性生产者②，据其理性选择推导出宏观经济变量（如产出、消费、投资、进出口等）之间的动态均衡关系，从中推断宏观经济变量的稳态水平，然后在此基础上考察某种实际因素（如技术冲击因素）的随机性扰动对宏观经济变量偏离其相应的稳态水平的影响特点（如方向、波幅及其变动等）。考虑到该理论思想观点和技术方法较为复杂，且其至今俨然已成西方宏观经济学的一大流派，我们在此先梳理且描述其理论建构的一般思路，之后再引用一则相对简单的算例加深印象。

如图 2-4 所示，实际经济周期理论的研究过程一般由八个步骤组成。虽然其思路不失简洁明快，但其中需要诸多数学处理技巧，为便于读者大致做些了解，兹扼要描述于下。

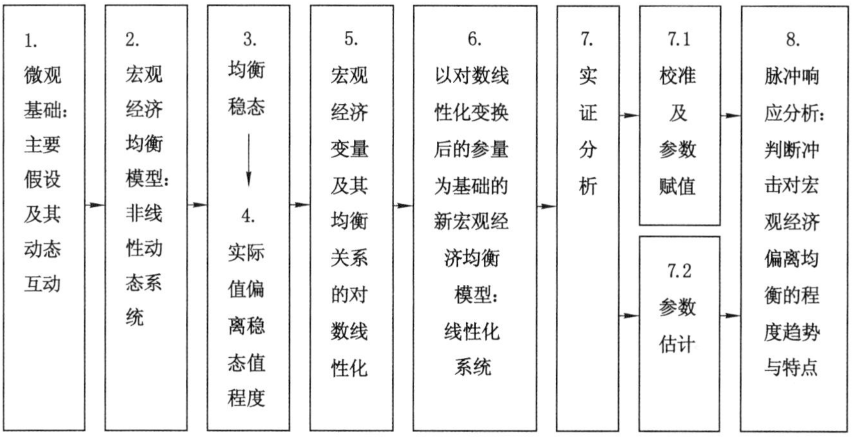

图 2-4　实际经济周期分析的基本程序

第一步，考察宏观经济的微观基础。在此，主要通过对代表性消费者、代表性生产者的行为目标（如各期利润最大化、累积效用现值最大化等）、约束条件（主要指收入、资源与价格等的约定及其平衡）与决策环境（如自由竞争体制、中央集权控制等）进行设定，继而导出代表性消费者和代表性生产者的最优选择，后者互有联系且具有一定的动态非线性性质。

第二步，构建宏观经济均衡模型。在代表性行为人实现最优选择的基础上导出相应的

---

① 这也意味着，在实际经济周期者看来，货币仍然是一种“面纱”或虚幻之物、符号之物，并不是一种具有内在质感的因素。

② 即经济社会中所有的消费者之间彼此都相同，所有的生产者之间彼此都相同。强调“代表性”是当代宏观经济学研究的一大特点，它实质上以微观经济主体的均质性或同质性假设为前提。如此处理有助于简化分析——由个人理性选择及其互动可直接推定宏观经济变量及其互动。当然，其间纰漏也昭然若揭：学者们在研究之始即抹杀了行为人之间的现实差别，因而整体上忽视了行为人在理性选择问题上的结构性差异，由此自然也就难以解释后者对宏观经济的结构性影响。

宏观经济变量及其均衡关系，再考虑社会经济总量平衡关系（如社会总收支平衡、货币供求均衡等），以此构建宏观经济均衡模型。后者往往直观表现为一组联立方程，其中每个方程都对应着一个均衡条件或假设条件。在此过程中，由于微观基础原有的非线性动态性质被"携带"进来，宏观经济均衡模型此时是一种非线性动态系统。比如，本期均衡消费量 c_t 与下期均衡消费量 c_{t+1} 之间存在关系 $c_{t+1}/c_t=\rho(1-\delta+\alpha\cdot y_{t+1}/k_{t+1})$（其中 $\rho,\delta,\alpha,y_{t+1},k_{t+1}$ 分别指贴现率、折旧率、产出对资本的弹性、下期产出量、下期资本量），那么，这一非线性动态方程就会同宏观经济均衡模型中的其他方程形成运算关系，其非线性动态性质也就随之传散至整个宏观经济均衡模型，进而使后者呈现为非线性动态系统。

第三步，将宏观经济变量稳态化。考察当宏观经济均衡处于稳态时的情形，为此，将宏观经济均衡模型中的各宏观经济变量均取其稳态水平（即略去各宏观经济变量的时间因素进而将其视作某个常数）。比如，在宏观经济均衡模型中的两期消费量之间存在关系 $c_{t+1}/c_t=\rho(1-\delta+\alpha\cdot y_{t+1}/k_{t+1})$，那么，在稳态情形中将有 $1=\rho(1-\delta+\alpha\cdot y/k)$，其中，$y$，$k$ 分别指产出量和资本存量的稳态水平。又如，原先表征资本存量与投资量之间的关系为 $k_{t+1}=(1-\delta)k_t+i_t$，在稳态情形中将有 $k=(1-\delta)k+i\Rightarrow i=\delta k$，其中 i 表示投资量。

第四步，将宏观经济变量对数离差化。将讨论焦点转换为宏观经济变量的正常值与其相应的稳态值的对数离差问题，以便为后续的线性化处理做铺垫。个中原因大致有二。

其一，宏观经济变量多数服从对数正态分布（即当宏观经济变量取对数后所得数值方才具备服从正态分布的统计特征），而随机变量若服从正态分布处理起来往往也相对容易，因而需要对原有宏观经济变量做对数化处理。这意味着，假如之前我们关注的焦点是 y_t，k_t，那么，从现在开始，我们关注的焦点将转换为 $\ln y_t$，$\ln k_t$。

其二，经济周期归根究底是宏观经济变量的实际值围绕其相应的稳态值而展开的周期性波动。宏观经济变量经过对数离差处理后将更容易直接体现这种波动。所谓对数离差即变量实际值的对数减去变量稳态值的对数。这意味着，如果之前我们关注的焦点是 $\ln y_t$，$\ln k_t$，那么，现在我们的焦点将转换为 $\ln y_t-\ln y$，$\ln k_t-\ln k$。后者即 $\ln(y_t/y)$，$\ln(k_t/k)$，可将其分别记作 $\hat{y}_t$，$\hat{k}_t$（变量上方示以尖号，下同），且有定义式 $\hat{y}_t\triangleq\ln(y_t/y)$，$\hat{k}_t\triangleq\ln(k_t/k)$。

值得注意的是，宏观经济变量的对数离差化往往涉及宏观经济均衡模型中的部分方程。因而，这种变量的对数离差化往往同宏观经济均衡模型中的方程线性化同步推进。

第五步，将宏观经济均衡模型中的变量与方程施以对数线性化。这是宏观经济均衡模型由非线性动态系统转换为线性动态系统的关键。由于此时宏观经济均衡模型中的一些方程属非线性方程，直接就其求出宏观经济变量的解析解[①]甚至进行参数估计往往困难重重。倘若能将这种非线性方程转换为线性方程，那么，我们不仅有望计算出各个宏观经济变量的解析解，还能在此基础上为参数估计指明方向。毕竟，当你立足于 $f(X,Y)=0$ 进行参数估计时，你可能感到一筹莫展；但当你面对经过线性化转换之后的 $y=Ax+b$（其中 x,y 分别为 X,Y 的对数离差，A,b 均为常数），再去进行参数估计时，你可能觉得易如反掌。

将非线性方程转换为线性方程的常用工具即泰勒展开公式。考虑到宏观经济变量均须转换为其对数离差形式，且后者往往依托非线性方程而存在且需要进行线性化，故而，宏观经济变量的对数离差化与宏观经济均衡模型中的非线性方程的线性化往往同步进行，实际

① 即显示解，简言之即变量之间的映射关系相对直接且清晰可见，不再相互交织成一团。

运算过程可谓“以对数离差化为基础的线性化”，简言之即“对数线性化”。

以上述宏观经济变量 y_t 的对数线性化为例，由该变量的对数离差定义式可导出该变量的幂指形式，再立足于该变量的幂指形式针对自变量 $\hat{y}_t$ 在 $\hat{y}_t=0$ 处做一阶泰勒展开，即

$$\underline{\hat{y}_t \triangleq \ln(y_t/y)} \Rightarrow \underline{y_t = ye^{\hat{y}_t}} \Rightarrow y_t \doteq y_t|_{\hat{y}_t=0} + y_t'(\hat{y}_t - 0)|_{\hat{y}_t=0} = y + y\hat{y}_t \Rightarrow \underline{y_t \doteq y(1+\hat{y}_t)} \quad (2\text{-}70)$$

式(2-70)中带有下划线的三个公式(分别是变量对数离差定义式、变量幂指式、变量一阶近似式，本书中的各类下划线仅为强调或句读之用，下同)可在对数线性化变换中反复利用、广泛套用，其变换的总方向：将原方程中的一切变量(形如 y_t)均转换为其相应的对数离差形式(形如 $\hat{y}_t$)，以致最终将原方程转换为以对数离差变量为变量的方程。

非线性方程亦须对数线性化。比如，对于 $c_{t+1}/c_t=\rho(1-\delta+\alpha\cdot y_{t+1}/k_{t+1})$，在稳态时可得 $c_{t+1}=c_t=c, y_{t+1}=y_t=y, k_{t+1}=k_t=k$。再令 $c_{t+1}/c_t=m_t, y_{t+1}/k_{t+1}=n_t$，于是有

$$1=\rho(1-\delta+\alpha\cdot\frac{y}{k})\Rightarrow\alpha\cdot\frac{y}{k}=\frac{1}{\rho}-1+\delta \quad (2\text{-}71)$$

$$m_t=\rho(1-\delta+\alpha\cdot n_t)=\rho\alpha n_t+\rho(1-\delta) \quad (2\text{-}72)$$

记 m_t, n_t 的稳态值分别为 m, n，易知 $m=1, n=y/k$，且由式(2-70)可得

$$m_t=m(1+\hat{m}_t)=1+\hat{m}_t \quad (2\text{-}73)$$

$$n_t=n(1+\hat{n}_t)=(y/k)(1+\hat{n}_t) \quad (2\text{-}74)$$

其中，$\hat{m}_t, \hat{n}_t$ 分别表示 m_t, n_t 的对数离差。由 m_t, n_t 的定义且反复利用式(2-70)可得

$$m_t=c_{t+1}/c_t\Rightarrow\hat{m}_t=\log c_{t+1}-\log c_t\doteq\log(ce^{\hat{c}_{t+1}})-\log(ce^{\hat{c}_t})=\hat{c}_{t+1}-\hat{c}_t \quad (2\text{-}75)$$

$$\begin{aligned}n_t=y_{t+1}/k_{t+1}\Rightarrow\hat{n}_t&=\log(y_{t+1}/k_{t+1})-\log(y/k)=\log y_{t+1}-\log k_{t+1}-\log(y/k)\\&=\log ye^{\hat{y}_{t+1}}-\log ke^{\hat{k}_{t+1}}-\log(y/k)\Rightarrow\hat{n}_t=\hat{y}_{t+1}-\hat{k}_{t+1}\end{aligned} \quad (2\text{-}76)$$

将式(2-75)代入式(2-73)、式(2-76)代入式(2-74)，然后分别代入式(2-72)得

$$\frac{1}{\rho}(\hat{c}_{t+1}-\hat{c}_t)=\alpha\cdot\frac{y}{k}(1+\hat{y}_{t+1}-\hat{k}_{t+1})+(1-\delta)-\frac{1}{\rho} \quad (2\text{-}77)$$

再将式(2-71)代入式(2-77)，于是有

$$\frac{1}{\rho}(\hat{c}_{t+1}-\hat{c}_t)=(\frac{1}{\rho}-1+\delta)(\hat{y}_{t+1}-\hat{k}_{t+1}) \quad (2\text{-}78)$$

将 $c_{t+1}/c_t=\rho(1-\delta+\alpha\cdot y_{t+1}/k_{t+1})$ 同式(2-78)对比，可知其间出现了由非线性方程到线性方程的“跳跃”。当然，对数线性化处理并非均如上述演示的那般简单，有些可能极度烦琐。也因此，市场上出现了一些专门处理对数线性化问题的数学分析软件。

需要指出的是，不仅宏观经济变量和宏观经济均衡模型中的非线性方程需要对数线性化，宏观经济均衡模型中的线性方程同样需要对数线性化。因其相对简单，兹不赘述。此外，还应注意的是，在对数线性化处理之初，应该锁定存在冲击或扰动的因素(比如宏观经济均衡模型中的变量 A_t)，进而依据经验或数据资料对其动态规律(如可能具有一阶或多阶自回归特性)做出假设，之后也须对其加以对数线性化处理。

第六步，宏观经济均衡模型线性系统化。经过上述第四、五步的处理，以原始宏观经济变量及其均衡关系为基础的、具有非线性动态系统性质的宏观经济均衡模型(简称为“老模型”)，逐步转换为以对数离差化宏观经济变量及其关系为基础的、具有线性动态系统性质的宏观经济均衡模型(简称为“新模型”)。后者直观表现为联立线性方程组。经此“移位替

换”，我们可依托新模型中的联立线性方程组，通过求解线性方程组，即可得到各对数线性化变量之间及其同各类外生变量之间更具显式意义的线性关系。这对之后我们继续立足新模型展开实证分析（无论是参数估计还是校准赋值）都是极为便利的。

比如，经对新模型中的各个方程展开计算后，我们可得到 $\hat{c}_t$，$\hat{k}_t$ 之间存在如下关系：

$$\hat{c}_t = f(\alpha,\beta,\delta,\rho)\hat{k}_t + b \tag{2-79}$$

其中，$f(\alpha,\beta,\delta,\rho)$ 表示被解释变量（$\hat{k}_t$）对解释变量（$\hat{c}_t$）的影响是由一系列外生变量（即 α，β，δ，ρ）所决定的某个待定常数，不妨令其为 a，即 $a = f(\alpha,\beta,\delta,\rho)$。而 $\hat{k}_t$ 经数据分析显示它具有二阶自回归特性（即 $\hat{k}_{t+2}$ 与 $\hat{k}_{t+1}$，$\hat{k}_t$ 线性相关），于是有

$$\hat{k}_{t+2} = p_2\hat{k}_{t+1} + p_1\hat{k}_t + \varepsilon_t \tag{2-80}$$

其中，ε_t 为随机扰动性，且假定 ε_t 服从某个正态分布，即 $\varepsilon_t \sim N(0,0.05)$。显然，由于存在 $\hat{c}_t = a\hat{k}_t + b$ 和 $\hat{k}_{t+2} = p_2\hat{k}_{t+1} + p_1\hat{k}_t + \varepsilon_t$，只要样本足够，估计参数 p_1，p_2，a，b 的数值乃至计算其他统计量都将不是难事[当然，若 α，β，δ，ρ 和 $f(\cdot)$ 均已知且固定，那么，我们可简单代入得到 a，无须再对 a 做参数估计]。

第七步，立足于新模型展开实证分析。也就是采用参数估计的方式、或采用校准赋值的方式确定宏观经济均衡模型中各个方程的参数。与之相应，此处的实证分析实际涉及两类方式，即参数估计方式和校准方式[①]。研究者视需要选择其中一种实证分析方式既可。

比如，针对推断出来的理论公式式（2-79）和式（2-80），我们可基于历史或样本数据，全部借助计量经济学方法从中直接估算出模型的参数 a 和 p，这就是参数估计方式。

或者，我们部分使用甚至完全不使用计量经济学方法，而是尽可能地通过全面且深入的历史数据分析给新模型参数赋值，然后将基于赋值而得到的新模型中的变量的模拟值同该变量的实际值相比对，最终选择最为逼近实际值的那些模型参数作为新模型的参数。这就是校准方式[②]。比如，我们可根据历史资料及数据，直接测定出 α，β，δ，ρ，p_1，p_2[③]的大致水平，然后代入式（2-79）和式（2-80），由此容易得到 $\hat{c}_t$，$\hat{k}_t$ 的模拟值（基于 ε_t 的分布特征得到随机数代入即可）。不过，发现 $\hat{c}_t$，$\hat{k}_t$ 的模拟值同 $\hat{c}_t$，$\hat{k}_t$ 的实际值可能差别很大，于是我们只能调整先前关于 α，β，δ，ρ，p_1，p_2 的赋值。

借助参数估计或校准赋值，原先具有一般数理形式的线性系统转换为具有特殊数值关系的线性系统。这正如，在第六步，我们面对的是形如 $\hat{k}_{t+2} = p_2\hat{k}_{t+1} + p_1\hat{k}_t + \varepsilon_t$ 的数理模型，此时模型还具有一定的抽象性；而在第七步我们或将得到形如 $\hat{k}_{t+2} = 0.2\hat{k}_{t+1} + 0.3\hat{k}_t + \varepsilon_t$ 的计量经济学模型，此时模型已经变得十分具体。总之，经过实证分析，除随机扰动项之外，均衡模型中各个方程的参数此时都将是具体的数值。我们不妨将此时的宏观经济均衡模型简单称作“实证模型”。

---

① 在进行实证分析之前，一般须对历史数据先做消除趋势和消除季节性调整等处理，以便让修正后的数据真正反映经济周期波动。

② “校准”实则“由准而校”：以宏观经济变量的波动事实为“准”，以此对参数赋值加以“校”正。这是一种执果索因式的数据探测技术，旨在捕捉能够充分逼近事实的宏观经济均衡关系。对于校准问题，有兴趣者可参阅斯诺登、文：《现代宏观经济学：起源、发展和现状》，佘江涛、魏威译，江苏人民出版社 2019 年版，第 277 页。

③ 当然，p_1 和 p_2 也可由参数估计得出。

第八步，基于实证模型展开脉冲响应分析。所谓脉冲响应分析，简言之，就是考察某个随机扰动项波动（即所谓"脉冲"，如上面的 ε_t，因其源于资本领域故而可将其直接视作"资本冲击"）对各宏观经济变量的影响（即所谓"响应"）。不难想到，后者既可能是一次性的[如在式(2-80)中 $p_1=p_2=0$]，也可能是跨期性的[如在式(2-80)中 $p_2\neq p_1=0$]，还可能是持续性或累积性的[如在式(2-80)中 $p_1\neq 0, p_2\neq 0$]。

相应地，面对不同时刻的冲击，宏观经济变量波动在各个时期也将呈现出不同的特点，后者有可能恰好与稳态水平持平[如在第 n 期资本存量恰好等于其相应的稳态水平，此时将有 $\hat{k}_n=\ln(k_n/k)=\ln 1=0$]，也可能明显超出稳态水平[如在第 $n+1$ 期资本存量恰好超出其相应的稳态水平 1 倍，此时将有 $\hat{k}_{n+1}=\ln(k_{n+1}/k)=\ln 2=0.3010$]。类似地，我们可计算出宏观经济变量感受冲击后在各个时刻的波动水平。由此，在以时刻为横轴、以对数离差为纵轴的坐标系上，将宏观经济变量在各时刻的对数离差值连点成线，即可直观反映该变量响应波动的趋势、扩散或衰减等特征。当然，这一过程（包括之前的对数线性化过程乃至实证分析过程）都可以借助计算机程序（如 Dynare、Matlab、Gauss 等）实现。

三、实际经济周期理论研究举隅

为集中展现上述研究步骤及其数学技巧，我们在此摘举一例稍加说明[①]。

（一）微观基础

（1）代表性生产者及其相关假设。

代表性生产者致力于各期利润（记作 π_t）最大化。它在竞争性市场上以实际工资率[②]（记作 w_t）购买劳动力（记作 L_t）、以实际利息率（记作 R_t）租用资本（记作 K_t）、运用技术（记作 A_t）组织生产（产量记作 Y_t，且将生产函数设为 $A_tK_t^{\alpha}L_t^{1-\alpha}$ [③]）。不仅如此，本期资本使用将产生折旧（折旧率固定且记作 δ），本期资本使用的余额[即 $(1-\delta)K_t$]同本期投资（记作 I_t）的总和构成下期存量[即 $K_{t+1}=(1-\delta)K_t+I_t$]。上述变量均考虑时间因素。

于是，利润最大化意味着

$$\max\pi_t=A_tK_t^{\alpha}L_t^{1-\alpha}-w_tL_t-R_tK_t \tag{2-81}$$

由一阶必要条件，可得

$$\partial\pi_t/\partial L_t=0\Rightarrow w_t=(1-\alpha)A_tK_t^{\alpha}L_t^{-\alpha}=(1-\alpha)Y_t/L_t \tag{2-82}$$

$$\partial\pi_t/\partial K_t=0\Rightarrow R_t=\alpha A_tK_t^{\alpha-1}L_t^{1-\alpha}=\alpha Y_t/K_t \tag{2-83}$$

（2）代表性消费者及其相关假设。

代表性消费者通过获取劳动收入（即 w_tL_t）和出租资本（即 R_tK_t）形成收入（即 Y_t），然后将后者用于消费（记作 C_t）与投资（即 I_t）。代表性消费者通过选择劳动（即 L_t）和消费致力于累积现值效用（记作 U）的最大化。设消费者效用函数为

$$U=\sum_{t=0}^{\infty}\beta^t[\gamma\ln C_t+(1-\gamma)\ln(1-L_t)] \tag{2-84}$$

---

① 摘自托雷斯：《动态宏观经济一般均衡模型入门》，刘斌译，中国金融出版社 2015 年版，第 12～42 页。但为叙述便利且突出基本思路和方法的需要，此处已对原文做了简化处理，个别处稍加修改或补充。

② 由于强调实际工资率和实际利率，此处可无须考虑产品价格。

③ 对于生产函数，通常考虑让其满足一阶偏导为正、二阶偏导为负、当要素趋零时一阶偏导趋于无穷大、当要素趋于无穷大时一阶偏导趋零等条件。后两项假设条件即所谓的"稻田条件"，以保证函数具有收敛性。

其中，β 为跨期贴现因子，反映了代表性消费者在时间上的偏好，L_t 此时已作标准化处理（表示劳动时间占可支配时间的比重）。当然，由于此时 L_t 已作标准化处理，前述资本、投资、消费、收入均可理解为其相应的标准化量值（如资本 K_t 可视作以某个最高资本存量为参照而计算出来的当期资本存量所占比重）。另外，代表性消费者所面对的预算约束是

$$C_t + I_t = w_t L_t + R_t K_t = Y_t \tag{2-85}$$

由式(2-84)、式(2-85)以及 $K_{t+1} = (1-\delta)K_t + I_t$，可构造拉格朗日函数，于是有

$$\max L = \sum_{t=0}^{\infty} \beta^t \{\gamma \ln C_t + (1-\gamma)\ln(1-L_t) - \lambda_t [C_t + K_{t+1} - (1-\delta)K_t - A_t K_t^{\alpha} L_t^{1-\alpha}]\} \tag{2-86}$$

由其一阶必要条件，可得

$$\partial L/\partial C_t = 0 \Rightarrow \gamma / C_t = \lambda_t \tag{2-87}$$

$$\partial L/\partial L_t = 0 \Rightarrow (1-\gamma)/(1-L_t) = \lambda_t (1-\alpha) A_t K_t^{\alpha} L_t^{1-\alpha} \tag{2-88}$$

$$\partial L/\partial K_t = 0 \Rightarrow \beta^t \lambda_t (\alpha A_t K_t^{\alpha} L_t^{1-\alpha} + 1 - \delta) = \beta^{t-1} \lambda_{t-1} \tag{2-89}$$

注意，式(2-86)中的资本存量 K_t 跨越两期。基于上述各项等式，稍加变换可得

$$\frac{1-\gamma}{\gamma} \cdot \frac{C_t}{1-L_t} = w_t \tag{2-90}$$

$$\frac{C_t}{C_{t-1}} = \beta(R_t + 1 - \delta) \tag{2-91}$$

（二）宏观经济均衡模型（老模型）：非线性系统

在上述均衡关系的基础上，再考虑到社会总收支以及资本与投资之间的关系，可得到宏观经济均衡的全部条件。将后者重新列示于下，即

$$\frac{1-\gamma}{\gamma} \cdot \frac{C_t}{1-L_t} = w_t \tag{2-92}$$

$$\frac{C_{t+1}}{C_t} = \beta(R_{t+1} + 1 - \delta) \tag{2-93}$$

$$R_t = \alpha Y_t / K_t \tag{2-94}$$

$$w_t = (1-\alpha) Y_t / L_t \tag{2-95}$$

$$Y_t = A_t K_t^{\alpha} L_t^{1-\alpha} \tag{2-96}$$

$$K_{t+1} = (1-\delta) K_t + I_t \tag{2-97}$$

$$Y_t = C_t + I_t \tag{2-98}$$

如此，基于竞争性均衡的宏观经济均衡模型得以建立。该模型共有 7 个方程、8 个内生变量（即 $Y_t, C_t, I_t, L_t, K_t, w_t, R_t, A_t$）以及 4 个外生变量（即 $\alpha, \beta, \gamma, \delta$）。此时方程组可能存在多重解。不过，一旦将其中的变量 A_t 视作某个扰动宏观经济均衡的冲击因素（如技术变化）、进而将其视作外生变量，那么，宏观经济均衡模型将呈现为“七变量、七方程”架构，原则上应可求解，且后者都将是变量 $\alpha, \beta, \gamma, \delta, \rho, A_t$ 的函数。

不难看出，宏观经济均衡在形式上不过就是将之前的均衡条件联立起来。后者在现实意义上实则基于各个部门、各个行为人之间的相互联系性质与相互制约关系。至此，微观基础的作用一览无余：直接由个量选择转换为总量选择。当然，这一转换以消费者和生产者各自之间的同质性假设为前提。同时还应注意，此时的宏观经济均衡模型是由一系列方程（含

等式)构成的,其中有的方程属递归方程[如式(2-93)和式(2-96)],有些则属非线性动态方程[如式(2-92)~式(2-96)]。这些递归方程或非线性动态方程从根本上决定了此时宏观经济均衡模型的非线性动态系统性质。

(三)稳态化

这一步相当于将式(2-92)~式(2-98)中各个带有时间下标的变量都视作各自对应的常量。就此通过求解去除时间下标的联立方程组式(2-92)~式(2-98),很容易得出其中7个宏观经济变量的稳态值,后者无疑都是变量 $\alpha,\beta,\gamma,\delta,\rho,\bar{A}$ 的函数。比如

$$\bar{Y}=\bar{A}\cdot\frac{\alpha\beta}{1-\beta+\beta\delta}\cdot\left(1+\frac{\gamma(1-\alpha)(1-\beta+\beta\delta)}{(1-\gamma)[1-\beta+(1-\alpha)\beta\delta]}\right) \tag{2-99}$$

(四)对数离差化与对数线性化

将式(2-92)~式(2-98)依次对变量采取对数离差化和对数线性化,其处理的总指向即将每个方程的所有内生变量均替换为其相应的对数离差。同时,考虑到变量 A_t 作为冲击因素的直接作用对象自身所具有的某种特性,可将其进一步具体化,比如设其具有一阶自回归特性(即变量本期值同其前期值相关),即

$$A_t=\rho A_{t-1}+u_{t-1} \tag{2-100}$$

其中,ρ 为固定参数,u_{t-1} 为残差。式(2-100)经对数线性化转换后可得

$$\hat{A}_t=\rho\hat{A}_{t-1}+\varepsilon_{t-1} \tag{2-101}$$

其中,ε_{t-1} 为随机扰动项,且 $\varepsilon_{t-1}\sim N(0,\sigma_\varepsilon)$。同样,式(2-97)经对数线性化处理后可转换为

$$\hat{k}_{t+1}=(1-\delta)\hat{k}_t+\delta\hat{i}_t \tag{2-102}$$

其他诸式可类推。

(五)宏观经济均衡模型(新模型):线性系统

基于各式的对数线性化处理,同样可得到5个方程,只不过此时变量为对数离差形式,方程也改作线性形式。在此基础上联立求解,可得一些以对数离差变量为基础的方程。如

$$\hat{y}_t=A\hat{k}_t+B\hat{a}_t \tag{2-103}$$

$$\hat{k}_{t+1}=D\hat{k}_t+E\hat{\alpha}_t+\varepsilon_{2,t+1} \tag{2-104}$$

$$\hat{\alpha}_{t+1}=\rho\hat{\alpha}_t+\varepsilon_{1,t+1} \tag{2-105}$$

其中,A,B,D,E 均是 $\alpha,\beta,\gamma,\delta,\rho$ 的函数,其间函数关系都是明确的。随机扰动项 $\varepsilon_{1,t+1}$ 服从某个正态分布,其均值与标准差待定,不过后者可由计量经济学方法得到。如此,在明确 $\alpha,\beta,\gamma,\delta,\rho$ 的具体取值以及 $\varepsilon_{1,t+1}$ 均值与标准差的基础上,我们不仅有望得到 A,B,D,E 的具体取值,还能倒算得出 $\varepsilon_{2,t+1}$ 的分布特征(如均值、方差)。

(六)赋值

现在,研究者经对美国相关的历史资料研究发现,$\alpha,\beta,\gamma,\delta$ 的取值大致分别为0.35、0.97、0.4、0.6,同时由计量经济学方法可得到 ρ 约为0.95,$\varepsilon_{1,t+1}$ 的标准差为0.01。

(七)实证模型与脉冲响应问题分析

将上述赋值代入线性化的宏观经济均衡模型,可得到更为具体的方程,如

$$\hat{k}_{t+1}=-0.657\,9\hat{k}_t+2.172\,7\hat{\alpha}_t+\varepsilon_{2,t+1} \tag{2-106}$$

$$\hat{a}_{t+1}=0.95\hat{\alpha}_t+\varepsilon_{1,t+1} \tag{2-107}$$

$$\hat{y}_t = -0.1125\hat{k}_t + 3.223\hat{a}_t \tag{2-108}$$

现在依照对 $\varepsilon_{1,t+1}$ 和 $\varepsilon_{2,t+1}$ 分布特征的判断，在每一时点均可模拟生成随机数，然后将后者分别代入方程系列[式(2-106)～式(2-108)仅是其中的一部分方程]，得出各变量于该时点的取值及其数字特征（均值、标准差等）。考虑到下一时点仍可模拟生成 $\varepsilon_{1,t+1}$ 和 $\varepsilon_{2,t+1}$ 的随机数，然后再代入方程系列得出各个变量在下一时点的取值及其数字特征。

值得注意的是，变量的每一时点的取值往往都会受到前期取值的影响。由此，各个变量（对数离差形式）的时变特征将逐步形成。后者是变量基于赋值经过模拟产生的时变特征，它同变量真实的时变特征的逼近程度决定了赋值是否合理、是否还有必要再作校准。

基于式(2-106)～式(2-108)，图 2-5、图 2-6 和图 2-7 显示了模拟某种一次技术冲击后，技术、资本和产出在 120 期内的波动情况。相关变量的初值分别设定为 $\hat{a}_t = \hat{k}_t = 0$，$\varepsilon_{1,t+1} = \varepsilon_{2,t+1} = 0.01$，且当 $t > 0$ 时 $\varepsilon_{1,t+1} = \varepsilon_{2,t+1} = 0$。图中的横轴均为时期（记作 t），纵轴分别为 $\hat{a}_t$，$\hat{k}_t$，$\hat{y}_t$，后者分别表示技术、资本和产出偏离各自稳态水平的程度，其值越靠近横轴则表示变量越接近其稳态水平。总体来看，经过一次技术冲击，除资本初期略有反复外，资本约在第 78 期、技术和产出均约在第 90 期开始明显逼近各自稳态水平。

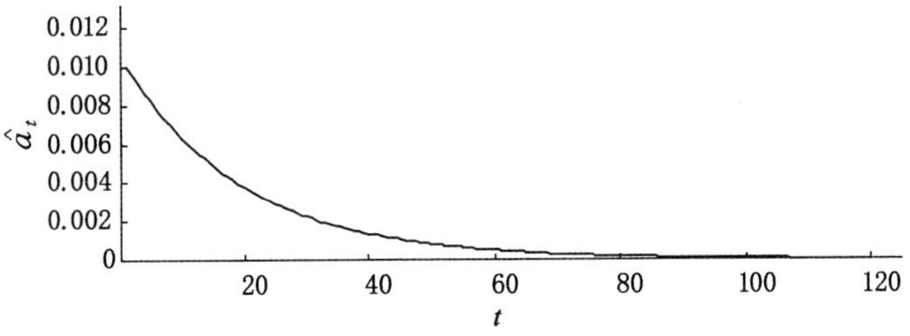

图 2-5　技术(a)的模拟时变特征

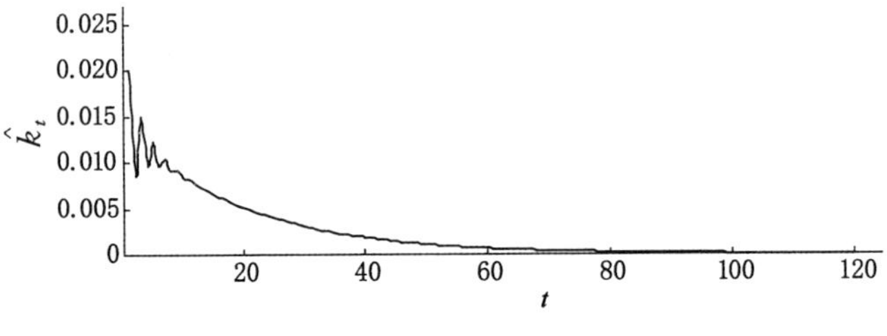

图 2-6　资本(k)的模拟时变特征

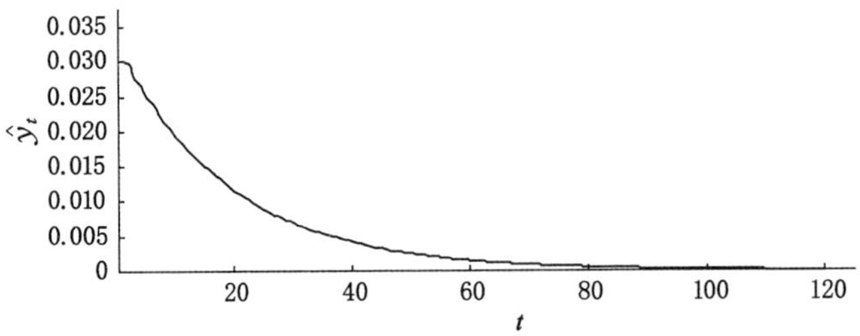

图 2-7　产出(y)的模拟时变特征

第四节　微观基础与经济增长

经济周期与经济增长原本属于两个不同的话题——人们一度认为两者长短有别:经济周期是个短期现象,经济增长是个长期现象。但是,随着认识的不断深入,经济周期研究与经济增长研究渐趋合流。从某种角度看,经济周期与经济增长也着实难解难分。

且不说经济周期包括长周期类型,就是当我们面对错综复杂的一堆宏观经济时间序列数据时,我们通常也只有在剔除其中的趋势因素、季节调整因素以及不规则因素之后,才能发掘循环要素的作用特点,继而发掘经济周期的可能规律,个中"趋势因素"在相当程度上正是经济增长的反映。从这个角度说,至少在数据测算意义上,经济周期分析以经济增长分析为前提。反之亦然:如果我们坚持经济增长必须是不夹杂任何循环或周期因素的经济增长,那么,至少在数据测算意义上,经济周期分析又何尝不是经济增长分析的前提?不过,本节无意于讨论数据测算问题,而是力求从微观基础角度探究经济增长的某些机制,以从中彰显理性选择之于经济增长及其分析的意义。

应该说,自20世纪50年代索洛率先开创新古典经济增长模型①以来,微观基础就同经济增长理论研究联系密切。这绝非偶然。与总产出相比,人均产出更易于人们估量自身产出(或收入)在社会中的大致水平或相对地位,因而人们习惯用人均产出增长率衡量经济增长②。与之相应,经济增长研究相关的一些宏观经济变量(如资本、储蓄、消费等)往往也须做"人均化"处理。接触过新古典经济增长模型(或索洛-斯旺模型)的读者或许都还记得,该模型虽然从总量生产函数出发,但在引入一些假设后,最终探讨的却是人均产出、人均消费、人均资本之间的动态均衡关系。个中"由总量而个体"的思路和倾向是非常明显的。这些"人均化"的处理方式显然以经济行为人之间的同质化假设为前提,后者同"代表性行为人"假设在理论根源上不无共通之处,由此也注定此类经济增长理论研究同微观基础若即若离。

不过,人均化与微观基础终究有所区别。这表现在:人均化之下的行为人未必能做出理性选择,也未必一定要做出理性选择;微观基础之下的行为人必须以理性选择为前提。从这个意义上说,微观基础实则人均化的特例。就此而论,索洛模型尽管最终落脚于人均化的宏观经济变量,但因缺乏企业和家庭等的理性选择作为基础,它并不是一个具有微观基础的经济增长模型。着力从微观基础角度讨论经济增长的,正是本节将要谈到的第一个模型,即在

① 所谓"新古典",简单说来即"古典"的"升级版"或"翻新版"。西方经济学中的"古典"经济学往往强调完全竞争、充分就业和市场出清。这些要义在新古典经济增长模型中得到了继承。新古典经济增长模型相对"翻新"或"升级"之处主要体现在:要素替代由不可能"升级"为可能,相关的生产函数也须满足单增、边际报酬递减、稻田条件以及规模收益不变等假设。值得注意的是,索洛开创的经济增长模型一般称作"索洛模型",它是新古典经济增长模型的一种,亦可视作后者的发端。依循索洛模型的基本框架,后续研究者通过纳入更多变量(如技术进步、人力资本等)进一步拓展了索洛模型且得出了更多的政策判断。这些模型都可视作新古典经济增长模型,个中理论观点和政策主张至今仍不乏启示意义。对此有兴趣者可参见武康平:《高级宏观经济学》,清华大学出版社2006年版,第147～217页。

② 当然,人们也可用总产出增长率衡量经济增长。比如,在经济增长核算中,人们衡量经济增长就采用总产出增长率指标。相比之下,总产出增长率更有助于反映国家或地区的经济实力,而人均产出增长率更有助于反映个体的经济福利。由于经济增长理论在创立之初就重视关注人均产出、单位劳动力资本等因素,加之人均产出相对更容易用于分析人们的生活水平,故而人均产出增长率指标往往更受青睐,故而也构成多数经济增长理论研究的主要指标。参见舒元、谢识予、孔爱国、李翔:《现代经济增长模型》,复旦大学出版社1998年版,第1～17页。

20 世纪 20 年代由拉姆齐(Ramsey)提出分析工具、经凯斯(Case)和库普曼斯(Koopmans)等人于 20 世纪 60 年代加以运用的最优经济增长模型(简称为 R-C-K 模型)。

一、无限寿命、理性选择与经济增长:R-C-K 模型

由于缺乏微观基础,索洛模型及其后续的其他新古典经济增长模型从一开始就难以说明经济增长的福利问题。也就是说,虽然我们由这些模型导出了关于产出和消费随时间变化而变动的轨迹(即均衡路径),但我们无从判断后者的最优性质。R-C-K 模型则不然。它在对基本经济环境做出假设的基础上,分别探究代表性厂商和代表性家庭的基本行为与最优选择,进而讨论若干宏观经济变量的最优路径,且对该经济的福利性质稍作判断。

(一) 基本经济环境假设

假设经济所处的市场结构属完全竞争,行为人包括厂商和家庭。无论厂商还是家庭(及其成员)都具有无限寿命(即无限期界),且劳动(记作 L_t)和知识(或技术,记作 A_t)的增长率均是外生的且固定的。个中关于劳动和知识的假设意味着

$$\frac{\dot{L}_t}{L_t}=n\Rightarrow L_t=L_0e^{nt},\quad \frac{\dot{A}_t}{A_t}=a\Rightarrow A_t=A_0e^{at} \tag{2-109}$$

其中,n,a 均为正的常数,且 $\dot{L}_t=\mathrm{d}L_t/\mathrm{d}t$,$\dot{A}_t=\mathrm{d}A_t/\mathrm{d}t$。

由于是完全竞争市场,因而无论厂商还是家庭成员,都将是价格的接受者(即其供求都不能影响甚至左右市场价格),这也意味着产品价格和要素价格对决策者来说都是外生的。

接触过索洛模型的读者都明白,这些假定与索洛模型相同,而且经济社会中也不存在过剩人口或不生产人口。换句话说,该经济社会中人口的劳动参与率达到 100%。

(二) 代表性厂商及其行为

代表性厂商当期通过雇佣劳动(记作 L_t)、租用资本(记作 K_t)进而生产单一产出(可视作经济总产出,记作 Y_t)。设生产函数为 $Y_t=F(K_t,L_t)$,且其满足单调(单增)性、边际报酬递减特性、稻田条件及规模报酬不变等四大特性,即

$$\partial F/\partial K>0,\quad \partial F/\partial L>0 \tag{2-110a}$$

$$\partial^2F/\partial K^2<0,\quad \partial^2F/\partial L^2<0 \tag{2-110b}$$

$$\lim_{K\to0}\partial F/\partial K=\lim_{L\to0}\partial F/\partial L=\infty,\quad \lim_{K\to\infty}\partial F/\partial K=\lim_{L\to\infty}\partial F/\partial L=0 \tag{2-110c}$$

$$F(\lambda K,\lambda L)=\lambda F(K,L),\quad \lambda>0 \tag{2-110d}$$

稻田条件即式(2-110c),实则对式(2-110b)(即边际递减特性)的再度强化,式(2-110d)表明生产函数具有一次齐次性。此外,还可设定零要素投入等的极端情形,即

$$F(0,L_t)=F(K_t,0)=0 \tag{2-111}$$

考虑到知识或技术问题,将其与劳动要素相结合(也就是将生产函数中的 L_t 替换成 A_tL_t,或将 A_tL_t 视同 L_t),于是有

$$Y_t=F(K_t,A_tL_t) \tag{2-112}$$

式(2-112)无疑仍满足式(2-110a)~式(2-111)的假定。由式(2-110d)可得

$$Y_t=F(K_t,A_tL_t)\Rightarrow\frac{Y_t}{A_tL_t}=F\left(\frac{K_t}{A_tL_t},1\right)\Rightarrow\underline{y(t)=f(k_t)} \tag{2-113}$$

其中,A_tL_t 可称作"有效劳动"(类似地,A_tK_t 可称作"有效资本"),它反映了技术与劳动的

融合程度。相应地，$y=Y_t/A_tL_t$，$k_t=K_t/A_tL_t$ 可称作单位有效劳动产出、单位有效劳动资本（或分别被简单称作“人均产出”和“人均资本”）。注意到式（2-110d）意味着 $Y=F=L\cdot\partial F/\partial L+K\cdot\partial F/\partial K$，为书写方便，将 AL 视同 L，于是

$$\begin{aligned}\frac{\partial y}{\partial k}&=\frac{\partial(Y/L)}{\partial(K/L)}=\frac{[\partial Y/\partial(K/L)]\cdot L-Y\cdot[\partial L/\partial(K/L)]}{L^2}\\&=\frac{(\partial Y/\partial L)[\partial L/\partial(K/L)]\cdot L-Y\cdot[\partial L/\partial(K/L)]}{L^2}\\&=\frac{[\partial L/\partial(K/L)][(\partial Y/\partial L)\cdot L-Y]}{L^2}\\&=\frac{[\partial L/\partial(K/L)][-K(\partial Y/\partial K)]}{L^2}\\&=\frac{-K(\partial Y/\partial K)}{L^2[\partial(K/L)/\partial L]}\\&=\frac{-K(\partial Y/\partial K)}{L\cdot(\partial K/\partial L)-K}\xlongequal{K,L\text{ 相对独立}\Rightarrow\partial K/\partial L=0}\partial Y/\partial K>0\end{aligned}\tag{2-114}$$

这表明 $f(\cdot)$ 具有单调（单增）性，且因 $\partial y/\partial k=\partial Y/\partial K$，$f(\cdot)$ 亦满足稻田条件。

$$\frac{\partial^2 y}{\partial k^2}=\frac{\partial(\partial Y/\partial K)}{\partial(K/L)}=\frac{\partial(\partial Y/\partial K)}{\partial K}\cdot\frac{1}{\partial(K/L)/\partial K}=\frac{\partial^2 Y/\partial K^2}{L}<0\tag{2-115}$$

这表明 $f(\cdot)$ 仍具有边际收益递减特性。考虑到式（2-111）易知 $f(0)=0$。综上可知，人均产出与人均资本之间的关系大致如图 2-8 所示，图中虚线可视作经济产出的极限。

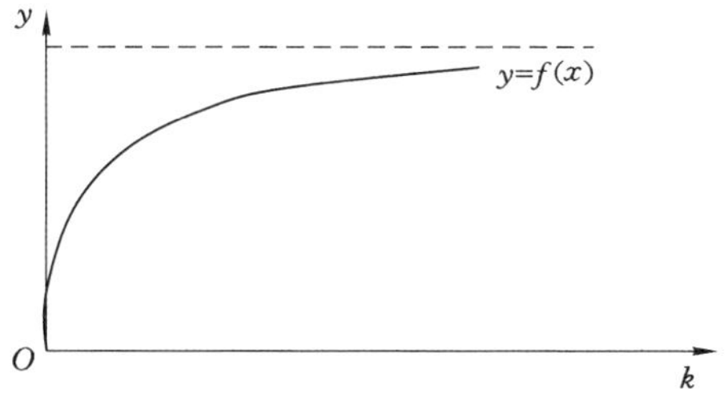

图 2-8　人均产出与人均资本的基本关系

记当期劳动和资本的单位价格分别为 w_t 和 r_t。由于社会仅有一种产品（产出），所以可将产出价格视作 1；与之相应，w_t 和 r_t 可分别视作实际工资率和实际利率。

厂商谋求利润（记作 π_t）最大化，即有

$$\max\pi_t=F(K_t,A_tL_t)-w_tA_tL_t-r_tK_t\tag{2-116}$$

由于技术和劳动均外生，故式（2-116）等价于

$$\max[\pi_t/A_tL_t]=f(k_t)-w_t-r_tk_t\tag{2-117}$$

基于式（2-117）由一阶必要条件，且注意到完全竞争市场使得 $\pi_t=0$，可得

$$r_t=f'(k_t),\quad w_t=f(k_t)-k_tf'(k_t)\tag{2-118}$$

（三）代表性家庭及其行为

代表性家庭（其数目记作 H，且固定不变）的每个成员通过让渡劳动和出租资本形成收入（即 Y_t），然后将后者用于消费（记作 C_t）与投资（即 I_t）。其中，投资可用于资本积累以致

形成更多的资本，后者既可供出租继而形成出租收益，同时也用于增进产出。每个家庭成员每时每刻都通过消费获取效用[记作 $u(C_t)$，该函数此时又称作瞬时效用函数]，且致力于效用现值累积的最大化。于是，可得家庭的效用函数为

$$U=\int_0^{\infty} e^{-\rho t}u(C_t)\frac{L_t}{H}\mathrm{d}t \tag{2-119}$$

其中，ρ 为每单位效用的即时利率，$e^{-\rho t}$ 为在连续情形下以连续复利形式计算的每单位效用在时刻 t 的折现率。在连续情形下，单位效用在第 t 时刻期末的价值（终值）为

$$\left(1+\frac{\rho}{m}\right)^{mt}=\left(1+\frac{\rho}{m}\right)^{\frac{m}{\rho}\rho t}\xrightarrow{m\to\infty} e^{\rho t} \tag{2-220}$$

其中，m 为细分第 t 时刻的区间个数（如将第 10 年按月分成 12 期，此时 $t=10$，$m=12$；其中每个区间可视作一个利息计算期），于是单位效用在第 t 时刻期初的贴现值为 $e^{-\rho t}$。类似地，在连续情形下，每单位资本每时每刻也在增值，其遍历 t 时刻的终值为

$$R_t=\int_0^t r_s\mathrm{d}s \tag{2-221}$$

因而，在连续情形下，单位资本在第 t 时刻期初的贴现值为 e^{-R_t}。后者在连续情形中可作为衡量任一实际价值（如产出、消费、投资等）现时价值的贴现率。

假设至此，不难发现，若要式(2-119)实现最大化貌似很容易——直接扩张消费即可。为避免因一味扩张消费而可能出现的永无休止地“寅吃卯粮”、毫无节制地“借新债还旧债”局面，我们需要限定：代表性家庭在整个生存期间内的资产价值累积现值不能为负。也即

$$\frac{K_0}{H}+\int_0^{\infty} e^{-R_t}(A_t w_t-C_t)\frac{L_t}{H}\mathrm{d}t\geqslant 0 \tag{2-222}$$

上式等价于

$$\int_0^{\infty} e^{-R_t}C_t\frac{L_t}{H}\mathrm{d}t\leqslant\frac{K_0}{H}+\int_0^{\infty} e^{-R_t}A_t w_t\frac{L_t}{H}\mathrm{d}t \tag{2-223}$$

式(2-223)即所谓的“非蓬齐对策条件”。它表明：为避免长期且持续出现超额消费（形成赤字），代表性家庭消费的累积现值不能超过期初资产价值与劳动收入累积现值之和。

定义 $C_t=A_t c_t$，$k_0=K_0/A_0L_0$，将其代入式(2-223)，且考虑式(2-109)，稍经移项且消去家庭数目 H，即得

$$k_0+\int_0^{\infty} e^{-R_t}w_t e^{(a+n)t}\mathrm{d}t-\int_0^{\infty} e^{-R_t}c_t e^{(a+n)t}\mathrm{d}t\geqslant 0 \tag{2-224}$$

考虑到式(2-119)所示的效用函数 $u(C_t)$ 太过笼统，难以导出解析解或明确的判断，故而对其做些特殊化处理。鉴于人们的通常厌恶风险，且效用水平往往是与消费量正相关、跨期效用存在一定的收敛性，故而可将效用函数具体设定为

$$u(C_t)=\frac{C_t^{1-\theta}}{1-\theta},\theta>0,\rho-n-(1-\theta)a>0 \tag{2-225}$$

其中，θ 为相对风险厌恶系数。个中限定条件的含义我们随后即可看到。

由此，可将式(2-119)变换为

$$U=\int_0^{\infty} e^{-\rho t}\frac{C_t^{1-\theta}}{1-\theta}\cdot\frac{L(t)}{H}\mathrm{d}t=\int_0^{\infty} e^{-\rho t}\frac{(A_t c_t)^{1-\theta}}{1-\theta}\cdot\frac{L_t}{H}\mathrm{d}t=\int_0^{\infty} e^{-\rho t}\frac{(A_0e^{at}c_t)^{1-\theta}}{1-\theta}\cdot\frac{L_0e^{nt}}{H}\mathrm{d}t$$

$$=A_0^{1-\theta}\frac{L_0}{H}\int_0^{\infty}\frac{e^{[(1-\theta)a+n-\rho]t}c_t^{1-\theta}}{1-\theta}dt=B\int_0^{\infty}e^{-\beta t}\frac{c_t^{1-\theta}}{1-\theta}dt \tag{2-226}$$

其中，$B=A_0^{1-\theta}\dfrac{L_0}{H}$，$\beta=-[(1-\theta)a+n-\rho]$ 均为常数。式(2-225)使得 $\beta>0$ 进而保证 U 收敛。由此，据式(2-226)和式(2-224)构建拉格朗日函数，可得

$$\max_{c_t} L=B\int_0^{\infty}e^{-\beta t}\frac{c_t^{1-\theta}}{1-\theta}dt+\lambda[k_0+\int_0^{\infty}e^{-R_t}w_te^{(a+n)t}dt-\int_0^{\infty}e^{-R_t}c_te^{(a+n)t}dt\geqslant 0] \tag{2-227}$$

其中，λ 为常数。当 c_t 取最优值时，由一阶必要条件，稍经变换，最终可得

$$\frac{\dot{c}_t}{c_t}=\frac{r_t-\rho-\theta a}{\theta} \tag{2-228}$$

式(2-228)即式(2-227)所示问题的欧拉方程。它描绘了每个家庭成员在效用达到最大时的最佳消费路径。

（四）均衡分析：条件及性质

将式(2-228)同式(2-118)联系起来，可知

$$\frac{\dot{c}_t}{c_t}=\frac{f'(k_t)-\rho-\theta a}{\theta} \tag{2-229}$$

上式意味着：当 $f'(k_t)>\rho+\theta a$ 时，$\dot{c}_t>0$；当 $f'(k_t)<\rho+\theta a$ 时，$\dot{c}_t<0$。

当消费水平最优时，$\dot{c}_t=0$，此时人均资本记作 k^*，于是 $f'(k^*)=\rho+\theta a$。由于 $f(\cdot)$ 边际收益递减（二阶导为负），故当 $k>k^*$ 时有 $f'(k)<f'(k^*)=\rho+\theta a$，此时 $\dot{c}_t<0$。反之，当 $k<k^*$ 时有 $f'(k)>f'(k^*)=\rho+\theta a$，此时 $\dot{c}_t>0$。k^* 与 c 变动关系大致如图 2-6 中的上下箭头所示。

在不考虑折旧（如此则 $\Delta K=I$）的前提下，考察人均资本的变动路径，可得

$$k=K/AL\Rightarrow \ln k=\ln K-\ln AL\xrightarrow{\text{对}t\text{求导}}\frac{1}{k}\cdot\frac{dk}{dt}=\frac{1}{K}\cdot\frac{dK}{dt}-\frac{1}{A}\cdot\frac{dA}{dt}-\frac{1}{L}\cdot\frac{dL}{dt}\Rightarrow$$

$$\frac{dk_t}{dt}=\underline{\dot{k}_t}=\frac{Y_t-C_t}{K}k_t-(n+a)k_t=\underline{f(k_t)-c_t-(n+a)k_t} \tag{2-230}$$

式(2-230)表明，当 $c_t=f(k_t)-(n+a)k_t$ 时，$\dot{k}_t=0$。换句话说，当人均资本水平处于稳定（比如 k^*）时，c，k 之间存在函数关系 $c^*(k)=f(k)-(n+a)k$，且易知

$$c^*(0)=0,\ dc^*/dk=f'(k)-(n+a),\ d^2c^*/dk^2=f''(k)<0 \tag{2-231}$$

可知，c 与 k 的关系大致如图 2-9 中的曲线所示。而此时 $\dot{k}_t=c^*(k)-c(k)$，后者意味着人均消费若在该曲线之下，则因 $c^*(k)>c(k)$ 而有 $\dot{k}_t>0$，否则即有 $\dot{k}_t<0$。

由此，可得反映 (k,c) 关系的图形（即相图），如图 2-9 所示。

如图 2-9 所示，最优人均资本线（$k=k^*$）和最佳消费-资本曲线 $[c^*=c(k)]$ 交会于 E 点。两线一点由此将第一象限分成 4 个区域，即左下、右下、左上、右上区域。从左下区域中任一位置出发，经济倾向于往右上移动，如此有望到达均衡点 E；从右上区域中任一位置出发，经济倾向于往左下移动，如此也有可能到达均衡点 E。但从左上区域中任一位置出发，经济倾向于往左上移动，如此不可能到达均衡点 E；同样，从右下区域中任一位置出发，经济

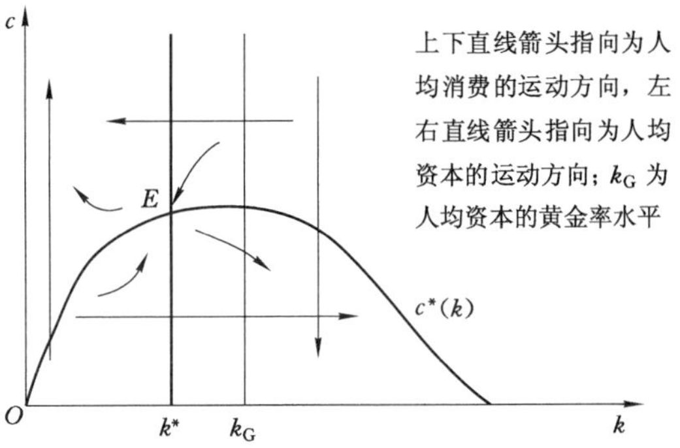

图 2-9　人均资本和人均消费的运动路径

倾向于往右下移动，如此也不可能到达均衡点 E。左下区域和右上区域犹如前后两座凸起的马鞍，左上区域和右下区域如同两侧马背，经济若由"马鞍"部位开始运行，最终有可能回落至"马鞍之间的谷底"即"鞍点"，此时经济不仅均衡而且稳定；但经济若由"马背"部位开始运行，最终势必远离"马鞍的谷底"。稳定均衡点 E 即所谓"鞍点均衡"。

鞍点均衡 E 意味着此时 $\dot{c}_t=\dot{k}_t=0$，因而有

$$\begin{cases} f(k_t)-c_t-(n+a)k_t=0 \\ f'(k_t)-\rho-\theta a=0\Rightarrow f'(k_t)=\rho+\theta a \end{cases} \tag{2-232}$$

上式意味着经济处于稳定均衡时人均消费与人均资本之间的关系，即

$$c=[\rho-n-(1-\theta)a]k \tag{2-233}$$

值得注意的是，均衡点 E 未必对应着最大消费。实际上，与人均最大消费相应的人均资本（即所谓人均资本的"黄金率水平"①）往往位于均衡点右侧，即图 2-9 中 k_G 所示。不难理解，当消费取最大值时，

$$c'(k)=0\xrightarrow{c^*(k)=f(k)-(n+a)k} f'(k_G)=n+a \tag{2-234}$$

考虑到此时且有

$$\dot{c}_t=0\Rightarrow f'(k_G)=\rho+\theta a \tag{2-235}$$

于是

$$\rho+\theta a=n+a\Leftrightarrow\rho-n-(1-\theta)a=0 \tag{2-236}$$

式(2-236)显然同之前的假设 $\rho-n-(1-\theta)a>0$ 相矛盾，而后者则意味着 $c'(k)>0$（由式 2-233）。也就是说，在 R-C-K 模型中，受制于效用的收敛性假设，人均消费无论如何都达不到与黄金率水平对应的消费水平。这也说明，均衡的消费水平并非最大的消费水平，不过这并不影响消费者实现其最大效用。进一步说，只要社会经济沿着鞍点路径运行，那它最终就有可能实现效率。这也启发我们：消费最大化未必对应着效率最优或福利最大化。

还应注意的是，至此储蓄率并未现身于我们所分析的 R-C-K 模型。而寻求最佳的储

① 与最大效用对应的人均资本最优水平 k^* 称作"修正的黄金率水平"。

蓄率（及其决定机制）恰恰是拉姆齐当初提出其经济增长模型的初衷①。那么，R-C-K 模型的储蓄率“隐身”在哪里？它究竟是外生的还是内生的？该模型能够实现拉姆齐的初衷吗？对此，读者可根据收入、消费与储蓄之间的关系，继续展开分析。本书对此不再展开。

二、有限寿命、理性选择与经济增长：*OLG* 模型

尽管 R-C-K 模型的结论发人深省，但其本身的缺憾也很明显。比如，它强调无限寿命，亦即人口只增不减。这使得该模型的结论甚至政策主张尤其不适合人口出现零增长甚至负增长的国家或地区。进一步说，在 R-C-K 模型中我们看不到世代交叠因素对经济增长的影响，而后者又的确在现实中影响着经济增长：日益强壮的一代多半在积累储蓄，而逐步衰老的一代多半在消耗储蓄；前者可转换为投资进而刺激产出，后者可转换为消费进而拉动产出；前者对应着劳动力的增进，而后者却对应着劳动力的减退。那么，世代交叠因素究竟是在推动经济增长，还是在阻滞经济增长？

对此予以深入分析的经济增长模型即所谓“世代交叠模型”（Overlapping Generations Model，简记为 *OLG* 模型）。由于该模型最早由戴蒙德提出，故而又称作“戴蒙德模型”。在此，我们仍基于若干假设，侧重从微观基础出发，探究模型的均衡条件及其性质。

需要说明的是，*OLG* 模型并非研究所有世代之间不断交叠及其对经济增长的影响。与之相对，它是相当简化的：仅仅考虑“一代两期”对经济增长的影响。虽然这同我们的预期可能有些距离，但同现实生活也不无吻合。毕竟，一个人的一生大体上可分为青壮期（或青壮年；此时劳动为主、消费为辅）和衰老期（或中老年期；此时以消费为主、劳动为辅，婴幼儿期同理），由此也可将社会总人口大体区分为劳动人口与非劳动人口。鉴于 *OLG* 模型与 R-C-K 模型存在诸多雷同之处，我们在后续讨论时尽量简化两者间较具重复意义的内容。

（一）基本环境假设

假设经济所处的市场依然是完全竞争市场，行为人包括生产者和消费者。消费者存活两期，即青壮期（大体对应青壮年）和衰老期（大体对应中老年）。其中，衰老期不向社会提供劳动，因而社会劳动均由青壮年提供。不仅如此，假设消费者同质（即每个青壮年之间无差异、每个中老年之间无差异），由于青壮年总人数等同于社会劳动总量，故而每个青壮年将对应一个单位的同质劳动。

劳动总量（记作 L_t）和知识（或技术，仍记作 A_t）的增长率仍然都是外生的且固定的，因而式(2-109)此时仍然成立。类似地，由于市场仍处完全竞争，无论厂商还是家庭成员，仍都是价格的接受者，因而产品价格和要素价格对决策者来说也都是外生的。

（二）代表性生产者及其行为

代表性厂商当期通过雇佣劳动（记作 L_t）、租用资本（记作 K_t）进而生产单一产出（可视作经济总产出，记作 Y_t）。其生产函数为 $Y_t = F(K_t, L_t)$ 仍满足单调（单增）性、边际报酬递减特性、稻田条件及规模报酬不变等四大特性以及零投入零产出效应。由此，R-C-K 模型中的所有公式与结论此时仍然成立，尤其是其中的式(2-118)所示的均衡条件仍然会影响之

---

① 读者或许还记得，在索洛模型或新古典经济增长模型中，储蓄率是个可以随意给定的外生变量。拉姆齐就此提出疑问：一个国家的经济，怎样才能实现最优储蓄？这种对最优储蓄背后决定机制的追问开启了针对经济增长的最优化和内生化的研究进程。

后的经济均衡。当然,生产者对于每个劳动(而非有效劳动),其均衡的选择是

$$W=\frac{\partial F(K,AL)}{\partial L}\xlongequal{A\text{外生}}A\ \frac{\partial F(K,AL)}{\partial AL}=Aw \tag{2-237}$$

也就是说,单位劳动的实际工资为单位有效劳动工资与知识量的乘积。

(三) 代表性消费者及其行为

代表性消费者一生分为两期,即青壮期(记作 t)和衰老期(记作 $t+1$)。消费者仅在青壮期从事劳动进而形成收入①,在衰老期则只能消费。消费者在一定的预算约束下致力于两期消费(分别记作 C_t, C_{t+1})所产生的效用的累积现值[记作 $U(C_t, C_{t+1})$]的最大化。就此,我们不妨先考察消费者的预算约束和目标函数,继而探究消费者的最优选择。

由于消费者在青壮期并不获得资本出租收益,故而其收入仅仅源于劳动所得,后者且须在消费和储蓄之间进行分配,个中"储蓄"实则收入扣除消费之后的余额。

如前所述,每个消费者的劳动工资不同于每个有效劳动的工资(即单位有效劳动的工资率)。前者衡量的单位是劳动,后者衡量的单位是有效劳动。由于每个青壮年消费者拥有一个单位的劳动量(而不是有效劳动量),故而,每个青壮年消费者的劳动收入为 $W\times 1$[也就是 W,亦即 Aw,见式(2-237)]。消费者在青壮期获得收入并进行消费,继而将消费之后的剩余收入储蓄起来用于第二期的消费。这意味着

$$(A_t w_t - C_t)\cdot(1+r_{t+1})=C_{t+1} \tag{2-238}$$

其中,r_{t+1} 表示第 t 期的储蓄流转到第 $t+1$ 期所适用的利息率。由于储蓄可被转换为投资继而形成资本,加之所处市场为完全竞争市场,因而第 $t+1$ 期所适用的利息率实则该期资本的租金,即 $r_{t+1}=f'(k_{t+1})$。容易看出,式(2-238)等价于

$$C_t+\frac{C_{t+1}}{1+r_{t+1}}=A_t w_t \tag{2-239}$$

式(2-239)表明,青壮期劳动收入实则消费者在其青壮期和衰老期消费的总现值。

为简化起见,假设代表性消费者的效用函数为

$$U(C_t, C_{t+1})=\frac{C_t^{1-\theta}}{1-\theta}+\frac{1}{1+\rho}\cdot\frac{C_{t+1}^{1-\theta}}{1-\theta} \tag{2-240}$$

其中,ρ,θ 分别表示效用贴现率和相对风险规避系数,两者均属于(0,1)中的常数。

由上述效用函数[式(2-240)]和预算约束[式(2-239)],可构建拉格朗日函数,即

$$\max_{C_t, C_{t+1}} L=\frac{C_t^{1-\theta}}{1-\theta}+\frac{1}{1+\rho}\cdot\frac{C_{t+1}^{1-\theta}}{1-\theta}+\lambda\left(A_t w_t - C_t-\frac{C_{t+1}}{1+r_{t+1}}\right) \tag{2-241}$$

由一阶必要条件,可得

$$\frac{\partial L}{\partial C_t}=0\Rightarrow C_t^{-\theta}=\lambda \tag{2-242a}$$

$$\frac{\partial L}{\partial C_{t+1}}=0\Rightarrow \frac{1}{1+\rho}C_{t+1}^{-\theta}=\frac{\lambda}{1+r_{t+1}} \tag{2-242b}$$

$$\frac{\partial L}{\partial \lambda}=0\Rightarrow C_t+\frac{C_{t+1}}{1+r_{t+1}}=A_t w_t \tag{2-242c}$$

---

① 消费者在青壮期并不拥有资本因而也不存在资本出租收入。即便他在青壮期存在储蓄,但这种因储蓄而形成的利息收入在青壮期也不会兑现,因而也不会形成当期收入。不过,消费者在青壮期的储蓄可以转换为投资,形成资本进而推动产出,由此消费者才有可能在衰老期凭青壮期的储蓄而继续消费。

求解上述联立方程，可得

$$C_t=(1+\rho)^{1/\theta}\cdot A_t w_t/[(1+\rho)^{1/\theta}+(1+r_{t+1})^{(1-\theta)/\theta}] \tag{2-243}$$

$$C_{t+1}=(1+r_{t+1})^{1/\theta}\cdot A_t w_t/[(1+\rho)^{1/\theta}+(1+r_{t+1})^{(1-\theta)/\theta}] \tag{2-244}$$

相应地，可以得到储蓄率(即储蓄占收入的比例，第 t 期的储蓄率记作 s_t)，即

$$s_t=\frac{A_t w_t-C_t}{A_t w_t}=1-\frac{C_t}{A_t w_t}=\frac{(1+r_{t+1})^{(1-\theta)/\theta}}{(1+\rho)^{1/\theta}+(1+r_{t+1})^{(1-\theta)/\theta}}\xrightarrow{\text{式(2-118)},\,r_{t+1}=f'(k_{t+1})}$$

$$\Rightarrow s_t=s(r_{t+1})=s[f'(k_{t+1})] \tag{2-245}$$

式(2-245)充分表明，*OLG* 模型中的储蓄率是内生变量，它决定于效用贴现率、风险规避系数、利率等因素①。由于利率决定于资本的边际产出，故而，储蓄率在很大程度上取决于单位有效劳动的资本使用量。稍加变式，且考虑资本的边际产出递减特性，于是有

$$\frac{\partial s_t}{\partial r_{t+1}}=\frac{\partial s_t}{\partial[f'(k_{t+1})]}>0,\quad \frac{\partial s_t}{\partial k_{t+1}}<0 \tag{2-246}$$

可见，储蓄率与未来利率正向变动，与未来资本存量反向变动。也就是说，当利率有望走高或资本有望下降时，消费者倾向于在当期选择更高的储蓄以应付未来消费之需。

（四）均衡分析：条件及其性质

式(2-118)、式(2-237)以及式(2-243)～式(2-245)蕴含着世代交叠经济中的均衡条件。如同 *R-C-K* 模型的均衡分析一样，我们在此也围绕均衡时的单位有效劳动的消费和资本做些分析。

首先，考虑到单位有效劳动工资率与资本与产出之间的关系[见式(2-118)]，以及代表性消费者的劳动为 1，于是单位有效劳动的两期消费(分别记作 c_t，c_{t+1})分别为

$$c_t=C_t/A_t=\frac{(1+\rho)^{1/\theta}[f(k_t)-k_t f'(k_t)]}{(1+\rho)^{1/\theta}+[1+f'(k_{t+1})]^{(1-\theta)/\theta}} \tag{2-247}$$

$$c_{t+1}=C_{t+1}/A_t=\frac{[1+f'(k_{t+1})]^{(1-\theta)/\theta}[f(k_t)-k_t f'(k_t)]}{(1+\rho)^{1/\theta}+[1+f'(k_{t+1})]^{(1-\theta)/\theta}} \tag{2-248}$$ ②

式(2-247)和式(2-248)表明，单位有效劳动的最优消费主要取决于单位有效劳动的资本投入及其产出效率(边际产出)。那么，消费者是否存在稳态的均衡消费(记作 c^*)？

$$c^*=c_t=c_{t+1}\Rightarrow(1+\rho)^{1/\theta}=[1+f'(k_{t+1})]^{(1-\theta)/\theta}\Leftrightarrow\rho=[1+f'(k_{t+1})]^{(1-\theta)}-1 \tag{2-249}$$

式(2-248)表明，若要实现稳态均衡的消费，效用贴现率(即 ρ)不仅取决于已有的外生变量——相对风险规避系数(即 θ)，还取决于未来资本的边际效率。这一结论无疑违背了我们之前预设的效用贴现率的外生变量性质(而外生变量性质意味着我们可以设定或控制效用贴现率)，使得效用贴现率成了一个受其他因素决定的内生变量。

效用贴现率经此内生化转变，资本的作用得以凸显，整个经济运行的稳态均衡以及相应的福利与效率问题也随之暴露出来。毕竟，只要资本及其边际产出总在波动，均衡的消费就将持续增长下去，稳态且均衡的消费实质上将不复存在。这也意味着，生产甚至交换总有得

---

① 比照上述思路，我们自然也可对 *R-C-K* 模型中的储蓄率及其决定机制做出刻画。有兴趣者可自行练习。

② 这无疑意味着，技术或知识能够持续影响一代人的青壮期和衰老期。

到加以改善的空间，因而资源配置效率（帕累托效率）并不存在。不仅如此，原本那个消费者可以自由支配的效用贴现率也因不再能自由支配，进而不是导致预设效用受损，就是会进一步增大效用，而这都意味着社会福利的最大化难以实现甚至稳定。低效率且低福利性质，使得世代交叠经济的均衡明显有别于 R-C-K 模型。

式(2-245)和式(2-246)蕴含着储蓄率与单位有效劳动消费与工资率之间的关系，即

$$s_t=\frac{A_t w_t-C_t}{A_t w_t}=1-\frac{C_t/A_t}{w_t}=1-\frac{c_t}{w_t} \tag{2-250}$$

就资本而论，由于当期资本源于上期储蓄，而上期储蓄等于上期收入（劳动收入）减去上期消费之后的余额，考虑到社会劳动总量以及技术和，可得全社会资本存量以及单位有效劳动所占有的资本存量，即

$$\begin{aligned}K_{t+1}&=(A_t w_t-C_t)L_t=(w_t-c_t)A_t L_t=A_t L_t w_t(1-c_t/w_t)\\&=A_t L_t w_t s_t \Rightarrow k_{t+1}=\frac{K_{t+1}}{A_{t+1}L_{t+1}}\\&=\frac{A_t L_t w_t s_t}{A_{t+1}L_{t+1}}\xlongequal{\text{式(2-109)}}\frac{w_t s_t}{(1+a)(1+n)}\xRightarrow{\text{式(2-118)，式(2-245)}}\\&\Rightarrow k_{t+1}=\frac{[f(k_t)-k_t f'(k_t)]\cdot s\cdot f'(k_{t+1})}{(1+a)(1+n)}\end{aligned} \tag{2-251}$$

式(2-251)是决定整个经济均衡的关键条件（即便此时未必是稳态的均衡）。若该条件满足，此时单位有效劳动所占有的资本存量（无论是 k_{t+1} 还是 k_t）将处于均衡状态，随之而起的单位有效劳动所对应的消费水平（即 c_t, c_{t+1}）也将处于均衡状态。然而，这种均衡会是稳定的均衡吗？如果答案是肯定的，那么，随着时间的推移，k_t 须靠近 k_{t+1}，进而更加靠近其收敛水平（记作 k^*）。就此，我们不妨考察一下 k_{t+1} 与 k_t 之间的关系。

$$\begin{aligned}\frac{\partial k_{t+1}}{\partial k_t}&=\frac{\dfrac{-k_t f''(k_t)}{(1+a)(1+n)}}{1-\dfrac{[f(k_t)-k_t f'(k_t)]\cdot(\partial s/\partial r_{t+1})}{(1+a)(1+n)}}\\&=\frac{1}{(1+a)(1+n)}\cdot\frac{-k_t f''(k_t)}{1-\dfrac{k_{t+1}}{s}\cdot\dfrac{\partial s}{\partial r_{t+1}}}\\&=\frac{1}{(1+a)(1+n)}\cdot\frac{-k_t f''(k_t)}{1-\dfrac{k_{t+1}}{r_{t+1}}\cdot\dfrac{r_{t+1}}{s}\cdot\dfrac{\partial s}{\partial r_{t+1}}}\\&=\frac{1}{(1+a)(1+n)}\cdot\underline{\frac{-k_t f''(k_t)}{1-\dfrac{k_{t+1}}{r_{t+1}}\eta_{s,r_{t+1}}}}\end{aligned} \tag{2-252}$$

其中，$\eta_{s,r_{t+1}}=\dfrac{r_{t+1}}{s}\cdot\dfrac{\partial s}{\partial r_{t+1}}$ 表示储蓄率对资本的边际报酬率（或资本边际产出）的弹性。式(2-252)有下划线处的分母为正值（因资本的边际收益递减），且考虑到 $r_{t+1}=f'(k_{t+1})$，所以，

$$\frac{\partial k_{t+1}}{\partial k_t}\begin{cases}<0, & \eta_{s,r_{t+1}}<f'(k_{t+1})/k_{t+1}\\>0, & \eta_{s,r_{t+1}}>f'(k_{t+1})/k_{t+1}\end{cases} \tag{2-253}$$

式(2-253)表明,均衡时期的资本未必一定收敛:它可能收敛,也可能发散,更可能时而收敛时而发散。若要资本完全收敛(此时 $\partial k_{t+1}/\partial k_t \to 0$)时,当须 $\eta_{s,r_{t+1}} \cdot (k_{t+1}/r_{t+1})$ 趋于无穷大,而这将意味着资本可以无限扩张(即 $k_{t+1} \to \infty$)。然而,资本并不能如此无限扩张,否则其边际产出将趋于0(由稻田条件),这并不利于经济产出的增进,也难以应对人口(劳动)增加而产生的更大的消费需求。

另外,当单位有效劳动所占有的资本存量完全处于稳态均衡水平(即 k^*)时,当有 $k^* = k_0 = k_1 = k_2 = \cdots k_\infty$,且须

$$k^* = \frac{[f(k^*) - k^* f'(k*)] \cdot s \cdot f'(k^*)}{(1+a)(1+n)} \tag{2-254}$$

式(2-254)形如 $k^* = G(k^*)$。能否从中解出 k^* 进而导出最优的 c_t,c_{t+1} 甚至 c^* 将是进一步对 *OLG* 模型展开均衡分析的关键。然而,真若对该函数就其解的存在性甚至唯一性给出严格的数学证明并非易事。它需要我们具备泛函分析中关于不动点定理的一些知识和技巧。考虑到后者跨度太大且证明过程较为烦琐,本书对此不做展开。但至此,至少有一点是可以确定的:稳态均衡的资本和消费是难以确定的。将其明朗化我们或许也能得到稳态解,但由此我们势必还要做出更多的限制或更多的假设,那样的话,即便我们最终得到了稳态解,后者也将因太过远离现实的经济世界而变得特殊且狭隘。

式(2-247)~式(2-254)蕴含着世代交叠经济实现均衡的基本条件。将其同 *R-C-K* 模型中的基本均衡条件[即式(2-229)~式(2-233)]相对照,不难从直观上发现两者的区别:后者直接存在动态方程及其显示解,但前者没有。相对于后者,前者更多地体现出了递归的性质,因而初始条件(决定初始值)对于经济增长的影响尤为重要。这意味着,只要给定某个初始值,均衡的消费和资本就会按照递归机制持续波动下去[如式(2-253)所示],因而其稳态的资本和消费实质上难以存在。

这也意味着,虽然 *OLG* 模型强调代表性厂商和代表性消费者的最优选择,但从全社会以及整个社会经济动态发展的意义上看,该模型难以存在稳定的均衡解,经济均衡总会依循递归机制持续波动下去。这也说明,*OLG* 模型中的均衡具有动态的非效率且低福利性质。

本章小结

理性人框架(或理性选择框架)即立足于行为人的理性选择而对经济问题展开分析的框架。其基本内容在于,将行为人的理性选择视作经济问题分析的视角和切入点,将行为人的理性选择均衡或最优选择结果视作经济问题分析的参照系。所谓行为人的理性选择,是指行为人在特定的约束和特定的目标导向之下总会做出的最优选择。其中,“行为人”是指那些具有独立决策与执行能力的行为个体,它既可能是某个微观经济组织(如单个的消费者或单个的生产经营者),也可能是某个政府机构甚至国际组织。运用理性人框架,从行为人的理性选择出发,不仅可以探究微观经济层次的消费决策和生产经营决策问题,还可在同质性假设的前提下探究宏观经济层次的经济周期与经济增长问题,此外还可以用于探究分工与

专业化、制度变迁、国际关系与司法诉讼问题①。

在分析过程中，一些相对特定的理论(如消费者选择理论、生产经营决策理论、经济周期理论、经济增长理论、制度变迁理论、国际关系理论、法律经济学理论)应运而生，后者在某种程度上可视作针对特定问题分析而形成的特定分析框架。如果说理性人框架是一种直觉性框架，体现为一种思维直觉(思维定式或思维惯性)，那么，这些从理性人框架出发而形成的理论就是一些理论性框架，它体现为内涵更为深入、外延(分析对象或其范围)更为具体的特定思维方法，是由理性人框架这个“笼统框架”而形成“具体框架”或“特定框架”。

比如，实际经济周期理论立足于家庭和企业的理性选择继而导出经济周期的形成机理，可谓立足于理性人框架的衍生框架，但所解释的问题比理性人框架更为具体，甚至在直接意义上出离后者：理性人框架主要面向行为人最优选择问题，实际经济周期理论则面向由实际因素(或非货币非价格因素)所撬动的经济周期问题，侧重考察个体理性选择之间的互动关系及其对宏观经济波动的影响。由此，若要探究由实际因素所撬动的某个具体的经济周期问题，不妨首先考虑实际经济周期理论这个框架——将实际经济周期理论的基本假设视作思考该经济周期问题的视角和出发点、将实际经济周期理论的基本模型及其主要推论(假说)视作思考该经济周期问题的参照系，在此前提下考察该经济周期问题相对于实际经济周期理论的特殊之处(尤其包括相对特殊的假设、模型及推论)，继而发掘该经济周期问题的具体特性与形成机理，而不是裹足于微观层次上的理性选择、始终在微观经济层次上兜圈子。

① 有兴趣者可参阅：杨小凯：《经济学：新兴古典与新古典框架》，张定胜等译，社会科学文献出版社 2003 年版；科斯、阿尔钦、诺斯：《财产权利与制度变迁：产权学派与新制度学派译文集》，胡庄君等译，三联书店 2000 年版；明斯特、阿雷奎恩-托夫特：《国际关系精要》(第五版)，潘忠歧译，上海人民出版社 2016 年版；波斯纳：《法律的经济分析》(第 7 版)，蒋兆康译，法律出版社 2012 年版。

第三章　供求均衡框架与经济学分析

“你甚至于可以使鹦鹉成为一个博学的经济学者——它所必须学的就是‘供给’和‘需求’这两个名词。”在《经济学》(第12版)中，当讨论起供给和需求问题时，作者萨缪尔森和诺德豪引用了这则调侃。后者不无夸张之嫌，倒也生动指明了供给和需求之于经济学分析的关键意义。作为一种分析框架，供求均衡框架立足于商品供给和需求之间的均衡关系，通常用于判断市场上某种商品乃至所有商品的成交价、成交量及福利后果。

在学理上，该框架脱胎于理性人框架，因为其中的供给和需求分别源自生产者和消费者的理性选择。针对特定的商品，每个生产者的理性选择形成该商品的单个供给，所有生产者理性选择的合力形成该商品的市场供给；类似地，每个消费者的理性选择形成该商品的单个需求，所有消费者理性选择的合力形成该商品的市场需求。进一步说，这种立足于商品供求之间的均衡关系含有双重语义：一方面指数值相同，也就是商品的供给量和需求量一致；另一方面指力量均等，即商品整体所承受的供给推力和需求推力恰好处于平衡状态，此时商品整体的成交价即均衡价格、整体的成交数量即均衡数量。

在现实分析中，商品供求未必完全具备理性选择基础。倘若相关数据表明商品供求具有一定的规律性，尤其是如同经典的供求曲线那般的规律性，那么，我们就可考虑使用供求均衡框架，借以推断商品市场的均衡价格与均衡数量及两者的大体走势。

尽管经济学分析的工具箱不断扩容，供求均衡框架目前仍是探讨市场成交价、成交量及其福利性质的较具主流意义的分析框架。它不仅被用于局部均衡分析，还被用于一般均衡分析和宏观经济均衡分析。其中，局部均衡是指某个特定市场的供求均衡，一般均衡(或总体均衡，下同)是指所有市场同时实现供求均衡。宏观经济均衡可指宏观经济层次(或宏观经济视阈)中所有部门(如居民部门、企业部门、政府部门和对外经济部门)的价值量(以货币交易额测度)平衡，它意味着一种更为宽松的供求均衡：此时“供给”侧重指供给价值，往往体现为部门收入；此时“需求”侧重指需求价值，往往体现为部门支出；此时社会供求总量未必出自行为人的理性选择，但供求总量的价值均衡(平衡)关系却仍可能存在。

不过，在现实生活中难免有些市场未必供求均衡，以致行为人的决策机制乃至一般均衡和宏观经济均衡的实现过程呈现出某些新的特点，西方经济学界及部分社会主义经济问题专家由此开创了“非均衡经济分析”。他们关注到市场价格的刚性或黏性特征、市场总存在超额供给或超额需求等事实，继而探究供求失衡对个体决策的影响及供求均衡的实现机制，其分析本质上更具动态意义或过程转换性质；他们所探讨的一般均衡并非那种瓦尔拉斯式的均衡(即那种强调所有市场供求同时都实现均衡的均衡)。所以，“非均衡”实则“非瓦尔拉斯式的均衡”或“非瓦尔拉斯均衡”(non-Walrasian equilibrium)。他们批判瓦尔拉斯均衡的过程，也是基于现实观察拓展且补充瓦尔拉斯均衡的过程(在某种意义上揭示了瓦尔拉斯均衡的实现机制)。限于篇幅，本书对此暂且不作讨论。

由于立足于单个市场供求的局部均衡是一般均衡的基础与特例(此时假设其他市场均处于均衡状态),我们先从市场供求与局部均衡谈起。

第一节　市场供求与局部均衡

市场供求即市场的供给与需求。个中"市场"看似司空见惯,但真正分析起来往往有所特指。就此而论,不同含义的市场,其均衡、成交量和成交价的基本概念乃至决定机制可能都有区别。因而,我们首先须对经济学分析中"市场"的语意稍作把握,之后再就供给和需求的基本概念及其在特定市场运行中的应用特点展开讨论。

一、市场及其交易对象

市场是个相对宽泛的概念。从交易对象角度,它首先是指以特定的某个商品(或服务,下同)为纽带而形成的市场,其次可指以特定的某类商品为纽带而形成的市场,再者可指以所有商品为纽带而形成的市场。这意味着,在讨论市场供求和市场交易问题时,我们首先需要明确:我们到底讨论的是某个具体的商品,还是某一类商品,抑或是所有商品?

对于特定的某个商品市场而言,该市场上的商品将完全同质,即市场上任何两个商品之间在品牌、款式、型号、配置、功能、颜色、质量标准等的商品学特征方面完全一致,不存在丝毫区别。此时,"按质论价""一分价钱一分货",该市场任何两个商品的价格完全相同。

对于特定的某类商品市场而言,市场上任何两个商品之间不必完全同质,但至少在某一项商品学特征上保持一致。比如,配置虽然相同但在品牌、款式、功能、颜色、质量标准等方面都有差异的手机所形成的市场。又如,性质虽然相同但质量、功能有所差异的某类生产要素(如劳动力、资本、技术或资源)所形成的市场。按照"按质论价""一分价钱一分货"的议价规则,由于此时商品之间在商品学意义上存在差异,商品之间在价格上将有所区别。比如,虽然同属手机市场,新款高配手机的成交价往往是旧款低配手机的数倍;虽然同属于劳动力市场,高端劳动力和低端劳动力的薪资收入往往有着天壤之别。

对于以所有商品为纽带而形成的市场而言,市场商品包罗万象,同质异质兼有、要素产品皆备。由于这些商品旨在满足各类需要、均具可用性,故而所有商品的市场实质上容纳的是以物质实力为基础的、可交易的社会财富总量,构成社会的市场经济总和,且对外展现社会经济实力,后者进一步影响货币的相对价格(即汇率)。这正如,中国当前已是全球第二大经济体,人民币汇率多年来也以走高为主,这些正是中国经济实力增强的体现。

上述交易对象均为实物或劳务,其市场交易额能在相当程度上直接代表社会财富,反映国民福祉。我们不妨称其为实体市场,相应的经济形态即实体经济。然而,有些交易对象并非实物或劳务,而是以实物或劳务为最终基础继而衍生的、在相当程度上可游离于实体经济之外的信用工具,如围绕各类信用货币(纸币、银行存款、商业票据等)、债券、股票、权证而形成的市场。后者以资金或其合约为纽带,对实体市场的交易活动往往起着一定的媒介、引导、推动甚至扰动的作用,我们不妨称其为金融市场,相应的经济形态即金融经济。此外,还有一些市场,其交易对象既非实物或劳务,亦非各类信用工具,而是以实体经济和金融经济为最终基础、在相当程度上又可游离于实体经济和金融经济之外的一些理念、设计或创意,我们不妨称其为虚拟市场,相应的经济形态即虚拟经济。

随着社会经济的发展、交易制度的创新以及交易技术和方法的进步,市场与交易对象的内涵与外延将不断丰富,“按质论价”“一分价钱一分货”的理念仍将继续演绎下去。但无论如何,面对现实的市场及其供求问题,具体且清晰地界定市场都是颇具首要意义的。毕竟,不同市场往往有着自己独特的供求特性及均衡决定机制。比如,同样是“按质论价”,大连用于出租的旧房的“质”与大连房地产市场的住房的“质”就有所不同,类似地,前者“一分货”的含义也有别于后者。由此,大连旧房出租市场的供求及其机制就有别于大连房地产市场的供求及其机制。

我们无法穷尽所有市场的特定含义及其供求特性,因而在分析现实的市场供求时,在参考有关理论分析因素之外,还应关注较具深层意义的特殊因素。由于市场供求未必同时变动,我们不妨对个人供求分别做些讨论,借以明确市场供求变动的个体动因及其作用特点。

二、个人需求与市场价格

个人需求分析主要涉及相关概念以及个人需求同市场价格之间的关系。这些有助于展现个人在需求行为方面的基本特性。

(一) 需求、需求量、需求函数与需求弹性

经济学分析中的“需求”指的是消费者有意愿且有能力的需要,是需求意愿和需求能力的统一。与需求相关的概念主要包括需求量、需求函数、需求曲线与需求弹性。

需求量即消费者愿意且能够购买的某种商品的数量(通常记作 q^d)。需求函数是表征商品需求量与其相关影响因素之间关系的函数[该函数或映射关系记作 $d(\cdot)$]。一般来说,影响商品需求量的因素包括商品价格、消费者收入水平、该商品的消费偏好、该商品相关商品的价格(相互关联的商品之间一般不是互补就是替代关系)、消费者对商品价格的预期。通常,某商品价格越低、消费者收入越高、消费者偏好越发强烈、互补品价格越低、替代品价格越高、预期价格越高,消费者越倾向于消费更多该商品。于是我们可将需求函数写作

$$q^d = d(\underset{-}{p}, \underset{+}{y}, \underset{+}{p_r}, \underset{-}{p_c}, \underset{+}{p_s}, \underset{+}{p_e}) \tag{3-1}$$

其中,p, y, p_r, p_c, p_s, p_e 分别指商品价格、收入水平、偏好程度、互补品价格、替代品价格、预期价格。各变量下方的“+”表示该自变量同因变量正向变动,“-”表示该自变量同因变量反向变动(下同)。

需求弹性即某个因素单位幅度变动(即变动 1%)所引发的需求量的变动幅度,如需求的自价格弹性即商品自身价格变动 1%所引发的该商品需求量的变动幅度。由定义可知,需求弹性并无量纲意义,仅仅表达了商品需求中一些较具惯性意义的应激反应特性,后者在相当程度上取决于且反映了商品消费的传统模式或风俗习惯,一般具有相对的稳定性。

具体测定时,弹性又有点弹性与弧弹性之分。其中,点弹性立足于某个特定状态,弧弹性立足于某两个特定状态。两类弹性均有其定义公式和微分形式的计算公式。比如,

某商品需求在 (p_0, q_0) 处的自价格点弹性测度为

$$e_{p_0, q_0} \triangleq \frac{\Delta q^d / q_0}{\Delta p / p_0} \xrightarrow{\Delta p \to 0} \frac{\mathrm{d}q^d}{\mathrm{d}p} \frac{p_0}{q_0} \tag{3-2}$$

某商品需求从 (p_0, q_0) 至 (p_1, q_1) 的自价格弧弹性测度为

$$e_{\bar{p}, \bar{q}} \triangleq \frac{(q_1^d - q_0^d)/(q_0^d + q_1^d)/2}{(p_1 - p_0)/(p_0 + p_1)/2} \xrightarrow{\Delta p \to 0} \frac{\mathrm{d}q^d}{\mathrm{d}p} \cdot \frac{p_0 + p_1}{q_0^d + q_1^d} \tag{3-3}$$

商品需求的其他弹性计算公式可比照给出。当然,由于商品需求量一般与其自身价格呈反向变动,式(3-2)和式(3-3)通常取负值。为集中关注商品需求量对其自身价格的反应强度,往往需要对商品需求的自价格弹性取绝对值。

弹性计算消除了商品计量单位因素。这种无量纲性质使得各类商品均可以就其弹性特征展开比较,反过来说,商品的弹性特征也有助于说明商品的内在属性。比如,某商品需求的自价格弹性很高,言下之意,该商品价格的细微变动即可引发商品需求量出现较大波动,说明该商品的需求量对价格波动很敏感,奢侈品或高档品(如香车宝马豪宅者)多数如此。相反,若某商品需求的自价格弹性较小,即该商品价格的细微变动并未引发商品需求量出现较大波动,说明该商品需求存在刚性,生活必需品(如柴米油盐酱醋者)多数皆是如此。

(二) 需求特性与市场价格

在以价格为横轴、以商品数量为纵轴的平面直角坐标系上,需求曲线即商品需求量与其价格组合点的轨迹。它仅反映商品需求量与其价格之间的关系,因而可视作需求函数的特例。需求曲线通常由左上方往右下方倾斜,其方向在根本上决定于价格变动的总效应。

对消费者而言,商品价格变动引发商品的相对价格(或比价体系)和消费者相对收入发生变化,后者均会推动需求量发生变动,由此分别形成价格变动的替代效应(记作 SE)和收入效应(记作 IE)。因而,价格变动最终导致需求量呈现何种变动(即价格变动的总效应,记作 TE)将取决于替代效应和收入效应的总和(即 $TE=SE+IE$)。

斯拉斯基方程(Slustsky Equation)集中表明了价格变动的总效应、替代效应和收入效应之间的关系。不过,该方程原本揭示的是任一商品(如商品 i)价格变动对某个商品(如商品 j)需求量的影响,即

$$\frac{\partial x_j(P,I)}{\partial p_i}=\frac{\partial h_j(P,U)}{\partial p_i}-x_i\frac{\partial x_j(P,I)}{\partial I} \tag{3-4}$$

其中,$x_j(P,I)$、$h_j(P,U)$ 分别为商品 j 的普通需求函数和补偿需求函数,且等号右边的第一项为替代效应、第二项为收入效应。式(3-4)之所以成立,是因为:

$$\left.\begin{array}{l} h_j(P,U)=x_j(P,I) \\ I=e(P,U) \end{array}\right\}\Rightarrow h_j(P,U)=x_j[P,e(P,U)]$$

$$\Rightarrow \underline{\frac{\partial h_j}{\partial p_i}=\frac{\partial x_j}{\partial p_i}+\frac{\partial x_j}{\partial e}\cdot\frac{\partial e}{\partial p_i}}$$

$$\Rightarrow \frac{\partial x_j}{\partial p_i}=\frac{\partial h_j}{\partial p_i}-\frac{\partial x_j}{\partial e}\cdot\frac{\partial e}{\partial p_i}\overset{\partial e/\partial p_i=x_i}{=\!=\!=\!=}\frac{\partial h_j}{\partial p_i}-x_i\frac{\partial x_j}{\partial e}$$

$$\Rightarrow \underline{\frac{\partial x_j}{\partial p_i}=\frac{\partial h_j}{\partial p_i}-x_i\frac{\partial x_j}{\partial I}}\text{。}$$

由式(3-4)可得商品价格变动对其自身需求量的影响(即商品的自价格效应),即

$$\underbrace{\frac{\partial x_i(P,I)}{\partial p_i}}_{TE}=\underbrace{\frac{\partial h_i(P,U)}{\partial p_i}}_{SE}+\underbrace{\left[-x_i\cdot\frac{\partial x_i(P,I)}{\partial I}\right]}_{IE} \tag{3-5}$$

式(3-5)等号左边指某商品价格变动对其需求量的影响,即价格变动的总效应。

该式等号右边第一项是指在保持原效用水平的前提下,该商品价格变动引发的该商品需求量的变动。这里体现了相对价格变化及其对原效用的替代性影响(在保持原效用水平不变的条件下换了个具有“替代意义”的消费方式),即价格变动的替代效应。

该式等号右边第二项(注意带有负号)是指,由于商品价格变化导致消费者相对收入水平发生变化进而触发商品消费量发生的变化,即价格变动的收入效应;该项中的 $-x_i$ 实则价格变动引发的相对收入变化,$\partial x_i(P,I)/\partial I$ 即每单位收入变化引发的商品消费量或需求量的变化,两项相乘即商品价格变化经由相对收入变化引发商品消费量的总变化。

一般来说,商品自价格效应中的替代效应(即 SE)一般为负,后者在相当程度上缘于边际替代率递减规律的作用。其间逻辑链条如图 3-1 所示。其中,$EMP(U_0^*)$ 表示"效用水平为 U_0^* 时的支出最小化问题"[①],$MRS_{i,j}$ 表示商品 j 对商品 i 的边际替代率(效用水平不变条件下每增加消费一个单位的商品 i 所需放弃的商品 j 的消费量);带箭头的虚线表示作用指向,虚线之上"+"表示正向推动、"−"表示反向推动,虚线之下的公式表示作用机理或渠道。本书余下机制图绘制皆同此例。

$$p_i \xrightarrow[EMP(U_0^*):\frac{MU_i}{p_i}=\lambda]{+} MU_i \xrightarrow[MRS_{i,j}\triangleq\frac{MU_i}{MU_j}]{+} MRS_{i,j} \xrightarrow[\frac{\partial MRS_{i,j}}{\partial x_i}<0\Leftrightarrow\frac{\partial x_i}{\partial MRS_{i,j}}<0]{-} x_i \Rightarrow SE<0$$

图 3-1　商品价格变动的替代效应机制

替代效应为负意味着,商品价格上涨将通过相对价格(或边际替代)机制诱发该商品需求量下降。另外,收入效应未必为负。这是因为,商品价格虽然推动相对收入水平呈反向变动,但商品需求量并非同收入水平一定正向变动。个中逻辑链条简绘如图 3-2 所示。

$$p_i \xrightarrow[-\partial e/\partial p_i=x_i>0]{-} e \begin{cases} \xrightarrow[\partial x_i/\partial e<0]{-} x_i \Rightarrow IE>0,\text{低档品、吉芬品时} \\ \xrightarrow[\partial x_i/\partial e>0]{+} x_i \Rightarrow IE<0,\text{正常品时} \end{cases}$$

图 3-2　商品价格变动的收入效应机制

也就是说,商品价格上涨经由相对收入机制未必一定能够降低该商品需求量。后者实质上决定于商品的性质。不过,对于正常商品而言,由于商品需求量与其自身价格反向变动还是成立的,商品的需求曲线通常由左上方向右下方倾斜。

上述分析均突出消费者是商品价格的接受者,此时消费者的需求难以影响市场价格。实际上,有些消费者的需求却可能影响甚至操控市场价格,尤其在买方市场。不难想到,当商品在市场上只存在一家需求时,消费者将在相当程度上影响商品定价。

设某消费者效用函数为 $u(q_1,q_2,\cdots,q_n)$,其中 $q_1,q_2,\cdots,q_n$ 分别为各类(共 n 类)商品的需求量。消费者收入水平为 I,各类商品的市场价格(供给价格)均强烈受制于消费者的需求量,因而 $p_i=p_i(q_i),i=1,2\cdots,n$ [②]。消费者在既定的收入下谋求最大效用,于是有

① 实际上,正是由于立足于特定效用水平下的支出最小化问题,我们才能谈到替代及边际替代问题("替代"或"边际替代"毕竟都以效用水平不变为前提)。与之相应,此时的支出和需求也只能是补偿支出和补偿需求。

② 当然,这里已假设各商品价格之间相互独立。

$$\begin{cases} \max\limits_{q_1, q_2, \cdots, q_n} u(q_1, q_2, \cdots, q_n) \\ \text{s. t.} \sum\limits_{i=1}^{n} p_i(q_i) q_i = I \end{cases} \tag{3-6}$$

构造拉格朗日函数，进而由效用最大化的一阶必要条件，可得

$$\frac{MU_i}{MU_j} = \frac{p_i + q_i \cdot (\mathrm{d}p_i / \mathrm{d}q_i)}{p_j + q_j \cdot (\mathrm{d}p_j / \mathrm{d}q_j)} \tag{3-7}$$

其中，$MU_i = \partial u / \partial q_i$ 即第 i 种商品的边际效用。或者

$$MU_i = \lambda [p_i + q_i \cdot (\mathrm{d}p_i / \mathrm{d}q_i)] \tag{3-8}$$

其中，λ 为拉格朗日乘子，亦为货币的边际效用、影子价格。式(3-8)意味着

$$p_i = \frac{MU_i}{\lambda (1 + 1 / e_{p_i, q_i})} \tag{3-9}$$

其中，$e_{p_i, q_i} = (\mathrm{d}q_i / \mathrm{d}p_i)(p_i / q_i)$，即第 i 种商品供给的自价格弹性(其定义可比照前文或参见后文)。式(3-9)表明，消费者消费某种商品的边际效用越高，该商品就越被倾向于高价购入；某种商品供给的自价格弹性越低，该商品就越被倾向于低价购入。不仅如此，由于边际效用通常存在着递减现象，因而，随着需求量(消费量)增加，递减的边际效用倾向于拉低商品价格。这正是需求曲线由左上往右下方倾斜的情形。

倘若不存在收入约束，消费者也可能基于最大剩余(以货币衡量的效用值减去实际支付金额之后的余额)[①]影响商品市场价格，即

$$\max_{q_1, q_2, \cdots, q_n} s_u = u(q_1, q_2, \cdots, q_n) - \sum_{i=1}^{n} p_i(q_i) q_i \tag{3-10}$$

由一阶必要条件，可得

$$\frac{\partial s_u}{\partial q_i} = 0 \Rightarrow MU_i = p_i + q_i \cdot (\mathrm{d}p_i / \mathrm{d}q_i) \tag{3-11}$$

就式(3-11)来看，由于效用可被货币计量，故而 MU_i 可被视作购买第 i 种商品的边际价值(记作 MV)，且一般随需求量增加而递减。因而，MU_i 与需求量的组合点的轨迹可视作消费者的需求曲线(且记作 D)。

由于 p_i 为第 i 种商品供给的市场价格，故 $p_i = p_i(q_i)$ 可被视作消费者所面对的源自市场的供给曲线(且记作 S)，$p_i(q_i) q_i$ 实则消费者购买第 i 种商品所形成的支出。由此，p_i 还可被视作购买第 i 种商品时的平均支出(记作 AE)，$[p_i + q_i \cdot (\mathrm{d}p_i / \mathrm{d}q_i)]$ 可被视作购买第 i 种商品所形成的边际支出(记作 ME)。由于 $\mathrm{d}p_i / \mathrm{d}q_i > 0$(消费者购买越多则其价格越趋高涨)，故 $ME > AE$，且两者都反映了市场供给的基本特性：市场价格与商品供给数量正向变动(即市场价格越高，市场越倾向于提供更多的商品)。

由式(3-11)可知，在某个消费者足以影响市场价格时，成交量乃至成交价的大小将取决于 $MV = ME$。关于 MV，ME，AE 之间的关系及其引发的市场交易后果[②]，如图 3-3 所示。

① 这里假设效用值可被货币计量，且经货币计量之后仍然满足连续、可微、凸性等性质。

② 相关论述可参见平狄克、鲁宾菲尔德：《微观经济学》(第八版)，李彬、高远等译，中国人民大学出版社 2015 年版，第 349～353 页。

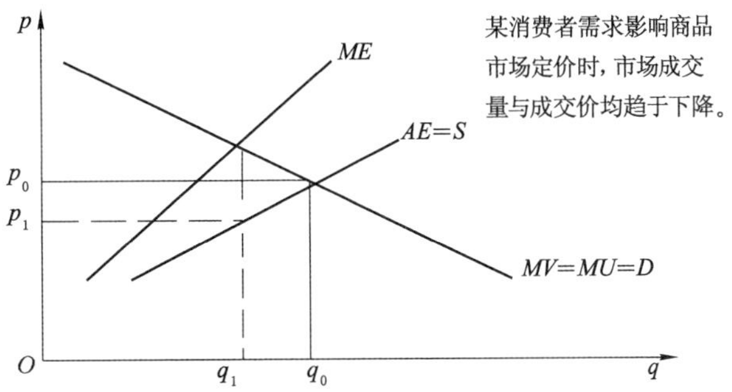

图 3-3　某消费者需求影响市场整体的成交价与成交量

三、个人供给与市场价格

同个人需求分析类似，个人供给分析也包括相关概念及个人供给同市场价格之间关系等的内容，后者有助于展现个人在供给行为方面的基本特性。

（一）供给、供给量、供给函数与供给弹性

经济学分析中的"供给"指的是生产经营者愿意且有能力提供或出售，实则供给意愿和供给能力的统一。与供给相关的概念主要包括供给量、供给函数、供给弹性和供给曲线。

供给量即生产经营者愿意且能够提供或出售的某种商品的数量（通常记作 q^s）。供给函数是表征商品供给量与其相关影响因素之间关系的函数（函数或映射关系记作 s）。一般来说，影响商品供给量的因素包括商品价格、生产成本、生产技术水平、相关商品价格、生产经营者针对商品的价格预期。通常，某商品价格越高、生产成本越高、技术水平越高、互补品价格越高、替代品价格越高、预期价格越高，生产经营者越倾向于提供或售出更多该商品。于是我们可将供给函数写作

$$q^s = s(\underset{+}{p}, \underset{-}{c}, \underset{+}{a}, \underset{+}{p_c}, \underset{+}{p_s}, \underset{+}{p_e}) \tag{3-12}$$

其中，p, c, a, p_c, p_s, p_e 分别表示该商品的价格、生产成本、生产技术水平、互补品价格、替代品价格、价格预期。

供给弹性即某个因素单位幅度变动（即变动 1%）所引发的供给量的变动幅度，如供给的自价格弹性即商品自身价格变动 1%所引发的该商品供给量的变动幅度。由定义可知，供给弹性并无量纲意义，仅仅表达了商品供给中一些较具惯性意义的应激反应特性，后者在相当程度上取决于且反映了商品生产的技术经济特征。毕竟，供给弹性对应着商品产出及其相关要素的波动，后者时刻受制于商品生产内在的技术经济规律。

具体测定时，供给弹性同样存在点弹性与弧弹性之分。两类弹性均有其定义公式和微分形式的计算公式。比如，某商品供给在 (p_0, q_0) 处的自价格点弹性测度为

$$e_{p_0, q_0} \triangleq \frac{\Delta q^s / q_0}{\Delta p / p_0} \xrightarrow{\Delta p \to 0} \frac{\mathrm{d}q^s}{\mathrm{d}p} \cdot \frac{p_0}{q_0} \tag{3-13}$$

某商品供给从 (p_0, q_0) 至 (p_1, q_1) 的自价格弧弹性测度为

$$e_{\bar{p}, \bar{q}} \triangleq \frac{(q_1^s - q_0^s)/(q_0^s + q_1^s)/2}{(p_1 - p_0)/(p_0 + p_1)/2} \xrightarrow{\Delta p \to 0} \frac{\mathrm{d}q^s}{\mathrm{d}p} \cdot \frac{p_0 + p_1}{q_0^s + q_1^s} \tag{3-14}$$

（二）供给特性与市场价格

在以价格为横轴、以商品数量为纵轴的平面直角坐标系上，供给曲线即商品供给量与其价格组合点的轨迹。它仅反映商品供给量与其价格之间的关系，因而可视作供给函数的特例。供给曲线通常由左下方往右上方倾斜，其方向在根本上取决于供给的经济和技术条件。

作为一个单纯的生产经营者，行为人往往通过提供或售出（以下简称为"供给"）商品谋求最大利润。换句话说，商品供给的数量取决于商品供给到底能给生产经营者带来多大利润。只要有利于增加利润，生产经营者就会持续增加商品供给，否则就可能考虑减少商品供给。当商品供给量使得利润处于最高水平时，此时的商品供给量也达到了最佳水平。

利润则是收益扣除成本之后的余额①。由于商品是按照（或参照）市场价格而供给的，商品供给所产生的收益也就是商品供给数量与其相应的市场价格乘积的累计。类似地，在市场交易条件下，商品供给所产生的成本也就是商品供给相关要素的使用量与其相应市场价格乘积的累计。可见，在利润的形成过程中，产品与要素的市场价格扮演着重要角色。

如果说生产经营者的要素使用或产品供给不能明显影响要素或产品的市场价格，那么，此时的生产经营者就是要素或产品市场价格的接受者，产品或要素的市场价格于他而言就是外生的、既定的。如果说该生产经营者的要素使用或产品供给能够明显影响要素或产品的市场价格，那么，此时的生产经营者就是要素或产品市场价格的影响者，产品或要素的市场价格于他而言则是内生的、可操控的。前者意味着市场竞争极为充分，以致每个生产经营者对市场价格的影响能力微乎其微。后者则意味着市场竞争并非充分，以致某些生产经营者可以凭借其相对特殊的资源对市场价格主动施以影响。

为简便起见，下面仅考虑一种产出和两种要素（即资本和劳动）情形的利润最大化问题。记产出量（供给量）、资本、劳动、收益、成本、利润、产品价格、利息率（资本价格）、工资（劳动价格）分别为 $q, K, L, TR, TC, \pi, p, r, w$，设生产函数为 $q=f(L,K)$。

（1）假设该生产经营者是产品和要素价格的接受者，则利润为

$$\pi = TR - TC = p \cdot q - C(q) \tag{3-15}$$

式中的成本函数 $C(q)$ 源自成本最小化规划问题，即

$$\begin{cases} \min\limits_{L,K} w \cdot L + r \cdot K \\ \text{s. t. } f(L,K)=q \end{cases} \tag{3-16}$$

求解式(3-16)中的规划问题，将优化解代入目标函数可得成本函数，即

$$\frac{w}{r}=\frac{MP_L}{MP_K} \xrightarrow{f(L,K)=q} \begin{cases} L^* = L(q) \\ K^* = K(q) \end{cases} \Rightarrow C(q) = w \cdot L(q;w,r) + r \cdot K(q;w,r)$$

代入式(3-15)则有

$$\pi = TR - TC = p \cdot q - w \cdot L(q;w,r) - r \cdot K(q;w,r) \tag{3-17}$$

利润最大化时，由一阶必要条件，可得

$$\frac{\partial \pi}{\partial q}=0 \Rightarrow MR = MC \Rightarrow p = w \cdot \frac{\partial L}{\partial q} + r \cdot \frac{\partial K}{\partial q} = \frac{w}{MP_L} + \frac{r}{MP_K} \tag{3-18}$$

① 西方经济理论分析中所说的利润实则经济利润，即收益减去成本之后的余额。其中，"成本"既包括显成本（会计成本），也包括隐成本（机会成本）。正常利润即生产经营者对自己作为企业家才能之使用所设定的报酬，已被归属于隐成本。因此，经济利润＝收益－显成本－正常利润－其他隐成本，其实质就是超额利润。由此，当经济利润为 0 时，生产经营者实际上仍然获利。

其中，$MP_L=\partial f/\partial L$，$MP_K=\partial f/\partial K$ 分别指劳动和资本的边际产出（报酬），MR，MC 分别指边际收益和边际成本。

式(3-18)决定了此时生产经营者的最佳供给量。由于生产技术一般存在着边际报酬递减现象，与之相应，随着产出增加，MP_L，MP_K 一般先增后减且最终以递减为主，故边际成本[对应式(3-18)等号的右边]以及供给曲线一般呈现先减后增的特点。

(2) 假设该生产经营者既是产品价格的影响者，也是要素价格的影响者[①]，此时有

$$p=p(q),r=r(K),w=w(L) \tag{3-19}$$

其中，$p=p(q)$，$r=r(K)$，$w=w(L)$ 分别表示产品供给数量和要素使用数量对相应价格的影响。于是，利润为

$$\pi=TR-TC=p(q)\cdot q-C(q) \tag{3-20}$$

式中的成本函数 $C(q)$ 源自下述成本最小化规划问题，即

$$\begin{cases}\min\limits_{L,K} w(L)\cdot L+r(K)\cdot K\\ \text{s. t. } f(L,K)=q\end{cases} \tag{3-21}$$

求解式(3-21)中的规划问题，将优化解代入目标函数可得成本函数，即

$$\frac{w+L(\partial w/\partial L)}{r+K(\partial r/\partial K)}=\frac{MP_L}{MP_K}\xrightarrow{f(L,K)=q}\begin{cases}L^*=L(q)\\K^*=K(q)\end{cases}\Rightarrow C(q)=w[L(q)]\cdot L(q)+r[K(q)]\cdot K(q)$$

代入式(3-20)则有

$$\pi=TR-TC=p(q)\cdot q-w[L(q)]\cdot L(q)-r[K(q)]\cdot K(q) \tag{3-22}$$

利润最大化时，由一节必要条件，可得

$$\frac{\partial\pi}{\partial q}=0\Rightarrow MR=MC\Rightarrow p+q\frac{\mathrm{d}p}{\mathrm{d}q}=w\cdot\frac{\partial L}{\partial q}+\frac{\partial w}{\partial L}\cdot\frac{\partial L}{\partial q}L+r\cdot\frac{\partial K}{\partial q}+\frac{\partial r}{\partial K}\cdot\frac{\partial K}{\partial q}K$$

$$\Leftrightarrow p+q\frac{\mathrm{d}p}{\mathrm{d}q}=\frac{w+L(\partial w/\partial L)}{MP_L}+\frac{r+K(\partial r/\partial K)}{MP_K} \tag{3-23}$$

式(3-23)决定了此时生产经营者的最佳供给量，其中等号的左右端分别对应边际收益和边际成本。不难发现，式(3-18)不过是式(3-23)的特例。进一步由式(3-23)可知

$$p=[\frac{w}{MP_L}(1+\frac{1}{e_{w,L}})+\frac{r}{MP_K}(1+\frac{1}{e_{r,K}})]/(1+\frac{1}{e_{p,q}}) \tag{3-24}$$

其中，$e_{w,L}=\frac{\mathrm{d}L}{\mathrm{d}w}\cdot\frac{w}{L}$，$e_{r,K}=\frac{\mathrm{d}K}{\mathrm{d}r}\cdot\frac{r}{K}$，$e_{p,q}=\frac{\mathrm{d}q}{\mathrm{d}p}\cdot\frac{p}{q}$，分别为劳动、资本和产出对相应价格的需求弹性。关于需求或需求弹性的含义，可比照前文关于供给与供给弹性的定义，或参见后文。不难理解，当生产经营者能够操控产品和要素市场价格时，产品和要素需求的价格弹性将在相当程度上决定着产品市场价格。

当然，式(3-24)等号右侧的分子部分实则边际成本，于是式(3-24)又可写成

$$p=\frac{MC}{1+1/e_{p,q}}=MC(1+a) \tag{3-25}$$

其中，$a=-\frac{1}{1+e_{p,q}}$ 可视作产品定价中的加成成数。上述推理和计算若能成立，尚须

---

① 当然，这里假设要素价格之间相互独立。

$$e_{p,q} < -1 \tag{3-26}$$

式(3-26)(即商品需求的价格弹性)在相当程度上决定了市场的垄断势力,后者一般可用勒那指数(记作 l,以同前文的劳动要素 L 稍相区别)予以衡量,即

$$l = \frac{p - MC}{MC} = -\frac{1}{e_{p,q}} \tag{3-27}$$

由于 $e_{p,q} < -1$,所以据式(3-27)可知 $0 < l < 1$。由式(3-27)可知,勒那指数实则取决于商品需求的价格弹性,且与后者呈反向变动。特别地,当 $p = MC$ 或 $e_{p,q} \to -\infty$ 时,勒那指数为0;此时商品的需求曲线呈水平状态(商品价格固定不变),这正是完全竞争情形。就此也可认为,只要市场存在垄断势力,勒那指数就必然大于0。

以式(3-24)为基础,还可讨论更多要素使用情形中的产品定价机制,以及生产经营者仅能影响产品价格或仅能影响要素价格时的产品定价机制。限于篇幅,兹不赘述。

四、市场结构与市场供求均衡

上述立足于特定行为人与特定商品的讨论,反映了个人供给与个人需求的特性,尤其是其中的个人供给曲线和个人需求曲线,更是直接体现了个人供给量和需求量同市场价格之间的函数关系。这些为探讨市场供求提供了必要条件。然而,个人供求与市场供求毕竟是两种不同层次的供求,两者间有局部和整体之别。实际上,由于受到行为人(买者和卖者,下同)数量、行为人之间互动关系等因素的影响,两种供求之间严格说来难以相互推定。与此同时,市场供求往往又是决定市场均衡价格和均衡数量的直接因素,更重要的是,它往往还是诸多政策分析的基本框架。这些使得市场供求分析不可或缺。因此,在讨论市场供求之前,我们首先需要审视由个人供求向市场供求的转换问题,后者则因市场结构有所不同。

(一)市场结构及市场供求

所谓市场结构,即基于行为人之间的竞争关系和商品之间的异同关系对市场所作的结构划分。比如,从卖方(即生产经营者,下同)之间的竞争关系和商品之间的异同关系角度,一般将市场分为完全竞争、完全垄断(或垄断)、垄断竞争和寡头垄断(或寡占)等四种类型,后三种市场结构有时也被笼统称作“不完全竞争市场”。其中,生产经营者之间存在充分竞争且产品彼此同质的市场即完全竞争市场,生产经营者之间存在明显竞争且产品之间存在差异的市场即垄断竞争市场,由一家生产经营者独霸的市场即完全垄断市场(亦称“垄断市场”),由少数几家生产经营者垄断的市场即寡头垄断市场(亦称“寡占市场”,此时产品可能同质也可能不同质)。类似地,也可基于买方(或消费者,下同)之间的竞争关系以及商品之间的异同关系,将市场分为买方竞争性市场和买方垄断性市场,等等。

市场结构不同,行为人所处的市场地位及所面临的竞争态势就有所不同,市场供求机制也因之有所区别,以致各类市场在整体的成交价、成交量、配置效率与福利性质等方面不相一致。与这种“结构—行为—绩效”的实践逻辑相呼应,对产业经济问题的研究也逐步形成了一种较具经典意义的分析模式,即所谓“S-C-P”范式。其中,S 指 structure(结构,即市场结构),C 指 conduct(行为,实则单个行为人或代表性行为人的理性选择及其数量或价格选择模式),P 指 performance(绩效,实则市场绩效,具体即市场整体的成交价、成交量、资源配置效率、社会福利效应)。

在具体分析过程中,“结构”规范着“行为”,进而制约着“绩效”。而从“行为”到“绩效”,

往往伴随着由个人意义上的供求向市场意义上的供求的转换与跃变，尤其是其中的市场供求均衡更在其中扮演着关键的桥梁角色。

（二）完全竞争与市场供求均衡

在完全竞争条件下，市场中任一行为人都是市场价格的接受者，且卖者之间、买者之间、任一买者与任一卖者之间均彼此独立（均根据市场信号自行决策，而不必参考他人决策或受他人决策所影响）。因此，对于某商品任一给定的市场价格，该商品的市场供给量等于市场中所有卖者个人供给量的总和，其市场需求量等于市场中所有买者个人需求量的总和；当市场供求均衡时，市场供给量等于市场需求量。不仅如此，由于市场供给量和市场需求量均是市场价格的函数，市场供给函数和市场需求函数之间也相互独立。

设某商品市场共有 m 个消费者（买者，以下标 i 标识）和 n 个生产经营者（卖者，以下标 j 标识）。该市场供求函数分别记作 D 和 S，个体供求函数分别记作 d 和 s，市场价格记作 p。当该商品市场处于供求均衡时，当有

$$D(p_1)=\sum_{i=1}^{m}d_i(p_1)=S(p_2)=\sum_{j=1}^{n}s_j(p_2) \tag{3-28}$$

式(3-28)可谓供求均衡框架的基本形式，从中有望导出该商品市场整体的均衡价格（成交价 $p^e=p_1=p_2$）和均衡数量[成交量 $Q^e=D(p^e)=S(p^e)$]。

式(3-28)仅仅立足于某商品数量及其市场价格之间的关系，且表明：在以商品数量为横轴、该商品市场价格为纵轴的直角坐标系上，个人供求曲线和市场供求曲线都是价格与数量的组合点的轨迹；同时，市场供求曲线都表现为相应的个人供求曲线的横向加总（针对特定的价格水平，市场供求量等于与该价格水平对应的个人供求量的总和）。

在完全竞争条件下，由个人供求函数（曲线）的存在性以及曲线的横向加总性质出发，最终可以生成市场供求函数（曲线）。这里的每一步都显得顺理成章。究其原因，正是市场结构的完全竞争性质。正是由于完全竞争，任意两个行为人方可相对独立，故而同类行为人之间（即买者之间、卖者之间）的行为可直接加总成市场行为，不同类行为人（即买者和卖者之间）的个人供给与个人需求之间也不存在依从关系，如此不仅能从个人供求直接加总得到市场供求，还能保证市场供给函数（曲线）和市场需求函数（曲线）彼此独立。

总之，在完全竞争市场中，我们拥有完备的市场供给曲线和市场需求曲线，因而可就此对市场整体的成交价、成交量乃至配置效率和福利性质做出判断。反之亦然——我们之所以能够直接依托市场供给曲线和市场需求曲线对某个市场的绩效展开分析，原因在于，该市场恰恰是完全竞争的市场。否则，我们不可直接动用市场供给曲线和市场需求曲线，因为后者在不完全竞争市场未必同时存在。

（三）不完全竞争与市场供求均衡

在不完全竞争条件下，由于卖者（此时已具有一定的垄断势力）追求最大利润且能通过数量调整进而影响市场价格，市场需求（曲线）往往决定着卖家甚至行业的特定供给量。也就是说，此时卖者的供给量是特定的卖家乃至市场的供给曲线由此“退化”为某个特定的价格与供给量的组合点。总之，在不完全竞争条件下，对于特定的市场需求（曲线）而言，此时卖者并不存在市场价格和供给数量一一对应的供给曲线，自然也就没有市场价格和供给数量一一对应的市场供给曲线。

图 3-4 描述了完全垄断市场不存在卖者供给曲线和市场供给曲线的情况。

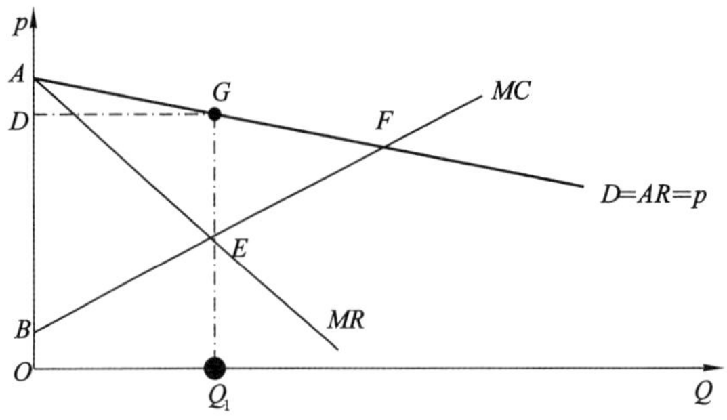

图 3-4　完全垄断市场不存在供给曲线

对于处于完全垄断地位的卖者而言，由其收益计算公式可知，卖者的平均收益曲线[图中记作 AR；可参见式(3-20)]即其所面对的市场需求曲线(图中记作 D)。卖者按照“边际收益等于边际成本”(即 $MR=MC$)选择最佳供给量，其边际收益线(图中 MR 所示)要低于平均收益线[参见式(3-23)等号左边]。卖者在边际收益线与边际成本线(记作 MC)的交点对应的数量(图中 Q_1 所示)即卖者的最佳提供或出售数量。也就是说，面对市场需求曲线 D，不管市场价格沿市场需求曲线如何变化，垄断的卖者仅仅提供 Q_1 的产量(图中以大黑圆点予以强调，且同加粗的市场需求曲线相呼应)。由于是完全垄断市场，因而 Q_1 亦是此时整个市场唯一的一种供给量。

上述以完全垄断为背景的论证逻辑和基本结论具有相当的普适性。实际上，不管是完全垄断市场，还是垄断竞争市场抑或寡头垄断市场，只要市场中卖者所面对的市场需求曲线具有从左上方往右下方倾斜的特征，此时理性的卖者仅会供给某一特定且最优数量的商品，后者并非随着市场价格的波动而波动。

从买方角度看，当面对给定的市场供给曲线时，如果买者之间平等独立(即各个买者都是市场价格的接受者)，那么，此时存在买者需求曲线和市场需求曲线。如果买者具有一定的垄断势力以致其需求量足以影响市场价格，那么，面对给定的市场供给曲线，不论市场价格如何波动，追求最大剩余的买者最终仅会选择某个特定且具最优性质的需求量，此时并不存在与市场供给曲线相匹配的市场需求曲线。对此，可参见图 3-3 及其分析。

总之，只要市场存在不完全竞争，面对给定的市场供给曲线(或市场需求曲线)，具有垄断势力的行为人就会出于其剩余最大化(或利润最大化)考虑，选择最优需求量(或最优供给量)，以致最终难以形成市场供给曲线和市场需求曲线的完整匹配。即便如此，在“S-C-P”范式中，从供给推力和需求推力平衡入手，继而解析市场均衡、配置效率与福利性质，这一思路仍然是清晰的。从这个意义上说，此时供求均衡框架实质上依然存在且具分析价值，只不过在形式上它是残缺的(以“线—点”匹配代替了完全竞争情形中的“线—线”匹配)。

(四) 纵向加总与公共物品供求均衡

前文基于竞争性市场的横向加总主要面向私人物品市场。对诸如国防、公共设施等的公共物品而言，其“市场”需求反映了面对该公共物品的某种规模、经济社会中每个消费者基于其个体支付能力与支付意愿而形成的总支付价格，其“市场”供给反映了面对该公共物品的某种规模、经济社会中该公共物品的每个提供者(通常是政府及非营利组织的从业者)基于个体供给能力与供给意愿而形成的总供给价格(或总求偿价格)。

由此，在以商品数量为横轴、商品价格为纵轴的直角坐标系上，公共物品的“市场”供求曲线主要体现为基于既定公共物品规模的各个求偿价格与各个支付价格的加总，即纵向加总。后者有别于私人物品。于是，可得

$$P^d(Q)=P^s(Q)\Leftrightarrow\sum_{r=1}^{u}p_r^d(Q)=\sum_{k=1}^{v}p_k^s(Q) \tag{3-29}$$

其中，$P^d,P^s,p_r^d,p_k^s,u,v,Q$ 分别为经济社会关于某个公共物品的“市场”需求价格、“市场”供给价格、个体意愿支付价格、个体意愿供给价格、需求者人数、供给者人数、公共物品规模。

五、市场供求均衡：稳定性、资源配置与社会福利

完整的市场供求函数(曲线)通常更有助于分析市场供求均衡的稳定性以及效率和福利性质。个中“效率”即资源配置效率，也就是经济资源既无闲置也无浪费，恰好能被社会生产技术和消费水平同时完全吸纳。个中“福利”则要求社会福利规模最大且结构均等，主要体现为社会总剩余的规模、消费者剩余和生产者剩余之间的相对关系等的优化。

（一）稳定性与蛛网模型

对某个竞争性的商品市场而言，当市场供求处于均衡时，均衡点(或市场成交价与市场成交量的组合)是否稳定？若稳定，任何一种偏离均衡的状态最终将在市场供求的推动下逼近甚至重回均衡[如图 3-5(a)所示]。若不稳定，任何一种偏离均衡的状态最终将在市场供求的推动下继续偏离甚至远离均衡[如图 3-5(b)、图 3-5(c)所示]。

图 3-5 显示了当市场存在超额需求时的市场价格调整情况。图中箭头起点(大黑圆点所示)均代表偏离均衡(对应图中市场供给曲线 S 与市场需求曲线 D 的交点)的某个状态，此时市场需求大于市场供给(即存在超额需求)。与之相应，市场需求价格较低。在此价格水平上，生产经营者仅仅意愿提供与此低价相应的较少数量的商品；后者使得消费者出价陡增，进而使得生产经营者愿意提供更多的商品，随后又引发消费者的出价反应形成新的需求价格。如此反复，市场价格未必一定回复至均衡水平。

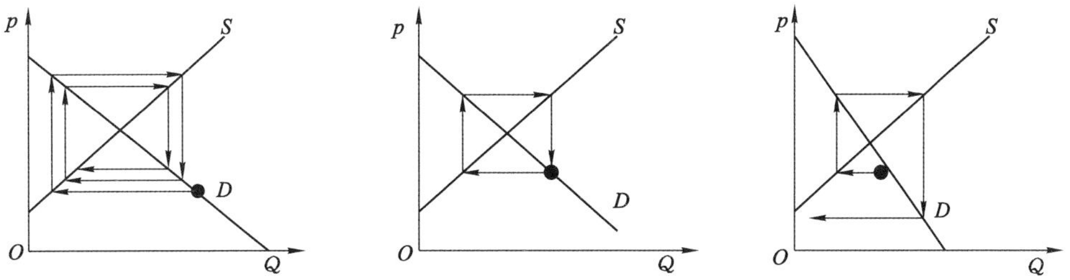

(a) 重新趋向市场均衡　(b) 恒定偏离市场均衡　(c) 逐渐远离市场均衡

图 3-5　存在超额需求的价格调整

上述描述表明：当期需求量决定当期价格，进而决定下期供给量。考虑线性情形，可有

$$D_t=-ap_t+c,\quad S_{t+1}=bp_t+d \tag{3-30}$$

其中，a,b,c,d 都是非负常数，且 $c>d$，$a\neq0$。当市场均衡时，由 $D_t=S_t$ 可得

$$-ap_t+c=bp_{t-1}+d\Rightarrow p_t=-\frac{b}{a}p_{t-1}+\frac{c-d}{a} \tag{3-31}$$

显然，当 $p_t = p_{t-1}$ 时存在市场均衡价格（记作 p^e），且

$$p^e = \frac{c-d}{a+b} \tag{3-32}$$

对式(3-31)稍作递推变式，可得

$$p_t - p_{t-1} = -\frac{b}{a}(p_{t-1} - p_{t-2}) \Rightarrow p_t - p_{t-1} = \left(-\frac{b}{a}\right)^{t-1}(p_1 - p_0)$$

$$\Rightarrow p_t = \frac{a(p_1 - p_0)}{a+b}\left[1 - \left(-\frac{b}{a}\right)^t\right] + p_0 \tag{3-33}$$

由式(3-31)和式(3-32)，可得

$$p_1 - p_0 = -\frac{a+b}{a}p_0 + \frac{c-d}{a} = \frac{a+b}{a}\left(\frac{c-d}{a+b} - p_0\right) = \frac{a+b}{a}(p^e - p_0) \tag{3-34}$$

代入式(3-33)，即有

$$p_t = (p^e - p_0)\left[1 - \left(-\frac{b}{a}\right)^t\right] + p_0 \tag{3-35}$$

上式表明：当 $0 < |b/a| < 1$ 时 $p_t \to p^e$；即当市场需求曲线相对“平缓”[①]时，市场价格呈阻尼振荡且向均衡水平收敛[②]，这对应图 3-5(a)所示情形。当 $|b/a| = 1$ 时 $p_t = p_0$；即当市场供求曲线同等平缓时，市场价格呈单一振荡，此时波动既非发散亦非收敛，这对应图 3-5(b)所示情形。当 $|b/a| > 1$ 时 p_t 将远离 p^e；即当市场供求曲线相对“陡峭”时，市场价格呈爆炸振荡，此时发散，这对应图 3-5(c)所示情形。

可见，当市场需求曲线和市场供给曲线均为直线时（这意味着市场供求函数均为线性函数[③]），市场最终能否重回均衡，主要取决于市场供给曲线和市场需求曲线之间的相对斜率。由于此处市场调整过程的轨迹形同蛛网，故其模型也称作“蛛网模型”。

蛛网模型表明，市场供求失衡未必一定能够重返均衡，市场供求实现稳定的均衡主要取决于市场供求的基本特性。这些判断不无政策启示。首先，由于市场供求未必总处于均衡状态，故而在市场体制下经济社会难免存在资源闲置或浪费，从这个意义上说，现实的市场机制未必时刻有效、绝对有效。其次，对于供求失衡且处于单一振荡甚至爆炸振荡的市场价格，单纯依靠市场机制的自发作用必将带来资源的持续浪费或持续闲置。换句话说，此时的市场机制是失效或低效的。再者，政府干预能否有力推动市场供求实现均衡，主要取决于干预政策对市场供求函数能否产生积极影响。如果干预政策能在降低市场供求弹性的同时缩小供给的自价格弹性和需求的自价格弹性之间的差距，那么，干预政策就可推动失衡的市场重返均衡，否则只会维持甚或进一步加剧市场供求失衡。

（二）资源配置和社会福利

当市场处于供求均衡时，生产经营者均能实现其最大利润，消费者也均能实现其最大效用或最少支付（注意，消费者的需求曲线以效用最大化或支出最小化为前提），社会福利达到最大水平。同时，在完全竞争条件下，由于市场进退自如，任一生产经营者获取超额利润都

---

① 注意，这里的市场供求曲线分别对应着市场反供给函数和市场反需求函数，其斜率分别为 $1/b$ 和 $-1/a$。因而，$a(b)$越大意味着市场需求（供给）曲线越“平缓”，$a(b)$越小则意味着市场需求（供给）曲线越“陡峭”。

② 此处关于阻尼振荡、单一振荡、爆炸振荡及其收敛特征的提法，参见厉以宁、秦宛顺：《现代西方经济学概论》（第三版），北京大学出版社 2010 年版，第 310 页。

③ 非线性情形推导思路与之类似，但稍显复杂，有兴趣者可自行尝试。

会吸引其他生产经营者加入，以致市场超额利润很快被稀释（平均化），直至所有生产经营者最终获得相同利润，此时市场均衡亦是稳定的均衡。

图 3-6 描述了完全竞争市场的福利特点。如图 3-6 所示，当市场供给曲线 S 与市场需求曲线 D 相交于 E 点时，市场供求均衡。E 点为成交价（均衡价格）OB 和成交量（均衡数量）OQ^* 的组合。此时，区域 ABE 的面积称作消费者剩余（记作 CS），即全部消费者意愿支付的总价格扣除其实际支付的总价格之后的余额，用以衡量市场全体消费者的福利；区域 CBE 的面积称作生产者剩余（记作 PS），即全部生产者销售的总价格扣除其总成本之后的余额，用以衡量市场全部生产经营者的福利。社会总剩余（记作 TS）即消费者剩余和生产者剩余之和（$TS=CS+PS$，即区域 AEC 的面积），可用以衡量该市场体制下的社会福利总水平。不仅如此，由图 3-6 还可分析供求失衡时乃至其他市场结构中的资源配置与福利后果。

当市场供求失衡时，要么价格高企（高于均衡价格；如图 3-6 中价格为 OG）、需求相对不足（需求缺口为 HL）、资源出现浪费（HL 属供给剩余，这部分产品供给因不能实现市场交易而被积压，相应的资源被过多使用），要么价格低迷（低于均衡价格；如图 3-6 中价格为 OF）、供给相对不足（供给缺口为 KM）、资源出现闲置（KM 属需求剩余，这部分产品需求因通过正常的交易无法得到满足往往形成“黑市”，相应的资源被闲置或未被充分利用）。

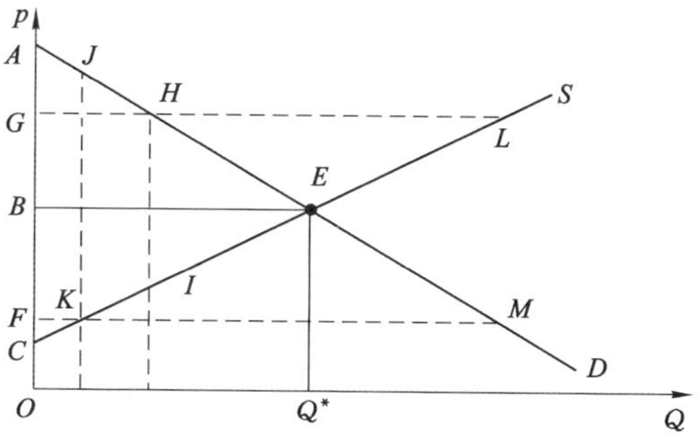

图 3-6　完全竞争市场中的资源配置与社会福利

与市场供求均衡相比，价格高企将降低消费者剩余（区域 AGH 的面积明显小于区域 ABE 的面积）且可能增加生产者剩余（区域 $GHIC$ 的面积可能大于区域 BEC 的面积）。类似地，价格低迷或许有助于增加消费者剩余（区域 $AJKF$ 的面积可能小于区域 ABE 的面积），但一定会降低生产者剩余（区域 FKC 的面积明显小于区域 BEC 的面积）。

但无论如何，与供求均衡时的社会总剩余相比，两种失衡情形下的社会总剩余均将缩小（无论是区域 $AHJC$ 的面积还是区域 $AJKC$ 的面积均小于区域 AEC 的面积），经济运行存在福利损失（损失额度或为区域 HIL 的面积，或为区域 JEK 的面积）。

这说明，在完全竞争条件下，市场供求失衡让资源配置缺乏效率，降低社会福利总水平，甚至拉大社会福利分配差距。后者不仅普遍推升社会不满情绪，还可能加剧社会对立情绪，以致诱发社会动荡。自由竞争时代的资本主义经济危机正是其活生生的写照。

图 3-7 具体描述了一家生产经营者独霸市场时的资源配置与社会福利后果。注意，完全垄断时，垄断者以边际成本为基准对外提供或售出商品，其商品定价至少不能低于边际成本。由于一家独霸，故而该垄断者的供给曲线即市场供给曲线（即图中 S 曲线）。由于市场

需求曲线对应着平均收益(即图中 D 曲线),所以完全竞争条件下的市场均衡点为 F 点。

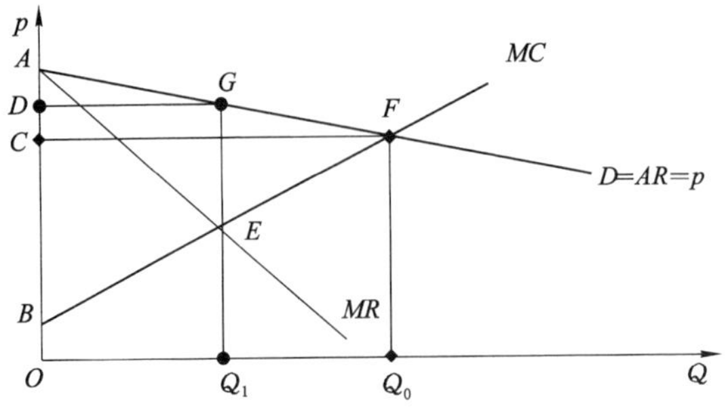

图 3-7　完全垄断下的资源配置与社会福利

然而,在完全垄断条件下,追求最大利润(即根据 $MR=MC$ 原则)的垄断者只能选择在 E 点提供或售出商品。此时,垄断者将提供或售出的数量为 OQ_1(明显低于完全竞争时的 OQ_0),成交价为 OD(明显高于完全竞争时的 OC)。此时市场供求虽然实现均衡,但存在资源闲置,社会福利也存在漏损。之所以说资源存在闲置,因为从技术角度考虑,垄断者完全可以提供到 Q_0 的数量(而不是目前较低 Q_1 的数量)。之所以说社会福利存在漏损,是因为:此时社会总剩余为区域 $AGEB$ 的面积(明显小于完全竞争时的区域 AFB 的面积),存在净损失(即 dead-weight loss、死重损失,即区域 GEF 部分的面积)。

不仅如此,在完全垄断条件下,消费者剩余明显减少(由区域 ACF 缩减到区域 AGD)、生产者剩余有可能显著增强(由区域 BFC 变为区域 $DGEB$)。社会福利分配也较完全竞争状态不均等,财富趋于向垄断者集中。这无疑仍将加剧社会对立情绪。

六、市场供求分析的两则应用:税负转嫁与制度变迁

市场供求分析在现实经济社会生活中有着广泛的运用。在此,我们先以税负转嫁与制度变迁分析为例说明供求分析的具体应用方式,最后再结合必要性和可能性问题稍作引申。

(一)税负转嫁与供求分析

一般来看,从量税和从价税均能影响市场供求。前者针对售出商品的单位数量(如每吨、每件)征税,由此增加了卖者的单位销售费用,但并未改变卖者的要素成本、技术特征以及买者的需求特性,卖者可考虑直接将这部分税负以加价方式转嫁给买者,故而从量税仅仅带来提价以及降低市场供给的作用(如图 3-8 所示,市场供给供给量由 EF 降低到 GE',但原有的市场供求曲线并不发生变动)。后者针对商品销售的单位价格(即每一元钱)征税,由此商品售价实为含税价格;此时买者购买原先的某个数量须支付更高的价格,这意味着市场需求曲线较征税前有所抬升(如图 3-9 所示,市场需求曲线由 D 往上平移到 D',市场最终将在 E' 处实现均衡)。

图 3-8 表明,在课征从量税之前,社会总剩余为区域 AEB 的面积,其中消费者剩余为区域 AEF 部分的面积,生产者剩余为 FEB 部分的面积。在课征从量税之后,社会总剩余为区域 $AE'KB$ 部分的面积,相比课税之前减少了区域 $E'EK$ 部分的面积,后者表明经济缺乏效率、福利水平下降。此时消费者剩余为区域 $AE'G$ 部分的面积,明显减少了区域 $GE'EF$ 部分的面积;生产者剩余为区域 JKB 的部分的面积,明显少于课税之前的水平。政府税收

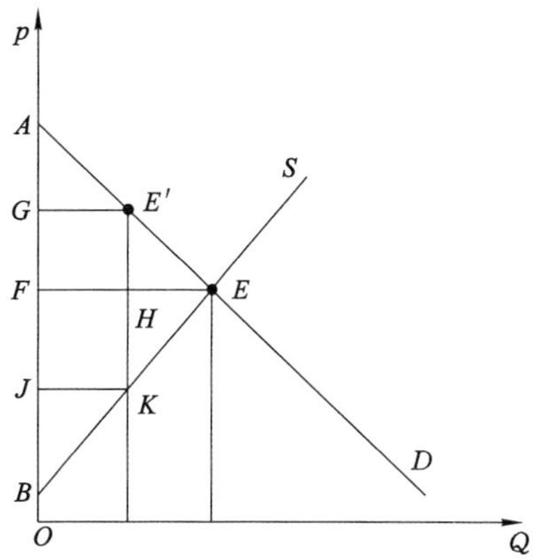

图 3-8　从量税的效率与福利效应

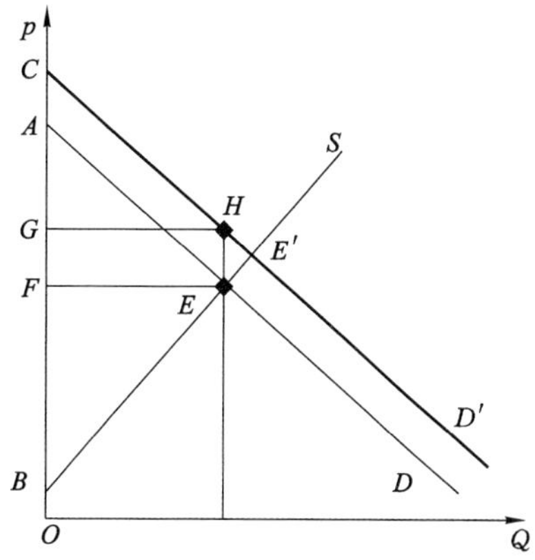

图 3-9　从价税的效率与福利效应

额为区域 $GE'JK$ 部分的面积，它明显地既来自课税前的消费者剩余，也来自课税前的生产者剩余，这意味着税负由买卖双方共同承担。

图 3-9 表明，在课征从价税之前，社会总剩余为区域 AEB 的面积，其中消费者剩余为区域 AEF 部分的面积，生产者剩余为 FEB 部分的面积。在课征从价税之后，社会总剩余为区域 $CHEB$ 的面积，相比课税之前增加了区域 $CHEA$ 部分的面积。此时消费者剩余为区域 CHG 部分的面积，与之前的互有增减；生产者剩余依然为区域 FEB 部分的面积，这意味着生产者可全部转移出税收负担；区域 $GHEF$ 部分的面积则是政府的税收额，它并非完全来自消费者剩余，说明税负并非完全由消费者承担。当然，以新的市场竞争均衡点 E' 为参照，课税之后的经济是缺乏效率的(因为存在区域 $HE'E$ 部分的死重损失)。

税负分担问题在相当意义上取决于商品的供求弹性。这在从量税税负转嫁方面表现得尤为明显。就从量税而言，倘若每课征一元钱税收直接引起需求价格增加一元钱，这将意味着一元税负全由买家承担；倘若每课征一元钱税收直接引起供给价格降低一元钱，这意味着税负全由卖家承担(相当于卖家自掏腰包“垫付”了这一元钱的税负)。进一步说，倘若课税引起需求价格增加相对较多且供给价格减少相对较少，则可说明税负主要由买家承担。

图 3-8 表明，课征从量税意味着需求价格(即 OG)为现有供给价格(即 OJ)和单位价格税收之和。记需求价格(买价)和供给价格(卖价)分别为 p^d，p^s，从量税为 t^q，则有 $p^d = p^s + t^p$。设与需求曲线 D 和供给曲线 S 相应的函数分别为 $D(p)$和 $S(p)$，于是

$$GE' = JK \Rightarrow D(p^d) = S(p^s) = S(p^d - t^q) \xrightarrow{\text{两边对}t^q\text{求导}} \frac{\mathrm{d}D}{\mathrm{d}p^d} \cdot \frac{\mathrm{d}p^d}{\mathrm{d}t^q} = \frac{\mathrm{d}S}{\mathrm{d}p^s}\left(\frac{\mathrm{d}p^d}{\mathrm{d}t^q} - 1\right)$$

$$\Rightarrow \underline{\frac{\mathrm{d}p^d}{\mathrm{d}t^q} = \frac{e_{p,S}}{e_{p,S} - e_{p,D}}} \xrightarrow{p^d = p^s + t^q} \underline{\frac{\mathrm{d}p^s}{\mathrm{d}t^q} = \frac{e_{p,D}}{e_{p,S} - e_{p,D}}} \Rightarrow \underline{\underline{\frac{\mathrm{d}p^d/\mathrm{d}t^q}{\mathrm{d}p^s/\mathrm{d}t^q} = \frac{e_{p,S}}{e_{p,D}}}} \tag{3-36}$$

其中，$e_{p,S}$，$e_{p,D}$ 分别是商品需求的价格弹性和商品供给的价格弹性。由式(3-36)中单下划线处可知，就正常商品而言，因 $e_{p,S} > 0$，$e_{p,D} < 0$，故 $\mathrm{d}p^d/\mathrm{d}t^q > 0$，$\mathrm{d}p^s/\mathrm{d}t^q < 0$，即税收增加一般趋于提高买价、降低卖价，或者说，税负通常由卖家转嫁给买家。式(3-36)双下划线处进一步表明，税负在买家和卖家之间的分担比例取决于供求价格弹性之间的相对关系。

相比之下，从价税税负转嫁问题稍显复杂。图 3-9 表明，课征从价税同样使得需求价格(即 OG)为原供给价格(即 OF)与单位价格税收之和，但因其直接影响的是每一元销售价格

而不是每一单位销售费用，所以它对需求价格的影响方式不同于从量税。记需求价格（买价）和供给价格（卖价）分别为 p^d，p^s，从价税为 t^p，此时当有 $p^d = p^s(1+t^p)$。设与需求曲线 D' 相应的函数为 $D'(p)$（与原需求曲线 D 斜率相同），于是

$$GH = EF \Rightarrow D'(p^d) = S(p^s) \Rightarrow D'[p^s(1+t^p)] = S(p^s)$$

$$\xRightarrow{\text{两边对}t^p\text{求导}} \frac{dD'}{dp^d}\left(\frac{dp^s}{dt^p} + p^s\right) = \frac{dS}{dp^s} \cdot \frac{dp^s}{dt^p} \Rightarrow \frac{dD'}{dp^d}\left(\frac{dp^s}{dt^p} + p^s\right) = \frac{dS}{dp^s} \cdot \frac{dp^s}{dt^p}$$

$$\Rightarrow \frac{dp^s}{dt^p}\left(\frac{dS}{dp^s} - \frac{dD}{dp^d}\right) = p^s \cdot \frac{dD}{dp^d} \Rightarrow \frac{dp^s}{dt^p} = p^s \frac{e_{p,D}}{e_{p,S} - e_{p,D}} \Rightarrow \underline{\frac{dp^s/p^s}{dt^p} = \frac{e_{p,D}}{e_{p,S} - e_{p,D}}}$$

$$\xRightarrow{p^d = p^s(1+t^p)} \underline{\frac{dp^d}{dt^p} = p^s \cdot \frac{e_{p,S} + t^p e_{p,D}}{e_{p,S} - e_{p,D}}} \Rightarrow \underline{\underline{\frac{(dp^s/p^s)/dt^p}{(dp^p/p^s)/dt^p} = \frac{1}{(e_{p,S}/e_{p,D}) + t^p}}} \tag{3-37}$$

式(3-37)中单下划线处表明：与从量税不同，从价税变动影响的是供给价格的涨跌幅度（而非涨跌金额）以及需求价格相对于原供给价格的涨跌幅度（而非需求价格的涨跌金额）；就正常商品而言，因 $e_{p,S} > 0$，$e_{p,D} < 0$，故而从价税变动一般趋于提高买价涨幅、降低卖价涨幅，这与从量税税负的一般效应类似。式(3-37)中双下划线处进一步表明，从价税税负在买家和卖家之间的分担比例取决于从价税（税率）与供求价格弹性相对水平的总和。

（二）制度变迁与供求分析

在现实生活中，制度变迁进程不仅有来自需求方的推动（存在某些社会力量渴望出现制度变革），往往还有来自供给方的推动（存在某些社会力量愿意、能够甚至主动提供制度变革）。因而，制度变迁可能是围绕制度所产生的社会供求力量共同作用的结果。

戴维·菲尼较为系统地提出了一个用于阐释制度变迁机理问题的供求分析框架①。按其观点，制度变迁（或制度变化）是指具体制度安排由一个均衡状态向另一个均衡状态的转换，制度变迁之所以发生，是因为某些外生因素的变动触动了制度变迁的供给与需求，最终推动了制度变迁。

制度变迁需求直接源于现存制度无法提供新制度所能提供的预期利润。一般来说，产品和要素的相对价格、宪法秩序、技术和市场规模等因素可影响制度变迁的预期利润进而触发制度变迁需求②。其中，某些产品和要素的相对价格的变化关乎既有制度安排所不能提供的预期收益、预期成本或预期利润，如人口增长能增加劳动力供给、相对降低工资率（劳动力价格），由此触发对用工制度或分配制度的改革需求。宪法秩序（或“政权的基本规则”）的变化可使不同利益阶层之间的力量对比（进而社会结构）发生变动，以致出现既有制度安排所不能提供的预期收益、预期成本或预期利润；如选举权扩大将壮大社会中下层人士的力量，有望赋予其更多的政治经济利益，后者之实现往往需要对既有制度安排予以变革。技术进步有助于提高产量且降低生产成本以致由此形成预期利润，后者之实现可能需要突破现有制度安排（如贷款政策、企业制度等）的限制，由此触发制度变迁需求。市场规模变动影响着交易的范围和频次，如此有望降低固定成本，为获取预期利润通常也会调整现有制度安排，触发制度变迁需求。

① 参见菲尼：《制度安排的需求和供给》，载奥斯特罗姆、菲尼、皮希特：《制度分析与发展的反思：问题与抉择》，王诚等译，商务印书馆2001年版，第122～158页。

② 参见菲尼：《制度安排的需求和供给》，载奥斯特罗姆、菲尼、皮希特：《制度分析与发展的反思：问题与抉择》，王诚等译，商务印书馆2001年版，第139页。

制度变迁的供给往往取决于“政治秩序提供变化的能力和意愿”①。进一步说，“制度设计的成本，现有的知识积累，实施新安排的预期成本，宪法秩序，现存制度安排，规范性行为准则，公众的一般看法，和居于支配地位的上层强有力决策集团的预期净利益”都可能作用于政治秩序进而影响制度供给②。其中，制度设计的成本取决于制度设计相关的资源的要素价格；由于制度设计工作具有专业性、综合性甚至延续性，故而需要耗费相关资源（如人力资源）、须支付相关各类要素的使用价格。现有知识的积累、传播和培训在制度设计中往往举足轻重，影响“制度变化的创新可能性”③。新制度安排相关的预期成本主要立足于“行政管理基础设施或有形基础设施”，体现为行政成本及其收益④。宪法秩序可体现为产权规则的权威性和税收征管的强制性，后者通常影响着制度供给的前提条件与预期利润。现存制度安排在相当程度上制约着新制度安排的现有条件，影响其预期成本和预期收益。规范性行为准则涉及传统文化与道德习俗，具有相对稳定的“正统性”，影响着制度创新的预期成本与预期收益。公众的一般看法关乎新制度能否引起公众关注、得到公众支持，影响新制度安排的运行成本及效果。居于支配地位的上层强有力决策集团的预期净利益往往对新制度安排的形成及运行具有决定性作用，即便新制度安排具有社会利益，有时也可能因其不能为上层集团带来预期利润而难以获得支持、被提供出来。

上述影响制度变迁供求的各类因素，构成了制度变迁供求分析框架的基本要点。由于它们旨在说明某项（而非所有各项）具体制度安排的变迁机制，因而该框架具有局部均衡分析性质。不难理解，对于任一具体的制度安排，依托上述要点，我们都可从供求角度对其形成与变革做出分析和判断。

（三）必要性、可能性与局部供求分析

为解释或判断某些人为事物（如工作、技术、制度、组织、政策、措施等，以下简称为“事物”）的生成或变革问题，我们经常需要关注该事物背后的必要性和可能性。从某种角度看，必要性和可能性都是事物相对于特定人群（或相关利益者，下同）的利益诉求而言的，不乏供求意蕴。由此，“必要性—可能性”分析同供求分析也颇有异曲同工之妙。

所谓必要性，即事物因符合或有助于增进特定人群的利益进而拥有的、为特定人群所必需的内在属性，在相当程度上反映了事物因利益牵扯而触发的需求推力。从利益角度看，某些事物之所以有其形成或变革的必要性，往往因其代价可控，以致有望增进特定人群的既得利益；而某些事物之所以缺乏形成或变革的必要性，亦因其代价太高，不仅无助于增进反倒有可能削弱特定人群的既得利益。这意味着，事物形成或变革的代价同其必要性之间大体存在着反向关联，即代价越高、事物形成与变革的必要性越低，相关的需求推力就越弱；代价越低，事物形成与变革的必要性越高，相关的需求推力就越强。

① 参见菲尼：《制度安排的需求和供给》，载奥斯特罗姆、菲尼、皮希特：《制度分析与发展的反思：问题与抉择》，王诚等译，商务印书馆2001年版，第145页。

② 参见菲尼：《制度安排的需求和供给》，载奥斯特罗姆、菲尼、皮希特：《制度分析与发展的反思：问题与抉择》，王诚等译，商务印书馆2001年版，第144页。

③ 参见菲尼：《制度安排的需求和供给》，载奥斯特罗姆、菲尼、皮希特：《制度分析与发展的反思：问题与抉择》，王诚等译，商务印书馆2001年版，第146页。

④ 参见菲尼：《制度安排的需求和供给》，载奥斯特罗姆、菲尼、皮希特：《制度分析与发展的反思：问题与抉择》，王诚等译，商务印书馆2001年版，第147页。

然而，仅仅具备主观需求是不够的，否则事物的形成或变革难免流于空幻。事物若要真正得以形成或发生变革，尚须具备切实的主观条件和有利的客观环境。

所谓可能性，即事物在主观条件和客观环境意义上作为一种现实存在（而非抽象理念）所具有的真实性，在相当程度上反映了事物因利益牵扯而触发的现实的供给推力。从利益角度看，某些事物之所以有其形成或变革的可能性，往往因主观条件和客观环境使得收益可期，后者不仅无损于相反还可能有助于增进特定人群的既得利益；而某些事物之所以缺乏形成或变革的可能性，往往因主观条件和客观环境使得收益太低，以致无助于增进甚至还可能削弱特定人群的既得利益。这意味着，事物形成或变革的收益同其可能性之间大体存在着正向关联，即收益越高，事物形成与变革的可能性越高，相关的供给推力就越强；收益越低、事物形成与变革的可能性越低，相关的供给推力就越弱。

总之，在某种意义上，利益关乎事物形成与变革背后的必要性和可能性。不仅如此，在一定程度上，与必要性相关的“代价”正是与可能性相关的“收益”，两者实则构成影响必要性（或需求推力）和可能性（或供给推力）的“价格”维度。与之相应，事物形成与变革相关的具体规格（规模、范围、体量等）则构成供求推力作用中的“数量”维度。就此而论，“必要性—可能性”分析可视作一种另类或特殊的供求分析。

第二节　一般均衡及可计算一般均衡

局部均衡仅仅表明了某个市场的供求推力平衡与供求数量相等。当经济社会中每个市场的供求推力同时处于平衡或各市场供求数量同时相等时，经济社会即处于一般均衡（即总体均衡，下同）。当然，实现一般均衡并非易事，它需要经济社会满足相当苛刻的条件，比如完全竞争条件，存在供给与需求函数。但在现实生活中，不完全竞争屡见不鲜，此时市场供给曲线不存在、供给函数并非连续，刻意追逐一般均衡不啻缘木求鱼。因而，在运用一般均衡时，我们首先应当关注其适用条件。不过，一般均衡毕竟提供了一种理想状态，诠释了价格机制与自由竞争推动资源配置、增进社会福利的基本逻辑①，个中思想方法有助于我们反观市场经济发展的现实限度，继而为充分发挥市场机制优势提供参考。

鉴于一般均衡问题复杂且深刻，相关数学证明已经涉足分析数学甚至拓扑学等纯粹数学领域，本节对其阐述难以面面俱到。考虑到全书主旨，本节将在说明一般均衡的实质及其存在性的基础上，扼要阐释一般均衡的唯一性与稳定性，最后简单介绍可计算一般均衡模型的思想方法，以展现供求框架在市场经济体制整体运行中的应用特点。

一、关于消费与生产的基本假设

一般均衡最初称作瓦尔拉斯均衡。之所以如此，是因为它最早由法国人莱昂·瓦尔拉斯系统展开过论证。具体说来，一般均衡是指在完全竞争的市场体制下，当所有产品市场和所有要素市场各自供求同时实现均衡时的价格序列暨数量序列，由此，瓦尔拉斯均衡也称作

① 福利经济学第一、二定理从数学角度论证了瓦尔拉斯式的一般均衡与资源配置效率（即基于帕累托标准的效率）之间的等价关系，其中第一定理旨在由瓦尔拉斯均衡推定资源配置效率，第二定理立足于一些必要的消费行为假设旨在由资源配置效率推定一般均衡。故而，笼统看来，在严格设定的完全竞争市场体制下，一般均衡与资源配置效率近乎等义。

竞争性一般均衡。“价格序列”即由各个产品和要素的均衡价格构成的序列，“数量序列”即由各个产品和要素的均衡数量构成的序列。由于产品和要素的数量又可视作价格的函数，故而，一般均衡最终体现为完全竞争市场体制下的均衡价格序列。由此，探究均衡价格序列的存在性、唯一性与稳定性就构成一般均衡分析的核心问题。

直觉来看，一般均衡通常难以实现：即便在完全竞争市场体制下，也不可能所有市场同时都处于均衡。即便的确存在这样一种状态，多半也是巧合甚或瞬间即逝。德布鲁认为，只要每个消费者和每个生产者满足某些条件，完全竞争的市场经济必定存在一般均衡的价格序列。这些条件涉及消费与生产层面，具体如下：

（一）消费假设

条件 1：对于第 i 个消费者而言，其消费集 X_i 是闭集、凸集，且关于偏好关系有下界。

消费集即根据消费者消费各类商品（包括产品和要素，下同）[①]的数量组合而构建的集合。从效用函数的建立过程来看，对消费集做出公理化假设相当于对效用函数的定义域做出限定。所谓效用函数，即用于描述消费的数量组合与其相应的效用水平之间关系的函数。

所谓闭集，即在集合内任取一个序列，其极限（点）仍处该集合之内的集合。直观看来，闭集就是一个“边界”封闭的区域（或空间，下同），外加可能“散落”在该区域之外的某些点（即孤立点，此时某点之极限即该点自身）。当然，这里“边界”的“界限”可无穷大。不仅如此，由于强调“任一序列”及其“极限”的存在，闭集还意味着区域内任一组成部分的内部（任一组分内部）都是连续的或无限可分的，即集合具有内在的纵向连续性或在纵向意义上的可分性。

所谓凸集，即要求集合内任意两点连线之中的任意一点仍属于该集合。容易理解，凸集排除了闭集中的孤立点情形（因为闭集中从其区域到孤立点之间的连线中的某一点并不属于该闭集，故而有孤立点的闭集皆非凸集）。更重要的是，凸集要求集合内部任意两元素之间依然连续或无限可分，由此强化了集合内在的横向连续性或在横向意义上的可分性，使得集合在几何意义上具有“向外鼓起”而非“对内凹陷”特征。

就经济学意义来看，消费集的闭集和凸集性质都在突出消费物品的无限可分性及其背后消费者面对消费组合所拥有的自由处置能力。不过，闭集性质更强调特定消费类型之下的自由处置能力（如行为人面对偏向奢侈品的两个消费组合，就其间的消费量进行重组或自由处置的能力），凸集性质更强调消费类型之间的自由处置能力（如行为人面对偏向奢侈品的消费组合和偏向低档品的两个消费组合，就其间的消费量进行重组或自由处置的能力）。

消费集关于偏好关系有下界，即对消费集中的所有消费组合而言，总能在该消费集中找到不优于该集合所有消费组合的消费组合（也就是总能找到相对最差的消费组合）。考虑到消费集中任一消费组合既包括产品也包括要素，且产品（对应着消费）效用一般为正，而要素（对应着向外付出）效用一般为负[②]，故而最差消费组合往往对应着产品消费为 0 且要素付出最多的消费组合。值得注意的是，在一定的经济技术条件下，要素付出最多对应着产品生产最多，后者构成消费组合中各类产品的消费高限。

① 为便于统一叙述，本节所谓的“商品”是指能够用于市场交换的物品，因而它包括产品和要素。

② 这里忽略了产品效用为负情形以及要素效用为正情形。

条件 2：消费集 X_i 中没有充分满足点。

"充分满足点"意味着：倘若其他条件不变，此时再增加一个单位的某个商品消费将减少效用。相应地，"没有充分满足点"即倘若其他条件不变，增加一个单位某商品的消费至少不会降低效用。这意味着，任意一个消费组合的边际效用均非负。换句话说，效用函数的偏导数均非负。

条件 3：以消费集 X_i 中任意某个消费组合 a 为基准，该消费集中凡是不亚于 a 的消费组合之集合（即 $\{x_i \mid x_i \succsim a\}$）以及比 a 更差的消费组合之集合（即 $\{x_i \mid x_i \prec a\}$）都是闭集。

以消费集中任意一个消费组合 a 为基准，从偏好关系角度对消费集进行划界。这本身须以所有消费组合的效用均可比较为前提。不仅如此，在划界的基础上，两个消费子集之间的效用水平存在区别。后者意味着任意两个效用水平之间必然存在优劣、强弱、大小等的相对次序关系，因而效用函数的值域是有序域（即各个效用水平之间可以排序）。

不仅如此，这种划界的逻辑还可继续演绎下去。以之前划界后的某个消费子集为基础，以其内部的某个消费组合为基准（比如 a'）再作划界，由此又可分离出更低效用水平的消费"孙子集"，后者中的一部分消费组合将对应着更低水平的效用。如此类推以致无穷，每一个划界的基准点（实则任一消费组合）都将对应着一个具有临界意义的特定的效用水平：在此基准点之外，一部分消费组合的效用水平总是不劣于该基准点的效用水平，另一部分消费组合的效用水平则劣于该基准点的效用水平。将各个划界基准点对应的效用水平联系起来，可得到一组效用水平的排序，且其中任意两个效用水平之间至少存在一个具有中间过渡性质的"中等效用水平"，它对应着消费集中的某个划界基准点。

问题在于：任意两个效用水平之间的"过渡"是否可以无限重复下去？若可以，效用函数的值域将连续，否则效用函数的值域将是间断点的集合。条件 4 就此给出了约定。

条件 4：消费集中任意两个消费组合之间的任意重组所产生的效用至少不低于原先两个消费组合各自效用水平中的较低水平，即 $x_1 \succsim x_2 \xRightarrow{0 \leqslant \lambda \leqslant 1} \lambda x_1 + (1-\lambda) \succsim x_2$。

条件 4 强化了任意两个效用水平之间的连续性或无限可分性。根据条件 4，任意两个不同的、有序的效用水平（对应着两个消费组合）之间总可无限"插值"（对应着基于两个特定消费组合的任意重组）。

考虑到基于任意两个消费组合的任意重组所对应的消费组合依然位于该消费集之内（由条件 1 关于消费集的凸集约定），因而这种重组所对应的效用水平依然位于该效用函数值域内。但是基于任意两个消费组合之间的任意重组，其效用水平是否一直等同于重组之前较低的那个效用水平？不会。因为任意重组包括重组回原有的那个对应较高效用水平的消费组合，如果重组后始终等于重组前较低的效用水平，那就不会再现重组前较高的效用水平。因而，条件 4 意味着，任意两个效用水平之间的过渡均是渐进的、连续的。这也意味着，消费集到效用水平集之间存在一一映射关系，效用函数存在。

除强调效用水平的有序和连续性质之外，条件 4 更是约定了效用函数值域的凸性性质。后者在平面几何意义上排除了无差异曲线（相同效用水平时的两种商品消费量的组合点轨迹）凹向原点的可能，其凸性的"严格化"（或"严格凸性"）更是从根本上决定了边际替代率的递减性质。在数学意义上，效用函数值域的凸性决定了效用函数的拟凹性，后者使得消费集中存在着某个能够产生最大效用的消费组合。

条件 5：消费集中存在着某个可行的消费组合 ω_i。

之前关于消费集的限定仅是设想，条件 5 则赋予其现实性。根据条件 5，消费者选择消费组合是需要“资本”的。尤其重要的是，在这种可行的消费组合中，各产品数量往往为零而各要素数量不为零，此时消费组合更可被视作消费者所拥有的初始禀赋。进一步地，以初始禀赋及其收入为基础，当市场供求均衡时，消费者商品消费的增量即生产者产出的增量。

条件 1～条件 5 决定了效用函数的存在性（由条件 1 和条件 4）、可微性（由条件 1 和条件 2）、拟凹性（由条件 4）和可行性（由条件 5），为推导产品需求和要素供给及其函数做了铺垫，后者集中反映了产品需求量和要素供给量同所有商品价格水平之间的关系。

（二）生产假设

条件 6：任一生产者的生产可能集均包含 0 元素，即 $[0,0,\cdots,0]\in Y_j$ 或 $\{0\}\subset Y_j$。

其中 Y_j 为第 j 个生产者的生产可能集。生产可能集即由净产出向量构成的集合。所谓净产出向量，即由市场中所有各类产品的数量和所有各类要素的数量（数值前加负号以标识其“要素”身份）组合而成的向量，即形如 $a=[y_1,y_2,\cdots,-x_1,-x_2,\cdots]$ 的向量。其中，a 为净产出向量，y_1 和 y_2 分别表示产品 1 和产品 2 的数量，$-x_1$ 和 $-x_2$ 分别表示要素 1 和要素 2 的数量。由于净产出向量总是直接罗列要素与产品之间的数量匹配，因而生产可能集直观反映了生产过程中的投入与产出之间的技术关系。条件 6 说明“无投入即无产出”，这在现实经济意义上正是生产者自由退出、利润非负的反映。

尚须注意的是，a 的净产出向量含义使得价格序列 p（L 维行向量）与 a（L 维列向量）的乘积并非收益，而是利润（记作 π_i），即 $\pi_i=pa$。不仅如此，在数学意义上由 $\pi_i=pa$ 还可导出 $t\pi_i=p(ta)$，$t>1$。也就是说，生产者总能通过同步增加投入产出规模获取更大利润。但若如此，生产者并无最大利润可言进而也就谈不到供给函数，一般均衡也就失去了分析的意义。可见，在一般均衡分析中我们有必要避免或排除这种规模报酬不变（遑论规模报酬递增）的情形。条件 7（即凸性假设）进一步就此做出设定。

条件 7：总生产可能集（记作 Y）既是闭集又是凸集。

总生产可能集即对各个生产者所拥有的各类商品加总而形成的社会净产出向量的集合。对于后者中的某个元素（社会净产出向量）$y\in Y$，其在第 r 个维度的数量为所有生产者第 r 种商品数量的加总，即 $y^r=\sum_{j=1}^{n}y_j^r$，其中 n 为生产者的数量。不难理解，$Y_j\subset Y$。

如前所述，集合闭且凸表示该集合具有纵向意义上的连续性（由闭集定义）和横向意义上的连续性（或无限可分性，由凸集定义）。由于生产可能集中的每个元素既有投入又有产出，因而条件 7 意味着社会生产可能集的投入、产出乃至投入产出关系均具连续性。不仅如此，不同生产者的相同产品能够直接增减的做法本身，也意味着各个生产者可以自由进退行业，这再次体现了经济体制的完全竞争性质。当然，这种可分性也在相当意义上排斥了规模报酬递增情形。因为在可分性前提下，$y_j\in Y$ 仅能允许 $ty_j\in Y(0\leqslant t\leqslant 1)$。这再次有助于确保最大利润、供给和一般均衡的存在性。

条件 8：社会生产技术不可逆，即 $Y\cap(-Y)\subset\{0\}$。

总生产可能集 Y 体现了社会投入与社会产出之间的技术关系，其元素均表示“使用要素—得到产品”生产模式。相应地，“$-Y$”则表示该集合之下的每个元素都是相应的 Y 元素的负数，均表示“使用产品—得到要素”生产模式；这是一种生产技术可逆情形。条件 8 则表明，该情形要么不存在，要么仅当不生产时存在（此时投入产出均为 0，即有$\{0\}$，其实质都在否定社会生产技术的可逆性。这意味着，在一定的社会经济技术条件下，产出不会转换为要素，产出增加也不会增加全社会要素供给。进一步推知，受制于技术的现有水平和要素的既有规模，社会的整体产出规模是有限的，亦即总生产可能集有上界。

条件 9：自由处置或存在着只投入不产出情形，即 $(-R_+) \subset Y$。

我们知道，总生产可能集 Y 中的每个元素（净产出向量）都表示产出与投入的数量组合，且其中产出标以正号、投入标以负号。倘若净产出向量均为负号，则表示此时只有投入而没有产出。换句话说，产出将被全部消费掉或处理掉，经济系统最终没有剩余产出。全部生产者均可自由处置其产品，最终出现在市场上的产品都是有价格的，即产品价格非负。

条件 6～条件 9 主要刻画了社会生产的技术特征，为推导利润、供给及其函数做了铺垫。后者集中反映了产品供给量和要素需求量同所有商品价格水平之间的关系。

综合来看，条件 1～条件 9 奠定了一般均衡分析的微观行为基础，界定了一般均衡存在的充分（而非必要）条件。不言而喻，这九项条件同大多数现实经济并非一致，有些甚至大相径庭，如消费组合的可分性和生产技术的规模报酬递减性质，就明显有悖于大多数现实经济。这体现了一般均衡的特殊性及其理论分析的高度抽象性，也注定我们所讨论的一般均衡状态不过是市场沧海之一粟。即便如此，一般均衡分析仍然难以掩盖其理论参照意义和政策导向价值。不论是否切合实际，至少这些行为假设已在相当意义上表明，完全竞争下的一般均衡对应着人人皆可自主决策且彼此完全平等。这在相当意义上正是自由主义者的价值追求，虽然不乏普适性质，但在社会经济现实面前未免太过天真。

二、价格机制、市场出清与一般均衡

（一）价格、市场出清与不动点

上述九项条件直接设定了消费者和生产者的基本行为特征，不过其中并未明确触及价格因素。或者说，此时的价格对任何消费者和生产者来说仅仅是一种外部条件。这体现了完全竞争的要义——在完全竞争中，任何消费者和生产者都是价格的接受者。

然而，在生产者和消费者之间存在联系的条件下，在所有市场同时交易且其间存在关联的情形中，价格就不再是单纯的、不变的外部条件。尤其是在市场交易中能够确保所有市场同时实现供求均衡的那个特殊的价格，更是由经济系统所决定的、对整体经济均衡具有关键意义的内生变量。

价格的这种特殊化或“异化”（由外生变量异化为内生变量）过程，或者说价格体系由非均衡状态向均衡状态的跃变过程，须臾离不开市场交易。在此过程中，所有的商品都要展开交易，所有商品的生产者和消费者都要面对任一既定的价格体系适时决策、不断试探、反复磨合。价高时生产者意欲增加供给、消费者意欲降低需求，价低时消费者意欲增加需求、生产者意欲降低供给。各个市场供求者均如此角力，“倒逼”市场价格逐步打破既定水平①，直至所有市场的供求恰好同时达到平衡，此时没有任何一种商品处于闲置状态（对应市场供给

① 市场价格之所以能够变动，既是由于社会供求力量的推动，也是由于一个立足于所有市场交易的隐性拍卖者（即所谓“瓦尔拉斯拍卖者”）的促动。该拍卖者掌握所有市场交易状况，不断根据供求缺口提出有望各市场实现供求平衡的价格体系。它在现实中未必存在，更多地体现为一种能够反映市场群体理性及交易互动的价格试探机制。当然，如果价格体系呈现出所谓的“刚性”或“黏性”特征，此时市场交易将陷入“非均衡”（或“非瓦尔拉斯均衡”）。

过剩)或紧缺状态(对应市场需求过剩),此即市场出清。在此过程中,价格触发了市场交易,而市场交易也成就了价格均衡。其间变动逻辑大致体现为:

$$p \to (D \leftrightarrow S) \to p^e \tag{3-38}$$

其中,p^e 为均衡价格,它不过是一种相对特殊的价格(或 p 的特定水平),D 和 S 分别指市场交易的需求端和供给端。该过程首尾两端皆为价格。这种从某个集合(如价格集合)出发最终又"折回"该集合(即价格集合)的自我映射过程,在泛函分析中称作"单位算子"或"恒等算子"。其中,"始点"与"终点"恰好重合的点称作"不动点",这些具有不动点性质的价格在全部市场交易中即构成均衡的价格体系。由此不难猜想,完全竞争市场经济中的一般均衡的存在性最终将归结为具有不动点性质的均衡价格体系的存在性。事实也大抵如此!①

在此私有经济中②,对于每个消费者而言,他总是在面对所有商品价格及其收入约束的前提下追求效用最大化。另外,每个生产者都在面对所有的商品价格追求利润最大化。不仅如此,在社会整体意义上,每个生产者事实上也都是消费者。这意味着,每个消费者均可被视作各个生产者的股东,以致每个消费者均可按其股份攫取一定比例的超额利润。此外,每个消费者因初始禀赋而具备初始财富。值得注意的是,无论利润、超额利润还是财富,都表现为某种价值而非实物,都是经价格"过滤"之后的产物。

假设经济系统中的消费者数量为 m,生产者数量为 n,要素商品和产品商品的数量总计为 L。对任一消费者(比如第 i 个消费者)而言,其初始禀赋(记作 ω_i)形成其初始财富(即 $p\omega_i$)。同时,他还以股东身份获取生产者 j 提供的部分(记作 θ_{ij})超额利润(即 py_j ③)。于是,该消费者的收入(记作 w_i)为

$$w_i = p\omega_i + \sum_{j=1}^{n}\theta_{ij} \cdot py_i \tag{3-39}$$

其中,$\sum_{i=1}^{m}\omega_i = \omega$,$\sum_{i=1}^{m}\theta_{ij} = 1$,$p, \omega_i, y_j, \omega$ 均为 L 维向量,ω 表示全社会初始禀赋总量。式(3-39)构成消费者 i 选择的预算约束,即

$$px_i \leqslant w_i = p\omega_i + \sum_{j=1}^{n}\theta_{ij} \cdot py_i \tag{3-40}$$

式(3-40)体现了一般均衡分析同局部均衡分析的主要区别:在局部均衡分析中,价格是外生的,因而收入是既定的;但在一般均衡分析中,价格并非外生的,故而收入并非事先给定,而是由市场竞争随机决定的。不仅如此,式(3-40)还表明,此时价格变动并不影响消费者的可能选择[如将式(3-40)两边的 p 统统换成 tp,可知该式不发生变化]。由此,结合条件 1~条件 5,追求最大效用的消费者可实现其最优消费组合(记作 x_i^*)。

由条件 6~条件 9,生产者 j 面对市场价格为追求最大利润而选择最优供给 y_j^*,即

$$\forall y_j(p) \in Y_j \Rightarrow p \cdot y_j^*(p) \geqslant p \cdot y_j(p) \tag{3-41}$$

① 一般均衡的存在性最终归结为不动点的存在性,其证明过程须套用冠名以布劳威尔、角谷静夫甚至塔尔斯基等的不动点定理。对此,读者可参见马斯-克莱尔、温斯顿、格林:《微观经济理论》,曹乾译,中国人民大学出版社 2017 年版,第 569~572、923~925 页。关于单位算子的一种具体形式,读者可参见下文式(3-45)等号右侧的表达式。

② 分析至此,并未考虑政府及经济统制因素,涉及消费者和生产者,因而该经济系统属私有经济。

③ 注意此处的 y_j 为净产出向量,而价格(p)为所有物品(包括产出和要素)的价格,故而 py_j 可视作超额利润。

x_i^* 和 y_j^* 均为 L 维向量。对于任意商品而言，当市场供求均衡时，全部市场需求增量(即需求量扣减初始禀赋之后的余额)等于该商品全部市场供给量(即市场出清)，于是

$$\sum_{i=1}^{m} x_i^* = \sum_{i=1}^{m} \omega_i + \sum_{j=1}^{n} y_j^* \tag{3-42}$$

私有经济的一般均衡即满足条件 1～条件 9 和式(3-39)～式(3-42)时的所有商品的最佳配置结构[记作 (x^*, y^*)] 及其对应的价格水平。由于消费集和总生产可能集均具有闭凸和有界性质，由各种可能的产消配置结构所组成的集合将具有连续性①和有界性。

此时，消费者和生产者实现各自最优决策且所有市场同时实现出清②。就商品交易来看，这不仅要求产品市场之间的自由交换达到平衡(即狭义的交换均衡)，还要求要素市场之间的自由交换达到平衡(即生产均衡)，此外还要求产品市场与要素市场自由交换的同步均衡(即生产与交换的同时均衡)。

（二）一般均衡的存在逻辑

至此，前述假设条件同一般均衡状态存在性之间的逻辑关系仍未得到清晰说明：这些假设条件究竟是如何具体地"拧"在一起继而导出一般均衡的？

考虑到消费者的消费选择(需求量)实则价格序列和收入水平的函数，即

$$x_i = x_i(p, p\omega_i + \sum_{j=1}^{n} \theta_{ij} \cdot p y_i) \tag{3-43}$$

对各商品而言，市场需求量扣除既有禀赋和市场产出量之后的余额构成该商品的超额需求量。记由所有商品超额需求量组成的列向量为 z(即 $z = [z^1, z^2, \cdots, z^r, \cdots, z^L]^T$)，则

$$z(p) = \sum_{i=1}^{m} x_i(p, p\omega_i + \sum_{j=1}^{n} \theta_{ij} \cdot p y_i) - \sum_{i=1}^{m} \omega_i - \sum_{j=1}^{n} y_j(p) \tag{3-44}$$

其中，$z(p)$ 又称作总超额需求函数。注意，p 为所有商品的价格水平(L 维行向量)。当一般均衡成立时有 $z(p) = 0$。然而，p 须满足何种条件(或具备何种规格，决定了 p 的具体水平)方能确保 $z(p) = 0$ 成立？

实际上，基于前文各项假设，稍经数学证明可知，$z(p)$ 具有如下性质③：

(1) 连续性④；

(2) 零次齐次性，即 $z(\lambda p) = z(p)$，$\lambda > 0$⑤；

① 注意，闭凸意味着连续。

② 就此可见，基于私有经济完全竞争的一般均衡分析虽然直接体现为供求平衡分析，但其立论的最终基础仍然是理性人框架。这一点同局部均衡分析中的供求平衡分析并无区别。这也说明，供求均衡框架实则理性人框架的拓展或运用。

③ 引自马斯-克莱尔、温斯顿、格林：《微观经济理论》，曹乾译，中国人民大学出版社 2017 年版，第 566～567 页。具体证明过程可参见原千晶、西格尔、塔德利斯：《MWG〈微观经济理论〉习题解答》，曹乾译，中国人民大学出版社 2017 年版，第 94、338～340 页。

④ 这一性质其实在式(3-41)之后的分析中已有提及。

⑤ 由式(3-43)可知，该式等号右边的前两项具备零次齐次性，关键在于等号右边的第三项是否也具备类似性质，后者在规模报酬递减与完全竞争的作用下是完全可能的。当然由利润函数及其一次齐次性质，借助霍特林引理亦可直观证出净供给(净产出向量的同义语)函数的零次齐次性。

(3) 满足瓦尔拉斯法则，即对于任意的 p，总有 $p \cdot z(p)=0$ [①]；

(4) 存在某个正数 s，使得对于任一商品 r 和所有价格 p，总有 $z^r(p)>-s$ [②]；

(5) 若 $p^n \to p \neq 0$ 且 $p_l=0$，则 $\max\{z^1(p^n), z^2(p^n), \cdots, z^l(p^n)\} \to \infty$，其中 p_l 为商品 l 的价格[③]。

基于布劳威尔不动点定理，经过一系列构造，可得到 p 的某个特定"规格"，且使得 p 满足上述设定要求。具体而言，对于任一商品 j，总有

$$\hat{p}_j=\frac{\hat{p}_j+\max\{0, z_j(\hat{p})\}}{1+\sum_{j=1}^{L}\max\{0, z_j(\hat{p})\}} \tag{3-45}$$

式(3-45)等号右侧实则价格自我映射[式(3-38)所示]的一种特殊形式。其中，$\hat{p}_j$ 为第 j 种商品的标准价格。后者为该商品相对价格占所有商品相对价格之和的比重，即

$$\hat{p}_j=\frac{\tilde{p}_j}{\sum_{k=1}^{L}\tilde{p}_k}, \text{且 } \tilde{p}_k=\frac{p_k}{p_r}$$

其中，p_r 为第 r 种商品的价格，它作为所有商品计算其相对价格的基础(类似于马克思所谓"一般等价物")。之所以最终可用相对价格序列替换原价格序列，是因为 $z(p)$ 的零次齐次性(取 $\lambda=1/p_r$ 即可)。进一步看，式(3-45)等价于

$$\hat{p}_j \cdot \sum_{j=1}^{L}\max\{0, z_j(\hat{p})\}=\max\{0, z_j(\hat{p})\} \tag{3-46}$$

式(3-46)仍然耐人寻味。限于篇幅，这里不展开。式(3-45)或式(3-46)表明：一般均衡的确有其存在的可能，且均衡价格体系确有其内在的"规格"，只不过它可能并非如同我们所期待或想象得那般直观。

三、一般均衡的唯一性

应该注意到，在上述讨论中，总超额需求函数 $z(p)$ 扮演着重要角色。其零次齐次性[即 $z(\lambda p)=z(p), \lambda>0$]使得一般均衡时的价格体系实质上具有多重性：如果 p^* 是均衡价格序列，那么，所有的 λp^* 都将是均衡价格序列(其中 $\lambda>0$)，因 $z(\lambda p^*)=z(p^*)=0$。

---

① 该性质由式(3-39)而来：当人人用尽其财富时，式(3-39)中的等号可成立，因而可写成以商品(而非行为人)为基准的预算约束，如此即有该性质。它诠释了基于所有商品交易的经济体系的收支平衡。不仅如此，该性质还意味着：当其他所有商品的市场供求均处于平衡时，剩下的那个商品的市场供求也将处于平衡(即若 $z^1=z^2=\cdots=z^{L-1}=0$，必有 $z^L=0$)。当各商品供求函数均为线性函数时，这一隐含推论更是意味着：以市场供求平衡的商品的非零价格为基准，其他所有商品的价格均可就此替换为相应的相对价格。另须注意，这里的 p 和 z 都是向量，故而不可由 $pz=0$ 得出"若 $p \neq 0$ 则必有 $z=0$"的判断。

② 变式可知，该性质实则生产有界性的翻版，它表示商品超额供给(供给加禀赋减消费之后的余额)必定低于某个确定水平。

③ 该性质表示：当某商品价格趋于 0 时，该商品(或其相关商品；总之不是全部商品)面对其现时价格(尚未为 0)，其需求(进而超额需求)趋于无穷大。个中道理在于，某商品价格趋于 0 意味着消费者可无限增加该商品(及部分相关商品)的需求(因此时消费者几乎不费代价即可增加其消费且获取更大效用，故而他会尽可能多地增加该种近乎免费的商品的消费)。不过，由于偏好和相对价格因素也会作用于理性选择过程，那些相对不受偏爱且价格相对奇高的商品的需求自然不会跟着无穷扩张，所以最终只有部分商品的超额需求趋于无穷大。

这意味着,仅仅立足于之前假设,至少在整体意义上,一般均衡实质上并不存在唯一性问题:即便一般均衡时的商品数量(配置)序列唯一,一般均衡时的价格序列也不唯一。若要探究一般均衡存在的唯一性,尚须赋予新的假设或限制性条件,比如总替代假设、正则性假设等等,这在相当程度上有助于保证一般均衡的唯一性。

严格说来,一般均衡的唯一性具有两种含义。其一为全局意义上的唯一性(即全局唯一性),此时整个经济系统只有一个均衡点(或一种均衡状态)。其二为局部意义上的唯一性(即局部唯一性),此时经济系统存在多个均衡点,研究讨论时着力考察其中已知某个均衡点,从中判断其邻近空间(邻域)是否存在其他均衡点[①]。

对于全局唯一性,学界一般探究较少。其原因在于:现实生活中往往存在多重均衡(即便各个均衡转瞬即逝),探究全局唯一性缺乏现实意义;何况总超额需求函数的零次齐次性在相当程度上也从理论角度否定了全局唯一性。相比之下,局部唯一性没有这些缺憾,尤其在追加赋予某些假设之后。故而,针对一般均衡的唯一性,学界一般侧重讨论其中的局部唯一性。我们接下来立足于局部唯一性做些说明。

(一)总替代与一般均衡唯一性

替代与互补是经济生活中的常见现象。比如,面包与馒头通常可相互替代故而两者间存在替代关系,左鞋与右鞋一般缺一不可故而两者间存在互补关系。就两个商品之间的替代关系而言,由于依托的需求函数不同,其间又有总替代和净替代之别。

总替代依托马歇尔需求函数(或普通需求函数),旨在反映某商品价格变动对另一商品的马歇尔需求量(或普通需求量,即实现效用最大时的需求量)的影响。净替代则依托希克斯需求函数(或补偿需求函数),旨在反映某商品价格变动对另一商品的希克斯需求量(或补偿需求量,即实现支出最小时的需求量)的影响。其中,马歇尔需求函数源自基于特定的价格与收入约束的效用最大化问题,反映了商品需求量同收入水平和所有商品价格水平之间的关系。希克斯需求函数源自基于特定的价格与效用约束的支出最小化问题,反映了商品需求量同效用水平和所有商品价格水平之间的关系。

由马歇尔需求函数,甲商品价格发生变化,不仅影响乙商品的相对价格继而影响乙商品需求以致形成替代效应[②],还会影响相对收入继而再度影响乙商品需求以致形成收入效应。由此,甲商品价格变动对乙商品需求量的影响最终将取决于替代效应和收入效应的总和。倘若甲商品价格变动能够反向影响乙商品的需求量,则称甲、乙商品之间存在总替代关系。

然而,依托希克斯需求函数,甲商品价格发生变化仅仅影响乙商品的相对价格进而影响乙商品需求以致形成替代效应,但此时并无收入效应[③]。倘若此时甲商品价格反向影响乙商品需求量,则称甲、乙商品之间存在净替代关系。

可见,总替代和净替代都在探讨需求的交叉价格效应,但因需求函数有别,两者构成存在差异:总替代中包含收入效应,净替代中不包含收入效应。不仅如此,两类替代还具有不同的特性。就净替代效应而言,甲商品价格与乙商品需求量反向变动,乙商品价格与甲商品

---

① 关于一般均衡局部唯一性的严格定义可参阅马斯-克莱尔、温斯顿、格林:《微观经济理论》,曹乾译,中国人民大学出版社 2017 年版,第 576 页。

② 当然,相对价格及替代效应以保持原效用水平不变为前提。

③ 价格可直接影响收入,但不能直接影响效用。关于总替代与净替代之间的异同,读者亦可参见斯拉斯基方程[即本书公式(3-4)]。其中,该方程等号左边相当于总替代,等号右边第一项相当于净替代。

需求量同样反向变动，因而净替代效应中的替代关系具有对称性①。但就总替代效应而言，虽然甲商品价格与乙商品需求量反向变动，但乙商品价格与甲商品需求量未必仍旧反向变动，因而总替代效应中的替代关系未必具有对称性。

一般均衡分析无法忽略收入效应问题，故而，与净替代相比，总替代在一般均衡分析中更受看重。由上述分析可知，总替代意味着任意两种商品（如 i 和 j）之间存在如下关系：

$$\frac{\partial z_i(p)}{\partial p_j} > 0, \quad \forall i \neq j \tag{3-47}$$

也就是说，第 j 种商品价格变动将导致第 i 种商品的超额需求出现同向变动。个中机制在于：第 j 种商品价格上涨导致第 j 种商品的需求量下降，因第 j 种商品同第 i 种商品之间存在替代关系，降低第 j 种商品的需求量可提高第 i 种商品的需求量，借以满足效用最大化。

依托前文各项假设，尤其是基于所有商品的总替代假设，可以认为：一般均衡若存在必唯一。这是因为，倘若 p^* 为均衡价格体系，由前述 $z(p)$ 的零次齐次性可知，tp^* 亦为均衡价格体系（其中 $t>1$），即 $z(p^*)=z(tp^*)=0$。然而，由于所有商品之间存在总替代效应，此时只要某个商品涨价（如商品 i 价格由 p_i^* 提高至 tp_i^*），至少某个商品（如 j）的超额需求［记作 $z_j(tp^*)$］会增大，即 $z_j(tp^*)>0$，$z(tp^*)=0$ 就难以成立。

也就是说，总替代假设在相当程度上“阻断了”超额需求函数的零次齐次性作用，由此确保了一般均衡存在的唯一性。总之，总替代假设刻画了一般均衡唯一存在的某个特殊情形，是对前述系列假设的再度“强化”，由此使得分析过程也更加远离现实经济。

（二）正则性与一般均衡唯一性

正则性假设同总替代性联系密切，在某种意义上可视作对总替代性假设的拓展。该假设立足于总超额需求函数 $z(p)$ 及均衡价格波动，从中揭示一般均衡（价格）的唯一性。

考虑到总超额需求函数面对均衡价格序列波动的反应，我们可写出雅克比行列式 J，即

$$J=\frac{\partial z}{\partial p}=\begin{vmatrix} \partial z_1/\partial p_1 & \cdots & \partial z_{L-1}/\partial p_1 \\ \cdots & \cdots & \cdots \\ \partial z_1/\partial p_{L-1} & \cdots & \partial z_{L-1}/p_{L-1} \end{vmatrix}_{(L-1)\times(L-1)} \tag{3-48}$$

其中，p_i 为以第 L 种商品价格为参照所计算的第 i 种商品的相对价格（即 $p_L=1$），L 为经济社会的商品种类数。若行列式非零（即行列式中的矩阵满秩），则称经济系统具有正则性。不难看到，若所有商品之间均存在总替代性质，行列式中非对角线上的元素均为正值，这正是雅克比行列式矩阵的一种特例。

Dierker 证明，对于正则经济（即 $J\neq 0$）而言，均衡的数目是有限的，并且，如果对于任一

① 就希克斯需求函数而言，当原效用水平维持不变时，甲商品价格上涨意味着支出水平须提高，在此提高过程中，倘若乙商品也跟着上涨势必进一步推高支出水平；同样，乙商品价格上涨意味着支出水平须提高，在此提高过程中，倘若甲商品也跟着上涨势必进一步推高支出水平；当然，甲乙商品对支出的影响可能强度有别甚至方向相反，但对支出增量的最后影响与甲乙商品价格变动的先后次序无关。这种基于同一函数的二元偏导的对称性，在直觉上并不容易把握。对于其中较具经验意义的解释（如将二元偏导的结果比作由不同起点趋向同一终点的“爬山函数”），读者可参见马斯-克莱尔、温斯顿、格林：《微观经济理论》，曹乾译，中国人民大学出版社 2017 年版，第 69 页。至于较为严格的数学证明，读者可参见卓里奇：《数学分析（第一卷）》（第 4 版），蒋铎、王昆扬、周美珂等译，高等教育出版社 2012 年版，第 406～408 页。

均衡价格总有 $J<0$,则均衡是唯一的[①]。容易看到,当经济系统只有两种商品(设为商品 1,另外一种商品为价格参照商品)时,$J=\frac{\partial z_1}{\partial p_1}<0$ 将意味着:当价格在均衡水平附近(邻域内)微弱变动时,经济系统可回复至均衡水平。

正则性假设及其后续分析(主要是指数分析)涉及微分拓扑学问题,对此我们难以展开,也很难给出较为直观的经济学解释。即便如此,在此仍须指出:正则性假设及其后续分析为判定一般均衡的局部唯一性提供了相对明确的算法指引,有助于人们针对现实经济系统展开一般均衡分析。

四、一般均衡的稳定性

当经济系统受到扰动以致其稍稍偏离一般均衡之后,它能否重返一般均衡?或者,从任意某个非均衡状态(该状态未必处于均衡邻近区域)出发,它是否总能趋向某个一般均衡状态?这些都属一般均衡的稳定性问题,不过其间层次有别:前者属局部稳定,后者属全局稳定。那么,经济系统何以能在局部或全局意义上由非均衡自动复归均衡?这就涉及经济系统是否存在稳定机制的问题。

(一)稳定机制

所谓稳定机制,即能够自发促使经济系统由非均衡自动复归均衡的、内在且固化于经济系统的某种结构,是经济系统本质属性的一种反映。

实际上,前文在说明不动点问题时已触及一种较为特殊的一般均衡的稳定机制,即拍卖人基于所有市场超额需求的价格试错机制(或称瓦尔拉斯拍卖机制)。在该机制中,当某商品超额需求为正时(此时需求大于供给、市场价格相对偏低),拍卖人可通过喊出高价以降低超额需求进而推动该商品供求平衡、该商品价格到达均衡水平。类似地,当某商品超额需求为负时(此时需求小于供给、市场价格相对偏高),拍卖人可通过报出低价以增加超额需求进而推动该商品供求平衡、该商品价格到达均衡水平。

当然,这个喊价过程,或者说价格由非均衡向均衡的调整过程,并非一步到位。它需要拍卖人依据各个市场的实时供求情况,不断尝试、持续推动,最终使得所有商品价格恰好同时达到均衡水平、所有商品的市场供求恰好同时处于平衡状态。而其中的拍卖人,在现实生活中可能是具有独立性质的政府、第三方,也可能是一种有如磁场一般、内在于市场经济体系、具有群体理性性质且超然于生产者和消费者之外的某种机制或社会力量。

总之,瓦尔拉斯拍卖机制以价格(而非数量)弹性为前提,它表明:超额需求的正负性质同向决定着拍卖人的价格调整方向,触发超额需求反向变动。其间作用链条可大致记作

$$z \xrightarrow{+} \Delta p \xrightarrow{-} \Delta z \rightarrow (z=0, p=p^*) \tag{3-49}$$

由此,一般均衡的稳定机制可归结为经济系统本身所存在的、能够确保式(3-48)从头至尾皆能成立的某种机制。进一步看,由式(3-49)可知,对任一商品(比如商品 i)而言,其价格调整意味着下列条件成立:

---

① 转引自高鸿业、吴易风、刘凤良:《研究生用西方经济学(微观部分)》(第二版),经济科学出版社 2000 年版,第 220 页。

$$\dot{p}_{it}=\frac{\mathrm{d}p_{it}}{\mathrm{d}t}=f^i[z^i(p_i,p_{-i})],\quad \frac{\mathrm{d}z^i(p_i,p_{-i})}{\mathrm{d}p_t{}^i}<0,\quad f\cdot z^i>0 \tag{3-50}$$

其中，z^i，f^i，p_i，p_{-i} 分别为商品 i 的超额需求、价格调整函数、商品 i 的价格、由其他系列商品（非商品 i）价格组成的价格系列。当商品 i 的价格提高时，由式(3-50)可得

$$z^i\cdot\frac{\mathrm{d}z^i}{\mathrm{d}t}=\frac{\mathrm{d}z^i}{\mathrm{d}p_{it}}\cdot(z^i\cdot\frac{\mathrm{d}p_{it}}{\mathrm{d}t})<0 \tag{3-51}$$

总之，只要内在于经济系统的某个机制存在着式(3-51)所示的结构，经济系统及其均衡就是稳定的。值得注意的是，在式(3-51)中，价格调整并未消失。

特别地，若价格调整幅度与超额需求量等比例变动，即 $f^i(z^i)=r_i\cdot z^i$，$r_i>0$。对于商品 i，此时若有 $z^i=a(p_i^*-p_{it})$ 以及 $\mathrm{d}p_{it}/\mathrm{d}t=r_iz^i$，$r_i>0$，稍加验证可知该经济系统存在着如式(3-51)所示的结构，所以商品 i 的均衡是稳定的。

（二）全局稳定性

由式(3-51)左边的数学形式可以推测：稳定机制中可能存在着与 $(z^i)^2$ 相关的因素（否则难以在对时间变量 t 求导之后析离出变量 z^i）。总之，稳定机制内含超额需求但非止于超额需求，且最终决定于价格调整并能借助价格调整自动化解超额需求。

就此，我们不妨考虑一种简化的稳定机制 V，且

$$V=zz'=[\sum_{i=1}^{L}a_i(p_{ti}-p_i^*)]^2 \tag{3-52}$$

其中，$z^i=a(p_i^*-p_{it})$，z，p_t，p^*，a 分别为超额需求、现行价格、均衡价格和调整系数（均为向量），$a_i>0$。不难理解，如果此时价格调整幅度仍与超额需求量等比例或同向变动（即 $\mathrm{d}p_{it}/\mathrm{d}t=r_iz^i$，$r_i>0$），则该机制仍可确保经济系统的一般均衡具有稳定性。

特别地，对某个商品（如商品 i）而言，倘若其他商品市场均处平衡状态，则有

$$V=[a_i(p_{it}-p_i^*)]^2\Rightarrow\frac{\mathrm{d}V}{\mathrm{d}t}=-2a_i^2(p_i^*-p_{it})\frac{\mathrm{d}p_{it}}{\mathrm{d}t}<0 \tag{3-53}$$

类似式(3-53)中的函数 V 一般称作李雅普诺夫函数。它嵌入了超额需求与价格调整之间的结构关系，因而可视作经济系统的某种机制的具体形式，且用以判断经济系统的一般均衡是否具有稳定性。一般地，当该函数非负且 $\frac{\mathrm{d}V}{\mathrm{d}t}=\sum_{i=1}^{L}\frac{\partial V}{\partial p_i}\cdot\frac{\mathrm{d}p_i}{\mathrm{d}t}<0$ 时，可判定经济系统的一般均衡是稳定的①。不仅如此，由于分析至此价格并未被限定在均衡价格的邻近区域，故而此时的稳定还是全局稳定的。更进一步，在总替代情形中，当经济系统具有唯一的一般均衡时，这个唯一的一般均衡就是全局稳定的②。个中道理大致在于：随着时间的推移，由于行为人愈发难以承受与各种非均衡价格对应的超额需求或超额供给（因需要更高支出或出现更多浪费），加之价格体系可灵活调整，行为人最终将推动价格体系趋近一般均衡水平，由此获得最大的生产与消费。

当然，李雅普诺夫函数的具体形式多种多样，也未必都能轻易发掘或构建出来。故此，探究经济系统的全局稳定性往往并非易事。

---

① 此即李雅普诺夫定理。

② 证明过程须套用李雅普诺夫定理，借助总需求弱公理以及瓦尔拉斯法则，具体可参见马斯-克莱尔、温斯顿、格林：《微观经济理论》，曹乾译，中国人民大学出版社 2017 年版，第 590、605 页。

（三）局部稳定性

局部稳定性立足于均衡价格邻近区域讨论价格（或经济系统）由非均衡复归均衡的可能性。由于是立足于“邻近区域”考虑问题，故而可尝试借助、运用某些线性近似方法，也就是在邻近区域中将非线性问题逼近或转换为线性问题，以期更易于解决问题。

比如，对于可微函数 $f(z)$，在 $z=z_0$ 邻近区域，有

$$f(z)\approx f(z_0)+f'(z_0)(z-z_0) \tag{3-54}$$

上式即一阶泰勒展开公式。它省略了函数的二阶及更高阶各子项及其加总的影响。

就商品 i 而言，若其他商品供求平衡，由式(3-50)及一阶泰勒展开公式，可得[①]

$$\frac{\mathrm{d}p_{it}}{\mathrm{d}t}\approx\left.\frac{\partial f^i}{\partial z^i}\right|_{z^1=0}\cdot\left.\frac{\partial z^i}{\partial p_{it}}\right|_{p_{it}=p_i^*}\cdot(p_{it}-p_i^*) \tag{3-55}$$

上式不等号右边前两项的乘积为常数，故而式(3-55)蕴含着关于 p_{it} 的动态方程（实则常系数线性微分方程），从中可求出 p_{it} 与时间变量 t 和均衡价格 p_i^* 之间的关系（也就是将 p_{it} 表示为 t 和 p_i^* 的函数），继而探究 p_{it} 能否收敛至 p_i^*，由此判断 p_{it} 的局部稳定性[②]。在此基础上，若在某个一般均衡点附近就整个经济系统的局部稳定性展开分析，尚须考虑其他商品价格波动以及所有商品价格波动之间的交互影响。不难想到，倘若再考虑二阶甚至更高阶情形（这意味着对价格波动及其交互影响进行更为准确的测度），经济系统局部稳定性分析将更为复杂。

五、CGE 模型及其思想方法

（一）CGE 模型的缘起与特点

上述关于一般均衡的理论分析以行为人（消费者和生产者）的理性决策、价格的灵活调整、市场的自由竞争为基本前提。这意味着，只要某种经济体系具备这三项条件，我们就可运用一般均衡分析方法探讨该经济体系的总量均衡问题。具体而言，立足于该经济体系及其九大假设条件，由各个消费者的效用函数与预算约束、基于理性选择导出产品需求函数和要素供给函数，由各个生产者的生产函数和预算约束、基于理性选择导出产品供给函数和要素需求函数，由此形成各个商品的供给和需求，依托商品供求均衡条件及瓦尔拉斯法则[③]，计算各个商品的均衡数量和均衡价格（相对价格），以此得出该经济体系的均衡状态。

但在现实生活中，所有可交易的产品及要素种类动辄数以万计，尤其是商品之间往往存在着经济和技术上的关联（如某一产品构成另一产品生产的中间投入）。考虑到各个商品消费背后的效用函数之间、各个商品生产背后的生产函数之间及成本函数之间既可能大同小异，也可能千差万别，完全推导出所有商品的供给函数和需求函数就需要广泛深入甚至持久的社会调查。在经济技术相对有限条件下，从事这些工作不免劳民伤财，在政策分析与评价

---

① 注意，此时 $f(0)=0$。

② 具体分析过程可参见、比照上一节关于蛛网模型的简单分析。但关于经济系统局部稳定性问题的分析须涉及线性代数问题。

③ 商品供求均衡直观体现为各个商品的供求数量相等，瓦尔拉斯法则直观体现为所有商品的供给总价值和需求总价值相等。前者基于商品个体的使用价值量平衡，后者基于商品整体的价值量平衡。因此，商品供求均衡和瓦尔拉斯法均可视作平衡条件，只不过其间层次有别、角度各异。接触过政治经济学的读者或许能感到，这同马克思的部类平衡理论不无相似之处。

中也没有必要。因为政策分析与评价往往需要决策者和研究者抓住国民经济运行中的突出问题和主要矛盾，而非事无巨细、面面俱到。因而，完全套用一般均衡理论和方法探究现实经济的整体均衡问题，在实践中并不可行。

为此，通过借鉴一般均衡的思想方法，依托社会经济部门的既有统计数据，对经济体系的整体均衡及其特性展开分析，经济学家们建构了反映各商品类别及其关联经济部门供求平衡关系的模型体系，此即可计算一般均衡模型（以下简称为 *CGE* 模型），也称作应用一般均衡模型（applied general equlibrium model）[①]。

在 *CGE* 模型中，"商品"主要体现为某类商品的综合。由此，其"商品"数量实则以某个不变价格（即扣除当期价格波动因素之后）计算的、该类商品的总价值量（即货币价值额）。从该类商品的供给侧面看，这种价值量就是各类商品供给者向市场供应商品时所形成的价值量，也就是商品生产者围绕该门类商品售卖所形成的收入。从该类商品的需求方面看，这种价值量就是社会通过市场各渠道购买该类商品所形成的价值量，也就是商品消费者围绕该门类商品购买所形成的支出。与之相应，该"商品"的价格即相应体量的当期价格指数。

比如，"化工商品"现在构成有待分析的"商品"，其供给量和需求量显然不能以"吨"等计量单位予以衡量。因为化工商品细类较多、形态各异，不能按其质量进行加总。于是，我们将直接以化工商品为纽带所形成的当前货币收支额除以其当前行业价格指数（该指数以某个基期为计算起点），由此可得到以基期行业价格指数为基准的化工行业的"供给量"和"需求量"。相应地，化工商品的价格即化工行业的当期价格指数。

进一步看，*CGE* 模型立足于国民经济各个部门。后者至少包括产品部门、要素部门、居民部门、企业部门。其中，产品部门反映以直接产品供求为纽带所形成的社会收支及其平衡活动，要素部门反映了直接以要素供求为纽带所形成的社会收支及其平衡活动，居民部门反映了直接以居民收支活动为纽带所形成的社会收支及其平衡活动，企业反映了直接以企业收支为纽带所形成的社会收支及其平衡活动。不难发现，这四个部门涉及前文一般均衡分析的基本要件，其间还存在着一定的钩稽关系，如居民收入以要素供给为前提，居民支出以商品消费为前提，企业收入以商品销售为前提，企业支出以要素使用和产品销售为前提。

在此基础上，*CGE* 模型还可根据研究需要做些细化或拓展。比如，若深入分析某子类化工商品的供求平衡问题，可将该子类化工商品从其所属的大类化工商品中单列出来，组成一个相对独立的经济部门。又如，若分析过程涉及生产流程尚须纳入产业部门，若分析过程涉及财政收支尚须纳入政府部门，若分析过程涉及进出口活动和国际资本流动尚须纳入对外部门，若分析过程涉及资金流动尚须纳入投资—储蓄部门。

（二）*CGE* 模型的基本宗旨及方法

与一般均衡分析类似，*CGE* 模型的基本宗旨也在于探究经济体系的整体均衡。毕竟，后者关乎经济整体的配置效率与社会福利，关乎一般均衡分析和 *CGE* 模型分析的核心价值。但与一般均衡分析不同的是，由于 *CGE* 模型以国民经济各部门价值作为测算和分析的基准，故而，它实质上探究的是国民经济各部门的供求价值（或收支价值；而非供求数量）的平衡状态及其条件，以及这种平衡状态在受到外部冲击、政策调整、环境变化时的响应特

① 张欣：《可计算一般均衡模型的基本原理与编程》（第二版），格致出版社 2020 年版，第 1 页。

征①,借以对经济体系的稳健性进行评价。

那么,如何获得各部门的平衡状态?是直接依托各个部门的收支价值及其价格指数等方面的历史数据进行计量经济分析,回归得出各个部门的目标函数和约束条件,进而导出各个部门的供给函数和需求函数,再基于供求平衡甚至瓦尔拉斯法则寻求整体均衡吗?非也!

实际上,*CGE* 模型采取了以数理模型为先导或指针,以校准赋值为辅助,以搜索优化技术为支撑,针对原始统计数据进行系统调整直至实现整体转换的处理方法。

(1)“数理模型”即对各部门可能涉及的效用函数、生产函数乃至成本函数②提出假设,根据理性选择原则推导出该部门关于产品或要素的需求函数与供给函数的数理形式,由此得到反映一般均衡的联立方程系统,即 *CGE* 数理模型。

比如,对于产品部门,根据一般均衡理论分析所秉持的假设条件 7 及其内在的规模报酬不变要求,我们可假定该部门的生产函数为 $Q=A\cdot L^{\alpha}K^{1-\alpha}$,其中 L,K 分别为劳动要素和资本要素的使用数量,且 $0<\alpha<1$。在考虑劳动要素价格 w、资本要素价格 r 之后,由成本最小化可以得到该产业部门的劳动和资本要素需求(最佳要素使用)函数,分别为

$$L^{d}=\frac{Q^{s}}{A}\left(\frac{w}{r}\cdot\frac{1-\alpha}{\alpha}\right)^{\alpha-1},K^{d}=\frac{Q^{s}}{A}\left(\frac{w}{r}\cdot\frac{1-\alpha}{\alpha}\right)^{\alpha} \tag{3-56}$$

成本函数为

$$C(Q)=\frac{Q^{s}}{A}\left[w\left(\frac{w}{r}\cdot\frac{1-\alpha}{\alpha}\right)^{\alpha-1}+r\left(\frac{w}{r}\cdot\frac{1-\alpha}{\alpha}\right)^{\alpha}\right] \tag{3-57}$$

设产品价格为 p,于是该部门利润为 $\pi=pQ-C(Q)$。鉴于一般均衡理论立足于完全竞争假设,且由利润最大化,可得

$$p=\frac{1}{A}\left[w\left(\frac{w}{r}\cdot\frac{1-\alpha}{\alpha}\right)^{\alpha-1}+r\left(\frac{w}{r}\cdot\frac{1-\alpha}{\alpha}\right)^{\alpha}\right] \tag{3-58}$$

式(3-58)并未直接表明产品供给。这意味着,只要满足式(3-58),市场需要多少产品,部门就能供给多少产品。

对于居民部门而言,居民拥有劳动和资本,通过让渡劳动和出租资本获得收入(记作 Y)进而为实现最大效用而消费产品。由于这里仅考虑一种产品消费,基于消费单调性假设,可知居民将用尽其收入消费产品以获得最大效用,由此得到产品需求(即消费)量为

$$Q^{d}=\frac{Y}{p} \tag{3-59}$$

收入 Y 源自其对外让渡劳动产生的收入和对外出租资本产生的收入,即

$$Y=wL^{s}+rK^{s} \tag{3-60}$$

于是可得到一个 CGE 数理模型,即

$$p=\frac{1}{A}\left[w\left(\frac{w}{r}\cdot\frac{1-\alpha}{\alpha}\right)^{\alpha-1}+r\left(\frac{w}{r}\cdot\frac{1-\alpha}{\alpha}\right)^{\alpha}\right] \tag{3-61a}$$

$$L^{d}=\frac{Q^{s}}{A}\left(\frac{w}{r}\cdot\frac{1-\alpha}{\alpha}\right)^{\alpha-1} \tag{3-61b}$$

$$K^{d}=\frac{Q^{s}}{A}\left(\frac{w}{r}\cdot\frac{1-\alpha}{\alpha}\right)^{\alpha} \tag{3-61c}$$

① 这些外部冲击、政策调整、环境变化影响着目标函数或约束条件,一旦将其纳入模型,必然产生连锁效应。

② 严格说来,成本函数可由生产函数推导而来。

$$Y = wL^s + rK^s \tag{3-61d}$$

$$Q^d = \frac{Y}{p} \tag{3-61e}$$

$$Q^d = Q^s \tag{3-61f}$$

$$L^d = L^s \tag{3-61g}$$

$$K^d = K^s \tag{3-61h}$$

在式(3-61a)～式(3-61b)系列方程中，内生变量为 Q^d，Q^s，L^d，K^d，p，w，r，Y，外生变量为L^s，K^s(亦即资源禀赋)，外生参数为α，A。当外生变量和外生参数取值既定时，可得到L^d，K^d 的取值(相当于 L^d，K^d 已知，即有 $L^d = L$，$K^d = K$，且 L，K 均为外生设定)，再考虑到式(3-61f)，于是可将 *CGE* 数理模型简化为一个由 5 个方程组成的、含有 5 个内生变量(即 p，w，r，Y，Q) 的联立方程组，即式(3-61a)～式(3-61e)。在此基础上，再经简化可得到一个由 3 个方程组成、含 4 个内生变量(即 p，w，r，Y) 的联立方程组，即

$$Y = wL + rK \tag{3-61i}$$

$$Y = pQ = p \cdot AL^{\alpha}K^{1-\alpha} \tag{3-61j}$$

$$p = \frac{1}{A}[w(K/L)^{\alpha-1} + r(K/L)^{\alpha}] \tag{3-61k}$$

由式(3-61i)～式(3-61k)构成的方程组具有多重解：此时变量数比方程数多一个，因而必有一个变量是富余(自由)的。这其实也符合一般均衡理论的预判：均衡价格序列最终只能是一个均衡的相对价格序列，也就是三个价格变量(即 p，w，r) 中必须要有一个价格变量作为基准价格，用以折算出其他商品的相对价格。我们不妨将担负基准价格的"重任"交给产品价格 p，也就是将 p 视作某个常数，或干脆将其视作 1。在此前提下继续对式(3-61i)～式(3-61k)系列求解。稍加演算可知，该方程组有解，其大小和方向取决于外生变量 L，K 以及外生参数为α，A 等的具体取值。

式(3-61)系列表明，*CGE* 数理模型并非仅有供求均衡关系式，它还包括相关的一些均衡条件。更重要的是，这些方程之间具有钩稽关系：要素供给影响收入进而影响产品需求，产品供给影响利润(只不过在完全竞争时利润为 0)进而决定要素需求。要素与产品相生、供给与需求相续，此即 *CGE* 模型的闭合性质。

(2)"校准赋值"，即基于历史信息对 *CGE* 数理模型的外生参数赋值。比如，根据有关历史数据分析，可将上述 *CGE* 数理模型中的外生参数分别赋值为$\alpha = 0.6$，$A = 100$，或者根据上述 *CGE* 模型中的某种潜在的关系将α 和 A 均视作其他某个变量的函数。不难想象，不同的赋值会产生不同的均衡解，甚至可能无解、多解，均衡解也未必具备经济学含义(如最终导致价格 p 为负值时)。所以，一旦得出明显有悖于经济现实或经济学直觉的结果，还需要重新发掘历史信息，对外生参数赋值予以调整，这也正是"校准"的基本含义。此外，由于校准赋值，*CGE* 数理模型不再是一堆代数符号的堆砌，而是悄然变得"可计算"了。

(3)"搜索优化技术"相当于求出均衡解。在上述 *CGE* 数理模型中，由于其解容易计算，故而无须使用搜索优化技术。但对某些复杂的优化问题，往往需要数据探测，尝试变量逼近其最优水平的可能路径，此时需要运用运筹学知识，借助搜索优化技术发掘变量的最优水平(均衡解)。当然，均衡解的水平还要受制于外生变量(如上述 L^s，K^s) 的取值水平。在实务分析中，这种外生变量的具体取值往往同原始统计数据的调整相联系。

(4)“针对原始统计数据进行系统调整直至实现整体转换”,即依托原始统计数据,通过对其加以修正,使之符合嵌入 *CGE* 数理模型的需要,然后依托 *CGE* 数理模型展开系统调整,以致最终将原始统计数据转换为内在具有一般均衡特质的新数据体系。比如,在上述 *CGE* 数理模型中,L^s 和 K^s 都是外生变量,原始统计数据中也的确存在着与 L^s 和 K^s 均相关的数据,但后者都以名义价值的面孔出现;此时就须选择合适的价格指数,借以“过滤”掉两变量中的价格波动因素,以将名义价值修正为不变价值且“显示”其数量规模。不难理解,经过如此调整和转换,*CGE* 模型完全实现了数值化、变得“可计算”。

需要说明的是,在实际操作时,*CGE* 模型所依托的原始统计数据往往直接取自社会经济核算矩阵(social accounting matrix,简称为 SAM),后者最终源于国民经济核算体系①。在 SAM 中,各变量均以名义价值额的方式呈现。比如,产品部门的支出总额和收入总额均为 1 亿元。因而,在运用 CGE 模型时,首先就须借助一定的价格指数将收支总额修正为以不变价格计算的收支价值,如此方能匡算产品的供求“数量”(价值)的初始值。同样,由产品价格指数方面的原始统计数据亦可修正得到产品价格指数的初始值。类似地,还可得到要素价值量、要素价格指数等的初始值。在此基础上,结合校准赋值,以 *CGE* 数理模型为指针,逐步调整各项数据,甚至运用搜索优化技术,直至 SAM 中的各项数据之间的关系完全符合 *CGE* 模型要求。这是一种指向 *CGE* 模型的数据重构或数据挖掘过程!关于 *CGE* 模型及其与 SAM 之间的调整与转换方法,有兴趣者可研读相关参考文献,兹不赘述。

第三节 宏观经济及其供求均衡

供求均衡框架不仅可用于分析具体商品市场和竞争性市场体系的价格与数量决定问题,还可用于分析宏观经济总量之间的关系问题。考虑到后者同一般均衡分析都有总量分析性质以及其间不乏相似之处,我们不妨先从宏观经济均衡的基本含义说起,然后探究各类宏观经济均衡背后的决定机制及其分析思路。

一、宏观经济均衡的含义及其辨析

大体来看,宏观经济均衡至少有两种含义。其一是指基于宏观经济各部门(如企业部门、居民部门和政府部门甚至对外经济部门)收支而形成的社会总收支的平衡②,这是一种总量平衡意义上的宏观经济均衡。其二是指各个宏观经济部门的代表性行为人(如代表性消费者、代表性生产者)同时实现理性选择所形成的社会决策均衡,这是一种微观基础意义上的宏观经济均衡。两种含义虽非格格不入(都可能涉及政府收支平衡),但也迥然有别。

总量平衡意义上的宏观经济均衡首先立足于部门收支平衡,它一般不以部门内各行为

---

① SAM 同国民经济核算账户(System of National Accounting,即 SNA)相关,其数据往往源于 SNA。但与 SNA 相比,SAM 尤为强调数据的矩阵形式以及内在的平衡关系,且在分析更为灵活机动——研究者可根据研究需要从 SNA 中提炼出部分感兴趣的科目(项目),而非总是顾及 SNA 中的所有科目(项目)。参见张欣:《可计算一般均衡模型的基本原理与编程》(第二版),格致出版社 2020 年版,第 40 页。

② 严格说来,还应包括基于宏观经济各部门物质产品供求的社会总产品供求平衡。但这一平衡概念及其统计核算体系主要盛行于苏联时期的部分国家和地区,今不多见,故而本节不予讨论。

人能否做出理性选择为前提[①]。换句话说，即便各行为人均未做出理性选择，总量平衡意义上的宏观经济均衡仍可能存在。这正如，一旦企业部门和政府部门出现赤字、居民部门和对外部门出现盈余，只要所有部门的赤字总和和盈余总和在绝对值意义上相同，那么，宏观经济仍属总量平衡。换句话说，总量平衡并非意味着个量平衡，亦非对应着结构平衡。

值得注意的是，总量平衡意义上的宏观经济均衡仍属供求均衡。虽然此处“供求”不再处处强调微观基础或理性选择，但“供求”的基本含义仍然得到贯彻。这是因为，在宏观经济分析中，任一部门的收入终究由于要素被使用且生产出商品和服务继而可被视作供给价值，任一部门的支出终究由于商品和劳务购买而起继而可被视作需求价值。由此，社会产出的总价值既可表现为所有产品购买形成的总价值，又可表现为所有要素付出形成的总价值。就此而论，宏观经济中的收支平衡实则基于供求价值的数量平衡。

不仅如此，总量平衡意义上的宏观经济均衡分析往往还涉及总供求模型。需求量与价格反向变动、供给量与价格正向变动，这种原本出自微观经济学中的供求特性在总供求模型中同样存在。只不过，在宏观总量意义上，需求量与供给量不再是微观经济学中的各个商品的需求数量和供给数量（两者均是使用价值量）；而是表现为各个部门以不变价格计算的需求价值和供给价值（两者均是价值量）；价格也不是微观经济学中的具体某个商品的价格或某类商品的价格序列，而是一般价格总水平（或价格指数）。

微观基础意义上的宏观经济均衡首先立足于行为人的理性决策，它一般以行为人决策满足预算约束为前提。故而，微观基础意义上的宏观经济均衡原则上也将处于总量均衡状态。这容易理解：如果人人做到收支平衡，那么，每个部门乃至宏观经济总量将永远处于收支平衡状态。当然，由此也不难推测：在这种视角下，任何宏观经济失衡现象最终均可被归咎于个体（或微观经济主体）选择的有限理性甚至非理性因素。

需要说明的是，微观基础意义上的宏观经济均衡与微观经济学中的“一般均衡”既有联系又有区别。两者联系之处在于：均属自下而上推定的社会整体层次的均衡；均属以微观经济主体（即消费者和生产者）的理性选择为最终逻辑基础的均衡。

我们知道，一般均衡是指一个经济社会中所有市场（包括商品、劳务和要素市场）同时实现供求均衡的状态。一般均衡中的市场供给决定于每个生产者的供给，后者直接决定于该生产者的理性选择；而一般均衡中的市场需求决定于每个消费者的需求，后者直接决定于该消费者的理性选择。这同微观基础意义上的宏观经济均衡分别从居民和企业的理性选择中导出宏观经济变量的思路相比，在起点（微观基础或理性选择）、路径（由微观而宏观）和终点（整体经济）方面并无实质性区别。

当然，与一般均衡本身侧重关注实物量（或使用价值量）不同，微观基础意义上的宏观经济均衡更加关注价值量[②]。一般均衡直接要求任一产品、服务和要素的供给数量和需求数量均相等，它首先是一种实物量均衡。然而，微观基础意义上的宏观经济均衡直接涉及的是众多社会产品的价值量或货币价值（如消费额、投资额、进出口额、资本额、产出额），它主要体现为价值量均衡。这在效用函数的结构设定上表现得尤为突出：微观经济学中的效用函

① 不过，宏观经济分析中涉及总供给问题的分析仍以劳动力市场的供求均衡为前提，而劳动力的供给和需求仍可基于理性选择。

② 当然，宏观经济研究部分也涉及实物量，如就业人口、失业人口。

数揭示的是具体商品消费数量与效用水平之间的关系;宏观经济学中的效用函数揭示的则是以不变价格计算的消费价值与效用水平之间的关系。

进一步看,由于价值量与使用价值量各有其运动规律以致两者未必完全对应,一般均衡未必能同两种含义的宏观经济均衡时刻保持一致。这也意味着:一般均衡与宏观经济均衡之间并非等价关系,其间不能直接相互推定。

鉴于前述章节已经阐述过微观基础和一般均衡问题,本节拟以总量平衡意义上的宏观经济均衡为中心,展现供求均衡框架在宏观经济分析中的应用技巧。依据不同的分析对象或前提假设,供求均衡框架在宏观经济分析领域拥有不同的表现形式,对应着一些颇为典型且各具适用范围的分析模型。后者主要包括总收支(*Y*-*AE*)模型、商品-货币-对外经济(*IS*-*LM*-*BP*)模型以及总供求(*AD*-*AS*)模型①。下面我们依次说明。

二、*Y*-*AE* 模型与宏观经济供求均衡

(一) 模型相关的概念

我们经常会碰到诸如"刺激消费短期内能否拉动内需""政府兴办基础设施短期内能否拉动经济"之类的问题。对此,我们可借助 *Y*-*AE* 模型展开分析。其中,*Y* 代表总收入(Yield),亦即各部门基于要素(如劳动、资本、土地、企业家才能、公共产品及服务之类)供给而形成的收入总额;由于这些要素及其叠加最终形成社会产品,故而收入总额体现着社会供给的总价值。*AE* 代表社会总支出(Aggregate Expenditure),亦即各部门(居民部门、企业部门、政府部门以及对外经济部门)的支出总额,体现着社会需求的总价值。

不言而喻,当社会供给和社会需求的总价值相同时,社会供给的总价值完全得到承认,社会需求的总价值完全得到满足,社会经济产出总量[如国内生产总值(GDP),此时亦即均衡产出,以不变价格衡量;以下简称为产出或社会产出]②得以形成。若社会供给价值大于社会需求价值,则生产过剩或需求不足;若社会供给价值小于社会需求价值,则生产短缺或需求过剩。

(二) 模型的基本结构

一般来说,一个经济社会的总支出主要包括居民消费(记作 *C*)、企业投资(记作 *I*)、政府支出(记作 *G*)。在开放经济条件下,除居民消费、企业投资和政府支出外,还须考虑相关的对外经济部门的支出,后者集中体现为外国居民购买本国产品的支出(即出口,记作 *X*)扣除本国居民购买外国产品的支出(即进口,记作 *M*)之后的余额(即 $X-M$)。由此,我们可得到开放经济条件下的社会总支出公式,即

$$AE=C+I+G+X-M \tag{3-62}$$

进一步说,居民消费通常取决于居民的可支配收入(记作 Y_d),后者为国民经济总收入(即 *Y*)中扣除税收(记作 *T*)之后的余额。此外,在某些特殊时期,政府部门也可能以对居民发放实物、购物券甚至现金方式直接增加居民可支配收入,这些补贴方式无须居民等价偿

① 修习过宏观经济学的读者都明白,三个模型之间存在一定的关联:前一模型实则建构后一模型的条件与基石。

② 应该指出的是,宏观经济分析中的主要变量如产出(GDP 或 GNP)、利率、投资额、消费额、进口额、出口额等首先都是以不变价格计算的(即实际价值)。个中原因在于,只有以不变价格计算的这些变量才能直接关乎社会的福利。这也使得,在面对具体数据时,我们首先需要辨别所面对的数据究竟是名义价值还是实际价值(即名义价值扣除物价指数因素之后的价值)。

还，故而属单方面的转移支付（记作 T_r）。由此，可得到居民的可支配收入为

$$Y_d = Y - T + T_r \tag{3-63}$$

统计发现，居民消费与可支配收入之间一般存在如下线性经验关系，即

$$C = C_0 + c \cdot Y_d \tag{3-64}$$

其中，C_0 为自主消费（为常量）；c 为边际消费倾向，且 $0 < c < 1$。

因短期内利率不变，企业投资可视作一个由企业部门自主决定的外生变量，即

$$I = I_0 \tag{3-65}$$

政府支出实则政府作为纯粹的市场交易主体而形成的购买支出，比如政府出资兴建基础设施、推行政府采购。它可视作由政府部门自主决定的外生变量①，即

$$G = G_0 \tag{3-66}$$

出口价值（即 X）决定于外国居民的收入水平与消费习惯，于本国而言属外生变量，故

$$X = X_0 \tag{3-67}$$

进口价值（即 M）决定于本国的收入水平，通常具有如下线性经验关系，即

$$M = M_0 + m \cdot Y \tag{3-68}$$

其中，M_0 为自主进口（为常量）；m 为边际进口倾向，且 $0<m<1$。

综合式(3-62)～式(3-68)，当总收支平衡（即 $Y=AE$）时，可得

$$Y = \frac{C_0 + I_0 + G_0 + X_0 - M_0 + c(T_r - T)}{1 - c + m} \tag{3-69}$$

一般地，$0 < 1 - c + m < 1$。式(3-69)表明，自主消费（C_0）、自主投资（I_0）、自主性政府购买支出（G_0）、自主出口（C_0）的单位变动将引起产出的多倍同向变动，自主进口（M_0）的单位变动则引起产出的多倍反向变动，个中倍数（记作 T，即凯恩斯乘数）为

$$T = \frac{1}{1 - c + m} \tag{3-70}$$

由于 $0 < 1 - c + m < 1$，一般 $T > 1$。自主性变量的单位变动所触发的产出的多倍变动，通常称作自主性变量的乘数效应。容易看出，边际消费倾向越高或边际进口倾向越低，乘数效应越大，否则乘数效应就越小。特别地，当政府采取平衡预算政策（即 $G=T$）时，有

$$T = \frac{1 - c}{1 - c + m} \tag{3-71}$$

此即平衡预算乘数。稍加比较可知，平衡预算政策的乘数效应低于非平衡预算政策。

乘数效应背后的数学逻辑简单明了，其背后的现实逻辑却不容易把握：为何政府出资购买一亿元的建设工程项目最终会增加不止一亿元的产出？

其实，乘数效应之所以能够存在，是因为社会上存在着稳定的信用秩序以及严格执行或公众自觉遵守的银行转账支付制度。在此前提下，倘若政府支付一亿元工程款给其承包商A，承包商A在接到一亿元工程款后即刻可将其存入银行，构成其收入进而用于消费且进口，而其消费且进口所引起的支付将构成对应商家B的收入，对应商家B将其收入存在银行之后，转而又可进行消费和进口……由此，最初的一次性政府购买性支出不仅形成持续增加的社会收入，同时还形成持续增加的社会支出。这些累加的社会收入和累加的社会支出

① 当然，此处并未考虑财政收支平衡问题，由此也看不到政府支出同税收的关系，因而政府支出具有自主性，可视作外生变量。

一旦在某个时点相等，新的均衡产出即告形成。后者在数值上明显也将大于最初的一亿元。

不难理解，倘若没有严格执行或公众自觉遵守的银行转账支付制度，乘数效应将大打折扣。而银行转账支付制度能否得到严格执行或公众的自觉遵守，直接取决于社会信用秩序是否稳健，后者在相当程度上又取决于市场经济的具体发展状况。倘若市场交易规模偏小，或市场运行动荡不羁，或相关的技术、组织与制度不健全，社会信用秩序必然受到影响以致缺乏公信力、稳定性和有效性，此时交易各方势难借重银行转账支付制度。尤其在物物交换时代或贪污腐败盛行之地，社会信用秩序与银行转账制度通常严重缺位，乘数效应即便存在也耗费时日，在短期内能否形成都是个问题。这也说明，为充分发挥乘数效应，须不断提高市场经济发展水平、健全社会信用秩序、完善银行转账支付制度。

（三）模型的分析意义

从政府调控角度看，上述自主性变量有些可予直接操控（如自主性政府购买支出），有些虽难直接操控、但可通过某些政策工具引导发挥其作用（如自主消费、自主投资、自主进口）。但是，如前所述，这些自主性变量最终能在多大程度上影响产出，虽然在直接意义上取决于边际消费倾向和边际进口倾向，但在深层意义上则取决于国家或地区的市场经济发展水平、社会信用秩序以及银行转账支付制度。

Y-AE 模型可用于说明各类因素变动极短期内对产出的影响。之所以强调“极短期内”，是因为该模型以一般价格总水平、利率水平、汇率水平和生产技术水平均保持不变以及经济资源相对充裕为前提。显然，这些通常具有极短期性质，因为稍长时期利率水平和一般价格总水平均可能发生变化，再长一些时期生产技术也可能出现变革。进一步看，由于强调“极短期内”和生产技术水平不变因素，此时社会供给相对稳定，整体分析实属需求分析。

总之，*Y-AE* 模型主要用于探究极短期内自主消费、自主投资、自主进口、自主性政府购买支出等的变动对产出的作用问题，后者在相当程度上还取决于乘数效应及其作用条件。反过来说，但凡涉及极短期内自主性变量对产出的作用问题，我们首先应考虑尝试运用 *Y-AE* 模型。其中，“极短期”主要取决于一般价格总水平、利率水平、汇率水平等的波动周期，在经验意义上其时长可能不足一个季度甚至一个月，具体应取决于国家或地区经济发展的实际状况。

三、*IS-LM-BP* 模型与宏观经济供求均衡

与一般价格总水平相比，利率对经济环境和经济政策的反应往往较为敏感，尤其在金融体系较为健全的市场经济条件下。然而，由于没有考虑货币市场（或国内资本市场）和国际资本市场因素，*Y-AE* 模型并不涉及利率（可视作货币的国内价格）和汇率（可视作本国货币的国际价格）因素，因而难以从中判断货币和汇率及其相关政策对产出和利率的作用效果，前文论及的自主性变量（其中包括财政政策）对利率的作用效用效果亦难从中做出判断。所以，为解释更多社会经济现象，有必要对 *Y-AE* 模型做些拓展。

注意到 *Y-AE* 模型主要立足于实体市场（对应商品和劳务市场），因此，欲对 *Y-AE* 模型加以拓展就须在实体市场的基础上，进一步考虑货币市场和国际资本市场，充分把握后者同 GDP、利率甚至汇率之间的内在联系。进一步地，当三类市场（实体、货币、国际）同处均衡时，宏观经济可望实现更具现实意义上的供求均衡，这就是 *IS-LM-BP* 模型。不过，该模型仍然假设生产技术水平保持不变。

（一）模型的基本结构

1. 实体市场

就实体市场来看，居民消费和政府购买支出一般不受利率和汇率的影响[因而式(3-63)、式(3-64)和式(3-66)依然成立]，但企业投资和进出口将明显将受到利率（记作 r）甚至汇率（记作 e）的影响，因而前述经验公式[即式(3-65)、式(3-67)、式(3-68)]须做些调整。

一般来看，利率升高倾向于增加投资成本（如推高投资的贷款利率）进而降低企业投资，利率降低倾向于减少投资成本进而提高企业投资，所以在线性意义上企业投资可调整为

$$I = I_0 - g \cdot r \tag{3-72}$$

其中，r 为利率，I_0，g 均为正的常数，I_0 仍为自主投资。

汇率因素明显影响着进出口。倘若 A 国货币汇率升高，对于 A 国居民而言，原先一单位的 A 国货币就可兑换更多的 B 国货币（这相当于外币贬值），进而购买到更多的、进口自 B 国的商品，如此将刺激 A 国从 B 国进口；与此同时，对于 B 国居民而言，B 国货币贬值也意味着以 B 国货币表示的、从 A 国进口的商品的价格提高，后者将会降低 B 国从 A 国的进口，也就是降低 A 国对 B 国的出口。反之，A 国货币汇率下降，将有助于增加 A 国对 B 国的出口、降低 A 国从 B 国的进口。于是，我们可将式(3-67)、式(3-68)分别调整为

$$X = X_0 - u \cdot e \tag{3-73}$$

$$M = M_0 + m \cdot Y + v \cdot e \tag{3-74}$$

其中，e 为本币汇率，X_0，u，M_0，v 均为正的常数，X_0，M_0 分别为自主出口和自主进口。

当实体市场供求均衡或其收支平衡时，由

$$Y = AE = C_0 + c \cdot (Y - T + T_r) + G_0 + I_0 - g \cdot r + X_0 - u \cdot e - M_0 - m \cdot Y - v \cdot e \Rightarrow r = \frac{1}{g}[c \cdot (T_r - T) - (1 - c + m) \cdot Y - (u + v) \cdot e + C_0 + G_0 + I_0 + X_0 - M_0] \tag{3-75}$$

式(3-75)表明，当实体市场供求均衡时，利率和产出之间反向变动。这正是 IS 曲线的基本含义①。由该式可知，当其他条件不变时，转移支付、自主消费、自主性政府购买支出、自主投资、自主出口等变动引发利率同向变动，税收和自主进口增加等的变动引发利率反向变动。图 3-10 描述了 *IS* 曲线及其上移情况。

2. 货币市场

就货币市场来看，利率——货币的国内价格——取决于国内市场上货币的供给与需求。粗略来看，作为一种商品（如马克思所谓“作为一般等价物的特殊商品”），货币也有其供求及价格问题：货币需求越大，货币价格就水涨船高（利率越高）；货币供给越多，货币价格将大幅缩水（利率越低）。不过，当代货币毕竟有别于那种基于生产经营过程的、可供直接生产生活消费的普通商品。尤其在当今电子支付时代，现实中的货币几乎纯粹处于观念形态，越发彰显其符号性质，其供给不再依赖币材、几乎毫无生产成本可言，其需求更是扩展到了所有能

① *IS* 本指“投资（*I*）和储蓄（*S*）相等”之意，立足于仅由居民部门和企业部门所构成的国民经济情形（即两部门情形）。当然，考虑更多部门之后，“投资”与“储蓄”本身的含义或有扩大（未必仅限于企业投资和居民储蓄）。

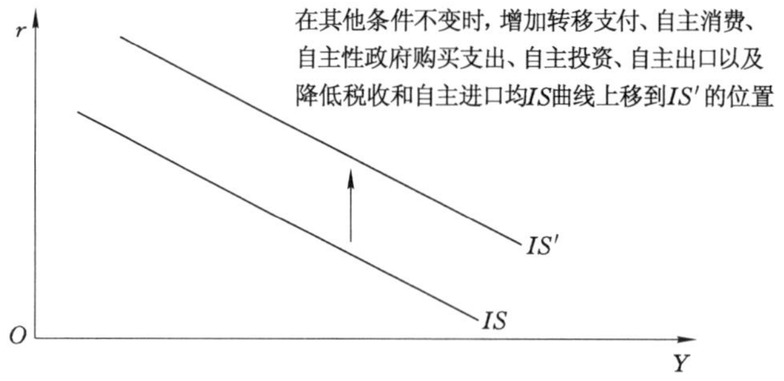

图 3-10 *IS* 曲线及其移动

将货币作为流通手段、支付手段、贮藏手段和世界货币的[①]经济甚至非经济领域。

通常来说，之所以存在货币需求，是因为普通公众用以应付日常交易和预防不时之需(即交易动机和预防动机，这两种货币需求构成凯恩斯所说的 L_1)、投机者用以购买债券或其他金融资产(即投机动机；该类货币需求即凯恩斯所说的 L_2)。货币需求就是一种为了不断满足交易、预防和投机等动机而形成的动态性持币需求或流动性需求(记作 L)。

就交易动机和预防动机而论，随着居民收入的提高，日常交易的持币需求或预防不确定性的持币需求也将提高；反之，居民收入降低，这两类持币需求将降低。这说明基于交易和预防动机的货币需求与收入水平正向变动。不仅如此，随着经验观察的积累，鲍莫尔和惠伦等经济学家发现，交易动机和预防动机触发的持币需求同样受到利率影响，且与后者呈反向变动。由此，在线性意义上，我们可将由交易和预防动机引发的货币需求 L_1 写作

$$L_1 = h \cdot Y - j \cdot r \tag{3-76}$$

其中，h，j 分别为正的常数；Y，r 分别为收入和利率。

投机动机涉及债券定价。债券价格通常是债券的各期收益额及其贴现的累积，即

$$P = \sum_{t=1}^{\infty} \frac{C_t}{(1+i_t)^t} \tag{3-77}$$

此处 P，C_t，i_t 分别为债券的价格、第 t 期的当期收益额、第 t 期的贴现率或收益率。

特别地，当各期收益额相同(均为 C)且各期收益率相同(均为 i)时，有

$$P = \frac{C}{i} \tag{3-78}$$

式(3-77)和式(3-78)表明，债券价格与收益率之间呈反向变动。在现实生活中，债券收益率往往比照市场利率，与后者同向变动。

就投机动机而论，利率越低，以利率为参照的债券收益率往往就越低，债券的市场价格有望高涨，此时投机者将逢低买入，倾向于为购买债券而尽快增持货币。反之，倘若利率越高，债券的市场价格有望下跌，此时投机者将逢高抛出，不仅无须为购买债券而增持货币，相反还能获取更多货币、形成收益。这意味着货币需求 L_2 与利率呈反向变动，即

$$L_2 = l - n \cdot r \tag{3-79}$$

此处 l，n 分别为正的常数。将式(3-78)和式(3-75)相加，可得货币需求 L，即

① 这里，我们不考虑货币作为价值尺度的职能，因其以金属币材为前提要件。这同观念货币有着本质上的区别。

$$L = L_1 + L_2 = l + h \cdot Y - (j + n) \cdot r \tag{3-80}$$

式(3-80)再次表明，货币需求与利率呈反向变动，与收入呈同向变动。

现在考虑货币供给问题。一般认为，货币供给取决于国家或地区的货币当局(或中央银行)，是一个可以由后者随意控制的外生变量。货币当局通过动用各类政策工具(如法定准备金率、再贴现贷款利率、公开市场业务等)调控基础货币(包括现金和活期存款)和货币乘数(决定于各类准备金率)，进而影响货币的名义供给量(记作 M^n)。后者剔除掉一般价格总水平波动因素(记作 P)之后，可得到货币的实际供给量(记作 M)。于是，有

$$M = M^n / P \tag{3-81}$$

当货币供求均衡时，由 $L = M \Rightarrow l + h \cdot Y - (j + n) \cdot r = M^n / P$

$$\Rightarrow r = \frac{l + h \cdot Y - M^n / P}{j + n} \tag{3-82}$$

式(3-82)表明，当货币市场供求均衡时，利率与收入呈同向变动。这正是 LM 曲线的基本含义[①]。由该式可知，货币名义供给量与利率呈反向变动，一般价格总水平均与利率呈正向变动。图 3-11 描述了 LM 曲线及其上移情况。

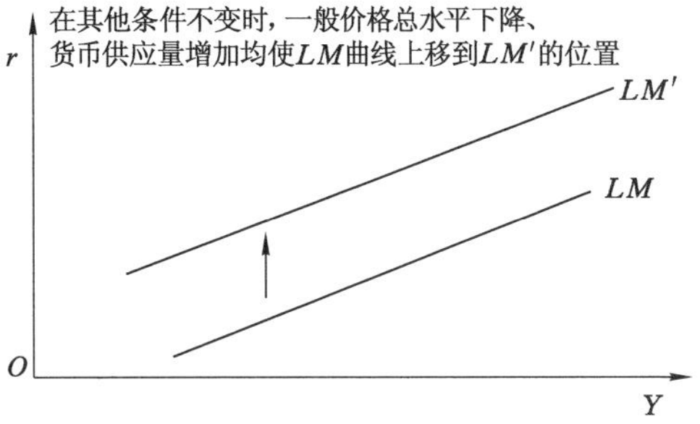

图 3-11　LM 曲线及其移动

3. 国际市场

就国际市场来看，不同国家或地区之间的经济交往不仅表现为商品、服务和技术等的实际资源流动，也表现为直接投资(主要表现为在境外投资设厂或谋求企业控制权)和间接投资(主要表现为资本的跨境流动)引发的国际资本流动。这些情况通常集中反映在一国或一个地区的外汇管理部门制定且颁布的国际收支平衡表中。

在国际收支平衡表中，商品、服务和技术等的流动所引起的国际资本流动归属经常项目[②]。它一般以进出口为媒介或纽带，通过国际结算进而表现为国际资本的流进流出。其中，若出口相对较多，经常项目将主要表现为国际资本的净流入(直观理解就是本国或本地区赚取了过多的外汇)；若进口相对较多，经常项目将主要表现为国际资本的净流出(直观理解就是本国或本地区消耗了过多的外汇)。无论净流出还是净流入，经常项目下的国际资本流动的净流入均可视作国际资本的净需求，因为商品、服务和技术等进出口的首要目的往往就在于获取国际资本，体现着本国或本地区对国际资本的需求。

在国际收支平衡表中，直接投资和间接投资形成的国际资本流动归属资本项目，可反映

① LM 本指“$L = M$”也就是“货币供求均衡”之意。

② 经常项目还包括单方资产转移(即捐赠之类的资产单向流入或流出)，出于简化，暂不考虑这部分资本流动。

国际资本直接在实业领域和金融领域中的流进流出状况。这有别于经常项目，后者通常以实物资源的反向流动作为前提依据和主要纽带（单方资产转移除外）。

一旦经常项目下的资本净流动与资本项目下的资本净流动金额相等、方向相反，此时国际收支即告平衡，国际资本流动将实现供求均衡。不过，在国际经济交往中，各国政府一般会在力求本国国际收支大体平衡的基础上适度存有赤字，也就是让本国所吸纳的国际资本整体上呈现出适度的净流入态势。这是因为，资本毕竟是撬动实物资源的有效手段，保持国际资本的适度净流入对促进本国或本地区借助国际资源发展自身社会经济具有重要价值。之所以强调"适度"，是因为，国际资本并非"多多益善"，若其净流入本国或本地区过多，本国货币就将面临严重的兑换压力，本国货币在外汇市场上的供给将不断增大，由此推高通货膨胀风险，继而诱发本币汇率下跌甚或本地金融动荡。

我们不妨将经常项目下的国际资本净流入记作 NX，将资本项目下的国际资本净流入记作 K（$-K$ 则意味着资本项目下的国际资本净流出）。如前分析，国际收支平衡意味着 $NX+K=0$。

既然经常项目主要涉及进出口，由式(3-73)和式(3-74)可知，$NX=X-M$，即

$$NX=X_0-u\cdot e-M_0-m\cdot Y-v\cdot e \tag{3-83}$$

式中，各参数及其符号仍如前文设定。

资本项目下的国际资本流动主要取决于本国货币的相对利率，倘若本国货币的利率较高，则能吸引国际资本净流入，否则会导致国际资本净流出。出于简化，可设线性关系式为

$$K=K_0+\sigma(r-r_f) \tag{3-84}$$

式中，K_0，σ 均为正的常数，r，r_f 分别为本国利率和别国利率。

由 $NX+K=0\Rightarrow X_0-u\cdot e-M_0-m\cdot Y-v\cdot e+K_0+\sigma(r-r_f)=0\Rightarrow$

$$r=\frac{m\cdot Y-(X_0-M_0)+(u+v)\cdot e-K_0}{\sigma}+r_f \tag{3-85}$$

式(3-85)表明，当国际市场供求均衡时，利率与收入呈同向变动。这正是 BP 曲线的基本含义①。由该式可知，自主出口、本币汇率、外币利率均同本币利率呈反向变动，自主进口与本币利率呈正向变动。图 3-12 描述了 BP 曲线及其上移情况。

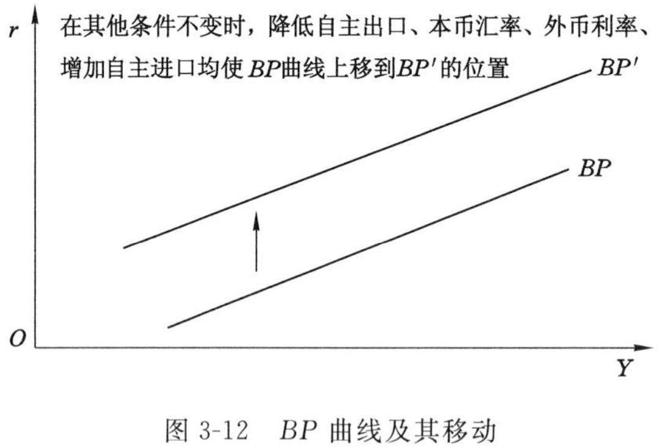

图 3-12　BP 曲线及其移动

IS-LM-BP 模型意味着实体市场、货币市场和国际市场同处均衡。此时，社会经济整

① BP 表示 Balance of Payment，也就是国际收支平衡。BP 曲线即国际收支平衡线，代表着国际市场供求均衡。

体的均衡利率和均衡收入得以形成：将式(3-75)、式(3-82)和式(3-85)联立，从中解出的 r 和 Y 即均衡利率和均衡产出。不过，这种两变量、三方程极可能出现无解情形：满足其中任意两个均衡式的利率与产出组合未必再能满足余下的那个均衡式。

在不考虑国际资本完全自由流动情形[即略去式(3-85)，这也意味着国际资本在经常项目下可自由流动]时，可解得均衡产出(Y^E)和均衡利率(r^E)，两者分别为

$$Y^E=\frac{(j+n)\cdot[c\cdot(T_r-T)-(u+v)\cdot e+C_0+G_0+I_0+X_0-M_0]+g\cdot(M^n/P-l)}{g\cdot h+(j+n)\cdot(1-c+m)} \tag{3-86}$$

$$r^E=\frac{h\cdot[c\cdot(T_r-T)-(u+v)\cdot e+C_0+G_0+I_0+X_0-M_0]+(l-M^n/P)\cdot(1-c+m)}{g\cdot h+(j+n)\cdot(1-c+m)} \tag{3-87}$$

用 r^E 和 Y^E 分别替换式(3-85)中的 r 和 Y，若仍能得到等式，则 r^E 和 Y^E 亦为三个市场同处均衡时的利率和产出。不难想到，个中条件甚为特殊或苛刻，通常未必能够得到满足。

图 3-13 简单描述了实体市场、货币市场和国际市场同处均衡与不同处均衡时的情形的变动，反映了某些因素扰动实体市场及其产生的社会经济后果。

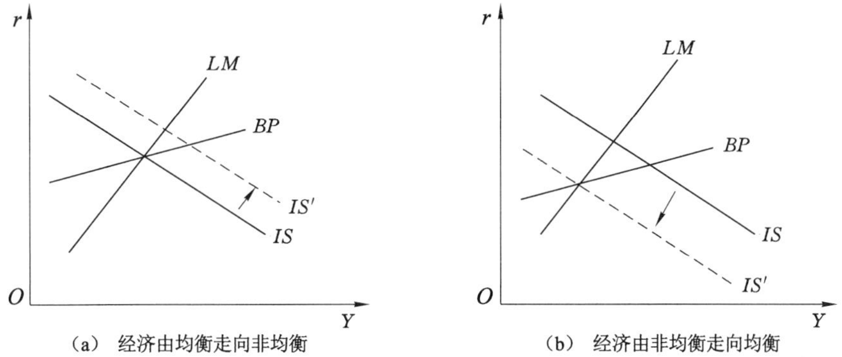

(a) 经济由均衡走向非均衡　　(b) 经济由非均衡走向均衡

图 3-13　*IS-LM-BP* 曲线及社会经济均衡

(二) 模型的分析意义

至此，影响需求侧面的主要因素均已粉墨登场，公共经济政策(如财政政策、货币政策、汇率政策)对产出和利率的作用亦可从中做出说明。由式(3-86)和式(3-87)可见，各个自主变量的调整均可能引起利率和产出发生变化。比如，在其他条件不变时：① 一般价格总水平的上涨将减少产出、推高利率；② 增加自主消费虽会提高产出但也会抬升利率；③ 降低本币汇率(这往往牵涉汇率政策的运用)有助于提高产出和利率；④ 扩张性的财政政策(体现为增加自主性政府购买支出、降低税收)有助于提高产出和利率；⑤ 扩张性的货币政策(体现为名义货币供给增加)有助于提高产出、降低利率，等等。

同时，自主变量的变动对产出和利率的影响最终是否存在乘数效应，主要取决于边际消费倾向、边际进口倾向、货币需求对收入和利率等的敏感程度、投资对利率的敏感程度。直观上看，原本那种极短时期、单纯基于社会信用扩张意义上的产出波动，此时将面临诸多因素(尤其是利率)的限制或反向作用，乘数效应的发挥因而时时受到掣肘。这正如，虽然增加自主消费可借助乘数效应提高产出，但因增加自主消费同时亦可提高利率

[由式(3-87)],后者则会降低投资进而借助乘数效应降低产出。因此,在 *IS-LM-BP* 模型中,乘数效应依然可借助市场机制和社会信用体系发挥作用,但其效力往往不如 *Y-AE* 模型情形。

即便如此,*IS-LM-BP* 模型尚有诸多难以解释的问题。比如,一般价格总水平波动及其趋势如何,社会失业或就业趋向如何,生产技术革新对社会产出究竟有何影响?后者一方面触及了 *IS-LM-BP* 模型的不足,另一方面也强调了该模型的适用范围:利率可变但生产技术尚无变化之际。由于生产技术水平不变,社会经济的供给侧并未发生实质性变化。

这些意味着:*IS-LM-BP* 模型主要应用于阐释影响总需求变动的因素的变动及相关经济政策对短期内对产出(或总需求,因此时总供给保持不变)和利率的作用问题(图 3-11～图 3-13 中的曲线平移实则代表着总需求的变动)。反过来说,凡是涉及总需求变动及相关经济政策对产出和利率的作用问题,我们可以首先尝试运用 *IS-LM-BP* 模型展开分析。

四、*AD-AS* 模型与宏观经济供求均衡

与 *IS-LM-BP* 模型明显不同的是,*AD-AS* 模型假定生产技术可变,因而允许社会经济在供给端随时做出调整。在此基础上,该模型可用于说明一般价格总水平、通货膨胀、通货紧缩、产出、就业、失业等的形成以及相应的宏观经济政策调控问题。

(一) 模型的基本结构

AD-AS 模型涉及两个基本要件,即总需求(*AD*)函数和总供给(*AS*)函数。其中,总需求函数反映着社会需求总价值同一般价格总水平之间的基本关系,总供给函数反映着社会供给总价值同一般价格总水平之间的基本关系。

1. 总需求函数及 *AD* 曲线

社会需求总价值,也就是全社会意愿且能够支付的价值总额。这同前文所说的社会经济四部门(即居民部门、企业部门、政府部门和对外经济部门)的支出价值总额并无不同。考虑到 *Y-AE* 模型以及 *IS-LM-BP* 模型均未考虑社会供给问题,因而两类模型中的均衡产出首先就是社会需求总价值。这也意味着,我们实际上已从前文分析中得到了总需求函数,后者正如式(3-86)所示。

不仅如此,我们还曾指出,一般价格总水平同社会需求总价值之间通常呈反向变动,这意味着总需求曲线(即 *AD* 曲线,表示社会需求总价值同一般价格总水平之间关系的曲线)由左上往右下方向倾斜。这些同微观经济学中的需求函数及需求曲线不无相似之处。进一步看,当其他条件不变时,转移支付、自主消费、自主性政府购买支出、自主投资、自主出口等的增加均会推高总需求,由此推动 *AD* 曲线右移,而税收和自主进口的增加则会拉低总需求,由此推动 *AD* 曲线左移。*AD* 曲线及其右移情况可参考图 3-14。

2. 总供给函数及 *AS* 曲线

总供给函数涉及社会总供给价值,后者源于社会全部的生产经营活动。在之前的分析中,我们已经多次触及社会总供给及其价值,但那时并未深究后者的影响因素及形成机理,仅仅是在统计核算意义上将其视作一个可以随需求变动随时调整且获得立即实现供求平衡的外在因素(外生变量),关注的焦点则是社会总需求及其价值的影响因素和形成机理,以及

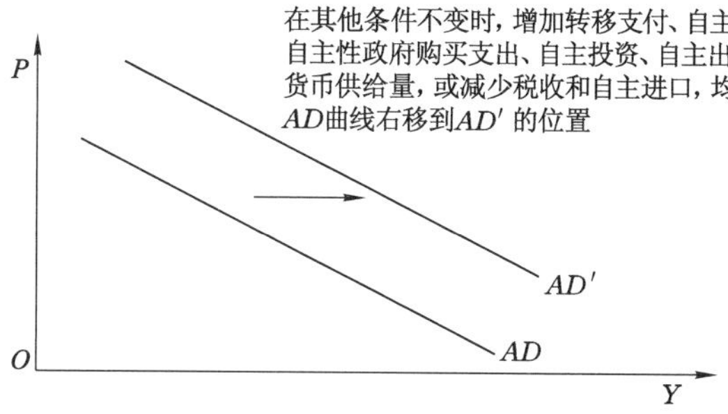

图 3-14 AD 曲线及其移动

由此形成的社会产出问题。在此情形中，社会总供给及其价值宛如一条自在的、在山谷中默默流淌的溪流，而社会总需求及其价值则决定着这股溪流的流量（甚至流速）在多大意义上是合理的、为市场所认可的。在强调消费者主权和经济资源至为丰裕的条件下，这种需求主导的社会经济价值不仅构成社会需求总价值，也决定着能被市场或社会认可的社会供给的总价值。就此而论，这种情形下的供求均衡，实则以社会总需求为基准的供求均衡。

现在该是我们考察这条溪流对社会总需求及其价值的反作用的时候了。换句话说，不管你社会总需求究竟有多少、市场到底有没有反应，首先得看看我社会总供给有没有兴趣提供相应的商品和劳务，或者即便我有兴趣也得看看我到底能有多大兴趣。这意味着，如果说之前的分析以社会总需求为中心，那么，接下来的分析至少强调以社会总需求和总供给的同时互动为中心。

社会供给的总价值取决于社会范围内所有商品与服务的供给数量及其价格。而供给数量的多少一方面取决于生产技术水平，另一方面则取决于经济资源的丰裕程度。生产技术再好但缺乏必要的经济资源作为支撑，或经济资源再丰裕但无技术加以利用，都难以形成有效的供给。进一步看，生产技术表明了作为投入的经济资源（亦即经济要素）与作为产出的商品和劳务价值之间的关系，因而可视作一种函数关系。

经济资源一般包括劳动力、资本、自然资源（如土地）、企业家才能（经营管理才能）、信息（或数据）。其中，劳动力和自然资源相对具有基础意义。正如配第所说："劳动是财富之父，土地是财富之母"。劳动力不仅具有自然属性、如同土地一样直接参与劳动过程，还具有创造性或社会能动性，以致在相当程度上左右劳动过程，因而与自然资源相比，劳动力更具首要性质。当然，自然资源也为劳动力的发挥提供基本对象，直接决定着劳动的条件。

出于简化考虑，我们不妨将劳动力（记作 L）和自然资源（记作 R）视作社会总供给价值（记作 Y）的主要影响因素，继而从投入产出角度构造社会总供给函数。于是，可得

$$Y = f(L, R) \tag{3-88}$$

式中，映射 f 表示劳动力与自然资源同社会总供给价值之间的关系，是生产技术条件的反映。一般来看，劳动力越多或自然资源越多，社会总供给价值越大，劳动力或自然资源有一方为 0，社会总供给价值都将不复存在。于是，出于简化，且考虑到劳动力和自然资源之间可能存在的替代性，式(3-88)可进一步写作

$$Y = A \cdot R^{\alpha} \cdot L^{\beta} \tag{3-89}$$

其中，A，α，β 均为正的常数。

在市场经济条件下，劳动力的具体使用数量决定于劳动力市场的整体供求关系。即便用人单位试图雇佣更多的劳动力，但若劳动力市场无法提供相应的数量，市场最终也难以落实生产经营计划。类似地，即便劳动力市场能够提供过多的劳动力，但若用人单位无法吸纳，市场最终仍会出现劳动力闲置。

劳动力市场的整体供给（记作 L^s）和整体需求（记作 L^d）在相当程度上决定于实际工资率（即名义工资除以物价指数，一般记作 $w=W/P$）。一般地，当其他条件不变时，实际工资率越高，劳动力市场的整体供给越高，劳动力市场的整体需求越低；反之，劳动力市场的整体供给越低，劳动力市场的整体需求越高。这不难理解：实际工资率对用人单位（劳动力需求者）而言是成本，对求职者（劳动力供给者）而言则是收益。

仍出于简化考虑，在线性及经验意义上，可得到劳动力的整体需求函数与整体供给函数（两者分别描述了劳动力的整体需求与整体供给同实际工资率之间的关系），即

$$L^d=L_1-\mu\cdot W/P,\quad L^s=L_0+\nu\cdot W/P \tag{3-90}$$

其中，L_1,μ,L_0,ν，分别为正的常数。

由式(3-90)可得到实际工资率和劳动力的均衡水平，分别记作 $(W/P)^E$ 和 L^E，即

$$(W/P)^E=\frac{L_1-L_0}{\mu+\nu},\quad L^E=\frac{\nu\cdot L_1+\mu\cdot L_0}{\mu+\nu} \tag{3-91}$$

其中，劳动力的均衡水平实则用人单位愿意且能给他使用、同时从业者也愿意且能够提供的劳动力的最大数量。在此“阈值”（对应着实际工资率等于其均衡水平）之前，用人单位需要多少劳动量，市场总能提供多少劳动量；在此“阈值”之后，再多的劳动力在经济意义上都是“多余的”，都是用人单位不情愿使用的。由此我们得到社会总供给函数，即

$$Y=\begin{cases}A\cdot R^{\alpha}\cdot(L_1-\mu\cdot W/P)^{\beta}, & 若\dfrac{W}{P}>\dfrac{L_1-L_0}{\mu+\nu}\text{ 或 }P<\dfrac{W\cdot(\mu+\nu)}{L_1-L_0}\\ A\cdot R^{\alpha}\cdot\left(\dfrac{\nu\cdot L_1+\mu\cdot L_0}{\nu+\mu}\right)^{\beta}=Y_E^*, & 若\dfrac{W}{P}=\dfrac{L_1-L_0}{\mu+\nu}\text{ 或 }P=\dfrac{W\cdot(\mu+\nu)}{L_1-L_0}\end{cases} \tag{3-92}$$

式(3-92)表明，当实际工资率高于其均衡水平时，社会总供给价值（即 Y）同一般价格总水平（即 P）呈同向变动。当实际工资等于其均衡水平时，社会总供给价值达到了市场交易规则下所能达到的最高水平（记作 Y_E^*）。此时的社会就业量（亦为实际使用的劳动力数量）即充分就业量①。

由式(3-92)可知，社会总供给曲线（即 AS 曲线，表示社会供给总价值同一般价格总水平之间关系的曲线）一般由左下往右上方向倾斜，但最终社会总供给价值会停留在某一个固定水平。不仅如此，当自然资源(R)的开发与利用得到实质性变革时，或名义工资率（即 W）提高时，在原有的一般价格总水平上，社会总供给价值将会增加，AS 曲线将右移；反之，当自然资源的开放和利用趋于萎缩时，或名义工资率下降时，在原有的一般价格总水平下，社会总供给价值将会减少，AS 曲线将左移。

① 所谓充分就业，即社会全部劳动力总量扣除客观上总是难以避免的失业（如总需求一时不足导致的失业，行业转换或周期导致的失业，求职过程中等待工作机会暂时形成的失业）以及自愿性失业（宁可依赖领取政府的失业救济也不愿参加工作）之后的剩余就业量。若其能被劳动力市场全部吸纳，此时即称“充分就业”。此外，充分就业也可笼统代指一定生产技术条件下市场上一切可用经济资源的全部利用。

L_1 更可视作纯粹生产技术条件所能容许的劳动力的最大需求量(即最大就业量),也就是用人单位在无须支付某些工资的前提下意愿使用劳动力的最大数量①,即技术意义上的最高就业量。由式(3-92)可知,技术意义上的最高就业量越高,在原有的一般价格总水平上,社会总供给价值将会增加,AS 曲线将右移总供给价值就越大;反之,社会总供给价值将减少,AS 曲线将左移。

技术意义上的最高就业量在相当程度上决定了在生产意义上全社会有必要存在的劳动力的上限,在此之后,社会上任一多出的劳动力供给在社会生产技术意义上都是"无谓的"。不难理解,技术意义上的最高就业量一般大于经济意义上的最高就业量,两者的差额(记作 ΔL)即社会存在的愿意无偿提供的劳动力数量,即

$$L_1 > L^E = \frac{\nu \cdot L_1 + \mu \cdot L_0}{\mu + \nu} \Leftrightarrow \Delta L = \frac{\mu \cdot (L_1 - L_0)}{\mu + \nu} > 0 \tag{3-93}$$

式(3-93)意味着技术意义上的社会供给总价值(记作 Y_T^*)大于经济意义上的社会供给总价值。至此,我们可得到 AS 曲线及其变动机制。图 3-15 描述了该曲线及其左移情况。

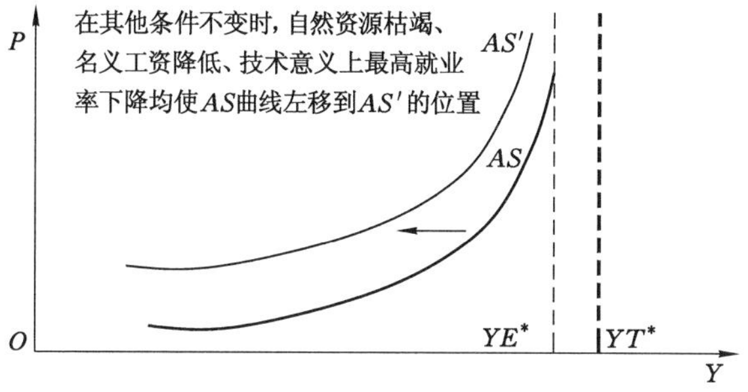

图 3-15　AS 曲线及其移动

图中靠左的虚线表示经济意义上的社会最高供给价值,靠右的虚线表示技术意义上的社会最高供给价值。当然,当劳动力市场太过丰裕时,AS 曲线亦可能呈现水平状态。

3. AD-AS 均衡分析

令 $F = \dfrac{(j+n)[c \cdot (T_r - T) - (u+v) \cdot e + C_0 + G_0 + I_0 + X_0 - M_0] - gl}{g \cdot h + (j+n)(1-c+m)} > 0$,

$R = \dfrac{g}{g \cdot h + (j+n)(1-c+m)} > 0$,则由式(3-86)可将总需求函数写作

$$Y = F + R(M^n / P) \tag{3-94}$$

不难理解,当需求扩张时,也即增加转移支付、自主消费、自主性政府购买支出、自主投资、自主出口、货币供给量、减少税收和自主进口时,F 和 M^n 均将增大,AD 曲线将右移。反之,F 和 M^n 均将缩小,AD 曲线将左移。

出于简化且便于计算考虑,暂不考虑劳动力和自然资源之间的替代关系(即有 $\beta = 1$),令 $H = A \cdot R^\alpha \cdot L_1$,$J = A \cdot R^\alpha \cdot \mu$,于是有总供给函数,也就是将式(3-92)变换为

① 应该看到这种情况在局部意义上的现实存在性:在某些条件下,有些工作(如实习时期)并不给付薪水。即便如此,求职者也可能纷至沓来,原因在于从中可获得所需的经验、技能及再度求职时的"履历"证明。

$$Y=\begin{cases} H-J(W/P), & 若\dfrac{W}{P}>\dfrac{L_1-L_0}{\mu+\nu}或P<\dfrac{W\cdot(\mu+\nu)}{L_1-L_0} \\ Y_E^*, & 若\dfrac{W}{P}=\dfrac{L_1-L_0}{\mu+\nu}或P=\dfrac{W\cdot(\mu+\nu)}{L_1-L_0} \end{cases} \quad (3\text{-}95)$$

可以看出，当生产技术革新或劳动力成本降低时，即 H 增加或 W 下降时，AS 曲线将右移。反之，H 缩小或 W 增加时，AS 曲线将右移。

将式(3-94)和式(3-95)联立，可求出未充分就业时一般价格总水平和社会总产出的均衡水平(分别记作 P^E 和 Y^E)，即

$$P^E=\frac{R\cdot M^n+J\cdot W}{H-F},\quad Y^E=\frac{H\cdot R\cdot M^n+J\cdot W\cdot F}{R\cdot M^n+J\cdot W} \quad (3\text{-}96)$$

结合之前分析，由式(3-96)可知，在经济未实现充分就业时，扩张性的财政政策将推高一般价格总水平和产出水平(因其增大 F)，扩张性的货币政策和单纯的工资增长政策可推高一般价格总水平但未必能拉动产出水平(因其增大 M^n 和 W)，技术进步在有助于降低一般价格水平的同时增加了产出水平(因其增大 H)。

图 3-16 直观描述了总供给收缩且总需求扩张对社会产出和一般价格总水平的影响。图中显示，此时一般价格水平和产出的均衡水平均在提高(图中虚线箭头指向所示)。当然，这一结论不乏特殊性或偶然性，具体还应结合问题实际，基于式(3-96)展开分析。

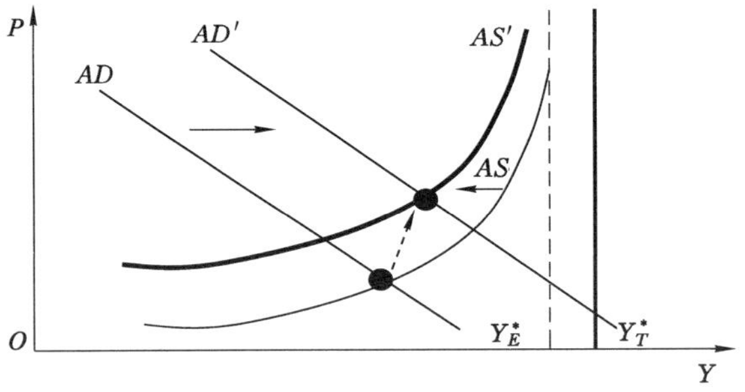

图 3-16　AD-AS 曲线移动及其效应

(二) 模型的应用价值

我们在此稍加对比 AD-AS 模型、Y-AE 模型和 IS-LM-BP 模型的分析价值，借以说明 AD-AS 模型在宏观经济分析中的“能为”与“不能为”问题。

首先，社会产出依然是 AD-AS 模型分析的首要主题。AD-AS 模型可谓前述 Y-AE 模型和 IS-LM-BP 模型的“集大成者”。这是因为，IS-LM-BP 模型的部分结果构成 AD-AS 模型中的 AD 部分，Y-AE 模型的核心结果构成 IS-LM-BP 模型中的 IS 部分。由于三个模型均以社会产出为关键宏观经济变量，所以模型均可分析社会产出的决定及其变动机制问题。但相对而言，三者所分析的社会产出在时间纬度上有所差异：Y-AE 模型所分析的社会产出具有极短的时域，AD-AS 模型所分析的社会产出时域较长(因其牵涉供给侧的反应)，IS-LM-BP 模型所分析的社会产出的时域大体介于 Y-AE 模型和 AD-AS 模型之间。

其次，使用 AD-AS 模型还能探究使用 Y-AE 模型和 IS-LM-BP 模型所不能探究的一些主题。后者主要涉及一般价格总水平和就业量问题，稍加引申可涵盖通货膨胀、通货紧

缩、失业等主题。这是因为，通货膨胀或通货紧缩立足于一般价格总水平，后者的涨幅即通货膨胀率或通货紧缩率。至于失业，它在某种程度上是就业的反面，就业量大或就业率高则失业率自然就低，反之则高。

再者，就政策分析的范围来看，*AD*-*AS* 模型最为宽泛，*IS*-*LM*-*BP* 模型次之，*Y*-*AE* 模型最为狭窄。*Y*-*AE* 模型可用于极短期内财政政策、消费政策、投资政策、进出口政策对社会产出的影响，从中亦可反思市场体系及市场机制完善与否。*IS*-*LM*-*BP* 模型在此基础上，不仅可分析上述政策对利率和社会产出的短期影响，还能分析货币政策和汇率政策对利率和社会产出的短期影响。*AD*-*AS* 模型不仅可用于分析上述政策对社会产出的影响，还能分析科技政策、工资政策甚至人力资本政策对于社会产出的影响。当然，由于三个模型所考察的产出的时域有别，其间政策分析的时效性也有所不同。如果说 *AD*-*AS* 模型侧重于长期时效，*IS*-*LM*-*BP* 模型侧重于中期时效，那么，*Y*-*AE* 模型则侧重于短期时效。

最后，*AD*-*AS* 模型并不能直接反映 *Y*-*AE* 模型和 *IS*-*LM*-*BP* 模型的分析主题。由于利率和汇率直接决定于货币市场和外汇市场，而 *AD*-*AS* 模型直接立足于实体市场和劳动力市场，并非直接涉足货币市场和汇率市场，因而探究利率和汇率问题仍须借助 *IS*-*LM*-*BP* 模型。类似地，乘数机制及其效应在 *Y*-*AE* 模型中体现得较为清晰，若要把握某个经济体系是否存在乘数效应或者后者究竟处于何种水平，仍须借助或立足 *Y*-*AE* 模型。

总之，*AD*-*AS* 模型同 *Y*-*AE* 模型和 *IS*-*LM*-*BP* 模型各有其相对特定的分析主题及适用条件。具体运用时，可视需要做出优选，必要时也可考虑做些结构性的设计和搭配。比如，针对某一政策的作用后果，倘若没有明确指出分析的任务究竟是短期、中期还是长期后果，那么，我们此时就要考虑依次运用这三个模型。

本章小结

供求均衡框架（或供求论框架）即立足于供给和需求及其力量均衡继而对经济问题展开分析的框架。其基本内容在于，将供求及其均衡视作经济问题分析的视角和切入点，将供求均衡状态视作经济问题分析的参照系。所谓供给和需求，本指商品的供给数量和需求数量对其相关影响因素（包括但不限于商品价格）的反应。个中“商品”不仅指某个特定的商品，还可以指经济社会中的部分商品甚至所有商品，它不仅包括有形商品，还包括无形商品。

特定的单个市场意义上的商品供求数量可直接加总。笼统的、经济社会意义上的商品供求数量不可直接加总，只能在价值（或货币量）意义上进行加总，因而宏观意义上的商品供求更多的是指商品的供给价值和需求价值。运用供求论框架，从商品供给、需求和供求力量均衡出发，不仅可以探究单一市场中具体某个商品的均衡价格和均衡数量的决定问题，还可以探究所有市场中所有商品各自均衡价格与各自均衡数量的同时决定问题，此外还可以探究一个经济社会中所有商品的供求均衡价值及整体价格水平的决定问题①。

在上述分析过程中，逐步形成了局部均衡理论、一般均衡理论、宏观供求均衡理论。它

① 当然，商品供给数量未必总是等于商品需求数量，此时市场供求存在缺口、形成数量信号，市场成交数量暂且只能取决于供求相对短缺的一方（此即“短边规则”），以致行为人难以实现最大其利益、经济资源存在闲置或浪费，久而久之将推动商品的市场价格做出调整。因而，在市场交易过程中，不仅市场价格可以调整供求数量，供求数量（尤其是供求失衡缺口）在某些条件下也可调整市场价格。

们可视作立足于供求关系而形成的理论框架，其内涵比笼统意义上的供求论框架更深入，其外延（分析对象或其范围）也较笼统意义上的供求论框架更明确。它们是由供求论框架这个“笼统框架”推演的“具体框架”和“特定框架”，为分析某些具体意义上的商品的成交价与成交量决定问题提供了较具针对意义的理论与方法指引。

比如，若要分析短期意义上三个关联市场的商品的均衡价格与均衡数量问题，那么，可将三个关联市场视作一个一般均衡，进而根据一般均衡理论框架及其方法（包括使用 CGE 模型方法）推断其中所有商品的均衡价格与均衡数量问题。推而广之，如果我们将“数量”视作某种可交易物品（或关系）的可测度数量（或规模），将“价格”视作该物品（或关系）的可测度代价或收益，那么，仍然可以考虑运用供求论框架解释该物品（或关系）的均衡数量（或规模）及其均衡代价（或收益）。

由于个体供给和个体需求分别源自生产经营者和消费者的理性选择，而供求论框架及其衍生的系列理论框架在很大程度上依赖个体供给与个体需求，所以，供求论框架在某种意义上可视作理性人框架的“衍生框架”。当然，基于总量平衡关系的宏观供求均衡未必总是以理性人框架为基础，后者也赋予供求论框架以相对的独立性。

第四章　博弈论框架与经济学分析

个人之间、群体之间以及个人和群体之间经常发生互动。按照社会学的观点，其中有些互动具有交换性，即行为人试图在互动中通过让渡某种物品或权利从对方那里获取某种利益，如甲方对乙方投资旨在日后获得乙方的好感或物质回报；有些互动具有合作性，此时行为人之间往往存在共同目标或共同的利益诉求，如当前中俄之间基于全面战略协作伙伴关系而展开积极互动；有些互动具有冲突性或对抗性，即行为人在互动中总是力求击败甚至消灭对手，如第二次世界大战期间德国与苏联的战争；有些互动具有竞争性或竞赛性，此时行为人并不追求击败对手而仅仅是希望通过互动保持某种均势或优势，如当代中国同欧盟之间的经贸互动；有些互动具有强制性，此时一方往往拥有绝对权威或压倒性优势，以致在相当意义上支配对方，如美国出于其“亚太再平衡战略”与其盟国日本和韩国展开的军事谈判①。

互动要么以策略为纽带（如贸易战中各方关于关税政策的宣布），要么以行为为纽带（如贸易战中各方实际采取的征收关税活动），要么以策略与行为的相互交织为纽带（如行为人据其所掌握的信息、出于某种策略考虑而采取某项行动）。那么，人们如何选择这些策略或行为？行为人在选择时是理性的、有限理性的还是非理性的？行为人在选择时知道自己内在的利益诉求、所处的外部环境、对手的可能反应吗？这些显然都是行为人在做出策略或行为选择时需要考虑的基本问题。解释或预测此类策略或（与）行为互动问题的理论及方法即博弈论（game theory），互动的过程也因此在某种程度上可视作博弈的过程。

博弈论同经济学分析有着千丝万缕的联系。大体来看，理性人或行为人的理性选择仍然构成博弈分析的主要假设②。从这个意义上说，博弈论同供求论类似，都是理性人框架的再度推演。当然，两者的区别也很明显。比如，就市场价格而论，在供求论者看来，价格取决于市场供求力量之间的角逐，其均衡基于市场供求力量之间的大体平衡——市场最终认可某个价格，该价格才是均衡价格。但在博弈论者看来，价格取决于行为人之间的策略或行为互动，其均衡基于行为人的策略或行为互动的大体稳定——大家都认可某个价格，该价格就是均衡价格。相比之下，博弈论更具直接意义和个体性质，其均衡实质上源于行为人且最终依然内在于行为人——“最终的结果是我们起初都能想到的，只不过是其中之一”；供求论相对更具间接意义和社会性质，其均衡虽然起于行为人但最终可能外在于行为人——“最终的结果与我们起初的考虑有些出入，有些完全出乎预料甚至决然相反”。

实际上，只要社会互动中的行为人身份可辨、利益可测、策略或行为可期，且互动信息可得、互动规则明确，那么，博弈论的思想与方法原则上就有可用之机。鉴于博弈论已成系统

---

① 参见博普诺：《社会学》，李强等译，中国人民大学出版社 2011 年版，第 144～148 页。

② 在此之所以强调“主要假设”，是因为某些博弈分析并非基于理性人或理性选择假设。

且较为丰富，本章将探讨四类极为常见且较具经典意义的博弈结构，即完全信息静态博弈、完全信息动态博弈、不完全信息静态博弈、不完全信息动态博弈。我们先从相对简单的完全信息静态博弈说起。

第一节　完全信息静态博弈

完全信息条件下的静态博弈是最为简单且最为常见的一类博弈。那么，何谓“完全信息”？有“静态”就必然有“动态”，那么，什么又是“静态”“动态”？这些实质上都牵涉到博弈的基本结构及其主要分类问题，具有相当的普适意义。我们先就此做些说明，之后再讨论完全信息静态博弈的基本概念及其分析方法。

一、博弈论的基本结构与主要分类

“身份可辨、利益可测、策略或行为可期、信息可得、规则明确”实质上是任何一项博弈活动都需具备的基本条件，反映了博弈结构的基本特征，由此不仅可将博弈活动划分为不同的类型，也使得博弈活动同一般的社会互动相区别，继而构成我们判断某项互动能否适用于博弈论工具的基本依据。

（一）博弈的基本结构

为直观理解博弈活动的基本结构，我们不妨结合田忌赛马的故事做些说明。

战国时期，齐威王与其将军田忌赛马，约定三局两胜即获赌资千金。田忌的谋士孙膑发现，双方马匹脚力差不多，于是建议田忌在比赛时用下等马对齐威王的上等马、用上等马对齐威王的中等马、用中等马对齐威王的下等马。田忌依计行事，结果一败两胜赢得赌资。

在这场赌局中，我们看到了齐威王、田忌以及孙膑等三个当事人，看到了齐威王与孙膑之间的策略互动、齐威王与田忌之间的行为互动，看到了赌资千金，看到了田忌和孙膑对于齐威王马匹质量的了解，看到了三局两胜且每局齐威王先出马的规则。这些较为完整地体现了一般博弈活动的基本结构。

“身份可辨”构成博弈活动的主体要件。博弈立足于明确的社会互动。倘若行为人身份难以辨析，谁在博弈、同谁博弈的问题就不明确，博弈及其分析也就难以展开。在田忌赛马的故事中，如果没有齐威王或田忌，齐威王和田忌之间的赛马互动就难以进行。在博弈过程中，即便互动中的一方并非某个明确的自然人、法人、利益集团、社会阶层、国家组织、国际组织以及其他某种社会组织，甚至可能笼统地仅仅是某种外部环境，但其能动性及其规律性至少在相当程度上能被互动中身份可辨的另一方所感知。

在博弈分析中，行为主体往往称作“策士”“决策者”“行动者”“局中人”。此外，一些虽难辨识其身份但可感知其存在及作用的某些不确定性因素（如“命运”“上帝”），在博弈分析时因被赋予人格化角色进而被视作虚拟局中人（通常称作“自然”）。

“利益可测”构成博弈活动的客体要件。局中人之间的策略或行为都是基于其利益诉求而做出的，如田忌赛马追求的是千金赌资。当然，利益多种多样，有以强调物质享受为基础的经济利益，有以强调权威次序为基础的政治利益，也有以强调自然价值为基础的生态利益，在国际关系角逐中还会有国家利益、战略利益或综合国力。但是，不管局中人利益诉求是否同质（如某一局中人可能追求政治利益，另一局中人可能追求经济利益，其他局中人可能从中追求生态利益），也不论这些利益究属利己还是利他、是物质的还是精神的、在他人看来充满苦涩还是充满甜蜜，它们在博弈过程中至少客观存在、在一定程度上能被量化和评价，甚至其间还可相互交换或转换（如牺牲经济利益以获取政治利益）。

在理性选择意义上，博弈的过程毕竟是一种利益的诉求、算计与优选过程，利益及其最大化往往构成博弈的核心旨向，对利益及其确定性问题的关切甚至构成博弈类型划分的关键依据。这些能被测度的利益往往称作“效用”“支付”“收益”“成本”，而反映局中人利益诉求与其相关策略或行为选择之间关系的函数往往称作效用（或支付、收益、成本）函数。可以想见，如果利益及效用函数最终均难以展开定量测度或评价，行为人之间的互动将漫无目的，博弈分析也无从谈起。

“策略或行为可期”构成博弈活动的中介要件。在博弈活动中，局中人为追求其利益，必会采取某些能够彰显其利益诉求的策略或行为。其中，行为须经局中人的谋划方可出现，实质上是局中人策略选择的产物（因而可将行为视作策略的函数）。在田忌赛马的故事中，我们看到在孙膑的策略和田忌的行为之间明显存在着依存性和一致性。原则上说，策略或行为可能是无限的——“一切皆有可能”（谁能确保田忌每一次都能看清齐威王的马的脚力）。但在具体的博弈过程中，无限多的策略或行为相对于局中人特定的利益诉求而言未必都是有价值的、相对于特定的时空情境而言也未必都是现实可行的。这意味着，具体博弈活动中的策略或行为往往是有限的，其关键特征、基本类别或大致数量是可以预期的。与之相反，倘若时空情境无限延伸、利益诉求多元交互，此时的策略或行为则可能是无限的。

“身份可辨”“利益可测”“策略或行为可期”在博弈结构中相对更具基础意义。由此，我们可将一个博弈记作：

$$G=\{N;S_1,S_2,\cdots,S_n;U_1,U_2,\cdots,U_n\} \tag{4-1}$$

以形如式(4-1)的集合形式描述的博弈往往称作策略式博弈。其中，N,S_i,U_i 分别表示局中人的标志值集合（可视作一个“标签篮子”）、第 i 个局中人的策略集合（即第 i 个局中人所有策略或行为所组成的集合）、第 i 个局中人的收益集合（即由第 i 个局中人选择所有策略可能产生的收益组成的集合）。

“信息可得”构成博弈活动的资源要件。博弈在某种意义上对应着局中人所依赖或所能支配的资源的流动，后者包括劳动力、资本、技术、信息、自然资源等。其中，最具关键性质的资源是信息，它直接服务于博弈中的策略或行为选择，在决策中相对其他资源更具先导和统摄意义。社会经济的发展历史也表明，博弈越是频繁越是深入，信息的作用地位就越发重要，以致构成当今数字经济的主导性资源。

就其基本构成来看，博弈中的信息往往以博弈利益（收益）信息为轴心。它不仅包括与收益相关的策略或行为等的信息，还包括其他一些与博弈收益及其策略或行为选择有关的劳动力、资本、技术、信息、自然资源等的信息。一般来看，局中人对博弈各方的基础情况（尤其是收益信息）掌握得越准确越完备，局中人“越有发言权”“越有底气”，选择策略或行为的现实性与合理性就愈加充分，与策略或行为相应的收益就越发真实可信。正所谓“知彼知己，百战不殆”。否则，局中人选择策略或行为时就可能存在误判，甚至感到对手完全“不按常理出牌”，以致损失惨重，策略或行为选择与其利益诉求大相径庭。试想一下，如果田忌和孙膑没有看清齐威王每次赛局中的马匹质量（这直接关乎赌金收益），或者赛前对齐威王的马匹质量一无所知，他们还能做出正确的策略选择以赢得赌金吗？此时即便他们制定了

“劣—上—中”的应对策略，最终不过是刻舟求剑，弄不好还会输掉千金。

“规则明确”构成博弈活动的环境要件。博弈活动总是在一定的环境中发生发展的，其中最关键的环境因素（如策略或行为选择次序、胜负判据、清算支付时点）构成博弈所应遵守的规则。在博弈过程中，所有局中人都须知晓且尊重规则，感知、接受且经受这些规则的约束意义，在此前提下选择策略或行为、获取收益，以免破坏规则而被“罚出场外”。

在田忌赛马的故事中，我们看到三局两胜且每局总由齐威王率先出马、田忌随之应对的出场次序，双方也正是在这样的规则环境下赛马的，最终也只能在这样的规则环境下选择策略或行为乃至最终获取收益。否则，若田忌选择率先出马让齐威王应对，他能否活着都可能是个问题。毕竟，在高度重视伦理次序的封建时代，齐威王为君为上、权利优先，田忌怎敢造次？当然，环境也总是演进的，规则毕竟也是人定的，博弈的收益格局也可能改变着人们在环境中的相对地位与相对关系，这些最终也可能推动规则发生变革。

总之，局中人、策略或行为、收益、信息和规则等结构要件使得博弈之所以成为博弈，由此也使得博弈与互动并非完全等义。每时每刻我们都在同世界中某些一无所知的事物打交道，但与后者可能只是互动而非博弈，除非这种互动同时具备上述五个结构要件。

（二）博弈的主要分类

依据上述基本要件，我们可从多种角度对博弈做出划分，继而将其区分为不同类型。

比如，从局中人数量角度，可将博弈划分为单人博弈、双人博弈和多人博弈。

从策略或行为的数量角度，可将博弈分为有限博弈和无限博弈。

从策略或行为是否存在先后次序角度，可将博弈分为静态博弈（局中人同时选择策略或行为）和动态博弈（局中人依次选择策略或行动）。值得注意的是，在先后两个时间点上发生的两个博弈未必属于动态博弈，它们有可能只是两个相互独立发生的静态博弈。动态博弈强调策略或行为选择在逻辑或机制上的先后次序，关注不同时点博弈之间的相互关联性质（而非相互独立性质）。进一步地，就动态博弈而论，按局中人是否熟悉其决策时点之前的历史信息（如在其决策之前各局中人的决策类型或特点、博弈行进路径、之前各局中人已经做出的策略或行为选择等），还可将动态博弈进一步划分为完美信息博弈（行为人完全知晓其决策之前的历史信息）与不完信息美博弈（行为人并非完全知晓其决策之前的历史信息）。

从收益特征角度，可将博弈分为零和博弈（所有局中人博弈得失之和为 0，或局中人博弈所得之和恰为其他局中人博弈所失之和），非零和博弈（所有局中人博弈得失之和不为 0）以及常和博弈（所有局中人博弈得失之和为某个非零常数）。

从局中人对未来彼此收益及其相关的决策特点（或决策类型）①、可选策略或行为等的信息是否完全了知的角度，可将博弈分为完全信息博弈（任一局中人完全了知自己及对手的未来收益及其相关的决策特点和可选策略或行为）和不完全信息博弈（任一局中人并非完全了知自己及对手的未来收益、并非完全了知对手的决策特点以及可选策略或行为），个中“完全”往往含有“确定”（局中人决策涉及的信息是完全可能发生的）、“充分”（局中人决策涉及的信息是全面的、完整的）、“对称”（决策所涉及的信息在局中人之间是相同的）等含义。

从博弈之前是否存在能够直接约束所有各方策略或行为选择及其所获收益的共同信

① 如决策是理性的还是非理性的，是倾向于降低成本的还是倾向于追求最大利润的、是风险偏好型的还是风险规避型的，等等。

念、协议或机制等的角度，可将博弈划分为合作博弈和非合作博弈。其中，合作博弈是指在博弈之前存在着某些信念、协议或机制以致直接约束所有局中人的策略或行为选择及其所获收益的博弈，常见于收益分成、成本分摊中的博弈问题。非合作博弈是指在博弈之前并不存在能够直接约束所有局中人策略或行为选择及其所获收益的信念、协议或机制的博弈，常见即本章着重讨论的四类博弈。

从局中人是否具有理性的角度，博弈可被分为完全理性博弈（博弈活动首先看重个体理性、强调局中人能够自主做出理性选择，其典型形式即本章着重讨论的四类博弈），有限理性博弈（博弈活动首先看重群体理性、强调局中人实质上难以独立自由地做出理性选择，其典型形式即合作博弈和演化博弈），以及非理性博弈（无论看重什么理性，局中人总是难以自主地做出理性选择，此时只好或只能“跟着感觉走”）。

在上述分类中，非合作博弈与完全理性博弈更具统摄或纲领意义。它们涵盖了现实生活中绝大多数的博弈活动，通常构成博弈论分析的主要内容。完全信息静态博弈及完全信息动态博弈、不完全信息静态博弈及不完全信息动态博弈均属于非合作博弈和完全理性博弈。相比之下，合作博弈与演化博弈则属有限理性博弈，此时群体理性往往高于个体理性，个人利益诉求往往需要考虑群体利益倾向，因而各方的策略或行为选择有别于非合作博弈与完全理性博弈。

在田忌赛马的故事中，田忌和齐威王彼此完全知悉自己与对方的马匹质量、可能的策略选择（要么出上等马、要么出中等马、要么出下等马）、可能的收益（赢则获千金、输则付千金）等信息，其间互动看似属于完全信息博弈。然而，由于田忌知晓齐威王的赛马出场次序，而齐威王并不知晓田忌的赛马出场次序，因而双方信息并不对称，这使得其间互动实质上属于不完全信息博弈。由于君为上、臣为下，三个回合中始终是齐威王先行动、田忌后行动，各方策略选择存在明显的先后次序，因而其间互动属动态博弈。由于各方在任意决策时点均清楚对方在过去的策略选择过程，因而这种动态博弈还属于完美信息博弈。由于田忌和齐威王都能面对约束自主做出最优选择，因而其间互动属理性博弈。当然，由于田忌所得为齐威王所失，因而其间互动还属零和博弈。

值得注意的是，田忌之所以最终能够赢得比赛，除孙膑提出了高明的建议之外，更主要的则是由于赛马规则的作用。试想一下，倘若赛马前先对双方马匹编号，然后让田忌和齐威王在每次比赛时以密封抽签[①]方式同时决定出场赛马，如此下去田忌未必还能赢得赌资。就此而论，倘若真正在意赌资，齐威王一定格外痛恨这种让他失算的赛马规则。

二、完全信息静态博弈：含义、纳什均衡与囚徒困境

（一）完全信息静态博弈的含义

在现实生活中，当我们与互动的对手彼此知根知底、需要同时（或彼此相对独立地）做出策略或行为选择时，我们可能正在进行完全信息静态博弈。进一步说，完全信息静态博弈即在任一局中人都对自身及对手的未来收益及其相关的决策类型（如基于何种立场、出于何种动机、是否具备理性）和可选策略（或行为，本目下同）等信息完全知晓的前提下，同时做出决

① 即两人将各自的马匹编号各放在一个密封箱里，在比赛时各自同时从自己的密封箱里随机抽出一个编号确定比赛的马匹。

策而形成的一次性策略或行为选择。

完全信息静态博弈是相当简单的，相对于持续多起甚至永无休止的博弈而言，它具有静态意义或暂时性质；反过来说，在某种程度上，我们也可将这些具有动态意义的博弈视作一个个累积起来的完全信息静态博弈。因此，完全信息静态博弈通常是博弈论分析的先导，众所周知的“囚徒困境”“纳什均衡”即出自于此。

（二）囚徒博弈与纳什均衡

囚徒困境源自囚徒博弈问题，后者生动地诠释了纳什均衡的基本含义。

考虑两个囚徒（分别为甲和乙）面临警方审讯情形。甲、乙均知道自己及对方的可选策略：要么坦白（记作 C）、要么抗拒（记作 D）。不仅如此，两囚徒还都知晓与各种策略组合对应的收益组合，具体如表 4-1 所示。

表 4-1　囚徒甲和乙的策略选择

		囚徒乙	
		C	D
囚徒甲	C	$\underline{-3}$, $\underline{-3}$	$\underline{-1}$, -5
	D	-5, $\underline{-1}$	-2, -2

其中，收益组合（-1，-5）表示甲选择 C（坦白）策略且乙选择 D（抗拒）策略时，甲将被判处 3 年刑罚、乙将被判处 5 年刑罚。其他策略组合及其相应的收益组合的含义可如此类推。这种以矩阵方式描述的博弈往往称作矩阵式博弈。试问：在该矩阵式博弈中，两囚徒最终将选择何种策略？

如果甲和乙都是极端的利己主义者，那他们都会将自身利益的最大化置于首位，而不考虑其伙伴的可能遭际，甚至还可能为此不惜出卖伙伴。由此，就囚徒乙来看，当他知道囚徒甲选择策略 C 时，他将选择策略 C（因其此时选择策略 C 将被判处 3 年，而选择策略 C 将被判处 5 年，由此不妨在 -3 处下画横线）；当他知道囚徒甲选择策略 D 时，他将选择策略 C（因其此时选择策略 C 将被判处 1 年，选择策略 D 将被判处 2 年，由此不妨在 -1 处下画横线）。类似地，就囚徒甲来看，他也将在囚徒乙选择策略 C 时选择策略 C，在囚徒乙选择策略 D 时选择策略 C，且就此可分别在收益 -3 和 -1 处下画横线。

由此，可得到每个收益都被划线的收益组合（-3，-3），相应的策略组合为（C，C）。这意味着：当囚徒乙选择最优策略（而非任一策略或随便某个策略；此时即 C）时，囚徒甲选择的最优策略是 C；当囚徒甲选择最优策略（而非任一策略或随便某个策略；此时即 C）时，囚徒乙选择的最优策略是 C。

将上述最优策略组合的描述用语稍作拓展，即有纳什均衡的定义：

对于博弈中的任一局中人 i 而言，当其他所有局中人各自同时选择某个最优策略继而形成某个最优策略组合（$s_1^*, \cdots, s_{i-1}^*, s_{i+1}^*, \cdots, s_n^*$）时，倘若局中人 i 选择策略 s_i^* 能使其所获收益至少不低于他选择其他任一策略（s_i）所获得的收益（u_i），即总有 $u_i(s_1^*, \cdots, s_{i-1}^*, s_i^*, s_{i+1}^*, \cdots, s_n^*) \geqslant u_i(s_1^*, \cdots, s_{i-1}^*, s_i, s_{i+1}^*, \cdots, s_n^*)$，则称策略组合（$s_1^*, \cdots, s_{i-1}^*, s_i^*, s_{i+1}^*, \cdots, s_n^*$）为纳什均衡（简单记作 NE）。

纳什均衡的含义其实很直白。对于一个博弈而言，倘若局中人彼此势均力敌、知根知底，当其中任一局中人眼见其他所有局中人都能实现各自的最大利益时，作为一个理性人，尤其是作为一个利己主义者，他怎可能让自己得不到自己所期望的最大利益？因而，最终的结局极可能是大家相安无事，彼此同时都满意、都做出了最好的选择。

这里，收益与策略之间的关系已被视作一种函数关系。由定义可见，纳什均衡是有前提的：其他局中人均选择最优策略。换句话说，倘若其他局中人尚未选择最优策略，此时某个局中人的收益最大化策略同其他局中人的策略组合就不是纳什均衡。更重要的是，这个前提同时也是纳什均衡区别于占优策略均衡的主要依据。所谓最优策略均衡，即对于任一局中人而言，无论其他局中人选择何种策略组合（未必是最优策略组合），局中人总会选择的某个最优策略以及由此而形成的所有局中人的最优策略组合（可简单记作 DE）。

表 4-1 中的策略均衡（C，C）既是纳什均衡，又是占优策略均衡。不难理解，与纳什均衡相比，占优策略均衡的前提条件更为苛刻，这使得占优策略均衡必是纳什均衡、实则是纳什均衡的特例；当然，反之不成立——纳什均衡未必是占优策略均衡。此外，因其太过特殊以致占优策略均衡有时未必存在。更何况，纳什均衡有时未必存在。表 4-2 即举出了一种纳什均衡不存在的情形，此时显然也不存在占优策略均衡。

表 4-2　纳什均衡不存在情形

		囚徒乙	
		C	D
囚徒甲	C	-3，$\underline{-3}$	$\underline{-1}$，-5
	D	$\underline{-2}$，-1	-1.5，$\underline{-0.5}$

（三）囚徒困境及其反思

不难发现，纳什均衡和占优策略均衡能否存在，在相当程度上取决于博弈的收益特征。实际上，在博弈分析过程中，局中人正是基于其最大收益而选择策略或行为。这是不言自明的：局中人选择策略或行为的最终目的在于追求最大利益，因而，其最后的策略均衡甚至行为均衡必然同可能的最大利益格局相匹配。

然而，回顾表 4-1，我们不免发现：作为纳什均衡的策略组合（C，C）其实并非最佳的选择。因为甲和乙完全可以选择收益更高的策略组合（D，D），况且两人也都知道这种策略组合及其收益组合完全存在。既然如此，那他们为何偏偏没有选择这个具有更高收益的策略组合呢？如果甲和乙彼此之间多一份利他的考量、多一份对对方的了解与信任、多一份关于群体利益的考虑，当然，如果条件允许他们可在审讯期间经常碰面，那他们还会做出如此“不够理性”的选择吗？

对此，我们实在难以做出准确判断。因为，即便甲和乙都知道共同抗拒好过共同坦白，但其中一方总有可能背信弃“义”，毕竟“与邻为壑”、出卖伙伴似乎总能获取更大收益，甚至大于选择共同坦白或共同抗拒所产生的收益。比如，甲劝说乙与他一起选择抗拒，但在确认乙被说服之后，面对审讯，甲仍可能选择坦白，因为此时他选择坦白有可能仅仅获刑 1 年，而选择共同抗拒注定要获刑 2 年。类似地，乙也可能做出他的策略选择。由此，最终的选择仍可能是共同坦白。所以，问题并不在于双方信息交流是否充分，而在于各自是否具有合作精神，是否真正拥有基于群体理性的意识、能力与行动。

在博弈中因所有局中人都强调私利至上以致最终都须面对事与愿违的结果，这种现象即所谓“囚徒困境”。个中“囚徒”实则秉持私利至上之“心狱”中的所有局中人；个中“困境”不仅是一切基于私利至上的个体理性选择之困，更是内在于所有局中人的群体理性面对个体理性禁锢时的挣脱之困。后者折射着个体理性的有效边界，也决定着最终的收益格局。

这些个体理性的囚徒显然并非仅仅存在于此处的囚徒博弈之中。全球新冠肺炎疫情之下的自由主义者们甚至形形色色的新自由主义者们，由于太过推崇个人理性，有时所扮演的不正是这种“囚徒”的角色吗？当然，未必所有基于个体理性的博弈都会面临囚徒困境，同样，未必所有基于群体理性的博弈都能完全克服其相应的囚徒困境（读者立足表 4-1 稍加改换收益组合不难做出例证）。类似地，彼此竞争未必一定优于相互合作，反之亦然。

三、完全信息静态博弈：纯策略均衡与混合策略均衡

在上述囚徒困境情形中，两囚徒对自身和对方未来的策略选择及其收益、策略组合及其相应的收益组合都是完全了知的，因而这是一种完全信息情形；不仅如此，在审讯时两囚徒同时做出策略选择，而不是一方得知另一方已经做出策略选择之后再去选择自己的策略，因而这是一种静态博弈。总之，上述囚徒困境（或囚徒博弈）是一种标准的完全信息静态博弈。

（一）划线法与最优反应函数法

为了得到囚徒博弈中的纳什均衡，我们使用了划线法。其基本做法是：就任一局中人而言，面对其他所有局中人的任一策略组合，该局中人均将自己此时的最大收益以下画横线方式加以标注；如此类推，当所有局中人的最大收益组合被同时标有下画横线时，此时对应的策略组合即纳什均衡。不难理解，这种同时标注的收益组合及其对应的策略组合完全具备纳什均衡的基本要义——当其他所有局中人选择最优策略时，某一特定的局中人也选择了最优策略。而划线标识的过程，既是“较差策略”经受反复审视直到最终被剔除的过程，也是“较优策略”经受反复提炼直至最终被确认的过程。

划线法一般适用于较为简单的完全信息静态博弈情形。由于立足于二维平面，因而它原则上主要适用于探究双人博弈中的纳什均衡问题。可以想见，如果面临三人或者更多人的博弈（即便仍属完全信息静态博弈），尤其当每个局中人的策略数量都在三个以上时，使用划线法探求纳什均衡将何其烦琐！当然，这一点并不能掩盖双人博弈及划线法的普适价值。

毋庸置疑，双人博弈在现实中更为常见且不乏推广价值。生活中，我们同其他所有人的互动往往基于或始于两两互动。即便同时遭遇众多对手且须同时做出策略响应，我们一般也总会判断每个对手与我们之间在利益诉求上的异同关系以及在策略选择上的竞合关系，继而由两两互动从整体上做出差异化或结构性的策略选择。这种现象在国际关系战略选择、军事斗争策略选择中尤为常见，诚如“纵横捭阖”“各个击破”之谓也。

双人博弈的普适性在相当程度上决定着划线法的普适性，尤其当局中人的各策略收益之间并非连续时。不仅如此，更为重要的是，划线法本身记录着每个局中人的最优策略反应过程，其中所蕴含的最优反应函数法在纳什均衡求解时更具一般意义。所谓“最优反应函数”，就是指那些反映特定局中人最优策略选择同其他所有局中人策略选择之间关系的函数，它反映了特定局中人的策略选择同其他所有局中人的策略选择之间的最佳响应机制。最优反应函数法即立足于各个局中人的最优反应函数，在其联立求解中推断出纳什均衡的方法。不难猜测，借助该方法，我们可探究两个甚至多个局中人博弈的纳什均衡问题。

在表 4-1 中，面对乙（即相对于甲而言的“其他所有局中人”）选择策略 D，甲（即特定的局中人）的最优策略反应是选择策略 C，其间反应（映射）过程为“$D\rightarrow C$”。如此类推，必将出现“乙的任一策略→甲相应的最优策略选择”。反过来说，以乙作为特定的局中人，也将出现“甲的任一策略→乙相应的最优策略选择”。这不正是最优反应函数的定义吗？

于是，将所有局中人的最优反应函数并行联立（由此得出方程组），原则上可导出所有局中人同时选择的最优策略（若方程组有解且其符合要求的话），此时完全贯彻纳什均衡的要义。类似地，将所有局中人的最优反应函数递归联立（由此得出递归方程），原则上可导出所有局中人先后选择时的最优策略（若递归方程有解且其符合要求的话），此时将体现另一类策略均衡（即本章第二节所谓“子博弈精炼纳什均衡”）的要义。

（二）最优反应函数法与古诺-纳什均衡

为展现最优反应函数法的应用特点，我们在此以古诺模型为例做些说明。由于该模型的均衡解与纳什均衡并无二致，其均衡解又称作“古诺-纳什均衡”。

古诺模型是法国经济学者古诺提出的用于分析寡头垄断市场中的供给量决策的模型。在该模型中，假设共有 n 个寡头，每个寡头钩心斗角，各自基于自身利润最大化同时就其向市场供给产品的数量做出决策。各寡头供给的产品完全同质，因而拥有统一的市场价格，其价格决定于市场总供给量，且与后者反向变动。在此前提下，若某一寡头向市场提供的产品过多，则可能拉低产品市价、降低其利润（毕竟提供产品过多其成本支出也大）；若其向市场提供的产品过少，虽然可能抬升产品市价，但因供给数量过少也可能获利不大。因而，任一寡头既关心自己的市场供给量，也关心整体的市场供给总量。这些信息众寡头皆知。

不妨设第 i 个寡头的供给量为 Q_i，产品价格与市场总供给量之间关系为 $p(Q_1+\cdots+Q_n)$，该寡头的成本与供给量之间的关系为 $C_i(Q_i)$，该寡头的利润为 π_i，则 π_i 为收益（TR）减去成本（TC）之后的余额，即

$$\pi_i = TR - TC = p(Q_1+Q_2+\cdots+Q_n)\cdot Q_i - C_i(Q_i) \tag{4-2}$$

由于寡头均以供给量作为决策变量，因而各寡头的策略选择等价于供给量选择。寡头追求自身利润的最大化意味着

$$\frac{\partial \pi_i}{\partial Q_i}=0 \Rightarrow p+\frac{\partial p}{\partial Q}Q_i = MC_i(Q_i) \tag{4-3}$$

其中，$Q=\sum_{i=1}^{n}Q_i$。式（4-3）隐含着寡头 i 对其他所有寡头的供给量反应机制，即 $Q_i = Q_i(Q_1,Q_2,\cdots,Q_{i-1},Q_{i+1},\cdots,Q_n)$。当然，由于这种反应机制并非都能表示为解析式，因而未必都很直观。类似地，式（4-3）对寡头 1、寡头 2……同样成立。于是有

$$p+\frac{\partial p}{\partial Q}Q_1 = MC_1(Q_1),\ p+\frac{\partial p}{\partial Q}Q_2 = MC_2(Q_2),\cdots,\ p+\frac{\partial p}{\partial Q}Q_n = MC_n(Q_n) \tag{4-4}$$

由式（4-4）中各式组成的联立方程组，共有 n 个方程、n 个变量，原则上有望导出每个寡头的最优策略（$Q_1^*,Q_2^*,\cdots,Q_i^*,\cdots,Q_n^*$）[①]。特别地，当寡头成本为某个正常数（即 $MC_1 = MC_2=\cdots=MC_n=0$），且 $p(Q_1+\cdots+Q_n)=X_0-a(Q_1+\cdots+Q_n)=X_0-aQ$，其中 X_0 和 a 均为正常数，$p>0$，稍加计算可知，此时第 i 个寡头供给量同其他寡头供给量之间的关

① 是否有解、唯一解还是多解，最终还是要取决于方程组的特点。且此处方程未必都是线性的，因而其解的不确定性更大。

系是

$$Q_i = \frac{X_0 - a(Q_1 + Q_2 + \cdots + Q_{i-1} + Q_{i+1} + \cdots Q_n)}{2a} \tag{4-5}$$

此即寡头 i 的最优反应函数，亦即该寡头针对其他所有寡头策略（供给量）选择的最佳反应机制。类似可得到其他寡头的最优反应函数。在此基础上，将这些反应函数并行联立，可求出第 1，2，…，n 个寡头的最优策略选择，即

$$Q_1 = Q_2 = \cdots = Q_n = \frac{X_0}{(n+1)a} \tag{4-6}$$

由式（4-6）可知，当 n 趋近无穷大时，各寡头的市场供给量近乎为 0，市场价格趋近于定值 X_0。后者意味着任何寡头（企业）都将是市场价格的接受者，这正是完全竞争情形。

古诺模型及其均衡求解所采用的最优反应函数法具有较强的普适性。在完全信息静态博弈中，局外人（或某个局中人）只要能把握其中任一局中人对其他所有局中人的最优策略响应机制［体现为最优反应函数；类似式（4-5）所示］，那他就可迅速发掘局中人同时决策时的最佳策略选择［若的确存在的话；类似式（4-6）所示］。这彰显了理性选择（计算）的意义：至少能为各方互动指明方向，如此要比各方通过盲目试错实现策略均衡更富效率。

（三）最优反应函数法与混合策略均衡

至此，无论是囚徒博弈还是寡头博弈，其策略选择及其收益要么发生、要么不发生，如此得到的纳什均衡称作纯策略均衡（或纯策略纳什均衡、纯策略意义上的纳什均衡），是纳什均衡在纯策略意义上的具体体现。很明显，这种均衡并非存在于所有的完全信息静态博弈。比如，仍以囚徒博弈为例，若收益格局如表 4-3 所示，此时就没有纯策略均衡。

表 4-3　纯策略不存在情形

		囚徒乙	
		C	D
囚徒甲	C	−3，−3	−3，−2
	D	−4，−1	−1，−4

那么，此时两囚徒该如何选择策略？保持沉默是不可能的，因为沉默并非表中的策略选项。既然两囚徒仍须在策略 C 与策略 D 中做出选择，那么，何种策略组合更可能被选中？

请注意，我们的语境悄然间发生了变化：已由确定情形转换为不确定性情形。相应地，局中人无法再依据确定的收益选择策略，此时更可能依据“大概的收益”选择策略：若他因选择某个策略大概产生的收益总是相对高于其可能获得的平均收益，那他就倾向于选择该策略。这就牵涉到期望收益问题。

期望收益即局中人在各种情形可能出现时的平均收益（记作 EY）。假若局中人面对 n 种情形，各情形出现的概率分别为 $p_1, p_2, \cdots, p_n$，相应的收益分别为 $y_1, y_2, \cdots, y_n$，则期望收益

$$EY = \sum_{i=1}^{n} p_i y_j \text{，且} \sum_{i=1}^{n} p_i = 1, 0 \leqslant p_i \leqslant 1, i = 1, 2, \cdots, n \tag{4-7}$$

针对表 4-3 所示的策略和收益，假设乙选择策略 C 的概率为 x，那他选择策略 D 的概

率就是 $1-x$。同样,假设甲选择策略 C 的概率为 y,那他选择策略 D 的概率即 $1-y$。于是,面对各种可能的选择,策略 C 和策略 D 对应的期望收益(分别记作 EY_C 和 EY_D)分别为

$$EY_C = y[x(-2)+(1-x)(-3)]+(1-y)[x(-4)+(1-x)(-1)] = 4xy-3x-2y-1 \tag{4-8}$$

$$EY_D = x[y(-3)+(1-y)(-1)]+(1-x)[y(-2)+(1-y)(-4)] = 3x+2y-4xy-4 \tag{4-9}$$

甲和乙选择策略 C 和策略 D 的期望收益分别为

$$EY_{甲C} = x(-2)+(1-x)(-3) = x-3$$

$$EY_{甲D} = x(-4)+(1-x)(-1) = -1-3x \tag{4-10}$$

$$EY_{乙C} = y(-3)+(1-y)(-1) = -1-2y$$

$$EY_{乙D} = y(-2)+(1-y)(-4) = 2y-4 \tag{4-11}$$

就甲而言,如果他确信选择策略 C(此时 $y=1$)对应的期望收益相对更高,且尤其高于他确信选择策略 D 所对应的期望收益,那么,此时他将选择策略 C;反之,他将选择策略 D,或对选择策略 C 和 D 无所谓。于是,可得到甲的最优策略反应

$$y=1, EY_{甲C} > EY_{甲D} \Rightarrow x-3 > -1-3x \Rightarrow x > 0.5 \tag{4-12a}$$

$$y=0, EY_{甲D} > EY_{甲C} \Rightarrow -1-3x > x-3 \Rightarrow 0 < x < 0.5 \tag{4-12b}$$

$$0 < y < 1, EY_{甲C} = EY_{甲D} = EY_1 \Rightarrow x = 0.5 \tag{4-12c}$$

在式(4-12)系列中,甲的每一种策略选择都是在利益的比较中确定的,既体现着甲的理性选择,又体现着甲对乙的策略反应,因而可视作甲的最优反应函数,尽管它是个分段函数。类似地,我们还可得到乙的最优反应函数,即

$$x=1, EY_{乙C} > EY_{乙D} \Rightarrow -1-2y > 2y-4 \Rightarrow 0 < y > 0.75 \tag{4-13a}$$

$$x=0, EY_{乙D} > EY_{乙C} \Rightarrow 2y-4 > -1-2y \Rightarrow y > 0.75 \tag{4-13b}$$

$$0 < x < 1, EY_{乙C} = EY_{乙D} = EY_2 \Rightarrow y = 0.75 \tag{4-13c}$$

式(4-12)系列和式(4-13)系列表明了不确定情形中甲乙之间的最佳策略响应机制。因其关系略有烦琐,为判断策略组合的可能性(概率分布),我们不妨借助图 4-1 稍加梳理。

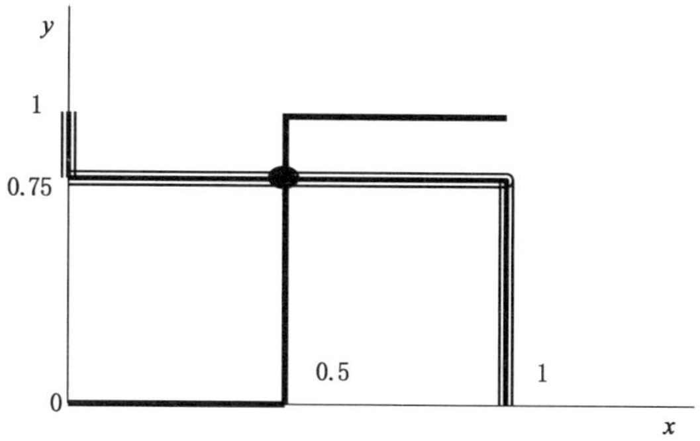

图 4-1　囚徒之间的策略反应及其对应概率

图中,单粗线反映了乙对甲的策略反应,或乙的最优反应函数;三合线反映了甲对乙的策略反应,或甲的最优反应函数。两线交点意味着此时甲乙同时做出了最佳的策略选择(这体现了反应函数法的运用),相当于对由甲和乙的最优反应函数联立而成的方程组求解。

如图 4-1 所示,两线存在唯一的交点(椭圆黑点所示),对应着概率组合 $(x, y)=(0.5,$

0.75)。因此,最终的策略组合均衡是{(乙以 0.5 的概率选择策略 C,以 0.5 的概率选择策略 D),(甲以 0.75 的概率选择策略 C,以 0.25 的概率选择策略 D)},或将其简单记作{(0.5,0.5),(0.75,0.25)}。相应地,甲和乙的期望收益均为-2.5,即两囚徒均被判刑两年半。

这些意味着,在表 4-3 所示的情形中,最终将难以出现确定的策略组合,甲和乙最终只能就彼此和对方策略选择的可能性达成共识。因此,最终每个局中人究竟选择何种策略都是随机的:各种策略都有可能被选中,只不过各策略被选中的可能程度之间或有区别。这种基于各方策略选择可能性的共识而形成的概率分布或概率组合(而非策略组合)构成了较为另类的一种纳什均衡——混合策略纳什均衡(或简称为"混合策略均衡")。

为深入把握混合策略均衡的概念,我们不妨列出关于混合策略及其均衡的正式定义。

对于 n 人有限博弈,设其中任一局中人(比如第 i 个局中人)的策略组合为{$s_i^{(1)}$, $s_i^{(2)}$, $\cdots$, $s_i^{(j)}$, $\cdots$, $s_i^{(m)}$},其中 m 为该局中人的策略数目。另记该局中人选择策略 $s_i^{(j)}$ 的概率为 $p_i^{(j)}$,且 $0\leqslant p_i^{(j)}\leqslant 1, j=1,2,\cdots,m$,同时 $p_i^{(1)}+s_i^{(2)}+\cdots p_i^{(j)}6\cdots+p_i^{(m)}=1$,则称与策略组合($s_i^{(1)}$, $s_i^{(2)}$, $\cdots$, $s_i^{(j)}$, $\cdots$, $s_i^{(m)}$)对应的一个概率组合(或概率分布)($p_i^{(1)}$, $s_i^{(2)}$, $\cdots$, $p_i^{(j)}$, $\cdots$, $p_i^{(m)}$)为一个混合策略。

比如,在表 4-3 情形中,甲的策略不再是 C,代之以 C 可能被选中的概率 0.2,由此,原有的策略集合(C,D)转换与(C,D)对应的概率分布(0.2,0.8)。(0.2,0.8)就是甲的一个混合策略。当然,这不是甲的最优混合策略,因为前文经过计算表明,甲的最优混合策略当是(0.75,0.25)。

进一步地,在一个混合策略博弈中(如表 4-3 所示),对于任一局中人 i 而言,当其他所有局中人均取得某个最优的混合策略而形成组合 p_{-i}^* 时,若该局中人的某个混合策略 p_i^* 使得其期望收益 $EY(p_i^*, p_{-i}^*)$ 均不低于其他任何一个混合策略组合 p_i,即 $EY(p_i, p_{-i}^*)\leqslant EY(p_i^*, p_{-i}^*)$,则称($p_i^*$, p_{-i}^*)为一个混合策略均衡。此处"$-i$"可理解为(或读作)"非 i""扣除 i 之外"。简言之,混合策略均衡就是基于每个局中人策略选择的最佳概率分布所形成的组合,如在表 4-3 情形中基于最佳概率分布所形成的组合{(0.5,0.5),(0.75,0.25)}。

(四) 混合策略均衡及其与纯策略均衡的关系

不难发现,混合策略均衡同纯策略均衡在定义上如出一辙,实质上都贯彻着纳什均衡的基本思想:所有局中人基于各自利益最大化寻求彼此之间相对最优的某种结构性安排。这体现了纳什均衡的普适意义。或许正因此,在主导纯策略均衡的探求过程之后,最优反应函数法仍能继续主导混合策略均衡的探求过程。不仅如此,推而广之,既然人们可在完全信息静态博弈中寻觅相对最优的某种策略组合、达成相对最优的某种概率组合,那么,为何不可从中发掘相对最优的某种制度组合、技术组合乃至组织组合呢? 答案当然是肯定的。

另外,混合策略均衡和纯策略均衡在落脚点(表现形式)和决策依据方面有所区别。其中,前者落脚于(表现为)概率组合,后者落脚于(表现为)策略组合;前者的决策依据为期望收益,后者的决策依据为确定收益。由于策略与概率之间存在对应关系(概率毕竟是某种策略可能被选中的概率,因而我们可由概率按图索骥找到相应策略)。由于纯策略对应的概率也不过非 0 即 1(在概率论意义上可视作 0-1 分布或两点分布),混合策略均衡可视作纯策略均衡的一般化,相应地,纯策略均衡仅是混合策略均衡的一种特例。

值得注意的是,在完全信息静态博弈中,混合策略均衡不过是所有局中人关于策略组合选择概率的某种一致性判断，后者实际上仅存在于各个局中人的观念里。真正在一次性策略选择时，想选择坦白的还是会选择坦白，想选择抗拒的还是会选择抗拒。就此而论，混合策略均衡实质上并非策略均衡，更非现实的策略选择结果，而是一种信念均衡。换句话说，即便明确某个完全信息静态博弈中的混合策略均衡，我们仍难准确预期该博弈中具体某个局中人最终一定会选择何种策略。当然，如果该博弈在多个甚至千百个地区同时独立上演，那么，所有这些博弈的局中人做出策略选择的平均概率应该与混合策略均衡大体吻合。

四、完全信息静态博弈：纳什均衡的存在性及其效率

表 4-2 告诉我们，并非任何一个完全信息静态博弈都存在纳什均衡；表 4-1 告诉我们，即便存在纳什均衡，也未必富有效率（共同抗拒对应的收益组合明显高于共同坦白）。这些牵涉到纳什均衡的存在性和效率问题，对现实生活中的策略选择不无启发意义。

（一）纳什均衡的存在性及其论证

对频频参与社会互动且希望在社会互动中谋求自我利益的人们而言，如果纳什均衡根本不存在，甚至连具有共识意义的混合策略均衡都难以达成，那么，大家不如及早放弃互动。如果纳什均衡存在，大家有望达成某种共识甚至策略均衡[①]，各方可在既有的博弈规则内，认真且理性选择有利于自己的最佳策略，此时互动就是有意义的、值得参与的。那么，一个完全信息静态博弈何时存在纳什均衡？

个中严格的数学证明涉及泛函分析或拓扑学等的知识和技巧，这远非本书所能为，亦非本书关注的重点。不过，为明确纳什均衡存在的内在逻辑起见，就其中的基本思路与主要结论做些粗浅描述还是可行且必要的。

实际上，上述囚徒博弈和古诺模型已在相当程度上揭示了决定纳什均衡存在性与唯一性问题的逻辑起点，即策略与收益之间的关系特征，或收益函数 $u_i(s_1,\cdots,s_{i-1},s_i,s_{i+1},\cdots,s_n)$的特征（$i=1,2,\cdots,n$）。虽然后者在囚徒博弈情形中是间断或离散的，在古诺模型情形中是连续的，但两种情形并非格格不入的。在趋势、平均或累积意义上，离散情形往往遵循着连续情形的基本特征。这正如，一般情况下，某群体内张三、李四和王五的平均身高与该群体内基于所有成员身高的平均水平大体接近，通常不会出现较大变异。因而，就连续的收益函数考察纳什均衡的存在性往往更具一般性。

进一步看，在收益函数和纳什均衡之间，还存在联系两者的桥梁或纽带——最优反应函数。最优反应函数源自收益函数，经由理性选择推定而来（能否推定出来还得取决于收益函数），且直接孕育着纳什均衡的存在性（纳什均衡的存在性等同于系列最优反应函数的解的存在性）。这说明，纳什均衡的存在性问题在最终意义上取决于收益函数的内在特性，在直接意义上则取决于最优反应函数的内在特性。

我们知道，每个最优反应函数都反映着特定局中人的策略与其他所有局中人策略之间的最优响应关系，所有最优反应函数的并行联立则可反映所有局中人的策略选择与其自身策略选择之间的响应关系，后者实则从策略集到策略集的映射，在函数关系上形如 $s=f(s)$ 所示，其中 s 为基于所有局中人的某个具体策略选择而形成的某个策略组合（$s_1,\cdots,s_i,\cdots,s_n$），且 s 属于基于所有局中人的所有策略组合而形成的集合。这正是数学意义上的自我映

① 当然，姑且不论这种策略均衡是否稳定。

射(或反身映射),它往往是探究不动点的存在性、形成不动点定理的先决条件,其中不动点即满足 $S=f(S)$ 条件的 S^* 。就此不难推断,为证明纳什均衡的存在性,最终极有可能需要借助某个不动点定理。事实也的确如此,博弈论经典理论的研究者们的确在证明过程中套用了不动点定理(如角谷静夫不动点定理)。

总之,收益函数、反应函数、不动点定理构成探讨纳什均衡存在性问题的关键因素。其中,收益函数是基础和起点,反应函数是联通收益函数与纳什均衡的中介,不动点定理则是决定反应函数最终能否对接纳什均衡存在性问题的基本依据。就此而论,在数学意义上,纳什均衡的存在逻辑实则不动点的存在逻辑。

纳什和格利克斯伯格立足于连续情形的策略式博弈[形如式(4-1)所示]证明了混合策略纳什均衡和纯策略纳什均衡的存在性。其基本结论是:① 当策略集非空且收益函数连续时,策略式博弈至少存在一个混合策略纳什均衡;② 当策略集非空、闭、凸且收益函数连续、拟凹[①]时,策略式博弈至少存在一个纯策略纳什均衡。至于非连续情形,达斯古普塔(Dasgupta)和马斯金(Maskin)(1986)证出了无限博弈中纳什均衡的存在性[②]。当然,这些证明过程仅仅指出了纳什均衡存在的充分条件,也就是说,只要收益函数和策略集合具备这些特性,策略式博弈就必然存在纳什均衡。至于其他情形是否存在纳什均衡,或者更完备地,纳什均衡存在的充要条件问题,至今尚缺乏明确的论证。

不过,由于证明纳什均衡存在性所依据的充分条件已相当宽松,就此而言,纳什均衡的存在性在相当意义上是可信的。毕竟,纳什均衡即便在有限博弈中不存在,在无限博弈中也总会存在;即便纯策略意义上不存在,在混合策略意义上也总会存在。这意味着,既然纳什均衡是广泛存在的,那么,只要人们存在着彼此关联的利益诉求(收益函数),人们就应考虑参与社会互动,因其至少有助于局中人形成关乎其利益诉求的某些共识。

(二) 纳什均衡的效率及其实现

面对低效的纳什均衡,如果此时所有局中人或早或晚、或明或暗都能走出自身的个体理性之困,积极强化自身及其他所有局中人关于群体理性的共同信念(即不仅自己充分尊重群体理性,还相信其他所有局中人同样充分尊重群体理性;其他所有局中人亦是如此),由此群体理性方可真正作用于现实策略选择,推动各方逐步摒弃低效的策略组合,转而选择更为高效的策略组合。在表 4-1 中,这个更为高效的策略组合即(D,D),其收益明显高于纳什均衡(C,C)。一般来说,由低效纳什均衡向高效策略组合的转向过程可让所有局中人的收益有增无减,或在不减少所有局中人现有收益的前提下,至少还能增加其中一个局中人的收益,因而这种转向具有帕累托改进性质,有助于增进全体局中人的福利。

就群体理性而言,其意识的培育方式、能力的塑造方式以及行为的管控方式在现实生活中多种多样,其具体实现机制或建构方式则取决于博弈各方所坚持的博弈立场。

如果博弈各方此时继续秉持非合作博弈的基本立场,继续将个体理性视作策略选择的首要主导因素,那么,这些方式往往是相对隐晦且间接的,须在影响个体理性的前提下推动各方做出更具效率的策略选择。毕竟,非合作博弈的游戏规则不容许在博弈之前存在能够直接约束各方策略选择及所获收益的信念、协议或机制;尤其是政府部门也可能出于公共利

① 关于闭集和凸集的基本含义,参见本书第三章第二节或有关“实变函数”问题的教科书。

② 参见蒙特、塞拉:《博弈论与经济学》,张琦译,经济管理出版社 2005 年版,第 50、60～61 页。

益考量，针对某些活动（如垄断、资本野蛮扩张），禁止博弈各方事先展开合作。

由此，为达成更优的策略组合，博弈各方通常只能私下接触且从中达成某些“君子协定”。为确保各方能够充分尊重群体理性、切实达成更优的策略组合，一般会设定某些触发条件（或信号），赋予相应的奖惩措施，且通过设计某些机制确保“君子协定”本身能够得到执行。这意味着，在为实现更优策略组合展开博弈之前，局中人事先已经开始了博弈且达成了某些策略均衡，后者源自触发条件及其相应的奖惩措施。这种具有前置意义的策略均衡一般即所谓“相关均衡”，其出现使得原本静态的博弈问题转换为动态的两期博弈问题。不难理解，在此前置的策略均衡之前，还可能出现更具前置意义的策略均衡。如果该前推过程能够持续下去，那么，在原本静态的博弈之前将出现一个具有路径依赖性质的相关均衡序列，后者使得原本静态的博弈问题最终转化为持续多期的动态博弈问题。

严格说来，上述非合作博弈立场事实上已经融入了合作博弈的部分精神。进一步说，如果博弈各方此时同心协力，完全秉持合作博弈（而不是非合作博弈）的基本立场，将群体理性视作策略选择的首要主导因素，那么，群体理性相关的意识、能力和行为等的建构方式或实现机制往往是相对公开且直接的。尤其在权威力量存在之时，依托其权力的公信力与威慑性，博弈各方更可能迅速做出最优的策略选择。正如在表 4-1 所示情形中，如果审讯人员明确告知两囚徒：“你们只有替对方（而不是自己）多考虑考虑才是明智之举”，那么，(D,D)策略组合将可能很快取代(C,C)策略组合。此时，审讯人员扮演的就是“权威力量”的角色，其提醒之语绝非简单的说说而已，更多的是一种规则暗示。如果囚徒完全尊重审讯人员的权威，坚信其话里话外的威慑意义（“若不替对方考虑必然遭受更重的惩罚”），那么，这种提醒或暗示实质上已将原本的非合作博弈悄然转换为合作博弈。

第二节 完全信息动态博弈

在现实生活中，如果我们和对手彼此知根知底，都能感知策略或行为选择过程明确存在先后次序，那么，我们此时可能正在进行完全信息动态博弈。进一步说，完全信息静态博弈即在所有局中人都对彼此未来收益及决策类型（如局中人基于何种立场、出于何种动机、是否具备理性）、可选策略与行为及其先后次序等信息完全知晓的前提下，各自依次做出策略与行为选择的一类博弈。由于完全信息动态博弈的内在结构、均衡概念乃至分析方法均有别于完全信息静态博弈，本节先就此做些讨论，继而以序贯博弈和重复博弈为主阐释不完全信息动态博弈的基本概念和分析方法。

一、完全信息动态博弈的结构与均衡

就四类非合作博弈而言，完全信息动态博弈在结构特征与均衡概念方面颇具承上启下性质。它既与完全信息静态博弈同中有异，又孕育着不完全信息静态与动态博弈的若干要素。其明显标志在于，局中人决策存在先后次序。我们不妨就从决策次序问题说起。

（一）决策次序与扩展式博弈

与完全信息静态博弈相比，完全信息动态博弈强调局中人的决策次序。当然，决策次序非为完全信息动态博弈所独有，原则上它存在于一切动态博弈（如本章第四节的不完全信息动态博弈），在现实生活中也屡见不鲜。在田忌赛马的故事中，我们已简单接触过动态博弈

问题。不仅如此，我们还知道：决策次序可能影响局中人的策略或行为选择以致影响最终的收益格局。如在田忌赛马的故事中，若每一回合均由田忌先作决策，每一回合的策略选择及其后果可能与之前的情境大相径庭。

为理解决策次序对于博弈分析的价值，我们先审视一下决策次序的形成机制问题。大体看来，决策次序可能由内部自然生成，亦可能由外部设定，此外还可能由偶发因素促成。

决策次序可能是内部生成的。由于在内部资源、外部条件等方面存在差异，博弈时局中人的决策地位并非等同，以致某些局中人总是具备先行优势，另一些局中人相对缺乏先行优势或具有后动优势，如此使得博弈过程有先后之别。比如，某些龙头企业众望所归，以致其价格和供给量决策构成其他同行企业进行价格和供给量决策的风向标，由此企业决策就存在先后之别，企业之间也就有了领导者与跟随者的区分。类似地，如果将此处“龙头企业”转换为“监管部门”，由此还可界定市场监管中的领导者与跟随者角色。

决策次序可能是外部设定的。对于能够左右博弈规则的某个局外人而言，不同局中人的决策对其往往具有不同的意义。作为利益追求者，该局外人可直接设定局中人决策的先后次序，或者设计能够决定决策次序的规则进而由局中人自发确定决策次序。比如，在囚徒博弈中，如果审讯人员认为甲的策略选择相对更易把控且对判断乙的罪责更有利，那他将先提审甲且说服其坦白，继而在提审乙时向后者告知且证实甲已坦白的事实。在此，局中人选择策略与行为的具体次序就是由博弈各方(甲乙)之外的局外人(审讯人员)主导的。

决策次序还可能由某种偶发因素促成的。在此情形中，各个局中人对博弈内外偶发的扰动所引起的感受或反应不同，相对更为敏感的局中人可能率先做出决策，其他局中人于是跟进决策。比如，两个势均力敌且相互猜忌的对手之间，一方可能对外部政策或对手的行为倾向反应更为强烈，以致外部政策的微量调整或对手行为倾向偶然出现的微弱变动都会引起该局中人的过度关注，以致其率先行动继而触发对手随后做出反应。

在分析时，决策次序往往直观地以树杈图形表示(如图 4-2 所示)，由这种方式所描述的博弈也称作扩展式博弈。具体来看，一个扩展式博弈通常由一系列节点、路径、收益组合、信息集构成，这些体现了动态博弈的结构特点。

其中，节点表示当博弈处于某个阶段时局中人所处的具体情境，一般可分为起点、中间节点和终点。其中，起点和中间节点多以圆圈表示，以便标识局中人，如图 4-2 中的局中人甲和乙都在节点之内；终点多以黑点表示，用以标识博弈终结。

路径是指节点之间的连线，在每条路径上可标识与前端节点相应的局中人的策略或行为选择。一条完整的路径对应着所有局中人策略组合的一种方式。如图 4-2 中 $C-C$、$C-D$、$D-C$、$D-D$ 都是路径，其中 $C-D$ 表示甲选择策略 C、然后乙选择策略 D。

收益组合标识在终点处，且其中各个收益的左右(或上下)排序与该条路径上的局中人排序大体相一致，如图 4-2 中的收益组合(−3，−5)意指甲的收益是−3 且乙的收益是−5。

信息集是就特定局中人而言的，每个局中人都有他自己特定的信息集。笼统说来，某个局中人的信息集是指该局中人在其决策时所处的、所有不能加以区别的节点集合(或“模糊集”)。如果他有 n 个不能加以区分的节点集合，那他就拥有 n 个信息集。如果他只有一个不能加以区分的节点集合，那他就拥有一个信息集。至于每个信息集里究竟包括几个节点，后者可能是一个，也可能是两个甚至更多，主要取决于局中人对之前的博弈历史是否清楚。

如图 4-2 所示，局中人乙在决策时，若他对先行者的甲的策略选择一无所知，那他在决

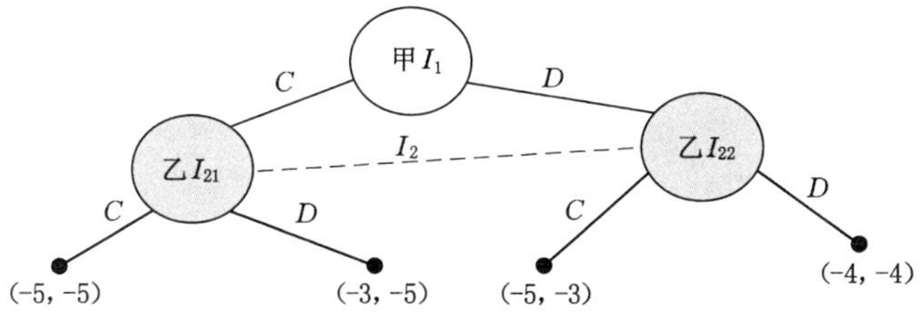

图 4-2 简单的囚徒动态博弈

策时就将面临一个如图 4-2 所示的两点(即图中两个涂色的圆圈)信息集:此时无论是左侧的节点还是右侧的节点对乙而言都是难以区别的。之所以如此,归根结底是因为乙对之前的博弈历史不了解,他不清楚自己应该在哪个节点去选择策略。由此,我们可将这两个被乙难以分辨的节点用虚线连接起来,由此形成一个信息集。

当然,局中人也可能在其决策时拥有多个信息集。这些信息集之间一般有着相对明确的区分,由此各个信息集之间不存在交集(因而任意两个信息集之间均不存在共同的节点)。同时,一个局中人所拥有的所有信息集的总和(即并集)构成该局中人所拥有的全部信息集,它表明局中人在其决策时所处的所有可能的决策节点。不仅如此,无论局中人有多少个信息集,这些信息集都指向同一个前位节点(如图 4-2 中乙的信息集上面对应着一个前位节点甲)。

对局中人而言,一个信息集实质上代表着一种特定的决策情境,不同的信息集就代表着不同的决策情境,后者彼此独立,其总和构成该局中人在其决策时所面临的所有决策情境。比如,在下文图 4-3 中,当乙开始决策时,如果他对甲不够了解,那他客观上将面临或处于三种可能情境(分别对应甲的三种可能类型,即 H、M 和 L),因此他拥有三个信息集,即以虚线表示的 I_{21}、I_{22} 和 I_{23}。其中,I_{21} 和 I_{22} 都是两点信息集(信息集中均有两个节点或元素),I_{23} 为单点信息集。也就是说,由于乙的决策将处于三类相互区别且相对独立的情境之中,故而他的信息集就有三个,这三个信息集就是他在决策时所面临的所有情境。

(二)真实局中人与虚拟局中人

无论基于内部生成决策次序还是基于外部设定决策次序,个中局中人均为真实局中人,即彼此可实现人际沟通的真实的行为人。图 4-2 和 4-3 中的甲和乙即真实局中人。

然而,在偶发情形中,某些难以与之进行人际沟通的外部因素(如环境的不确定性,局中人的非理性、非可控及非合理预期因素)可能会左右整个博弈过程的走向。这种在相当意义上独立于真实局中人却能影响博弈过程、具有某些不确定性的外部因素被视作虚拟局中人。在博弈分析中,虚拟局中人常称作“自然”或“零号局中人”(往往将其记作“0”或“N”)且被置于先导地位,在此基础上依据确定性程度由大到小“编排”各位真实局中人的“出场次序”(决策次序)。如图 4-3 所示,该动态博弈中既有真实局中人甲和乙,也有虚拟局中人 0。为便于行文,非经特指,本书所谓的“局中人”一般均指“真实局中人”。

不难推断,“自然”的出现意味着不确定性、概率(包括客观概率、主观概率、先验概率、后验概率等等)乃至期望收益的出现,总之囊括了不能为所有局中人完全掌控的全部情形。不仅如此,由于“自然”在博弈过程中位于决策起点,任何真实的局中人都位列其后、在博弈过程中都是后决策者。也就是说,当博弈存在“自然”之时,任一真实局中人都没有率先决策

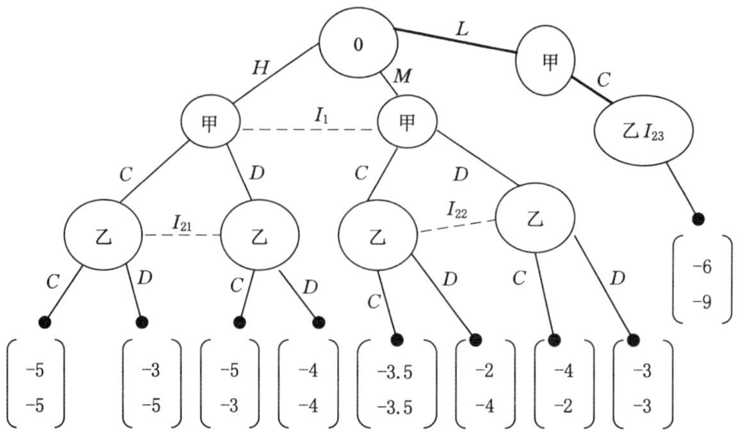

H—乙对甲报以同情;*M*—乙对甲保持中立;*L*—乙对甲全面背叛;*C*—坦白,*D*—抗拒。

图 4-3　含有“自然”(即 0 号局中人)的囚徒动态博弈

权,因而都需要面对历史信息问题,也就是明确在其决策时点(或节点)之前已经决策的局中人及其策略或行为选择,以及对自己当前决策的影响。

就图 4-3 中的甲而论,即便他是某个行业的龙头老大,事实上可以首先决策,但当“自然”存在时,他只能屈居老二,需要面对自己决策之前所发生的历史信息。那么,甲决策之前的历史信息是什么呢?或者说,在他决策之前,“自然”可能做出了何种选择?如图 4-3 所示,“自然”的选择不过就是在三种可能类型(即 *H*、*M* 和 *L*)中任选其一(然后将其植入甲的脑袋)。后者正是甲在其决策时点所掌握(或面对)的历史信息,它影响着甲的决策动向。

“自然”意味着历史信息及其不确定性,对应着不完美情形。反过来说,倘若某个博弈分析中没有“自然”的角色,那么,该博弈必是完美信息博弈。在此基础上,由于局中人在其决策时点仍须面对未来信息,且后者有完全与不完全之分,动态博弈还可进一步区分为完美且完全信息动态博弈、完美但不完全信息动态博弈、不完美但完全信息动态博弈、不完美且不完全信息动态博弈。不难想见,不完美且不完全信息动态博弈意味着局中人对历史信息和未来信息(尤其是未来收益信息,此时图 4-3 中终点处的收益均为空白)一无所知,其策略与行为选择只能基于经验或直觉,最终很可能“跟着感觉走”。而本节所说的完全信息动态博弈,准确说来即完美且完全信息的动态博弈。后者没有“自然”,所有的局中人均是真实局中人,且其策略和行为都可预期(如图 4-2 所示)。

至此可知,动态博弈除包括本章第一节所提及的局中人、策略或行为、收益、信息和规则等要件之外,还可能包括一些外生事件的概率分布等要件,如局中人在决策时所处的各种心理情境出现的可能性。当然,将这种概率分布要件归入博弈的信息要件也未尝不可。比如,局中人能明确感知不确定性的存在且将各种可能情形出现的概率加以量化,继而匡算预期收益且依此做出策略和行为选择,不确定性及其概率分布此时就属信息要素。

(三) 子博弈、精炼与子博弈精炼纳什均衡

动态博弈使得各个阶段均存在博弈。相对而言,先决策者在做出策略或行为选择时须顾及后决策者可能的策略与行为反应及其可能后果,同样,后决策者在做出策略与行为选择时亦须考虑先决策者的策略与行为选择及其可能后果。因此,当局中人处于某个决策节点

时，他将面临一个扩展式博弈：他本人需要做出策略或行为选择以获取收益，而其决策之后的系列局中人（对手）亦须做出策略或行为选择而获取收益。依托原动态博弈过程，从某个确定的决策节点（未必是决策始点）开始，反映部分（甚至全部）局中人互动过程且直至终点的某个策略或行为互动过程，即子博弈（subgame）。

严格说来，子博弈有其相对特殊的定义。它须始于单点信息集（由此图 4-3 中存在多点的信息集的博弈路径都被排除在子博弈数目计算之外），同时须包含该节点之后的所有节点（直至终点），还须保证它不能拆分原博弈过程厘定的信息集。就此而论，图 4-3 将只有两个子博弈：一个是原博弈本身（始于单点信息集"自然"、包含该节点之后所有节点、其信息集就是其原本具有的所有信息集且后者未被拆分）；一个是最右侧加粗的两小段路径的连线（即甲—C—乙至终点连线；即始于单点信息集"甲"、包含该节点之后所有节点、自身具有相对独立的信息、并未拆分其他信息）。相比之下，其他博弈路径不是始于多点信息集，就是分割既定信息集①。这些意味着，不能将扩展式博弈中每个博弈路径都视作子博弈。

那么，动态博弈的均衡是什么？我们知道，在确定性情形中，博弈的均衡（或纳什均衡）实则较具优势意义的策略或行为的均衡。完全信息静态博弈的均衡就是个策略组合的均衡，亦即局中人同时出具优势策略而形成的组合，可视作一种横向组合。动态博弈的均衡也可能是个策略组合的均衡，但此时由于局中人策略选择有先后之分，动态博弈的策略组合实则纵向组合，整个博弈过程的均衡如果存在的话，那它将是从头至尾的某个（或某几个）策略路径（按先后次序，本章下同），体现为较为特殊的子博弈②及其均衡。事实的确如此：完全信息动态博弈的均衡被定义为子博弈精炼纳什均衡③，不完全信息动态博弈的均衡则被定义为子博弈精炼贝叶斯纳什均衡。

为理解子博弈精炼纳什均衡的含义，我们还需对"精炼"的含义做些了解。所谓精炼，简言之即剔除掉一些不可置信的策略及其路径。不同于静态博弈，动态博弈中总存在一些不确定性，后者使得某些策略及其路径实际上很难出现，但客观上又没有充分的理由完全断定其的确不会出现。由此，出于简化分析考虑，局中人在其决策时或在其策略或行为选择时，首先会剔除掉这些不可置信的策略及其路径，继而在可信的策略及其路径中做出最优选择。

进一步看，由于动态博弈中的局中人总是存在先后决策之分，先决策者的策略或行为选择直接决定博弈的具体走势。对后决策者而言，先决策者的策略或行为选择通常难以完全控制，因为先决策者总是具有充分的选择权、拥有自己的偏好或选择倾向，后者未必以后决

① 依托博弈树（扩展式博弈）计算子博弈数目时，可由终点开始，沿策略路径向决策始点回溯，直到遇到单点信息集（若遇到多点信息集时可先将该多点信息集合并视作一个笼统的信息集、然后继续上溯直至找到真正的单点信息集），之后将从该单点信息集开始直至博弈终点的所有策略路径合在一起算作一个子博弈。就此而论，子博弈包括原博弈，但有些子博弈未必从决策始点开始。简言之，子博弈即起于单点信息集直至决策终点且中间不会分割既有信息集（主要是多点信息集）的连贯策略路径。

② 应该说明的是，作为动态博弈全过程之均衡的子博弈，不同于普通的子博弈。前者立足于动态博弈全过程，强调全链条（起于决策始点直至决策终点）和精炼化（剔除掉动态博弈过程中的那些不可置信的策略及其路径）；后者或触及动态博弈全过程，或仅属动态博弈全过程之局部，并不强调全链条也并不强调精炼化。

③ 有些著作把子博弈精炼纳什均衡译作"子博弈完美纳什均衡"。其实，这只是汉语译法的不同。两者对应的英文术语都是 subgame perfect Nash equilibrium。考虑到将 perfect 直译为"完美"容易将均衡过程同"完美信息"这一假设条件相混同，且将"perfect"译作"精炼"虽属曲译但能更准确地表达"通过剔除而完美"的含义，本书倾向于将 perfect 译作"精炼"，由此将完全信息动态博弈的均衡称作子博弈精炼纳什均衡。

策者的意志、喜好或想象为转移。对后决策者而言，先决策者的策略或行为选择总是具有一定的不确定性，这正是动态博弈中不确定性存在的基本源泉。尤其当先后决策者之间彼此独立平等，且先决策者丝毫不顾忌后决策者的策略或行为反应、后决策者亦无力反制先决策者的策略或行为选择时，此时不确定性更强，精炼过程也不乏误判或遗漏风险。

就图 4-3 来看，甲具有先决策权，其策略或行为选择构成乙选择的前提，乙只能在甲选择的策略路径之下进行选择。具体来看，甲对乙的真实情感决定着甲的选择，但乙对这种真实情感却未必能够准确做出预期。正所谓“人心隔肚皮”。对乙来说，保不齐甲会选择鱼死网破（即类型 L），即甲即便自己遭受更重刑责也会将乙交代出来。这对应着 $L—C$ 的策略路径。不过，如果乙认为甲能准确估算其选择鱼死网破可能招致的更大报复（在 L 下甲选择 C 时的收益均低于其他情境下的策略选择）且乙认定甲是个理性人、致力于追求最大利益，那么，乙将不考虑 $L—C$ 这一可能，转而立足于其他情境（即 H 和 M）展开策略分析。换言之，乙将原先的博弈予以精炼，进而在精炼之后的博弈格局中选择较具优势的策略。

当然，这种精炼或剔除并非仅仅发生在动态博弈的起点。实际上，就任何一个局中人而言，相对于他之后的决策者（局中人），他都是先决策者。当先决策者开始决策或做出策略或行为选择时，如果先决策者追求理性选择，那么，先决策者就会首先摒弃那些在其决策节点为他带来最大损失的策略或行动，在此前提下选择具有优势意义的策略或行为。后决策者坚信先决策者定会如此剔除掉不可置信的策略，继而立足这一判断考虑其策略或行为选择。因此，剔除不可置信的策略或行动，会发生在博弈的各个阶段，原则上会一直持续发生到原博弈树倒数第二个阶段（不计终点）的决策节点。

因而，在理性选择的意义上，动态博弈的均衡不仅是个子博弈均衡，还是个在各阶段（决策时点）剔除掉这些不可置信的策略或行为之后、宛如大浪淘沙一般的精练化均衡。因此，动态博弈的均衡均属子博弈精炼均衡。还应注意，这种剔除或精炼完全基于任一局中人都是理性人（或都具有理性选择特征）的基本假设。也就是说，任一局中人不仅坚信自己是理性人（故而他自己会剔除掉不可置信的策略或行为），还坚信其他任何局中人都是理性人（因而先决策者必定会剔除掉其不可置信的策略或行为）。正是在这种前提或语境下，谈论动态博弈的子博弈精炼均衡问题才有可能。

就完全信息动态博弈而言，一个子博弈精炼纳什均衡即某个具有优势意义的策略路径，后者在该博弈中的任何一个子博弈中均具有优势意义。换句话说，无论从哪个决策时点算起，子博弈精炼纳什均衡的相应部分在该决策时点开启的众多子博弈中都是具有优势意义的。可见，子博弈精炼纳什均衡实则一种全局最优意义上的策略路径。

相比之下，一些策略路径可能在某些阶段的子博弈中具有优势意义，但在另一些阶段的子博弈中就缺乏优势意义。这种仅具有局部意义的优势策略路径就不是子博弈精炼纳什均衡，在博弈均衡的求索中同样要被剔除、被“精炼”掉。总之，子博弈精炼纳什均衡实则可信且具有全局优势意义的策略路径。就此而论，子博弈精炼纳什均衡中的“精炼”至少具有双重含义：① 剔除掉不可置信的策略路径；② 剔除掉仅仅具有局部优势意义的策略路径。其间是“去粗”与“存精”的关系，体现着局中人的理性选择过程。

二、序贯博弈及其均衡策略路径

完全信息动态博弈有两类基本类型，即序贯博弈和重复博弈。在序贯博弈中，各阶段之间可供选择的策略或行为不尽相同。比如，对于存在价格领先者的寡头垄断市场，各阶段都有某个寡头在决策，后者定价的水平可视作一种策略。显然，各阶段寡头的定价水平之间存在差别，这体现出策略的差异，即便策略的类型相同——都是价格。在重复博弈中，各阶段之间可供选择的策略或行为完全相同。比如，甲、乙之间可能积怨久远，彼此之间展开博弈，各阶段策略集都是{报复，和解}，任何局中人在决策时都会在立足这个策略集做出选择。对有限次（或有限阶段）的序贯博弈和重复博弈而言，虽然其博弈结构略有区别，但其均衡分析方法并无不同：都采用逆向归纳法探究均衡策略路径（即子博弈精炼纳什均衡）。

（一）归纳法、逆向归纳法与动态规划

不少读者可能接触过归纳法（或归纳猜想法）。其典型套路是：对于某个命题，可验证当命题中某个参数取特定的自然数时，命题结论能够成立；在此前提下，若假设当该参数取自然数 n 时命题结论成立，且据此能够证明当该参数取自然数 $n+1$ 时命题结论依然成立，那么，可以推定：当该参数取一切自然数时，命题结论都能成立。可见，归纳法具有从经验到规律、由特殊而一般的分析特点。不仅如此，从因果联系角度看，若将经验和特殊视作原因，那么，规律和一般则为原因之果，因而归纳法还具有执因索果的论证特点。

逆向归纳法又称逆序归纳法。顾名思义，其推理方向同归纳法相反。整体看来，它所采用的是一种执果索因式的论证思路。当结果相对明确但原因相对模糊，或终点相对明确但过程相对模糊时，为廓清导致结果的主要原因，或明确到达终点的优势路径，原则上就须考虑逆向归纳法，以保证整个推理或探求过程严格指向原因或优势路径。

具体就完全信息动态博弈分析而言，逆向归纳法以博弈的终点为分析起点，由后往前展开回溯且拓展式搜索，力求从博弈终点至任一博弈中间节点的每个互动阶段，都能选择出在该阶段具有相对优势意义的连贯的策略路径，如此直至博弈的起点，最终选出从博弈起点直至博弈终点的、具有全局最优意义且贯通的策略路径。

对照子博弈的定义可知，这些始自博弈终点、从后往前、逐级回溯并联系回溯之前所有互动阶段的、不同层次的连贯的策略路径都是子博弈，而逐级优选、层层最优正是反复剔除不可信策略路径和非最优策略路径的精炼过程。如此得到的直至博弈起点且具有全局（或全过程）优势意义的完整的策略路径，正是我们前文所定义的子博弈精炼纳什均衡。

逆向归纳法体现了一定的动态规划思想，可视作后者在完全信息动态博弈问题中的具体运用。对于动态规划，我们其实在消费问题分析时已有所涉及①。进一步看，逆向归纳法以及动态规划思想都致力于实现全过程意义上的目标最优化，且由此寻求全过程意义上的最优路径，两者实质上都要贯彻这种回溯拓展且层层最优的分析思路。

然而，动态博弈毕竟有其相对特殊的结构，这使得逆向归纳法不乏自己的特殊之处。作为对比，我们先观察一个简单且具代表意义的动态规划问题：最大收益路径选择问题。

如图 4-4 所示，A-B-E、A-C-F 和 A-D-F 分别为某企业获取投资收益的三条路径（方式或途径），且每条路径都需要企业付出两期努力才能实现收益。三条收益路径分别具有“前期收益高、后期收益低”“前后期收益相对都很一般”“前期收益低、后期收益高”的特点。假如企业谋求最大收益，那么，仅从第二阶段来看，D-G 无疑是最佳选择，因该阶段 D-G 所

① 可参见第二章第一节或本书图 2-3。

产生的收益最高。但若就此排除其他路径则会导致错误选择，因为 A-D-F 的总收益并非最高（在本例中甚至最低）。

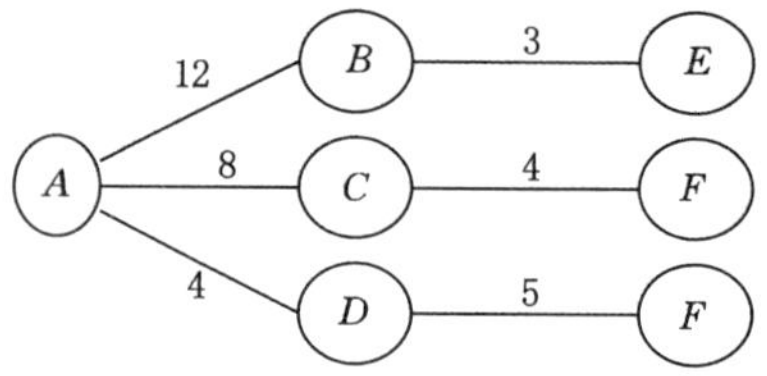

图 4-4　动态规划简单举例：最大收益路径的选择

不难发现，图 4-4 与图 4-2 和图 4-3 所示情形不同。在图 4-4 中，动态规划的每一阶段都可赋值且可展开比较，但在图 4-2 和图 4-3 中，每一中间节点都无法赋值①，由此在各阶段难以对该阶段的各个路径展开比较。实际上，对一个有限阶段的完全信息动态博弈而言，局中人的收益是博弈各方全面互动之后的最终结果。它并非形成于且出现于博弈的中间过程，绝非“现世现报”（局中人选择了某个策略或行动立马就能觉察相应的收益），而是出现在全部博弈的最后环节，实际上也只有在博弈的最后环节才能确认或计算各方收益。

在有限阶段的完全信息动态博弈中，局中人无法在中间环节比较其在当前决策阶段的收益，由此也就更没条件判断其前一个阶段的优化选择在当前决策时是否仍为最优选择。这使得，采用逆向归纳法，局中人对相对于其决策时点的前一阶段较具优势意义的策略路径，在本阶段决策时只能继承而不能推倒重来。因此，在有限阶段的动态博弈中，回溯且拓展的搜索过程将让位于回溯且继承的搜索过程。后者同图 4-4 情形大有区别。

由图 4-4 展开的最优路径计算表明，某一个层次中的最优选择在另一个层次中未必还是最优选择。因而，在诸如图 4-4 所示的动态规划问题中，在回溯搜索时，前一阶段的最优选择未必是后一阶段最优选择的要件（充要条件）。所以，在回溯搜索时，在判断后一阶段的最优选择时，须立足于从后一阶段直至终点的全部过程重新开始搜索，后者无疑囊括前一阶段的搜索过程。换句话说，讨论诸如图 4-4 之类的动态规划问题仍然坚持“回溯且拓展”（而非回溯且继承）的搜索过程。

为便于大家理解逆向归纳法及其在完全信息动态博弈中的应用特点，我们在此以劳资博弈模型、施塔克尔伯格模型和宏观经济政策的动态一致性问题为例做些说明。

（二）劳资博弈模型

工人（劳动者）与企业（企业主或资本家）之间经常会就工资水平和雇用人数问题展开博弈。后者通常具有动态博弈的特征：先是工人之间（通常依托工会组织）基于效用最大化就工资水平达成共识，然后企业面对工人提出的工资水平，基于利润最大化确定雇用人数。

在此动态博弈过程中，工资水平对企业主来说是透明的，作为后决策者的企业在完美信息条件下进行决策。不仅如此，无论企业还是工人，都可知晓各自策略及其可能后果。工人知道，如果对工资水平索价太高，虽可增加工人福利但也可能降低企业利润，致使企业不愿雇用更多的工人；如果对工资水平索价太低，则会降低工人福利却也可能增加企业利润，以致企业乐意雇用更多的工人。企业也明白，可以根据利润最大化原则选择自己最佳的雇用

① 不难看到，扩展式博弈中的每两个中间节点之间并没有标注收益方面的信息。

人数。将工资水平定为工人的策略变量，是企业能够知晓且据以做出策略（雇用人数）反应的信息。可见，这个动态博弈实则完美且完全信息动态博弈。

那么，企业到底该雇用多少工人？工人到底又该要求多高的工资水平？

记工资水平和雇用人数分别为 w 和 L，工人的效用函数为 $u(w,L)$，企业的生产函数为 $f(L)$，产品价格为 p。不考虑企业的其他要素及其成本，则知企业的利润函数为 $\pi=pf(L)-wL$。

下面采用逆向归纳法。先从倒数第一阶段（即正序第二阶段）开始讨论。由于第二阶段由企业做出策略反应（雇用人数），后者基于企业的利润最大化，即

$$\max_{L}\pi=p\cdot f(L)-wL \tag{4-14}$$

由一阶必要条件，可知

$$\frac{\partial\pi}{\partial L}=0=p\frac{\partial f}{\partial L}-w\Rightarrow L^{*}=L(w) \tag{4-15}$$

上式说明了雇用人数对工资水平所作的反应（即反应函数）。现在回溯到第一阶段，此时工人追求最大效用，加之雇用人数同工资水平之间存在反应函数关系，于是有

$$\max_{w}U=u[w,L(w)] \tag{4-16}$$

由一阶必要条件，可知

$$\frac{\partial U}{\partial w}=0=\frac{\partial u}{\partial w}+\frac{\partial u}{\partial L}\cdot\frac{dL}{dw} \tag{4-17}$$

一般地，由式（4-15）和式（4-17）可解出最佳的工资水平（w^{*}）和雇用人数（L^{*}）。（w^{*}—L^{*}）亦即该劳资博弈的子博弈精炼纳什均衡。

（三）施塔克尔伯格模型

施塔克尔伯格模型反映了寡头垄断市场中领导者和跟随者围绕产量展开动态博弈以致最终决定市场供给数量的过程。

假设该市场中有 n 个寡头，按其产量决定的先后次序依次标记为 $1,2,\cdots,n$。各寡头均知晓其上家的生产数量且能对其下家的生产数量做出推断，继而在此前提下追求利润的最大化。因此该动态博弈属完美且完全信息的动态博弈。另外，该市场中的产品完全同质，市场价格决定于产品的市场供给总量。据此试问：各寡头最优产量各为多少？

采用逆向归纳法，先从倒数第一阶段的局中人的策略反应开始说起。对最后一个寡头 n 而言，记其产量为 q_n，成本为 $c_n(q_n)$，产品价格可记作 $p(q_1+q_2+\cdots+q_n)$，其中，q_1，q_2，…，q_n 分别为第 1 号，第 2 号，…，第 n 号寡头的产量。于是，第 n 号寡头的利润最大化问题即

$$\max_{q_n}\pi_n=p(q_1+q_2+\cdots+q_n)\cdot q_n-c_n(q_n) \tag{4-18}$$

由一阶必要条件，可得

$$\frac{\partial\pi_n}{\partial q_n}=0\Rightarrow\frac{\partial p}{\partial q_n}q_n+p-\frac{\partial c_n}{\partial q_n}\Rightarrow q_n=f_n(q_1,q_2,\cdots,q_{n-1}) \tag{4-19}$$

其中，f_n 表示 q_n 对其他寡头产量的反应函数。类似地，可回溯依次得到其他寡头产量的反应函数，分别是

$$\begin{cases} q_{n-1} = f_{n-1}(q_1, q_2, \cdots, q_{n-2}) \\ q_{n-2} = f_{n-2}(q_1, q_2, \cdots, q_{n-3}) \\ \cdots \\ q_2 = f_2(q_1) \end{cases} \tag{4-20}$$

式(4-20)表明,各个寡头的反应函数之间存在嵌套或递推关系。经过迭代(将 f_2 代入 f_3,将 f_3 代入 f_4,…),最终可将各寡头的反应函数依次转换为该寡头产量同头号寡头产量(即 q_1)之间关系的函数。由此,则有头号寡头的利润最大化问题,即

$$\max_{q_1} \pi_1 = p(q_1 + f_2(q_1) + \cdots + f_n[q_1, f_2(q_1), \cdots, \underbrace{f(((q_1)))}_{n\text{层}}] \cdot q_1 - c_1(q_1) \tag{4-21}$$

原则上仍由一阶必要条件导出头号寡头的最优产量 q_1^*。然后将 q_1^* 代入 f_2 可得到 q_2^*,再将 q_2^* 和 q_1^* 代入 f_3 可得到 q_3^*。如此立足于式(4-20)乃至式(4-19)中的递推关系逐级迭代,进而可依次求出各寡头的最优产量 $q_1^*, q_2^*, \cdots, q_n^*$。容易理解,($q_1^* — q_2^* \cdots — q_n^*$)亦即该博弈的精炼纳什均衡。

(四) 宏观经济政策的动态一致性问题

根据具体问题的研究需要,完全信息动态博弈及逆向归纳法不仅可用于微观经济问题,还可用于分析宏观经济问题。这在宏观经济政策的动态一致性问题上表现得尤为明显,是博弈论应用于宏观经济问题分析的经典范例。

宏观经济政策的动态一致性,亦即宏观经济政策的时间一致性,简单说来就是指宏观经济政策随时间流逝保持稳定不变的性质。宏观经济政策一般由政府基于其约束和目标而制定出来,因而具有一定的优化性质,如政府预期或制定的通货膨胀率一般即最优通胀率。

然而,宏观经济政策一旦确立,其稳定性或动态一致性问题就备受关注。这是因为:一方面,稳定的宏观经济政策有助于稳定公众预期、增强政府的公信力;另一方面,随着经济环境的变化,宏观经济政策也可能显得不合时宜、亟待做出调整,但如此却可能使宏观经济政策缺乏稳定性以致削弱政府公信力①。由此,围绕宏观经济政策的制定与信赖(或接受)问题,政府与公众之间常常展开具有动态博弈性质的互动。

以实际通胀率(记作 π)政策的制定为例。一般地,公众在其生活中可能涉及一些资产收益事务,为此需要对通胀率做出预期即预期通胀率(记作 π^e),且希望预期通胀率等同于实际通胀率。政府面对公众的预期通胀率,在通胀与产出之间进行权衡制定实际通胀率。其中,通胀与产出之间的关系由通胀与失业之间的替代关系推定,其函数关系大致可表示为

$$y = \bar{y} + \beta(\pi - \pi^e), \quad \beta > 0 \tag{4-22}$$

其中,$\bar{y}$ 为通胀完全预期时的产量,在长期条件下可视作与充分就业相对应的产出水平。假定政府权衡实际通胀率和产出水平之间关系遵循如下评价(或效用)函数

$$M(\pi, y) = -[c\pi^2 + (y - k\bar{y})^2], \quad c > 0, k > 1 \tag{4-23}$$

其中,c,k 分别为权重。由于政府知道公众的预期通胀率,且公众和政府都可推断未来的收益格局(通胀率预期很准、实际通胀率制定得最为满意)。因此该博弈属完全信息动态博弈,或完美且完全信息动态博弈。试问:① 预期通胀率和实际通胀率各是多少? ② 后者是稳定的吗? 或者是否具有动态的一致性?

---

① 参见方福前:《当代西方经济学主要流派》(第三版),中国人民大学出版社 2019 年版,第 166～169 页。

现在考虑采用逆向归纳法回答第一个问题。在倒数第一阶段，政府对公众的通胀预期（构成公众的策略）做出策略反应（制定实际通胀率、构成政府的策略）。政府力求在面对公众预期通胀率以及通胀与产出关系的前提下，出于效用最大化制定实际通胀率，即有：

$$\begin{cases}\max\limits_{\pi} M(\pi, y) = -[c\pi^2 + (y - k\bar{y})^2] \\ \text{s. t. } y = \bar{y} + \beta(\pi - \pi^e)\end{cases} \tag{4-24}$$

立足于式(4-24)，将约束条件代入目标函数，再由一阶必要条件可得

$$\pi^* = (c + \beta^2)^{-1}\beta[\beta\pi^e + (k-1)\bar{y}] \tag{4-25}$$

式(4-25)反映了政府策略与公众策略的内在关系，构成实际通胀率关于预期通胀率的反应函数。进一步地，在倒数第一阶段，公众致力于准确预期实际通胀率，这意味着

$$\pi^e = \pi^* = (c + \beta^2)^{-1}\beta[\beta\pi^e + (k-1)\bar{y}] \Rightarrow \pi^e = \pi^* = c^{-1}\beta(k-1)\bar{y} \tag{4-26}$$

于是，预期通胀率和实际通胀率均为 $c^{-1}\beta(k-1)\bar{y}$，后者明显大于0。相应地，该完全信息动态博弈的子博弈精炼纳什均衡为$[c^{-1}\beta(k-1)\bar{y}——c^{-1}\beta(k-1)\bar{y}]$。

在此基础上，我们再来回答第二个问题。

由式(4-22)可知，当政府和公众处于子博弈精炼纳什均衡时，$y=\bar{y}$，即随着时间的推移，在公众完全预期通胀的情况下，产量将达到充分就业时水平。由式(4-23)可知，此时政府的效用水平为

$$M(\pi^e, \bar{y}) = -(k-1)^2\bar{y}^2(1 + c^{-1}\beta^2) \tag{4-27}$$

这意味着，政府完全承担通胀及其准确预期的压力。如果政府完全控制通胀且力求实现充分就业时的产出水平，仍由式(4-23)可知此时有

$$M(0, \bar{y}) = -(k-1)^2\bar{y}^2 \tag{4-28}$$

明显地，$M(0,\bar{y}) > M(\pi^e,\bar{y})$。这意味着，由于无通胀率时效用更高，政府具有内在的严格控制通胀率的冲动。换句话说，原先制定的通胀率因其并不能带来如同无通胀率时的效用，原先的子博弈精炼纳什均衡$[c^{-1}\beta(k-1)\bar{y}——c^{-1}\beta(k-1)\bar{y}]$将缺乏稳定性或动态一致性。那么，政府能否为了追求更大效用执行零通胀率政策吗？或者说，一旦政府宣称零通胀率政策，后者是否能够得到公众的响应或信赖？

如果公众相信政府的说辞，转而将其通胀率预期调整为0(即 $\pi^e=0$)，此时由式(4-25)可知，政府的通胀率的最优水平将为

$$\pi' = (c + \beta^2)^{-1}\beta(k-1)\bar{y} > 0 \tag{4-29}$$

由式(4-22)可知，此时产出水平为

$$y = [1 + (c + \beta^2)^{-1}\beta^2(k-1)]\bar{y} \tag{4-30}$$

由式(4-23)可知，此时政府的效用水平为

$$M(\pi', y) = -\frac{c}{c + \beta^2}(k-1)\bar{y}^2 \tag{4-31}$$

明显地，$M(\pi',y) > M(0,\bar{y})$。这意味着政府有不履行其承诺(即所执行零通胀率政策)的冲动。如果公众对此能做出准确预期，那他们断然不会信赖政府的承诺，转而维持原定的 $c^{-1}\beta(k-1)\bar{y}$ 水平的通胀率预期。所以，$[c^{-1}\beta(k-1)\bar{y}——c^{-1}\beta(k-1)\bar{y}]$是可信的子博弈精炼纳什均衡，此时通胀率政策具有动态的一致性。

三、重复博弈及其均衡策略路径

就动态博弈中的任意两个阶段而言，重复博弈强调可供选择的策略或行为都相同。例如，在双人囚徒博弈中，假设两囚徒的策略互动可持续进行下去，则在任何一个阶段，局中人的策略选择不外乎坦白和抗拒两种。这种持续下去的囚徒博弈实质上就是重复博弈。在重复博弈中，每一阶段的博弈可称作阶段博弈。阶段有限的重复博弈称作有限重复博弈，阶段无限的重复博弈称作无限重复博弈①。

下面我们分别探究有限重复博弈和无限重复博弈的均衡策略路径问题。此处重复博弈都是完美且完全信息博弈。这意味着：后决策者能完全感知先决策者的存在及其策略或行为选择；先后决策者都知悉自己及他人未来的策略或行为选择及其对自身收益产生的影响；局中人都坚信自己及他人出于理性选择而确定（或更改、偏离）某个策略或行动。

（一）有限重复博弈及均衡策略路径

有限重复博弈可视作有限次序贯博弈的特例，其均衡分析原则上可采用前文所说的逆向归纳法。后者与之前的序贯博弈均衡策略路径分析并无不同。就此，我们不妨以一个简单的两期投资提款博弈模型为例做些补充性说明。

如图 4-5 所示，假设市场上有甲、乙两个投资者，且甲是先行者。甲、乙各投入资本 D 试图获利。据悉，投资一期的总收益（即投资的本利之和，下同）为 $2r$，投资两期的总收益为 $2R$。市场规则倾向于第一期不提款（图中简记为“不提”）、第二期必须提款（图中简记为“提”），因而约定：在投资第一期期末，若仅有一方提款，则该投资者不能获得任何投资收益（即只能获取本金 D）；在投资第二期期末，若仅有一方不提款，则该投资者同样不能获得任何投资收益（即只能获取本金 D）。图示表明，两期博弈的可选策略完全相同。

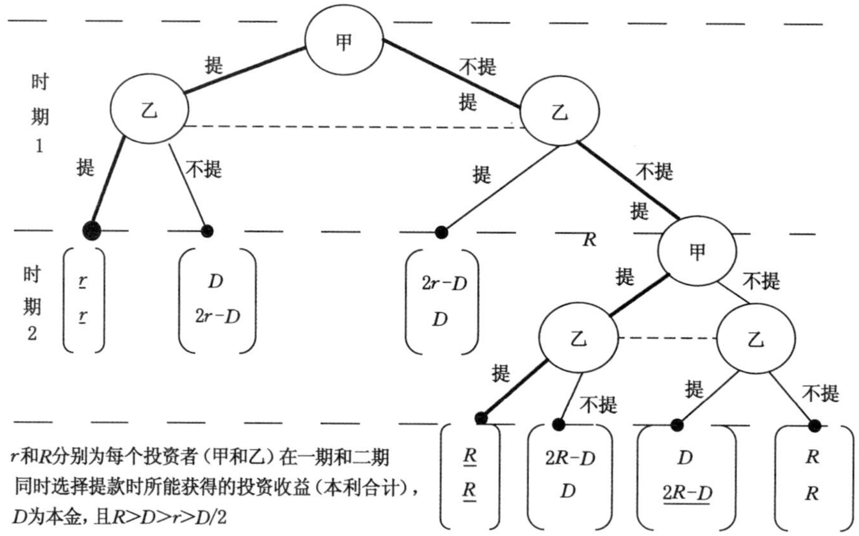

图 4-5　简单的两阶段投资提款博弈模型

① 注意，这里的“有限”“无限”是就阶段博弈重复发生的次数而言的，而非就策略数量而言的。

试问：该投资提款博弈的均衡策略路径是什么？

采用逆向归纳法，先从倒数第一阶段的策略选择开始。在倒数第一阶段，乙作为最后的决策者，拥有两个信息集，分别对应甲在投资第二期选择提款和不提款情形。此时，当甲选择提款时，乙的最佳策略选择是提款、此时收益为 R（注意 $R>D$），当甲选择不提款时，乙的最佳策略选择仍为提款、此时收益为 $2R-D$（注意 $2R-D>R$）。在倒数第二阶段，甲作为决策者，此时若选择提款则收益为 R，若选择不提款则其收益为 D，由于 $R>D$，所以甲将选择提款策略。于是，第二期的最优策略路径为（提—提）（即图中第二期经过加粗的策略路径）。

不难看出，在逆向归纳法行进的第二阶段，我们就剔除了不可置信且较具劣势意义的策略路径（即提—不提、不提—提、不提—不提），剩下的则是经过“精炼”的策略路径（即提-提）。在此基础上，我们再回溯至倒数第三阶段，此时已属投资第一期。

在倒数第三阶段，乙作为决策者，拥有两个信息集，分别对应甲在投资第一期选择提款和不提款情形。此时，若甲选择提款，乙的最佳策略是选择提款，因此时乙选择提款其收益为 r，高于选择不提款所获收益 $2r-D$；若甲选择不提款，乙的最佳策略选择是不提款，因此时乙选择不提款意味着他将获取收益 R，后者高于他选择提款所获收益 D。

现在回溯到倒数第一阶段。此时，甲作为决策者，当他选择提款时，他的收益为 r；当他选择不提款时，他的收益为 R。由于甲是先行者、拥有先行优势，故其做出提款和不提款的策略都是可能的，此时均衡的策略路径有两条（见图 4-5 中加黑的策略路径），即（提—提）、（不提—不提—提—提）。不过，倘若甲能够完全且准确预知投资两期的收益格局，出于利益最大化考虑，他将只会选择图 4-5 中右侧加黑的策略路径，即（不提—不提—提—提），毕竟投资两期的投资收益相对更高（$R>r$）。当然，这一策略路径具有占优策略均衡性质。

观察此例，不难发现各期均衡策略路径颇有相似之处：第一期存在均衡策略（提—提），第二期同样存在均衡策略（提—提）。当然，这种相似性要成为现实或者第二期的均衡策略路径成为现实，须以两期投资提款博弈之间彼此独立为前提。也就是说，第二期的博弈相当于重新来过，而不是在第一期博弈的基础上展开。然而，由于后者并非相互独立（其间因有先后次序故而密切相关），因而这种相似性实质上并不存在：局中人要在第二期选择均衡策略（提—提），就须在第一期放弃均衡策略（提—提）。

（二）无限重复博弈及触发策略均衡

对无限重复博弈而言，由于博弈并无终点，分析其均衡策略路径原则上不宜采用逆向归纳法。然而，在某个阶段，局中人为何要采取某个策略而不是其他策略？从理性选择角度看，原因只可能在于，被选中策略的收益相对更高。进一步说，从某个阶段开始，随着时间的流逝，局中人为何一直采取某个策略而非其他策略？原因同样只可能在于，被选中策略的收益相对更高。不仅如此，从某个阶段开始，局中人对策略收益的考量绝非着眼于该阶段本身，否则下一阶段他会改弦更张（如果下一阶段另一个策略收益相对更高的话），而是着眼于从阶段开始之后的所有阶段。由于各个阶段的策略收益均具有时间价值，故而立足于某一阶段的某个策略的收益实则今后所有阶段该策略收益现值的累计。

对于无限重复博弈中的某个局中人 i 而言，他在第 k 阶段选择策略 j 的即期收益是 π_{ijk}，假设所有局中人公认的贴现因子 δ 在各期保持不变，局中人 i 选择策略 j 的总收益为 v_{ij}，则

$$v_{ij}=\sum_{k=1}^{\infty}\delta^{k-1}\pi_{ijk} \tag{4-32}$$

容易看到，$\delta=1$ 意味着博弈各方将未来各期的即期收益完全视同期初收益。言下之意，此时博弈各方丝毫不顾及未来可能出现的风险和不确定性因素，或者认为未来的种种变数不足为奇、不足为虑、均可忽略不计，在此条件下各期即期收益的总和将永无止境（因为博弈是无限期的），总收益因之呈现出发散特征。相应地，$0\leqslant\delta<1$ 则意味着博弈各方将对未来各期的即期收益打些折扣，博弈各方开始关注未来可能出现的风险和不确定性因素，或者认为未来的种种变数及其可能产生的负面影响是需要充分把握且审慎评估的，在此条件下各期即期收益的加总不再永无止境，总收益因之呈现出一定的收敛特征。

进一步说，总收益奠定了局中人在无限重复博弈中策略或行为的选择依据。简言之，哪个策略或行为产生的总收益最大，哪个策略或行为就将受到青睐，被局中人选中。

随着时间的推移，各个阶段博弈的外部环境或内部条件都可能发生变化，比如局中人遭受某种偶发的外部冲击、发现潜在的新的盈利机会，这些都可能改变策略或行为在当期或未来时期的即期收益、影响各方关于贴现因子的评价。理性的局中人（此时局中人也是投机主义者或见利忘义者）发现，改变原先较具优势意义的策略或行为有望（未必最终一定）使他获得更大的总收益，由此他将改变原定策略或行为。在完美信息条件下，一旦某个决策者改变其策略或行为，其变化就会为后决策者所感知；不仅如此，在完全信息条件下，后决策者还将评估前决策者的策略或行为变动对自身收益的影响。一旦后决策者发现改变其策略或行为能够产生更大的总收益，他会像先决策者那样，改变原定的策略或行为。

在无限重复博弈中，局中人经常遭遇自己和对手是否变革其原定优势策略或行为的问题。同时，局中人也不能完全列举具体的均衡策略路径，毕竟无限个阶段博弈意味着策略路径无限延伸。因此，在无限重复博弈条件下，与其尽述均衡策略路径，不如刻画均衡策略路径的基本特征及其存在条件。比如，对二人无限重复博弈，在某某条件下，均衡策略组合始终是(C,C)；否则，均衡策略组合将始终为(D,D)。这里就包括了均衡策略路径的基本特征及存在条件，同时也隐含着均衡策略路径变动的条件及其走势。

对某个局中人而言，一旦情况符合某个临界条件，出于理性选择或利益最大化考虑，他通常会改变既有的策略或行为，除非其策略或行为始终处于占优均衡状态。问题在于，在无限重复博弈条件下，这种改变能否导致其他局中人的策略或行为出现调整？如果出现调整，究竟是暂时性调整还是永久性调整？不难想到，面对某个局中人的某个策略或行为调整，其他局中人的策略或行为也极易做出调整，除非后者同样处于占优均衡状态。至于调整是暂时性的还是永久性的，从理性选择角度看，主要取决于两种调整方式所产生的总收益。若暂时性调整所产生的总收益相对更高，则调整是暂时性的；否则，调整就是永久性的。

特别地，因某个局中人策略或行为的一次性调整导致所有局中人的策略或行为做出永久性调整的现象，意味着触发策略的形成。触发策略（trigger strategy），又称作扳机策略、引爆策略，顾名思义，就是那种类似扳机或引爆器之类的策略。不扣动扳机、不触动引爆器（言下之意即维持某一策略原样不变），各方彼此相安无事（各方策略或行为一切如旧）；一旦扣动扳机、触动引爆器（即原有策略受到扰动或被放弃，意味着原有策略出现调整或变更），原有格局将被彻底打破（各方策略或行为将出现全面性且永久性调整）。

简言之，触发策略就是那种稍加扰动即可带来全局性且持久性改观的策略。完整看来，触发策略实质上包含着三个要件：前策略（即“扳机”，可谓狭义的触发策略）、后策略（即“扳机扣动后的结果或局面”，实则全局性且永久性的策略或行为调整）、触发条件（即“扳机扣动”，实则对前策略的偶发调整）。

比如，“人不犯我，我不犯人；人若犯我，我必犯人且永远犯人”就含有触发策略。其中，“人不犯我，我不犯人”就是前策略或狭义的触发策略，这个策略不容违背。否则，就会引起强烈的反应：如果敌人犯我（“人若犯我”，即触发条件或前策略出现偶发调整），那么，“我必犯人”（即后策略，改变了先前的“我不犯人”策略）。不仅如此，后策略还具有永久性（“永远犯人”），可以想见，此后敌我斗争将永远持续下去，直至敌人被消灭、博弈不复存在。

在触发策略之下，后策略对前策略的替代无论在广度（面向所有局中人）还是在深度（具有永久性质）上都是强烈的。在现实生活中，由于后策略可能意味着对偏离或背叛前策略的行为所展开的抵制、惩罚或报复，加之在触发策略之下这种抵制、惩罚或报复还具有全面性和永久性，因而触发策略有时也称作“冷酷策略”。其中的触发条件往往对应着其他所有局中人的原则理念或利益底线，直接关乎其他所有局中人的核心利益，后者触碰不得、逾越不得。偏离前策略就意味着触碰这些理念或底线、撼动其他局中人的核心利益，自然就会激起其他所有局中人的强烈反应。就此来说，触发策略意味着一种针对偏离或背叛前策略的可信性威胁，由此反倒更可能维系前策略的实施，前策略因而可被视作不能触碰的策略。

一旦所有局中人均拥有可信且公开的触发策略，同时后者在逻辑上彼此相容且互有联系，以致所有局中人的触发策略并行不悖且相互制约，此即触发策略均衡。当然，由于触发策略均衡本身以各方触发策略的存在性、公开性与可信性为前提，后者最终又以各方均具一定的实力或威慑力为要件，因而，触发策略均衡往往维系着较具持久意义的互动格局。

为理解触发策略及其均衡问题，我们仍立足于本章第一节的囚徒博弈问题做些说明。

倘若如表 4-1 所示的囚徒博弈可无限次重复下去①。我们知道，在完全信息静态博弈中，囚徒甲和乙只会选择纳什均衡(C,C)，相应的收益组合为$(-3,-3)$，而不会选择策略组合(D,D)，即便后者的收益组合$(-2,-2)$相对更高。那么，在无限重复博弈条件下，囚徒甲和乙能否选择更具优势的策略组合(D,D)？

我们不妨从触发策略及其均衡角度，考虑如下问题：如果从第一期开始任一局中人都选择策略 C，且前 $k-1$ 个阶段两囚徒的策略组合都是(C,C)，那么，第 k 期两囚徒仍将选择策略 C。现在，若有一个囚徒（假设囚徒乙）选择 D，那么，面对囚徒乙一次性或永久性选择策略 D，囚徒甲能否就此选择触发策略，永久性地选择策略 D？

(1) 若自博弈开始甲和乙就始终如一地选择策略 C，则两人各自的总收益均为

$$v_{1C}=v_{2C}=-3-3\delta-3\delta^2-\cdots \tag{4-33}$$

其中，v_{1C}，v_{2C} 分别为甲和乙始终如一选择策略 C 所获得的总收益，其中下标 1 和 2 分别对应甲和乙，δ 为甲和乙都认可的贴现因子，且 $0<\delta<1$。

(2) 若甲和乙从开始至第 $k-1$ 期均选择策略 C，但在第 k 期乙突然（一次性）选择策略 D，之后仍执行策略 C，但甲发觉后永久选择策略 D，则乙的总收益为

$$v_{2CDC}=-3-3\delta-3\delta^2-\cdots-3\delta^{k-1}-5\delta^k-\delta^{k+1}-\delta^{k+2}-\cdots \tag{4-34}$$

① 比如，囚徒甲和乙的涉案问题盘根错节甚至牵连一些陈年积案，因而其审理与讯问需要开展很多次，以致长达数年之久。

(3) 若甲和乙从开始至第 $k-1$ 期均选择策略 C,但从第 k 期开始乙长期(永久性)选择策略 D,且甲永久选择策略 D,则乙的总收益为

$$v_{2CDD}=-3-3\delta-3\delta^2-\cdots-3\delta^{k-1}-5\delta^k-2\delta^{k+1}-2\delta^{k+2}-\cdots \tag{4-35}$$

(4) 面对乙的一次性或永久性背叛,甲此后始终选择策略 D,乙对此表示接受将意味着乙在这两种情形下的收益均超过以往,即 $v_{2CDC}\geqslant v_{2C}$ 且 $v_{2CDD}\geqslant v_{2C}$,代入式(4-33)~式(4-35)可导出

$$\delta\geqslant\frac{2}{3} \tag{4-36}$$

应该注意到,表 4-1 所示的囚徒博弈具有对称性(即将甲和乙互换位置之后所得的博弈与原博弈等价),因而分析乙的策略转换同分析甲的策略转换并无实质性区别。所以,上述分析及其结论对甲同样适用。这说明:当式(4-36)成立时,如果从第一期开始两个囚徒都选择策略 C,只要其间无人选择策略 D(不存在背叛),那么,两囚徒将永远都选择策略 C;然而,只要中间某个阶段有人选择策略 D,且共同贴现因子达到一定水平(这意味着两囚徒均坚信对手未来均会选择 D,即便暂时受到更大的惩罚也无所谓,因为未来终将更加美好),那么,另一个囚徒将会选择策略 D,此后两囚徒将一直都选择策略 D。当然,在这种重复博弈条件下,触发策略(前策略)受到挑战并非"祸事",因为触发策略(前策略)受到挑战将引发后策略的实施,由此反倒提高了局中人的收益。

可见,在重复博弈条件下,个体理性仍可能有效,完全有可能摆脱其在完全信息静态博弈下的囚徒困境,最终实现帕累托最优。这同时也提醒我们:不可将阶段博弈孤立地视作某个完全信息静态博弈,不可将重复博弈割裂地视作一个个完全信息静态博弈的简单排列。在重复博弈中,虽然阶段博弈之间结构雷同,但任意两个先后时期的阶段博弈之间实际上是有联系的,联系的纽带则是共同的贴现因子,它体现了各方关于未来形势对策略收益的综合影响的一致性判断,直接影响着策略互动的价值(收益及其折现)及策略的选择。

在重复博弈条件下,走出囚徒困境需要博弈各方具有足够的耐心[表现为共同的贴现因子足够大,如式(4-36)要求 δ 不低于 2/3]。就此来看,在将来的某个时点,一旦 δ 低于 2/3,策略组合(C,C)仍将是之后各阶段博弈的纳什均衡,但如此将为囚徒带来相对更坏的结果。就此而论,策略组合(D,D)构成触发策略,使得策略路径(D—D)成为阶段博弈的纳什均衡。这表明,在重复博弈条件下,阶段博弈的可选策略有望替代阶段博弈的纳什均衡进而生成子博弈精炼纳什均衡,只要共同贴现因子满足一定条件(以使可行策略的总收益超过纳什均衡的总收益)。这同"俗定理"不无契合之处。关于后者,因其涉及子博弈精炼纳什均衡的存在性问题,我们接下来一并做些补充说明。

四、子博弈精炼纳什均衡的存在性及其分析意义

上文将完全信息动态博弈视同完美且完全信息动态博弈,先后分析了序贯博弈、有限重复博弈和无限博弈的均衡策略路径求解问题。不难理解,如果某个完美且完全信息的动态博弈一定存在子博弈精炼纳什均衡,那么,探究其均衡策略路径就有希望,否则就没必要。所以,出于现实分析需要,有必要适度关注子博弈精炼纳什均衡的存在性问题。

由于有限重复博弈可视作序贯博弈的特例,故而其均衡策略路径求解思路与序贯博弈实质相同,都适用于逆向归纳法。Zemelo(1913)和 Kuhn(1953)的工作表明:任何完美且完

全信息的有限动态博弈，必然存在着纯策略意义上的子博弈精炼纳什均衡[①]。泽尔腾(1965)进一步证明：如果局中人的收益不存在平局可能的话，完美且完全信息有限动态博弈只有一个子博弈精炼纳什均衡[②]。立足于完美且完全信息和有限的策略或行为[③]，这些发现为判断序贯博弈和有限重复博弈均衡的存在性提供了充分的理论依据。

关于无限重复博弈中的子博弈精炼纳什均衡的存在性，俗定理为之提供了充分的理论支持。俗定理，又译作"大众定理""佚名定理""无名氏定理"，因其起初在提出时无人加以论证而得名。该定理表明：立足于无限重复博弈中阶段博弈的纳什均衡及其平均收益，对任一局中人而言，只要阶段博弈中某些策略的可行收益明显高于该阶段博弈纳什均衡的平均收益，那么，必然存在某个共同的贴现因子，使得这些策略的可行收益可转换为某个特定的子博弈精炼纳什均衡的平均收益。

考虑到俗定理的内容可能有些拗口且易混淆，为把握其确切含义，我们不妨先对定理中的两个关键概念——可行收益和平均收益——做些解释。

在俗定理中，可行收益概念首先是就阶段博弈中的某些可选策略(扣除纳什均衡对应的策略)而言的。局中人在无限重复博弈中的可行收益，即该局中人某些可选策略的收益的加权平均(或凸组合)水平[④]，可谓横向平均意义上的收益，类似于某个阶段博弈中"某些个可选策略(而非纳什均衡)大致能够获得的某个收益"。

记第 i 个局中人的可行收益为 v_i，该局中人在阶段博弈中可供选择的策略共有 m 个，各策略对应的收益分别为 $w_{i1}, w_{i2}, \cdots, w_{im}$，于是该局中人在该阶段博弈中的可行收益为

$$v_i = \sum_{j=1}^{m} \lambda_j w_{ij} \tag{4-37}$$

其中，权重 $\lambda_j \geqslant 0$，且 $\sum_{j=1}^{m} \lambda_j = 1$。

在俗定理中，平均收益概念首先是就阶段博弈的纳什均衡(而非某个或某些可选策略)而言的。局中人在无限重复博弈中的平均收益，即该局中人基于纳什均衡的总收益在各阶段博弈中的平均化(相当于各阶段博弈均能获得的某个固定的即期收益)，实质上是对各阶段博弈基于纳什均衡的即期收益的平滑处理，可谓纵向平均意义上的收益。

记第 i 个局中人的平均收益为 π_i，在第 k 阶段博弈优选策略的即期收益是 π_{ik}，记各期公认且共同的贴现因子为 δ，于是有

$$\sum_{k=1}^{\infty} \delta^{k-1} \pi_{ik} = \pi_i + \pi_i \delta + \pi_i \delta^2 = \frac{\pi_i}{1-\delta} \Rightarrow \pi_i = (1-\delta) \sum_{k=1}^{\infty} \delta^{k-1} \pi_{ik} \tag{4-38}$$

由于平均收益立足于阶段博弈中的纳什均衡，且后者反映了阶段博弈中各方策略及利益的平衡，标志着各方同时处于均衡或满意状态，故而，平均收益大体类似于"各期希望能够获得的、至少能够让大家都满意的某个保底收益"，可视作各期策略或行为选中的底线或最低标准(至少被选中的策略或行为的收益不应低于与纳什均衡对应的平均收益)。言下之意，在阶段博弈中，某种策略若想胜出乃至转换为子博弈精炼纳什均衡，其可行收益至少须

① 参见谢政、戴丽、李建平：《博弈论》，高等教育出版社2018年版，第87页。

② 参见蒙特、塞拉：《博弈论与经济学》，张琦译，经济管理出版社2005年版，第77页。

③ 这些定理的证明中的"有限"首先是就策略或行为(而非阶段次数)而言的。

④ 当然，若阶段博弈仅有一个除纳什均衡策略之外的可选策略，此时凸组合的权重或系数就只有一个，且其值为1。

大于该阶段与纳什均衡相应的平均收益①。

具体说来，只要阶段博弈中某些已选策略的可行收益高于该阶段博弈与纳什均衡对应的策略组合的平均收益（保底收益），那么，这些已选策略就会备受关注乃至作为可能的触发策略而存在。在此前提下，伴随着频频互动（因处于重复博弈之中），博弈各方对已选策略愈发看中（相应的贴现因子也随之提高），以致已选策略的平均收益（而非可行收益）明确高于该阶段博弈纳什均衡对应策略的平均收益。此时已选策略的优势地位几成局中人的固有观念，进而完全胜出、不容撼动，否则若有一个局中人有所背离就会招致其他所有局中人全面且永久的反制。由此，已选策略蜕变为触发策略，主导后续各个阶段的博弈进程，且转换为子博弈精炼纳什均衡。

仍以表 4-1 为基础的重复博弈为例，策略组合（D，D）并非纳什均衡，但其可行收益（-2）高于各阶段博弈纳什均衡（C，C）的平均收益（-3）。随着时间的流逝和互动的累积，策略组合（D，D）的优势意义愈发为两囚徒深信不疑（对应着共同的贴现因子逐步增大）。因而，如果一开始局中人并未选择纳什均衡（C，C），而是阴差阳错地选择策略组合（D，D），则之后两囚徒将一直坚持选择该策略组合。但若万一中间阶段某个囚徒选择 C，之后两囚徒将一直选择纳什均衡（C，C）；不过其收益明显低于策略组合（D，D），也意味着选择 C 将永远两败俱伤。所以，策略组合（D，D）是个更具优势意义的触发策略、不容背离，D—D—D—……将构成子博弈精炼纳什均衡。

可见，俗定理实质上隐含着触发策略及其相关的子博弈精炼纳什均衡的形成机制。在重复博弈条件下，可望在阶段博弈纳什均衡的基础上发掘更具优势意义的策略组合及其相关的子博弈精炼纳什均衡，只要博弈各方具有足够的耐心（即共同的贴现因子足够大，大到足以保证优势策略的平均收益大于纳什均衡策略的平均收益）②。这些也启发我们：探究无限重复博弈中的子博弈精炼纳什均衡不妨从阶段博弈的纳什均衡开始，在其基础上考虑共同贴现因子的变动因素，继而寻求更大的平均收益，从中发掘更具优势意义的策略。

俗定理的现实意义是朴素的。比如，人们在长期对抗的历史进程中，或许偶然感受到合作比对抗更有价值，即便此时对抗仍是人际交往的主导策略。然而，随着合作交往的不断累积，各方对合作的期许不断增强（因能逐渐尝到源自合作的"更大的甜头"，也反映了与合作策略相应的贴现因子的提高），同时也能感知彼此对背离合作的反对立场逐步稳定可信、惩罚力度不断加大，惩罚时效更为长久，由此感受到合作的价值不断增强。随着人际交往和人们对合作策略的不断认同，关于合作的贴现因子也随之不断提高，直至使得合作策略产生的基本收益（可行收益）明显高于由广泛实施对抗策略而产生的基本收益（平均收益），以致各方对合作策略的偏爱无以复加，此时各方均坚持且相信：一次背叛合作定将受到严厉且永久的惩罚。由此，合作策略将取代对抗策略，继而永远主导人际交往。

这种经过策略互动的历史积淀所形成的合作策略，一旦在社会上确立起来就不容撼动，否则就会永久遭受针对背叛合作的可信且公开的严惩。在此，合作策略不正是一种触发策略吗？如果将这里的合作策略和对抗策略分别视作任何两个相互对立的策略（或者进一步地，任何两个二选一的策略），俗定理岂不是还可以解释更多的触发策略问题？

---

① 这也不无道理，否则还不如选择与纳什均衡对应的策略或行为。

② 关于俗定理的证明及理解，可参见谢政、戴丽、李建平：《博弈论》，高等教育出版社 2018 年版，第 100～103 页。

第三节 不完全信息静态博弈

不完全信息意味着任一局中人并非完全了知对手的决策特点以及可选策略或行为。与完全信息情形相比,不完全信息情形变数较多,局中人之间关于决策特点、可选策略或行为、收益格局等的任何不确定性、任何非充分性或任何非对称性,都可能影响局中人的策略或行为选择,以致形成不同的策略组合及其均衡。由此,不完全信息博弈明显较完全信息博弈复杂多变,其理论分析自然也难以尽述现实中不完全信息博弈的所有情形。

目前来看,关于不完全信息博弈的研究主要涉及私人信息问题。所谓私人信息,即某个局中人自己拥有但其他局中人不曾拥有的信息,后者往往直接关乎最终收益。比如,局中人甲知道自己及其他所有局中人的决策类型,其他所有局中人也都知道自身及对方的决策类型,但就是都琢磨不透甲究竟属何种决策类型,最多仅能把握甲各种类型出现的可能程度(概率)。而甲的决策类型若为 A 则有望让大家各赚 100 万元,若为 B 则会让大家各亏 100 万元。此时,甲的决策类型就是私人信息,它对大家的策略或行为选择至关重要,也是造成未来收益不确定(形成不完全信息)的主要根源。

私人信息的存在反映信息资源分布的非对称性,且由此将局中人分为信息优势方和信息劣势方。其中,信息优势方即拥有私人信息的局中人,信息劣势方即仅拥有共同知识的局中人。信息劣势方难以完全预期或把控信息优势方的策略或行为选择,在决策时只能依据共同知识,继而猜测或推断信息优势方的策略或行为选择。不过,如果互动是可持续的(即博弈是动态的),信息劣势方也可能具有后发优势,其策略或行为选择也会影响信息劣势方的最终收益。如此,信息优势方亦不可恣意妄为,仍须重视且评估信息劣势方的各种策略或行为选择及其可能后果。

当然,任何局中人都可能拥有自己相对独特的私人信息,以致局中人彼此能够相互掣肘,此时私人信息可说明信息资源分布的对称性以及局中人在决策地位方面的平等性、在决策机制方面相关性。本节将立足于私人信息情形考察同时决策时的博弈活动,着力说明其分析技巧、均衡概念及求解思路。

一、哈桑尼(Harsanyi)转换

不完全信息静态博弈即在私人信息存在条件下所有局中人同时决策而形成的一次性策略或行为互动。这很像彼此并不完全熟悉的搏击高手之间所展开的出手定胜负的比赛。在这种赛事中,任一局中人都对出手格外慎重,以致不愿主动出手,因为各方仅有一次出手机会,开局即结局,即便信息资源分布存在优劣之别。于是,各方都踟蹰不前,博弈往往因之僵持不下。与之相应,不完全信息静态博弈一度难以予以理论分析。

美籍经济学家约翰·哈桑尼于 1967 年就此提出其解决方法(即所谓"哈桑尼转换"),为处理不完全信息静态博弈问题提供了经典思路。为理解哈桑尼转换的基本方法,我们在此仍以囚徒博弈为例做些讨论。

如表 4-4～表 4-6 所示,囚徒甲和乙今非昔比:两者拥有的信息并不对等。其中,甲仅仅拥有共同信息。乙除拥有共同信息之外,还拥有私人信息:只有乙知道他自己对甲究竟出于同情(记作 H)立场、中立(记作 M)立场或背叛(记作 L)立场,甲对此无从判断。

表 4-4　乙出于 *H* 立场

		囚徒乙	
		C	*D*
囚徒甲	*C*	$\underline{-2}$，$\underline{-2}$	−1，−3
	D	−3，−1	$\underline{-0.5}$，$\underline{-0.5}$

表 4-5　甲出于 *M* 立场

		囚徒乙	
		C	*D*
囚徒甲	*C*	$\underline{-3.5}$，$\underline{-3.5}$	$\underline{-2}$，−4
	D	−4，$\underline{-2}$	−3，−3

表 4-6　甲出于 *L* 立场

		囚徒乙	
		C	*D*
囚徒甲	*C*	−6，−9	−6，−9
	—	—	—

由划线法可知，当乙出于 *H* 立场而决策时，如表 4-4 所示，纳什均衡为（*C*，*C*）和（*D*，*D*）；当乙出于 *M* 立场而决策时，如表 4-5 所示，纳什均衡为（*C*，*C*）；当乙出于 *L* 立场而决策时，如表 4-6 所示，此时乙抱定鱼死网破的心态，此时无论甲采取策略 *C* 还是策略 *D*，其结果相同（因为甲的案底将“大白于天下”），纳什均衡为（*C*，*C*）和（*D*，*D*）。显然，这些纳什均衡都可能发生、都可能成立，在不完全信息条件下，难以做出进一步的判定。然而，事实上面对如此情境，局中人又总是会做出确定的决策。

哈桑尼转换将上述不完全信息静态博弈转换为图 4-6 所示的不完美但完全信息动态博弈。其中，0 表示“自然”（虚拟局中人），他有分配（或指定）囚徒乙的类型的权利，后者亦即“自然”的可选行为。囚徒甲在“自然”做出行为选择（赋予其类型）后，基于其所感受到的类型及其不确定性展开决策。再其后，囚徒乙做出决策。

具体而言，哈桑尼转换的基本思路是：

（1）将不完全信息静态博弈的结果视作一个动态博弈的结果，且动态博弈的最初阶段集中用于反映私人信息及其产生的不确定性。

（2）引入“自然”（即掌控不确定性的虚拟局中人，可视作“上帝”），将私人信息及其产生的不确定性归结为类型组合，后者构成“自然”所拥有的可选策略或行为。如图 4-6 中，囚徒甲的类型众所周知、可设定为一个（如 *E*），囚徒乙的类型有三个（即 *H*、*M* 和 *L*），由此形成三个类型组合（*EH*、*EM* 和 *EL*），后者构成“自然”的可选策略或行为。

（3）在信息资源非对称分布时，“自然”将类型组合分配给信息劣势方（即不掌握私人信息的局中人）而不是信息优势方，由此，信息劣势方成为先决策者且率先感受不确定性，私人信息及其不确定性由此被植入或“传导”至整个博弈过程，且对任一后决策者（信息优势方）

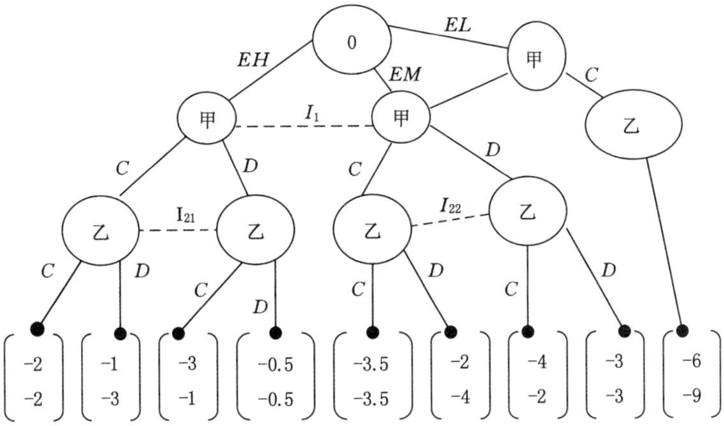

H—乙对甲报以同情；*M*—乙对甲保持中立；*L*—乙对甲全面背叛；*C*—坦白，*D*—抗拒；*E*—甲的类型。

图 4-6　不完全信息静态博弈经哈桑尼转换后变为不完美但完全信息动态博弈

而言，在其决策节点之前的历史信息总是不完美信息。如图 4-6 所示，信息劣势方为甲，信息优势方为乙，“自然”将类型组合 *EH*、*EM* 和 *EL* 分配给甲，这等于“自然”对甲可采取三种策略或行为，且让甲率先感受到不确定性。

（4）在信息资源对称分布时，或所有局中人均拥有私人信息时，局中人之间的决策顺序可随机设定或依托某些现实决策中的内在作用机制而设定，在此基础上，“自然”将类型组合随机分配给最先决策者，最先决策者在形式上（而非实质上）直接面对不确定性，由此将私人信息及其不确定性植入或“传导”至整个博弈过程。

（5）不完全信息静态博弈要求所有局中人同时决策或彼此独立决策，各个局中人之间的决策地位是平等的，实质上并无先后依存关系，因而，经过转换之后的博弈树理应多种多样。在这个博弈树中局中人甲可能是先决策者，在那个博弈树中局中人甲就可能是后决策者。这意味着，哈桑尼转换在最初环节（即“自然”分配决策类型组合）是确定的，有多少种关于决策类型组合就有多少条从“自然”到首位真实局中人的策略路径，但之后的策略路径则多种多样（因为在每条策略路径下，所有局中人仍可依照先后次序进行排列组合），由此将得到一个个反映局中人不同决策顺序的多个博弈树（即多个扩展式博弈）。

（6）哈桑尼转换中的博弈树具有类似“思维导图”的性质，其价值在于为相应情形中的分析或计算提供指引；如在下文图 4-7 经过转换的博弈树中，局中人 1 和局中人 2 的次序就是可以调换的且在分析时必须调换，由此哈桑尼转换可进行两次以致得到两个博弈树（尽管图 4-7 仅绘制其中一种），但图中的这个博弈树有助于指引后续分析。

（7）转换之后，面对历史信息，无论先决策者还是后决策者，都将处于不完美信息状态。这是因为，私人信息及其不确定性不仅影响形式上的先决策者或信息劣势方，同样影响形式上的后决策者或信息优势方。这完全贯彻了转换之前的不完全信息静态博弈的内在要求（即局中人同时决策，即便存在信息优势方和劣势方之间的区别）。如在图 4-6 中，甲和乙在决策时，所依据的过去的信息都具有不确定性，因而都面临着不完美信息。

（8）转换之后，各个局中人在其决策节点，都能完全预期到未来的可选策略或行为、以及相应的收益，因而博弈又都属于完全信息博弈。

(9) 真实局中人追求利益最大化,根据自己可选策略或行为同其他局中人可选策略或行为之间的相关性及收益,基于最大收益准则选择自己较具优势意义的策略或行为。

(10) 直至所有真实局中人同时做出最优策略反应,博弈方才达到终点,真实局中人才能真正获得其相应的最大收益。

总之,引入虚拟的局中人——“自然”,将所有的类型组合均视作“自然”的可选策略或行为,“自然”将所有类型组合直接分配给某个真实的局中人,后者同其他所有的真实局中人之间形成完全信息动态博弈①;私人信息及其不确定性由此被植入整个博弈过程,不完全信息静态博弈由此被等价转换为不完美但完全信息动态博弈。在此过程中,未来收益的不确定性被归结为具有初始意义的类型组合的不确定性(由此形成“不完美信息”),未来的不确定性收益也因此转换为与不同的类型组合相对应的确定性收益(因而仍属“完全信息”)。

二、贝叶斯博弈与贝叶斯纳什均衡

私人信息及其产生的不确定性,使得不完全信息博弈分析需要综合考虑经验、推断以及事件(如决策类型)发生的现实可能性,由此将触及各类概率因素(如主观和客观概率、先验和后验概率)。这些在数学上属于贝叶斯(Bayes)学派的研究范畴。因此,不完全信息博弈及其均衡往往以“贝叶斯”冠名,如不完全信息静态博弈一般称作贝叶斯博弈,其策略均衡也称作贝叶斯纳什均衡。

(一) 类型、行为与策略

在不完全信息静态博弈中,每个局中人都可能拥有自己的私人信息,后者可被划分为不同的类型。如在图 4-6 中,囚徒乙的私人信息就是他对囚徒甲的立场,后者可被划分为三种类型,即 H、M 和 L。囚徒甲则不存在私人信息,故而也不存在所谓的类型问题。原则上,每个局中人都可能拥有自己的私人信息,后者可被划分为不同的类型,由所有类型形成的集合即类型集合(又称类型空间)。如在图 4-6 中,囚徒乙的类型空间可被记作$\{H,M,L\}$。

一般地,第 i 个局中人的类型空间可被记作 T_i。从每个局中人的类型空间中均任取一个具体类型加以组合,则构成所有局中人的一个类型组合,如 $t=[t_1, t_2,\cdots,t_n]$,其中 t_1 指第 1 个局中人从其类型空间 T_1 选取的某个具体的类型。相似的,各种类型组合的集合构成类型组合空间,记作 $T_1\times T_2\times\cdots\times T_n$。不难推断,假设 n 个局中人的类型集合分别有 $k_1,k_2,\cdots k_n$ 个元素(具体类型),则一个不完全静态博弈中的类型组合空间共有 $k_1\times k_2\times\cdots\times k_n$ 个元素(类型组合)。在经过哈桑尼转换所得到的扩展式博弈中,类型组合的数量等同于从“自然”到最先决策者之间的路径数量。

另外,局中人所有可供选择的行为构成其行为集合(又称行为空间)。就此,可将第 i 个局中人的行为空间记作 A_i。如在图 4-6 中,甲和乙的行为空间都是$\{C,D\}$。

在不完全信息静态博弈中,局中人 i 决策的任务(策略)就在于从某个类型(如 t_i)出发

① 简言之,以图 4-6 为例,“自然”到甲(首位真实局中人)之间的部分囊括了私人信息及不确定性问题(因而对之后的局中人及其互动来说这一部分是不完美信息),从甲(首位真实局中人)至最后都是完全信息动态博弈。不仅如此,甲(首位真实局中人)的位置总可被其他任一局中人替换,由此从首位真实局中人到末位真实局中人之间可不断组成新的完全信息动态博弈,后者体现了真实局中人之间的静态博弈实质:不完全信息静态博弈毕竟是静态博弈,真实局中人之间的先后次序实质上是不存在的;哈桑尼转换中的完全信息动态博弈仅仅是出于分析的需要而由研究者主观设定的。

选择行为(a_i)，这体现了从类型空间 T_i 到行为空间 A_i 的映射关系，即

$$T_i \xrightarrow{s_i} A_i \quad 或 \quad a_i = s_i(t_i) \tag{4-39}$$

在图 4-6 中，囚徒甲和乙决策的任务(策略)就在于，立足于某个具体类型选择可能的行为。由于甲的类型仅有一个，他的策略不是选择 C 就是选择 D，故而，甲的策略集(策略空间)即$\{C,D\}$①。乙有三个类型，每个类型下都可能选择 C 或选择 D，所以，乙的行为选择共有 8 种可能组合，即乙的策略集(策略空间)为$\{(C,C,C),(C,C,D),(C,D,C),(C,D,D),(D,C,C),(D,C,D),(D,D,C),(D,D,D)\}$；此时，策略集中的每个元素均是三维向量，每一维度均对应一个特定类型。

需要说明的是，不完全信息博弈中的行为选择仍是获取最大收益。这同完全信息博弈并无区别。只不过，在不完全信息条件下，由于总存在不确定性，加之个中收益计算又总是立足于一定的前提条件，故而，最大收益往往进一步体现为最大的条件预期收益。

(二) 贝叶斯公式与条件期望收益

在不完全信息静态博弈中，尽管每个局中人的各种类型出现的概率不为其他局中人准确所知，但通常均假设所有局中人都知道各种类型组合出现的概率，也就是将与类型组合对应的概率空间视作共同知识。据此，任一局中人在决策时，在明确自身所处类型的前提下，总可借助贝叶斯法则推断出其他局中人类型组合的概率(即条件概率)，后者也构成一定条件下该局中人对类型组合出现概率的一种判断或信念。其中的贝叶斯法则，即贝叶斯公式(逆概率或子概率计算公式)，一般可写作如下形式：

$$p(t_1,t_2,\cdots,t_{i-1},t_{i+1},\cdots,t_n \mid t_i) = \frac{p(t_1,t_2,\cdots,t_{i-1},t_i,t_{i+1},\cdots,t_n)}{\sum p(\hat{t}_1,\hat{t}_2,\cdots,\hat{t}_{i-1},t_i,\hat{t}_{i+1},\cdots,\hat{t}_n)} \tag{4-40}$$

其中，公式左边表示局中人 i 选择其类型 t_i 的条件下、所判断的其他局中人选择类型组合(t_1, t_2,$\cdots$,t_{i-1},t_{i+1},$\cdots$,t_n)(简单记作 t_{-i})时的条件概率，公式右边的分子表示含类型 t_i 的某个类型组合的概率，公式右边的分母表示含 t_i 类型的所有类型组合的概率，此处分子显然是分母的子项。

由于公式右边的分子项和分母项都是共同知识(所有局中人都知道)，因而公式左边的条件概率很容易计算出来。比如，在一个双人博弈中，第一个局中人有 2 种类型(分别记作 A、B)，第二个局中人有 3 种类型(C、D、E)，则类型组合空间为$\{AC,AD,AE,BC,BD,BE\}$，共有 6 个元素(类型组合)。各类型组合出现的概率是共同知识，如表 4-7 所示。

表 4-7　双人博弈中局中人的类型组合及其概率分布

类型组合	AC	AD	AE	BC	BD	BE
概率分布 $P(\cdot)$	1/17	2/17	3/17	4/17	5/17	2/17

其中含 A 的类型组合有三个，即(AC)、(AD)和(AE)。由贝叶斯法则或式(4-41)可

① 简单起见，本节不去探究“策略”的内在结构，而是关注其外在表现、将其等同于“可供选择的行为”“有待确认的行为”，它包含“最终被选中和未被选中的行为”，而真正的“行为”则指“最终被选中的行为”、经过策略(选择)过滤而“沉淀下来”的行为。

知，在第一个局中人具备类型 A 的前提下，第二个局中人具备 C 的概率是

$$p(C|A)=\frac{P(AC)}{P(AC)+P(AD)+P(AE)}=\frac{1/17}{1/17+2/17+3/17}=\frac{1}{6} \tag{4-41}$$

进一步地，局中人 i 在其决策类型为 t_i 时选择行为 a_i 的条件期望收益是

$$Eu_i(t_i,a_i)=\sum_{t_{-i}\in T_{-i}} p(t_{-i}|t_i)u_i[s_{-i}(t_{-i}),a_i|t_{-i},t_i] \tag{4-42}$$

其中，$T_{-i}=T_1\times T_2\times\cdots\times T_{i-1}\times T_{i+1}\times\cdots\times T_n$，是指由除第 i 个局中人之外的所有其他局中人的类型组合构成的集合。$s_{-i}(t_{-i})$ 是第 i 个局中人选择 a_i 行为且其他所有局中人的类型组合为(t_{-i},t_i)时其他所有局中人的可选行为序列，即 $s_{-i}(t_{-i})=(a_1,\cdots,a_{i-1},a_{i+1},\cdots,a_n|t_{-i},t_i)$，亦即 $[s_1(t_{-i},t_i),\cdots,s_{i-1}(t_{-i},t_i),s_{i+1}(t_{-i},t_i),\cdots,s_n(t_{-i},t_i)]$。$u_i[s_{-i}(t_{-i}),a_i|t_{-i},t_i]$ 表示第 i 个局中人面对类型组合(t_{-i},t_i)并选择 a_i 行为所能实现的收益，可视作 a_i 的收益函数。

（三）贝叶斯纳什均衡与最优反应函数法

在不完全信息静态博弈中，条件期望收益具有决定意义，而贝叶斯法则在条件期望收益计算中又具有基石地位，因而不完全信息静态博弈又称作贝叶斯博弈。不难发现，贝叶斯博弈的基本结构要素同以往的完全信息博弈已有所变化：除局中人、策略、收益等基本因素外，还包括类型组合空间及其相关的概率分布等要素。此外，策略要素实则体现为类型空间和行为空间。于是，一个贝叶斯博弈可被记作：

$$G=\{N;T_1,T_2,\cdots,T_n;A_1,A_2,\cdots,A_n;P;U_1,U_2,\cdots,U_n\} \tag{4-43}$$

其中，P 为由各种类型组合的概率构成的集合，即类型组合的概率空间。

贝叶斯博弈中的纳什均衡（即贝叶斯纳什均衡）可被定义为一个特殊的策略组合$(s_1^*,\cdots,s_{i-1}^*,s_i^*,s_{i+1}^*,\cdots,s_n^*)$，满足如下条件：对任一局中人（如局中人 i）而言，任取其某个类型及某个行为，总有①

$$\sum_{t_{-i}\in T_{-i}} p(t_{-i}|t_i)u_i(s_{-i}^*(t_{-i}),s_i^*|t_{-i},t_i)\geqslant\sum_{t_{-i}\in T_{-i}} p(t_{-i}|t_i)u_i[s_{-i}^*(t_{-i}),a_i|_{t-i},t_i] \tag{4-44}$$

上式意味着：贝叶斯纳什均衡是下列问题的最优解

$$\max_{a_i}\sum_{t_{-i}\in T_{-i}} p(t_{-i}|t_i)u_i[s_{-i}{}^*(t_{-i}),a_i|t_{-i},t_i] \tag{4-45}$$

可见，贝叶斯纳什均衡是一种基于预期收益最大化的策略均衡，它取决于博弈各方关于类型组合的概率分布的共识，因而在相当意义上又是一种同时达成的信念均衡。不仅如此，将贝叶斯纳什均衡同纳什均衡相比，还可发现：两者都是依条件均衡（某个局中人的最优选择均随其他局中人选择的变化而变化）。由于后者基于所有局中人行为选择之间的相关性，进而表现为最优反应函数，且在所有局中人最优反应函数的交互作用中推定均衡，因而最优反应函数法原则上可用于贝叶斯纳什均衡的求解问题。

实际上，考虑到贝叶斯博弈可借助哈桑尼转换进而等价于不完美但完全信息动态博弈，且由此使得局中人在形式上存在先后次序之分，故而，原先适用于完全信息动态博弈情形中的逆向归纳法，亦可部分用于贝叶斯纳什均衡的求解问题。也就是立足于特定的

① 这里给出的贝叶斯纳什均衡立足于离散情形。连续情形的贝叶斯纳什均衡可将条件概率替换为边缘分布继而用积分方式定义。

不完美但完全信息动态博弈，可先分析最后决策的局中人的最优行为选择（当然此时就会假设在倒数第二期决策的局中人的行为选择既定），继而以后者为已知条件再分析在倒数第二期决策的局中人的最优行为选择。如此类推，直至推导出所有局中人的最优行为选择。

不难发现，上述逆向归纳法在运用时颇有"前提与结论互推互证"的特点：先假设之前决策者的行为选择既定（前提），继而导出后决策者的最优行为选择（结论）；在此基础上，再假设后决策者的最优行为选择既定（前提），然后导出先决策者的最优行为选择（结论）。一旦前提与结论完全可以互推互证，此时所有决策者恰恰都能做出具有相互依赖性质的最优行为选择。这种前提与结论的互推互证性质使得逆向归纳法构成应用最优反应函数法的一个环节，以致在根本上从属于最优反应函数法。

总之，最优反应函数法在贝叶斯纳什均衡的求解过程中具有基础地位，是求解贝叶斯纳什均衡的根本大法，尽管它首先直观地表现为逆向归纳法。当然，与完全信息情形相比，在贝叶斯纳什均衡求解中运用最优反应函数法，须全面考虑类型组合及其概率分布因素，在考虑各种类型组合及其概率分布的前提下运用最优反应函数法。

比如，在图 4-6 所示的囚徒博弈中，甲和乙分别作为先决策者和后决策者均须考虑对方的可能行为。在求解贝叶斯纳什均衡时，可基于逆向归纳法，先考察乙的最优行为选择，为此须假设甲的某个行为选择（记作 A）。在导出乙的某个最优行为选择（记作 B）之后，可以乙的该最优行为选择为条件，推定甲的最优行为选择，考察后者是否与 A 相一致。若一致，则前提与结论实现互推互证，贝叶斯纳什均衡出现。

还应注意到，由于依条件均衡的存在性可归结为不动点的存在性，贝叶斯纳什均衡的存在性最终也可被归结为不动点的存在性。事实也的确如此。一般来说，当任一局中人的行为空间都是有界闭凸集，且其收益函数是行为的连续凹函数时，则贝叶斯博弈（不完全信息静态博弈）中一定存在纯策略意义上的贝叶斯纳什均衡①。将纳什均衡和贝叶斯纳什均衡的存在逻辑稍加对比可知：两者的前提和结论实质相同。进一步地，混合策略意义上，贝叶斯纳什均衡也是存在的，后者同样强调行为（而非混合策略纳什均衡下的策略）的有限性②。

三、不完全信息静态博弈算例：囚徒行为选择

为廓清贝叶斯纳什均衡的分析与求解思路，我们先以图 4-6 所示的不完全信息条件下的囚徒静态博弈为例做些说明。在图 4-6 所示情形中，假设"自然"选择类型 H、M 和 L 的概率分别为 p、q 和 $(1-p-q)$，且囚徒甲和乙的行为空间都是 $\{C,D\}$。不过，由于 EL 类型组合对应的收益组合，无论对甲还是对乙而言其收益组合都是最低的，后者并不符合甲和乙的理性选择，故而，该路径可舍弃不予讨论。

（1）给定先决策者甲的行为选择 $s_1=C$，考察乙的策略反应及整个博弈的贝叶斯纳什均衡。

① 当甲属于类型 H 时，乙基于最大收益进行行为选择 $s_2(H)$、确定具体行为 a_{2H}。

① 参见谢政、戴丽、李建平：《博弈论》，高等教育出版社 2018 年版，第 65 页。

② 限于篇幅和难度，本书暂不涉及贝叶斯混合策略博弈问题。有兴趣者可参见谢政、戴丽、李建平：《博弈论》，高等教育出版社 2018 年版，第 68～70 页。

$$u_2(C,a_{2H};H)=\max_{a_{2H}}\{u_2(C,C;H),u_2(C,D;H)\}=\max_{a_{2H}}\{-2,-3\}=-2$$
$$\Rightarrow s_2(H)=a_{2H}=C \tag{4-46}$$

② 当甲属于类型 M 时，乙基于最大收益进行行为选择 $s_2(M)$、确定具体行为 a_{2M}。

$$u_2(C,a_{2M};M)=\max_{a_{2M}}\{u_2(C,C;M),u_2(C,D;M)\}=\max_{a_{2H}}\{-3.5,-4\}=-3.5$$
$$\Rightarrow s_2(M)=a_{2M}=C \tag{4-47}$$

式(4-46)～式(4-47)表明，无论甲属于何种类型，只要甲选 C，乙的最优选择都是 C，或记作(C,C)。那么，反过来说，当乙选择策略(C,C)时，甲的最优行为选择会是 C 吗？如果是，那么，$(C,(C,C))$是自洽的，且对甲乙而言都是同时能够接受的最优行为选择，故其构成一个贝叶斯纳什均衡。否则，如果甲的最优行为选择为 D，后者同“甲选 C”的前提相矛盾，$(D,(C,C))$就不是一个贝叶斯纳什均衡。

现在考虑当乙选择 C 时甲的最优策略反应。后者取决于甲的条件期望收益最大化问题。

$$\max_{a_1}\{pu_1(a_1,C;H)+qu_1(a_1,C;M)+(1-p-q)u_1(a_1,C;L)\}$$
$$=\max_{a_1}\{pu_1(C,C;H)+qu_1(C,C;M)+(1-p-q)u_1(C,C;L),pu_1(D,C;H)+qu_1(D,C;M)\}$$
$$=\max_{a_1}\{pu_1(C,C;H)+qu_1(C,C;M)+(1-p-q)u_1(C,C;L),pu_1(D,C;H)+qu_1(D,C;M)\}$$
$$=\max_{a_1}\{-2p-3.5q-6(1-p-q),-3p-4q\} \tag{4-48}$$

由式(4-49)可知，当 $7p+6.5q>6$ 时 $a_1=C$；当 $7p+6.5q<6$ 时 $a_1=D$。注意到 $0\leqslant p+q\leqslant 1$ 且 $0\leqslant p\leqslant 1$，$0\leqslant q\leqslant 1$，这些同 $7p+6.5q>6$ 并不矛盾，而此时甲最优选择为 C，也同前提（甲选择策略 C）相一致，因而$(C,(C,C))$是一个贝叶斯纳什均衡。但当 $7p+6.5q<6$ 时，甲的最优选择是 D，这同前提（甲选择策略 C）不相一致，因而，行为组合$(D,(C,C))$不是贝叶斯纳什均衡。

(2) 给定先决策者甲的行为选择 $s_1=\mathrm{D}$，考察乙的策略反应及整个博弈的贝叶斯纳什均衡。

① 当甲属于类型 H 时，乙基于最大收益进行行为选择 $s_2(H)$、确定具体行为 a_{2H}。

$$u_2(D,a_{2H};H)=\max_{a_{2H}}\{u_2(D,C;H),u_2(D,D;H)\}=\max_{a_{2H}}\{-1,-0.5\}=-0.5$$
$$\Rightarrow s_2(H)=a_{2H}=D \tag{4-49}$$

② 当甲属于类型 M 时，乙基于最大收益进行行为选择 $s_2(M)$、确定具体行为 a_{2M}。

$$u_2(D,a_{2M};M)=\max_{a_{2M}}\{u_2(D,C;M),u_2(D,D;M)\}=\max_{a_{2H}}\{-2,-3\}=-2$$
$$\Rightarrow s_2(M)=a_{2M}=C \tag{4-50}$$

③ 当甲属于类型 L 时，甲不存在行为选择 D（与前提 $s_1=D$ 相矛盾），此时无须讨论乙的策略反应且 $p+q=1$。

也就是说，给定甲的策略行为 D，乙的策略反应可能是 D 也可能是 C，或者说，乙的最优行为选择为(D,C)。现在考察当类型为 H 且乙选 D、当类型为 M 且乙选 C 时，甲的最优行为选择。若甲的最优行为选择为 D，则同前提一致，此时存在贝叶斯纳什均衡，否则将不存在贝叶斯纳什均衡。考察甲的条件预期收益及其行为选择，即

$$\max_{a_1}\{pu_1(a_1,D;H)+qu_1(a_1,C;M)+(1-p-q)u_1(a_1,D;L)\}$$

$$=\max_{a_1}\{pu_1(C,D;H)+qu_1(C,C;M),pu_1(D,D;H)+qu_1(D,C;M)\}$$
$$=\max_{a_1}\{-p-3.5q,-0.5p-4q\} \tag{4-51}$$

由式(4-51)可知，当 $0\leqslant p\leqslant 1/2$ 时 $a_1=C$，后者同前提(甲的行为选择为 D)相矛盾；当 $1/2<p<1$ 时 $a_1=D$，后者同前提(甲的行为选择为 D)相一致。因而，当甲的类型为 H 的概率大于 0.5 时，$(D,(D,C))$ 是贝叶斯纳什均衡。

综上可知，该博弈的贝叶斯纳什均衡共有两个，即 $(C,(C,C))$、$(D,(D,C))$。这表明：当囚徒乙执意选择 C 时，囚徒甲将选择 C；否则，囚徒甲将选择 D。

上述求解过程诠释了贝叶斯纳什均衡的一般求解思路，即“给出某一局中人(如甲)的行为选择(即前提行为选择)→基于特定的类型组合导出其他局中人(即乙)的最优行为选择→基于其他局中人的最优行为选择反推局中人甲的最优行为选择→局中人甲的最优行为选择同前提行为选择是否等同；若等同则局中人均同时做出最优行为选择，此时存在贝叶斯纳什均衡，否则不存在贝叶斯纳什均衡”。为夯实这一前提与结论互推互证进而推定贝叶斯纳什均衡的思路，接下来我们再举出两则算例。

四、不完全信息静态博弈算例：古诺寡头的产量决定

与一般的古诺模型相同，这里仍假设寡头市场上产品同质同价，且产品价格决定于产品的供给数量，寡头决策的问题仍在于：为追求最大利润选择最优的产量。不过，出于简化考虑，同时为了着力突出前文“前提与结论互推互证”及其对贝叶斯纳什均衡求解的意义，我们进一步假设：

(1) 该市场仅存在两个寡头，即寡头 1 和寡头 2。

(2) 两寡头各自的边际成本固定，高低水平仅自身了解而对手均难以掌握，即边际成本类型(高或低)均属私人信息。

(3) 各寡头均坚信自己和对手面对不同的边际成本类型均会形成不同的产量计划①。

(4) 市场可完全预期寡头 1 和寡头 2 之间遭遇“低—低”边际成本竞争、“低—高”边际成本竞争、“高—低”边际成本竞争和“高—高”边际成本竞争的概率分别为 m、n、r 和 s，且 $m+n+r+s=1$，即寡头关于边际成本竞争格局的出现概率问题属共同知识。

(5) 不存在固定成本，于是成本函数为边际成本与产量的乘积，即 $TC_i=F_i+C_iq_i$，$i=1,2$。

(6) 市场价格 p 同市场供给量之间的关系为 $p=a-q_1-q_2$。其中，q_1 和 q_2 视边际成本的具体类型的变化而变化，当然 $0<q_1+q_2<a$。

基于上述假设，试问：寡头 1 和寡头 2 同时行动时的最佳产量各是多少？

我们不妨记寡头 1 和寡头 2 的高低边际成本类型分别为 t_{11}、t_{12}、t_{21} 和 t_{21}，对应的边际成本分别记作 C_{1H}、C_{1L}、C_{2H} 和 C_{2L}，产量分别为 q_{1H}、q_{1L}、q_{2H} 和 q_{2L}。借助哈桑尼转换，可得到一个扩展式博弈(博弈树，如图 4-7 所示)作为该问题贝叶斯纳什均衡分析的指引。

(一) 类型组合及其条件概率计算

由共同知识假设，可得到寡头 1 在知道其类型时的系列条件概率 $p(t_{21}|t_{11})$、$p(t_{22}|$

① 即排除面对低边际成本而选择生产与高边际成本相应的产量、面对高边际成本而选择与生产低边际成本相应的产量等的情形。

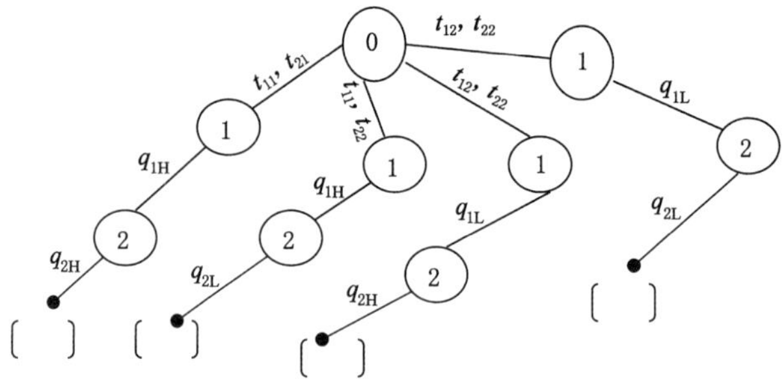

图 4-7　不完美但完全信息动态博弈中的双寡头产量选择示意图

t_{11})、$p(t_{21}|t_{12})$和 $p(t_{22}|t_{12})$,以及寡头 2 在知道其类型时的系列条件概率 $p(t_{11}|t_{21})$、$p(t_{12}|t_{21})$、$p(t_{11}|t_{22})$和 $p(t_{12}|t_{22})$,具体如下:

$$p(t_{21}|t_{11})=\frac{p(t_{21},t_{11})}{p(t_{21},t_{11})+p(t_{22},t_{11})}=\frac{m}{m+n}$$

$$p(t_{22}|t_{11})=\frac{p(t_{22},t_{11})}{p(t_{21},t_{11})+p(t_{22},t_{11})}=\frac{n}{m+n}$$

$$p(t_{21}|t_{12})=\frac{p(t_{21},t_{12})}{p(t_{21},t_{12})+p(t_{22},t_{12})}=\frac{r}{r+s}$$

$$p(t_{22}|t_{12})=\frac{p(t_{22},t_{12})}{p(t_{21},t_{12})+p(t_{22},t_{12})}=\frac{s}{r+s}$$

$$p(t_{11}|t_{21})=\frac{p(t_{11},t_{21})}{p(t_{11},t_{21})+p(t_{12},t_{21})}=\frac{m}{m+r}$$

$$p(t_{12}|t_{21})=\frac{p(t_{12},t_{21})}{p(t_{11},t_{21})+p(t_{12},t_{21})}=\frac{r}{m+r}$$

$$p(t_{11}|t_{22})=\frac{p(t_{11},t_{22})}{p(t_{11},t_{22})+p(t_{12},t_{22})}=\frac{n}{n+s}$$

$$p(t_{12}|t_{22})=\frac{p(t_{22},t_{12})}{p(t_{21},t_{12})+p(t_{22},t_{12})}=\frac{s}{n+s}$$

(二) 给定寡头 1 的策略(q_{1H},q_{1L}),考察寡头 2 的最优策略反应

(1) 寡头 2 知道自己属于类型 t_{21} 时将选择产量 q_{2H},此时其条件期望利润为

$$E\pi_2(t_{21})= p(t_{11}|t_{21})(a-q_{1H}-q_{2H}-c_{2H})q_{2H}+p(t_{12}|t_{21})(a-q_{1L}-q_{2H}-c_{2H})q_{2H}$$
$$=\frac{m}{m+r}(a-q_{1H}-q_{2H}-c_{2H})q_{2H}+\frac{r}{m+r}(a-q_{1L}-q_{2H}-c_{2H})q_{2H} \quad (4\text{-}52)$$

寡头 2 追求条件期望利润的最大化,于是可得 q_{2H} 的最优反应函数

$$E\pi_2(t_{21})^{\max}\Rightarrow\frac{\partial E\pi_2(t_{21})}{\partial q_{2H}}=0\Rightarrow q_{2H}=a-c_{2H}-\frac{mq_{1H}+rq_{1L}}{m+r} \quad (4\text{-}53)$$

(2) 寡头 2 知道自己属于类型 t_{22} 时将选择产量 q_{2L},此时其条件期望利润为

$$E\pi_2(t_{22})=p(t_{11}|t_{22})(a-q_{1H}-q_{2L}-c_{2L})q_{2L}+p(t_{12}|t_{22})(a-q_{1L}-q_{2L}-c_{2L})q_{2L}$$
$$=\frac{n}{n+s}(a-q_{1H}-q_{2L}-c_{2L})q_{2L}+\frac{s}{n+s}(a-q_{1L}-q_{2L}-c_{2L})q_{2L} \quad (4\text{-}54)$$

寡头 2 追求条件期望利润的最大化,于是可得 q_{2L} 的最优反应函数

$$E\pi_2(t_{22})^{\max}\Rightarrow\frac{\partial E\pi_2(t_{22})}{\partial q_{2L}}=0\Rightarrow q_{2L}=a-c_{2L}-\frac{nq_{1H}+sq_{1L}}{n+s}\tag{4-55}$$

上述计算意味着，当寡头 1 的策略为(q_{1H},q_{1L})时，寡头 2 的策略为(q_{2H},q_{2L})，且满足式(4-54)和式(4-56)。

（三）给定寡头 2 的策略(q_{2H},q_{2L})，考察寡头 1 的最优策略反应

(1) 寡头 1 知道自己属于类型 t_{11} 时将选择产量 q_{1H}，此时其条件期望利润为

$$\begin{aligned}E\pi_1(t_{11})&=p(t_{21}\,|\,t_{11})(a-q_{2H}-q_{1H}-c_{1H})q_{1H}+p(t_{22}\,|\,t_{11})(a-q_{2L}-q_{1H}-c_{1H})q_{1H}\\&=\frac{m}{m+n}(a-q_{2H}-q_{1H}-c_{1H})q_{1H}+\frac{n}{m+n}(a-q_{2L}-q_{1H}-c_{1H})q_{1H}\end{aligned}\tag{4-56}$$

寡头 1 追求条件期望利润的最大化，于是可得 q_{1H} 的最优反应函数

$$E\pi_1(t_{11})^{\max}\Rightarrow\frac{\partial E\pi_1(t_{11})}{\partial q_{1H}}=0\Rightarrow q_{1H}=a-c_{1H}-\frac{mq_{2H}+nq_{2L}}{m+n}\tag{4-57}$$

(2) 寡头 1 知道自己属于类型 t_{12} 时将选择产量 q_{1L}，此时其条件期望利润为

$$\begin{aligned}E\pi_1(t_{12})&=p(t_{21}\,|\,t_{12})(a-q_{2H}-q_{1L}-c_{1L})q_{1L}+p(t_{22}\,|\,t_{12})(a-q_{2L}-q_{1L}-c_{1L})q_{1L}\\&=\frac{r}{r+s}(a-q_{2H}-q_{1L}-c_{1L})q_{1L}+\frac{s}{r+s}(a-q_{2L}-q_{1L}-c_{1L})q_{1L}\end{aligned}\tag{4-58}$$

寡头 1 追求条件期望利润的最大化，于是可得 q_{1L} 的最优反应函数

$$E\pi_1(t_{12})^{\max}\Rightarrow\frac{\partial E\pi_1(t_{12})}{\partial q_{1L}}=0\Rightarrow q_{1L}=a-c_{1L}-\frac{rq_{2H}+sq_{2L}}{r+s}\tag{4-59}$$

上述计算意味着，当寡头 2 的策略为(q_{2H},q_{2L})时，寡头 1 的策略为(q_{1H},q_{1L})，且满足式(4-58)和式(4-60)。这同(三)之前提相一致。

（四）两寡头的贝叶斯纳什均衡$\{(q_{1H},q_{1L}),(q_{2H},q_{2L})\}$

将式(4-54)、式(4-56)、(4-58)和式(4-60)联立，可求出各寡头面临高低成本竞争时的最佳产量 q_{1H}^*、q_{1L}^*、q_{2H}^* 和 q_{2L}^*。鉴于计算过程太过烦琐，此处从略①。但从计算结果或前文分析来看，各寡头的各类最佳产量不仅受制于自身的两类边际成本，还受制于对方的两类边际成本，此外受制于类型组合的概率分布。当然，由于这些因素在前文分析中都是自由设定的，其共同作用使得各寡头的最佳产量最终也可能出现无解或多解情形，由此使得贝叶斯纳什均衡可能存在亦可能不存在，且即便存在也未必稳定。

需要说明的是，在上述分析中，我们实际上还假设：寡头在知其处于低成本时只生产与低成本相应的产量，在知其处于高成本时只生产与高成本相应的产量。虽然几近废话，但在逻辑上排除了如下两种情形，即寡头在知晓其处于低成本时生产与高成本相应的产量，在知晓其处于高成本时生产与低成本相应的产量。不难理解，这两种情形最终都不能产生最大利润。所以，这种假设本身不仅贴近现实，同时还意味着：寡头是比较理性的、明智的，能够清晰感知其所处的成本类型继而坚持相应的最佳产量计划。

五、不完全信息静态博弈算例：一级密封拍卖的报价决定

在拍卖活动中，卖家通常会喊出拍卖起价，经过各位买家公开喊价竞拍之后，最终选择

① 读者可在 mathematica 程序中调用 LinearSolve[M,B]命令辅助计算。

向出价最高者售出物品[①]。不过，在竞拍之前，卖家往往并不知晓各位竞拍的买家对拍卖物品的估价（即买家的保留价格、买家最高能够接受的价格），因而拍卖起价的制定具有一定的随意性。不仅如此，任一买家都不知道其他买家的估价，因而各位买家的估价均属私人信息。这些使得拍卖活动具有明显的不完全信息博弈特点。在具体操作时，拍卖往往存在多种方式，其中的一级密封价格拍卖方式，尤其具有不完全信息静态博弈的典型特征。

所谓一级密封价格拍卖，即指各竞标买家在拍卖前密封标书投标，然后在统一的时间集中竞标，最终让报价最高者中标。由于存在估价不确定问题（私人信息），且最终要求局中人（竞拍的买家）同时决策，所以一级密封价格拍卖属典型的不完全信息静态博弈。当然，既然有"一级密封价格拍卖"，就可能有"二级密封价格拍卖"。的确如此。后者同前者一样都属于密封价格拍卖，只不过在交割时的价格采用竞拍第二高位（而非第一高位）的价格。

在一级密封价格拍卖活动中，对于竞拍的某个买家而言，在出价低于估价的前提下，若其最终出价高于其他所有买家的出价，则其竞拍成功，一家独享拍卖所得物品，此时收益将等于其估价与出价的余额。不过，保不齐其他一些买家报出相同的最高价格，此时该买家一般只能等额分享该拍卖物品的权益，尽管其出价可予均摊，此时该买家的收益将被等额稀释。如果该买家的出价低于市场上其他买家的最高出价，则其竞拍失败，收益为 0。

于是，对于一个参与竞拍的买家 i 而言，其收益函数 u_i 可记作

$$u_i=\begin{cases}v_i-b_i & i\text{ 出价最高，且高出其他所有买家}\\ \dfrac{1}{k}(v_i-b_i) & i\text{ 同其他 }k-1\text{ 个买家出价最高且相同}\\ 0 & i\text{ 出价低于最高价}\end{cases} \tag{4-60}$$

其中，v_i 和 b_i 分别为买家 i 的估价和报价，k 指相同最高出价相同的买家的数量，$i,j=1,2,\cdots,n$，n 为参与竞拍的买家总数。

就买家的出价与其估价的关系来看，两者一般呈正向变动，即买家估价越高，出价往往也就越高。出于简化，不妨假设各个买家的估价与出价之间的正向变动关系是相同的（即函数关系相同），于是有出价函数

$$b_i=b(v_i) \tag{4-61}$$

正向变动意味着出价函数 $b_i=b(v_i)$ 为单调增函数。此外，各位买家的估价彼此互不影响（因而各个估价之间相互独立），且经标准化处理后知其均服从在区间[0,1]上的均匀分布。类似地，各位买家的出价亦可做标准化处理。

由上可知，买家 i 的类型即其估价 v_i，后者是连续的，且经过标准化处理后，估价的具体范围为[0,1]，此亦买家 i 的类型集合。买家 i 的行动即其具体报价水平 b_i，后者也是连续的，且经过标准化处理后，报价的具体范围变为[0,1]，此亦买家 i 的行动集合。买家的行为选择旨在让自己获得最大的预期收益。那么，在此一级密封价格拍卖活动中，贝叶斯纳什均衡是什么？其中的估价和出价之间有何关系？

由上述条件，可知买家 i 的期望收益为

$$Eu_i=\sum_{k=1}^{n}\left\{\frac{1}{k}(v_i-B)\cdot C_{n-1}^{k-1}\prod_{j=1}^{n-k}[P(b_j<B=b_i)]\right\} \tag{4-62}$$

① 当然，竞拍成功者最终支付的价格未必是其竞拍成功时的最高报价。比如，具体交易时以竞拍时第二位高位的报价交易。

其中，B 为买家 i 相对于其他所有买家的最高出价，于是 $b_i=b(v_i)=B\Leftrightarrow v_i=b^{-1}(B)$。

式(4-63)描述了有 k 个买家同时出最高价时的买家 i 的期望收益，其中 $k=1,2,\cdots,n$。此时将有 $n-k$ 个买家的出价低于 B。不仅如此，由于出价函数是单增函数，k 个买家既然出价相同则意味着这 k 个买家的估价也相同(不妨设为 v)，因而此时有 $v_i=v$。

注意到

$$P(b_j<B)=P[b(v_j)<B]\xlongequal{b(\cdot)\text{ 单增}}P[v_j<b^{-1}(B)]\xlongequal{v\text{ 服从}[0,1]\text{ 分布}}b^{-1}(B)=v \tag{4-63}$$

将式(4-64)代入式(4-63)，可得

$$Eu_i=\sum_{k=1}^{n}\frac{1}{k}C_{n-1}^{k-1}(v-B)\cdot[b^{-1}(B)]^{n-k} \tag{4-64}$$

买家 i 基于期望收益的最大化确定其最优出价，这意味着 $\frac{\partial Eu_i}{\partial B}=0$，进而可得

$$(v-B)\frac{\mathrm{d}b^{-1}(B)}{\mathrm{d}B}\sum_{k=1}^{n}\frac{n-k}{k}C_{n-1}^{k-1}\cdot[b^{-1}(B)]^{n-k-1}=\sum_{k=1}^{n}\frac{1}{k}C_{n-1}^{k-1}\cdot[b^{-1}(B)]^{n-k} \tag{4-65}$$

显然，式(4-65)隐含着最高出价 B 的最佳水平(可记作 B^*，此即该问题的贝叶斯纳什均衡)，后者与估价 v 对应。就此可以推断，如果竞拍买家彼此估价全不相同，在出价函数完全相同的前提下，最终的竞拍胜出者一定是估价最高的那个买家。

值得注意的是，上述求解及推理过程对其他所有竞拍买家同样适用。因而，满足式(4-65)的 B^* 正是该拍卖问题的最优解(贝叶斯纳什均衡)。

特别地，如果一级密封价格拍卖禁止相同最高出价且共享拍卖物品(即此时有 $k=1$)，此时可能需要多轮竞拍，最终将仅有一家买家(仍假设为买家 i)竞拍成功，其期望收益为

$$Eu_i=(v_i-B)\cdot[P(b_j<B)]^{n-1} \tag{4-66}$$

其中，$j=1,2,\cdots,i-1,i+1,\cdots,n$。仍比照上述式(4-64)～式(4-65)的做法，可知

$$B=\frac{n-1}{n}v_i\xrightarrow{n\to\infty}v_i \tag{4-67}$$

这意味着，当竞拍买家众多时，竞拍成功的买家的报价将最大限度地逼近其估价水平①，该买家此时收益也将处于最低水平。对于那些没有竞拍成功的买家而言，即便出价完全等于其估价，最终仍将于事无补，因为市场上毕竟还有更高的出价。对于卖家而言，他当然希望买家越多越好，因为买家越多出价越逼近各自的估价，卖家由此可“高中取高”，让自己的物品拍出最高的价格。

第四节 不完全信息动态博弈

顾名思义，不完全信息动态博弈兼具“不完全信息博弈”和“动态博弈”的双重要义。其中，前一要义意味着任一局中人并非完全了知对手的决策特点、可选策略与行为，其主要问题仍在于私人信息及其触动的最终收益的不确定性；后一要义意味着局中人在决策时存在着明确的先后次序(因而局中人之间存在先后决策者之分)，且先后决策者的策略与行为选

① 参见于维生、朴正爱：《博弈论及其在经济管理中的应用》，清华大学出版社 2006 年版，第 83 页。

择之间具有互动性质。

鉴于不完全信息动态博弈同完全信息动态博弈和不完全信息静态博弈之间均不乏联系，后者对理解不完全信息动态博弈的均衡分析颇有裨益，本节先就其间的异同稍做比较，借以把握不完全信息动态博弈问题的结构特点，之后探讨不完全信息动态博弈中的均衡概念及其分析思路，最后结合若干较为经典的算例说明其均衡的求解方法。

一、固定的先后次序与待定的决策节点

（一）固定的先后次序

作为一种动态博弈，不完全信息动态博弈同样强调决策者之间存在着固定的先后次序。后者使得先后决策者既可能各具优势，又可能各具劣势。如理性的先决策者往往能抢占先机，率先排除掉一些明显于己不利的策略或行为选择，为后决策者的策略与行为选择奠定基调甚至设定方向，但同时也可能遭到后决策者的掣肘、反制或报复。同样，理性的后决策者很可能拥有充分的掣肘、反制或报复余地，但也可能因先机已被先决策者抢占而让自身的决策备受限制，以致不得不立足于先决策者设定的情境选择策略。

因此，与其他所有动态博弈一样，不完全信息动态博弈中的先后决策者都须充分且现实地考虑自身决策对其他局中人策略与行为选择的影响，以及后者对自身利益的可能反应，在利益的权衡与追逐中、在有序的相互依赖中让彼此最终获得现实且合理的最大收益。其中，先决策者须考量其策略与行为选择对后决策者的影响及其可能产生的激励、掣肘、反制或报复行为，充分把握后者对自身收益的正反作用，在此前提下选择自己的策略与行为。后决策者须依托先决策者的既有策略与行为选择，把握后者对自身策略与行为选择所产生的机会与挑战，本着自身利益的最大化选择自己的策略与行为。

（二）待定的决策节点

不过，不完全信息动态博弈强调决策者（真实局中人）对未来信息不完全掌控的性质，尤其是强调关于未来收益信息的不确定性质。这有别于完全信息动态博弈，倒是有些类似于不完全信息静态博弈。

为分析不完全信息博弈中的策略与行为选择，通常可将未来收益信息的不确定性归结为决策者决策类型的不确定性。为此，未来的不确定性收益转换为与特定决策类型相对应的确定性收益，而决策类型本身的不确定性最终确保着收益的不确定性。哈桑尼转换正是秉持这一判断，才将不完全信息静态博弈等价转换为完全但不完美信息动态博弈。

如此处理不无合理之处。首先，决策者的未来收益在相当程度上的确决定于所有决策者的决策类型及其组合特点，因而，将收益的不确定性归因于决策类型的不确定性是可行的。其次，如此处理更有利于分析不完全信息博弈中的均衡。如果单纯强调未来收益信息的不确定性质，仅仅裹足于此，所有决策者之间的策略与行为选择及其间互动仍然漫无目的，以致难以发掘均衡。后者显然与实不符：在现实生活中，不完全信息博弈中的决策者往往最终还是能够做出让彼此满意的策略与行为选择的，或者说，现实中毕竟还是存在均衡的。

（三）哈桑尼转换与不完全信息博弈

在分析不完全信息动态博弈问题时，我们仍可借助哈桑尼转换，将未来收益的不确定转换为关于决策类型的信息的不确定性，在此基础上发掘可能的策略与行为均衡。可以想见，

经过哈桑尼转换，不完全信息静态博弈和不完全动态博弈都将拥有相同的身份：完全但不完美信息动态博弈。

为行文简单起见，我们不妨将源自不完全信息静态博弈的完全但不完美信息动态博弈称作不完美动态博弈Ⅰ，将源自不完全信息动态博弈的完全但不完美信息动态博弈称作不完美动态博弈Ⅱ。显然，这是两种不同的不完美动态博弈，其间至少存在两点区别：

第一，决策次序的意义不同。在不完美动态博弈Ⅰ中，真实局中人之间的决策次序仅仅是形式上的，后者完全是研究者出于分析便利而主观设定的。换句话说，在不完美信息动态博弈Ⅰ中，真实局中人之间的先后次序可随机调换且应随机调换，由此将形成很多个博弈树。比如，对于存在三个局中人的不完全信息静态博弈，经哈桑尼转换实际上可生成六个完全但不完美信息动态博弈，体现为六个博弈树。

但是，在不完美动态博弈Ⅱ中，真实局中人之间的决策次序却是实质性的。它是真实的博弈活动的客观反映，绝非出自研究者的主观设定，在分析时真实局中人之间的先后次序是既定的、不可随机调换，因而也仅有 1 个博弈树。

就此而论，在如图 4-3 所示的囚徒不完全信息动态博弈过程中，当囚徒乙开始被提审时，他一定知道：他是在囚徒甲被提审之后才被提审的，他必须在此前提下考虑究竟是选择坦白或选择抗拒。如果他对此视而不见，依旧我行我素，那他的行为选择很可能是一种傻傻的“裸奔”，弄不好会让自己陷于被动，以致遭受更大的处罚。

两类不完美动态博弈在决策次序意义上的差异，实则静态博弈和动态博弈之间的差异：不完全信息静态博弈毕竟是静态博弈，不完全信息动态博弈毕竟是动态博弈！

第二，决策节点的意义不同。在不完全信息静态博弈中，真实局中人的策略与行为选择原则上是同时做出的。这使得，在分析不完美动态博弈Ⅰ时，无须考虑各个决策节点的存在概率问题，因为后者毫无意义，纯属研究者的主观设定，本身子虚乌有。

但在不完全信息动态博弈中，真实局中人的策略与行为的确依照次序选择。这使得，在分析不完美动态博弈Ⅱ时，有必要逐一判断各个决策节点的存在概率(概率)。因为后者最终不可能都存在，却又都有存在的可能，且其水平高低还影响着策略与行为选择。

不妨设身处地地考虑图 4-3 所示情形中的囚徒乙。在不完全信息动态博弈条件下，当轮到乙决策时，他仅仅知道甲已经被提审过了。至于甲究竟选择了策略 C(坦白)还是策略 D(抗拒)，甲如果坦白能坦白多少、如果抗拒又是如何抗拒的(是宁死不屈式的抗拒还是巧妙周旋式的抗拒)，囚徒乙对此皆一无所知。换句话说，囚徒乙所面对的历史信息是不完美的。由此，在做出策略与行为决策时，囚徒乙面临的具体情况是复杂的、不确定的，各种情况原则上都可能发生，这些情况集中体现为图中与囚徒乙密切相关的五个决策节点。可以想到，立足于任何一个决策节点，囚徒乙都可做出进一步的策略与行为选择，对其未来策略与行为选择的收益做出评价。当然，由于所依托的决策节点最终未必真的存在，因而囚徒乙的收益评价、策略与行为选择都具有一定的不确定性或偶然性。

(四) 决策节点及其推断的意义

一般看来，各个决策节点凝结着相应的真实局中人对其所拥有的某种具体历史信息(主要涉及决策类型组合及决策者先后次序)的综合评价，反映了真实局中人决策时所依托的某种具体情境。后者构成该真实局中人选择策略与行为的立足点，因其具有不确定性，需要真实局中人对其出现的可能程度(或存在概率)做出判断以致形成信念。这种关于决策节点存在概率的判断及信念即所谓“推断”，它构成不完全信息动态博弈分析的一个核心概念。

在不完全信息动态博弈过程中，真实局中人往往基于其对决策节点或决策时所处具体情境的推断，评估各类策略与行为相关的预期收益，然后依据预期收益的最大化确定最具优势意义的策略与行为。在此，关于决策节点的推断构成真实局中人做出策略与行为选择的前提要件，舍此将无从判断最佳的策略与行为。

在不完全信息动态博弈条件下，策略与行为的最佳选择总是伴随着且依托于决策节点的推断，这使得最优策略与行为选择总是相对的——某某最优的策略与行为总是在相对于决策节点能够在某种概率（推断）意义上存在而言的最优策略与行为。如在图4-3中，倘若最终判定H—C—C是一种最具优势意义的策略路径，那么，这个判定一定是基于与囚徒乙相应节点的推断，脱离了后者也就谈不到H—C—C的最优策略路径问题。

另外，决策节点的推断最终也依赖于最优策略与行为的选择。我们知道，决策节点的推断是关于决策节点存在概率的判断及信念。但这种判断及信念绝非凭空臆测的，而是有着深厚的现实基础的，是博弈各方在互动中伴随着博弈各方对各自最大收益的不断感知、逐渐磨合形成的。

具体说来，博弈各方之所以认为某个决策节点或决策时所处的具体情境很容易发生（即推断较大），往往是因为：与该决策节点有关的局中人经过反复的尝试与磨合，最终发现通过该决策节点或立足于该决策节点相应的具体情境所作的最优策略与行为选择，相对更有把握为其带来更大的预期收益，因而该局中人更可能立足于该决策节点或具体情境做出策略与行为选择。简言之，因为立足于某个决策节点相对更有利，所以更加认可该决策节点，更可能立足于该决策节点背后的具体情境选择自己的策略与行为。

这种“机会预期利益决定机会存在概率”的逻辑折射着理性选择的基本假设：人们总是逐利的、致力于利益的最大化，因而某个决策节点（或某个具体决策情境）存在的概率只是在人们最终有望获利多少的基础上才有意义；倘若始终难以获利，那么，该决策节点将被博弈各方置之脑后，博弈各方也不会立足于该决策节点考量其策略与行为选择。

总之，在不完全信息动态博弈过程中，策略与行为的优选过程与合理推断的形成过程将相互影响、相互支撑、相互决定，最终且最可能出现的策略与行为均衡，将在先后决策者合理的相互推断中碰巧达成。这不同于之前的三类博弈，且其形成逻辑也意味着：不完全信息动态博弈的均衡必定是一种依概率均衡①，具有相当的偶然性。

我们在此不妨仍以两囚徒博弈为例，就完全信息静态与动态博弈、不完全信息静态与动态博弈稍作区分，从中进一步把握不完全信息动态博弈的特点。

当囚徒甲和囚徒乙各自独立、封闭受审②且仅受审一次时，如果各自均知晓自身和对手的心态（如乐观还是悲观）、品行（如同舟共济型还是以邻为壑型）、可选策略（如坦白还是抗拒）以及自己相应的收益（无罪释放还是判刑若干年），此时博弈属完全信息静态博弈。

若甲、乙各自独立、封闭受审且仅受审一次，各自并不了解自身和对手的心态、品行、可选策略，仅能了知自己与对手的心态和品行等的类型组合出现的概率，能估测自己在各种类

① 也就是说，某某均衡是在多大的概率（推断）意义上才会出现。比如，有些均衡可能推断其出现的概率为0，这意味着据推断该均衡不会出现（倒不是现实中真的一定不会出现）。

② 封闭受审意味着甲乙互不知晓对方的行为选择，相当于同时决策（静态博弈）。

型组合中的大致收益，此时博弈即属不完全信息静态博弈。

若甲、乙仍仅受审一次，且乙在提审时知悉甲已受审的细节，比如乙获悉甲已经坦白且能知晓甲到底坦白了什么内容；乙正是在此基础上做出自己的行为选择。此时博弈属完全信息动态博弈。就甲而言，他在做出行为选择时，会综合考虑他对乙的心态、品行、可选策略以及自己相应收益等情况的了解，个中"可选策略"和"收益"均涵盖乙对甲行为选择的可能响应（报复、反制、趋同等）。就乙而言，由于他完全知晓甲的行为选择，且甲对其不存在私人信息问题，换言之，在开展其策略与行为选择时，乙所面对的历史信息是完美的，乙对其所处具体决策环境或决策节点所处的位置都是非常清楚的（因而此时也不存在对决策节点存在概率的推断问题），在此条件下也容易出于收益最大化选择自己的策略与行为。

若甲、乙仍仅受审一次，且乙被告知甲先受审，或许也被告知甲的策略选择，但对甲策略选择的细节乙无从知晓——比如，乙获悉甲已经坦白，但对于甲到底坦白了什么内容一无所知。乙正是在此基础上做出自己的行为选择。此时博弈即属不完全信息动态博弈。在此过程中，甲同样综合考虑他对乙的心态、品行、可选策略以及自己相应收益等情况的了解，个中"可选策略"和"收益"同样涵盖乙对甲行为选择的可能响应（激励、掣肘、反制或报复等）。就乙而言，由于他对甲的具体行为选择无从了解，他对自身决策时具体所处的决策节点的位置并不确定，因而他不得不对他所面对的、各种可能存在的决策节点的概率做出判断继而形成信念（即推断），如此他才能评估各种可选行为选择的收益、做出他的行为选择，后者同时涵盖对甲行为选择的可能响应（激励、掣肘、反制或报复等）。可见，不完全信息动态博弈中的先后决策者具有"相互猜忌"特点，这使得该类博弈的复杂性通常高于前三类博弈，现实中达成理性的均衡绝非易事。

二、精炼贝叶斯均衡：特点、含义及其要点

究竟该如何界定不完全信息动态博弈中的均衡？对此，我们可从该类博弈同之前博弈的比较出发，发掘该类博弈的可能特点，由此给出较为正式的定义，之后说明其探求思路。

（一）不完全信息动态博弈均衡的可能特点

不完全信息动态博弈有别于其他三类非合作博弈，这从根本上决定了不完全信息动态博弈中的均衡不同于纳什均衡、子博弈精炼纳什均衡、贝叶斯均衡。我们知道，纳什均衡和子博弈精炼纳什均衡均立足于完全信息，其要么存在、要么不存在[①]；而不完全信息动态下的均衡则立足于对决策节点存在概率的推断，其存在总须伴随一定的概率推断，所以纳什均衡和子博弈精炼均衡原则上都不适合用以描述不完全信息动态博弈的均衡。至于贝叶斯均衡，因其属于静态均衡，难以从中体现策略与行为选择的序列性，不适于以描述动态博弈（包括不完全信息动态博弈）的均衡。

不过，考虑到哈桑尼转换，完全信息动态博弈、不完全信息静态和动态博弈之间在结构上不无相似之处，相应地，三类博弈的均衡之间也不乏联系。完全信息动态博弈实则完美且完全信息动态博弈，该类博弈及其均衡有"动态"之实而无"不完全信息"之实。不完全信息静态博弈是形式上的不完美但完全信息动态博弈，该类博弈及其均衡有"不完全信息"之实却无"动态"博弈之实。不完全信息动态博弈则是实质上的不完美但完全信息动态博弈，该

① 在此我们暂且不考虑混合策略情形。

类博弈及其均衡兼有“不完全信息”和“动态博弈”之实。

进一步说，与完全信息动态博弈类似，不完全信息动态博弈中同样存在着子博弈，同样可能存在一些明显不合理的或不可置信的策略及其路径，故而在探讨不完全信息动态博弈均衡时同样需要面对子博弈精炼问题，借以排除明显不合理或不可置信的策略及其路径。不仅如此，不完全信息动态博弈中的子博弈还有其内在的特殊性：由于子博弈的连接点——各个决策节点事实上未必存在，即便存在也是由于局中人之间存在着某种概率推断及其信念，因而不完全信息动态博弈中的子博弈实质上都是不确定的。

与不完全信息静态博弈类似，不完全信息动态博弈中的决策者同样需要考虑私人信息及其不确定性，后者主要体现为关于具体类型组合以及先决策者具体的策略与行为选择等信息的不确定性。不仅如此，不完全信息动态博弈中的决策者还要对各个决策节点的存在概率做出判断、形成信念。因此，不完全信息动态博弈自始至终在其进程的每一阶段都存在着不确定性，都需要决策者在不确定中做出策略与行为选择。这同贝叶斯均衡颇为“神似”：如果说不完全信息静态博弈中的贝叶斯均衡是在横向意义上假尔契合而成的，那么，不完全信息动态博弈中的“贝叶斯均衡”更像是在纵向意义上渐次拼接、逐级延展而成的。

因此，不完全信息动态博弈中的均衡将具有子博弈精炼和贝叶斯均衡的双重特征。事实的确如此：子博弈精炼贝叶斯纳什均衡正是不完全信息动态博弈均衡的基本旨向。

（二）精炼贝叶斯均衡：最优策略与合理推断的匹配

精炼贝叶斯均衡即子博弈精炼贝叶斯纳什均衡的简称。作为不完全信息动态博弈的均衡，精炼贝叶斯均衡被定义为最优策略组合与其相应的合理推断组合的统一体。这不难理解：不完全信息动态博弈均衡归根到底体现为均衡的子博弈，而此时的子博弈以其各个决策节点的概率推断及其信念为前提；不仅如此，倘若任一局中人对其任一决策节点的推断前后矛盾[①]，子博弈最终也将难以成立。总之，不完全信息动态博弈中的最优策略总是同一定的合理推断相联系的，“无无合理推断之最优策略”“无无最优策略之合理推断”。

具体说来，对存在 n 个局中人、m 个决策节点、类型组合集 T 的不完全信息动态博弈而言，一个与特定的类型组合 t 对应的精炼贝叶斯纳什均衡是最优策略组合和合理推断组合的统一体，即$\{s_1^*(t), s_2^*(t), \cdots, s_i^*(t), \cdots, s_n^*(t); \mu_1^*, \mu_2^*, \cdots, \mu_j^*, \cdots, \mu_m^*\}$。

其中，$s_i^*(t)$ 是当所有局中人类型组合为 t 时局中人 i 的最优策略（最优选择），μ_j^* 为第 j 个决策节点的合理推断。两者构成精炼贝叶斯均衡的基本要件，且均源自如下问题：

$$\max \sum \mu^{ik}(t_{-i} \mid s_{-i}) \cdot u_i[s_i(t), s_{-i}(t)] \tag{4-68}$$

其中，$\mu^{ik}(t_{-i} \mid s_{-i})$ 表示局中人 i 对其第 k 个决策节点的合理推断[②]：此时局中人 i 观测到其他所有局中人的某一策略组合 $s_{-i}(t) = [s_1(t), s_2(t), \cdots, s_{i-1}(t), s_{i+1}(t), \cdots, s_n(t)]$，进而对其他所有局中人的类型组合为 $t_{-i} = [t_1, t_2, \cdots, t_{i-1}, t_{i+1}, \cdots, t_n]$ 的可能程度做出判断。

---

① 比如，针对某一决策节点，该局中人认识到，当该节点的推断不小于 0.5 时，他能够选择到最优策略 C；但他真正选择策略 C 时却发现，此时他关于决策节点的推断不能超过 0.2。这样，最优策略 C 的充分条件（推断不少于 0.5）和必要条件（推断不大于 0.2）是冲突的，这使得推断同最优策略 C 之间缺乏必然性和连贯性，也必将使得局中人的选择缺乏稳定性，因为局中人的关于决策节点的信念是矛盾的。这也意味着，合理的推断当是构成最优策略（或最优行为选择）的充要条件的那种推断。

② 当然，局中人 i 的第 k 个决策节点仅是所有局中人全部 m 个决策节点中的一个。

（三）推断与合理推断

值得注意的是，推断未必就是合理推断，精炼贝叶斯均衡要求的推断是合理推断，也就是所有局中人最终都认可的推断。对于决策节点的推断，有些推断是合理的，有些可能就是不合理的。比如，局中人 i 起初认为决策节点 A 的存在概率是 0.8（可视作主观概率），但经过一段时间的互动大家发现，决策节点 A 的存在概率实际上只有 0.2（可视作真实概率或客观概率）；显然，关于决策节点 A，起初的推断 0.8 就是不合理的。所以，合理推断是一种相对特殊的推断，它要求主观概率和客观概率相同或保持一致。笼统意义上的推断，仅仅是一种主观概率，它未必强调主观概率和客观概率的一致性。

在不完全信息动态博弈中，合理推断意味着决策节点的主观概率等同于客观概率。此时，在博弈树上，均衡的策略路径意味着：该路径上的起点、中间节点到终点之间路径是连贯的、彼此相对独立且最具优势意义的；不仅如此，从起点开始往后展开前向推理可沿策略路径在连贯中走到终点（即正向递推或递归），同时，从终点往前展开逆向推理亦可沿策略路径在连贯中走向始点（即逆向递推或递归）。

现实来看，合理推断对不完全信息动态博弈达成均衡是极为必要的。在日常交往中，面对不确定性，我们不仅要把握对手的策略或行为选择，还要在一定程度上正确把握对手策略或行为选择背后的真实动机，弄清对方"葫芦里到底卖的是什么药"，不能在想当然之下看到对方的行为选择立马就做出我们的行为选择，或者听到对方吆喝就立马下单买药。否则，我们很可能陷入对手的圈套而自吞苦果。只有准确把握对手策略或行为选择背后的真实动机，我们才不会误判，才能真正把握我们的策略或行为选择，以及后者相对于对手以及我们自身的意义，防止落入圈套；只有弄清对方"葫芦"里的药物及其真正功用，我们才能确定是否买药，即便买药也能把握其剂量和作用以免自吞苦果。由此，我们基于对对手的推断形成了我们的策略反应。类似地，对手也会针对我们策略选择的可能预期形成他们的策略反应。当彼此策略反应使得各自的利益追求都能实现最大化时，各方实现了策略均衡（做出了最优的策略行为选择），各个决策节点的推断才达到其合理水平。

进一步看，合理推断以类型组合的概率分布为前提（关于首位真实局中人所处的各个决策节点的推断实则相应类型组合的概率），但合理推断的范围遍及所有局中人的所有决策节点，后者不仅体现着"不完全信息"和"动态"的要义，也使得类型组合与策略路径之间的对应关系更为清晰。

我们知道，在由不完全信息动态博弈而生成的扩展式博弈（博弈树）中，每种类型组合都对应着一条从虚拟局中人到首位真实局中人的阶段路径。因而，首位真实局中人的各个决策节点的推断即相应类型组合的概率，后者往往是已知的（共同知识），如图 4-8 中的甲（首位真实局中人）的决策节点 e 和 f 的推断即两种类型组合 L 和 M 的概率。但从次级决策的真实局中人（如图 4-8 中的局中人乙）开始，直至末位真实局中人，其中每个局中人所面对的所有决策节点的存在概率不再是共同知识（如图 4-8 中乙并不知晓决策节点 a、b、c 和 d 的推断或概率分布），相应的真实局中人要想做出策略或行为选择就须对与其相应的决策节点的存在概率做出判断（如图 4-8 中的乙需要判断 a、b、c 和 d 的存在概率）。

另外，对次级及其之后决策的真实局中人（如 $i \geqslant 2$）而言，他的决策节点直接立足于前位决策者（即 $i-1$）的策略或行为选择，但他对前位决策者（$i-1$）究竟属于何种类型组合并非清楚。换句话说，对决策节点的推断，实质上等同于对该决策节点背后的前位决策者的策略(或行为选择)与其所属类型组合之间对应关系存在概率的判断及信念。

这种推断越真实(符合实际),对应关系存在的可能性越强(越接近实际情况),相应的子博弈(或精炼子博弈)就越可能存在(表现为子博弈中的节点越有可能联结贯通),甚至越可能就此将某一个子博弈同另一子博弈相区别,避免类型组合同最优策略(或最佳行为选择)之间出现混同①。

关于不完全信息动态博弈的推断及合理推断的意义,可见图 4-8 及其详细说明。当然,若真实局中人决策时的某个信息集只有一个决策节点,那么,该决策节点的推断为 1。也就是说,在该信息集中,的确只有该决策节点所代表的这一种决策情境。

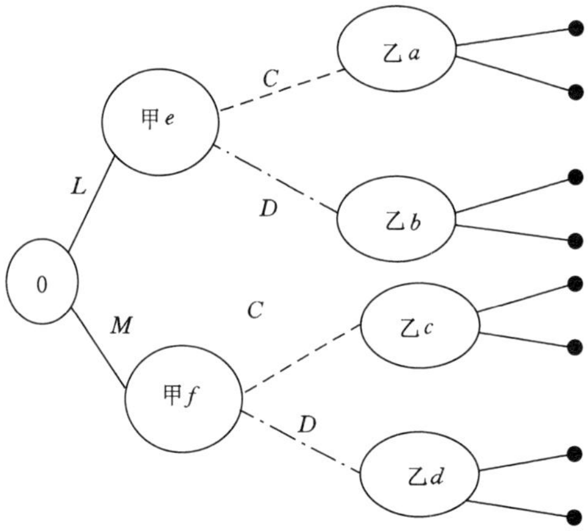

图 4-8　不完全信息动态博弈的决策节点及其合理推断

总之,合理推断意味着局中人关于决策节点的主观推断最终同决策节点的真实概率之间趋于一致,由此保证可能存在的子博弈无论是从头至尾还是从尾至头均能合乎逻辑地贯通起来。不仅如此,合理推断还同最优策略(或最优行为选择)互为条件,由此保证可能存在的子博弈是精炼的,在收益上较其他可能存在的子博弈具有明确的相对优势意义。如此,合理推断与最优策略(或最优行为选择)之间的匹配构成不完全信息动态博弈均衡,后者即基于合理推断的精炼贝叶斯均衡。

(四) 序贯理性、前向归纳与逆向归纳

精炼贝叶斯均衡中各个真实局中人的最优策略 $s_1^*(t)$,$s_2^*(t)$,…,$s_i^*(t)$,…,$s_n^*(t)$ 是依次出现的。它们基于所有局中人在纵向意义上的最优反应机制而生成,体现着序贯理性。

顾名思义,序贯理性(sequential rationality)即在动态博弈中依次进行的每个阶段局中人都具备的理性。具体说,当动态博弈行进到某一阶段时,在该阶段决策的局中人(如 i)将依托他所掌握的历史信息及其关于所处决策情境的推断,充分考虑所有后位局中人的所有可能的策略反应(或所有可能的行为选择对自己——局中人 i——的影响),本着期望收益最大化的原则,选择自己的最佳策略(或最佳行为选择),明确自己最应选择的行为。

① 如类型组合 A 和类型组合 B 都可能对应局中人 $i-1$ 的策略 C;若推断合理,局中人 i 立足于某个决策节点(此时可观测到局中人 $i-1$ 选择了策略 C),判断局中人 $i-1$ 的确从属于类型组合 A(而非类型组合 B)。此时均衡称作分离均衡,否则即称混同均衡。

进一步看，序贯理性直接体现为前向归纳，间接要求着逆向归纳，实质隐含着前向归纳和后向归纳的统一。一方面，任何一个局中人都着眼未来，总是立足于其后的所有后位局中人的所有可能的策略反应选择各自的最优策略。这使得，末位局中人的策略选择将构成所有前位局中人决策的最终且共同的落脚点。这是一种依据动态博弈的展开次序、针对策略间关系而形成由前而后的逐层归因过程，体现着前向归纳的思路。另一方面，就任一局中人而言，只有当其后位局中人选择最优策略，他才有可能选择最优策略，毕竟后位局中人的策略选择是其策略选择的前提。如此，从末位局中人的最优策略选择开始，可逐步推演至首位局中人的最优策略选择。这是一种与动态博弈展开次序相反的、针对策略间关系而形成的由后往前的逐级索果过程，体现着逆向归纳的思路。

在不完全信息动态博弈条件下，这种前向归纳和逆向归纳的统一，决定了最优策略兼具局部意义上的正向递推性质和整体意义上的逆向递推性质，同时也使得有必要修正推断中的先验概率，以便形成能与最优策略相匹配的合理推断，确保存在精炼贝叶斯均衡。

当然，序贯理性及其内在的关于合理推断与最优策略的匹配，往往也有助于剔除掉一些不可置信的均衡策略。毕竟，在不完全信息动态博弈过程中，对于某些具有先行优势意义且追求最大预期收益（或最大的期望收益）的局中人而言，当其确知其后位局中人均具有理性选择特征时，他完全可能放弃那些让他获得某个较高的确定性收益的策略（这些策略及其路径因而将被剔除），转而选择那些有望让他获得较之确定性收益更高、同时风险性收益相对更高的策略，尤其当后者同时也有望为后位局中人带来最大的预期收益（或期望收益）时①。

三、两囚徒不完全信息动态博弈的精炼贝叶斯均衡：一个算例

为直观理解精炼贝叶斯均衡的计算思路，初步感知类型组合、先验概率、推断、最优策略组合、预期收益最大化之间的钩稽关系及其对精炼贝叶斯均衡分析或求解的方法论意义，我们不妨以两囚徒不完全信息动态博弈例做些说明。

仍将两个囚徒分别称作甲和乙。其中，乙可能对甲忠诚（记作 L），也可能对甲反感（记作 T），这是乙的私人信息，构成甲决策时需要面对的两个类型，分别记作 t_1 和 t_2，即 $t_1=L$、$t_2=T$。甲不能准确判断乙到底是忠诚还是反感，但知道乙或对其忠诚或对其反感的概率分布。甲正是在此条件下被率先提审。乙知道甲被率先提审的事实，但对甲究竟选择坦白（记作 C）还是抗拒（记作 D）及其交代多少等细节均一无所知。乙正是在此条件下决策。

试问：该博弈情形中的精炼贝叶斯均衡是什么？

如图 4-9 所示，“0”为虚拟局中人，他将乙对甲忠诚与反感的可能性分配给甲。设乙对甲忠诚的概率为 p，那么，乙对甲反感的概率就是 $1-p$。甲在率先决策时，考虑到乙的决策类型（乙对甲或忠诚或反感），甲将面对两种具体决策情境（即乙对其或忠诚或反感），后者汇总构成甲的信息集 I_1。后者拥有左、右两个决策节点。容易理解，甲信息集的左右决策节点的推断（存在概率）是共同知识，分别对应 p 和 $1-p$。

当乙面临提审时，既然他知道甲已经被提审过这个事实，他通常会尊重这个事实，谨慎

① 对于相关算例，读者可参见谢政、戴丽、李建平：《博弈论》，高等教育出版社 2018 年版，第 121 页；或参见于维生、朴正爱：《博弈论及其在经济管理中的应用》，清华大学出版社 2006 年版，第 93 页。但在分析时须注意先行决策优势和序贯理性这两个关键要义，且不可基于静态博弈视角考察动态博弈下的可能均衡（因静态博弈和动态博弈终究实质有别）。

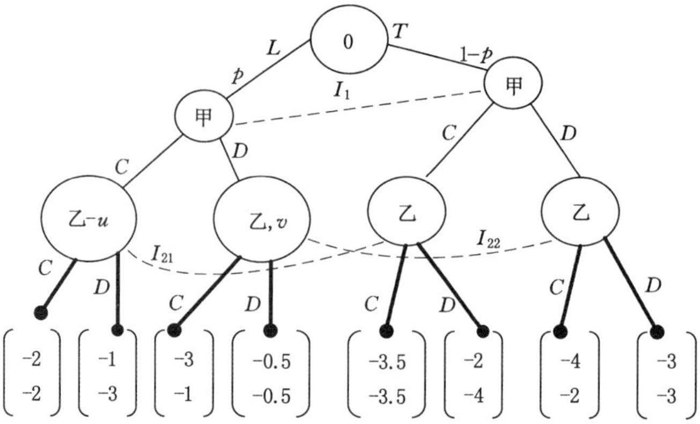

p—乙忠诚于甲的概率；$1-p$—乙背叛甲的概率；L—忠诚；T—反感。

图 4-9　两囚徒(甲、乙)不完全信息动态博弈

考虑他的行为选择。由于对甲的具体行为选择一无所知，乙仅能笼统地知道：甲可能根据他对自己(乙)的不同判断选择了 C 或 D。这构成他(乙)在决策时拥有的两个信息集，即 I_{21} 和 I_{22}(图 4-9 中以两个弯曲的虚线表示)：甲要么选择了 C，要么选择了 D。

不过，乙对于他自己究竟在哪种决策情境下选择策略并不能准确判断。考虑到大家(包括乙本人)都知道乙对甲可能忠诚可能背叛的大概情况(概率分布)，乙的两个信息集实际上均存在两种具体的决策情境：甲选择 C 可能基于他(甲)忠诚于乙，也可能基于他(甲)背叛乙；同样，甲选择 D 可能基于他(甲)忠诚于乙，也可能基于他(甲)背叛乙。四类具体的决策情境分别对应图 4-9 中从左至右乙的四个决策节点，其中，左一节点和左三节点从属于信息集 I_{21}，左二节点和左四节点从属于信息集 I_{22}。

乙很清楚：上述四种具体的决策情境完全都可能存在，都可能构成他展开行为选择的立足点。乙正是基于他对四种具体决策情境存在概率的判断(推断)做出自己的行为选择。不妨设左一、左二节点的推断分别为 u 和 v，则左三和左四节点的推断将分别为 $1-u$ 和 $1-v$。

考虑到乙的行为选择具有后发优势，且其最初还影响着甲的行为选择进而影响乙的行为选择。“解铃还需系铃人”，不妨采用逆向归纳法先判断乙的策略(行为选择)。

(1) 立足于乙的两个信息集，判断乙的最佳行为选择。

① 在信息集 I_{21} 时，将乙选择 C 和 D 的期望收益分别记作 EY_{2C-I} 和 EY_{2D-I}，则有

$$EY_{2C-I}=u\cdot(-2)+(1-u)\cdot(-3.5)=1.5u-3.5 \tag{4-68}$$

$$EY_{2D-I}=u\cdot(-3)+(1-u)\cdot(-4)=u-4 \tag{4-69}$$

乙追求最大利益，因而若 $EY_{2C-I}>EY_{2D-I}$ 他将选择 C；若 $EY_{2C-I}<EY_{2D-I}$ 他将选择 D，即

$$EY_{2C-I}>EY_{2D-I}\Rightarrow 1.5u-3.5>u-4\Rightarrow u>-1 \tag{4-70}$$

由于推断 u 总是个正数，故而式(4-70)表明在信息集 I_{21} 时，乙将总是选择 C，记作 $a_2^{21}=C$。其中，a_2^{21} 的中的“a”表示“行为”(下同)，下标“2”表示囚徒乙，上标中的数字“21”表示信息集 I_{21}，a_2^{22} 的含义可比照 a_2^{21} 理解。

不仅如此，由于推断 u 总能合理地存在(只要满足非负即可)，故而我们无须考虑其修

正的问题，在后文的讨论中我们可直接将其忽略掉。

② 在信息集 I_{22} 时，将乙选择 C 和 D 的期望收益分别记作 $EY_{2C-\text{II}}$ 和 $EY_{2D-\text{II}}$，则有

$$EY_{2C-\text{II}}=v\cdot(-1)+(1-v)\cdot(-2)=v-2 \tag{4-71}$$

$$EY_{2D-\text{II}}=v\cdot(-0.5)+(1-v)\cdot(-3)=2.5v-3 \tag{4-72}$$

乙追求最大利益，因而若 $EY_{2C-\text{II}}>EY_{2D-\text{II}}$ 他将选择 C；若 $EY_{2C-\text{II}}<EY_{2D-\text{II}}$ 他将选择 D，即

$$EY_{2C-\text{II}}>EY_{2D-\text{II}}\Rightarrow v-2>2.5v-3\Rightarrow v<2/3 \tag{4-73}$$

式(4-73)表明，当 $v<2/3$ 时，乙基于信息集 I_{22} 将选择 C；当 $v>2/3$ 时，乙基于信息集 I_{22} 将选择 D。乙在信息集 I_{22} 上的行为记作 a_2^{22}，于是有 $a_2^{22}=C$ 或 $a_2^{22}=D$。

所以，乙的最佳行为组合（a_2^{21}，a_2^{22}）具体有两个，即（C，C）和（C，D）[①]，且组合中的第二项对应着乙的左二节点推断小于 2/3 和大于 2/3 的情形。

（2）以上述关于乙的最佳行为选择的判断为前提，判断甲的最佳行为选择。

① 对甲而言，当他处于类型 L 且当 $v<2/3$ 时，此时乙的行为选择为（C，C），甲选择行为 C 和 D 的收益分别为 −2 和 −3；出于收益最大化，甲将选择行为 C，可记作 $a_1^{11}=C$。其中，a_1^{11} 中的下标“1”表示囚徒甲，上标中的第一个数字“1”意指类型为 L（若为“2”则意指类型为 T），上标中的第二个数字“1”意指“$v<2/3$”（若为“2”则意指“$v>2/3$”）。

当甲处于类型 L 且当 $v>2/3$ 时，此时乙的行为选择为（C，D），甲选择行为 C 和 D 的收益分别为 −2 和 −0.5；出于收益最大化考虑，甲将选择行为 D，可记作 $a_1^{12}=D$。

总之，当处于类型 L 时，甲的最佳行为选择为 $a_1^{11}=C$ 或 $a_1^{12}=D$。

② 对甲而言，当他处于类型 T 时且当 $v<2/3$ 时，此时乙的行为选择为（C，C），甲选择行为 C 和 D 的收益分别为 −3.5 和 −4；出于收益最大化，甲将选择行为 C，可记作 $a_1^{21}=C$。

当甲处于类型 T 且当 $v>2/3$ 时，此时乙的行为选择为（C，D），甲选择行为 C 和 D 的收益分别为 −3.5 和 −3；出于收益最大化考虑，甲将选择行为 D，可记作 $a_1^{22}=D$。

总之，当处于类型 T 时，甲的最佳行为选择为 $a_1^{21}=C$ 或 $a_1^{22}=D$。

（3）探究精炼贝叶斯均衡：类型组合、节点推断与最佳行为序列之间的完全合理匹配。

由上述分析，可得到两点结论：

① 当 $v\leqslant 2/3$ 时，甲的最佳行为选择为（a_1^{11}，a_1^{21}）=（C，C），乙的最佳行为选择（a_2^{21}，a_2^{22}）=（C，C）；

② 当 $v>2/3$ 时，甲的最佳行为选择为（a_1^{12}，a_1^{22}）=（D，D），乙的最佳行为选择（a_2^{21}，a_2^{22}）=（C，D）。

那么，上述结论是内在自洽的吗？

就结论①来看，当 $v\leqslant 2/3$ 时，甲的最佳行为选择（a_1^{11}，a_1^{21}）=（C，C）意味着此时无论处于何种类型，甲一定会选择 C（而不是 D），由此乙将主要立足于[②]信息集 I_{21}（或乙的左一或左三节点）决策，据 $a_2^{21}=C$ 乙将选择行为 C，于是得到策略路径 $C—C$ 和 $C—C$（按先后次

---

① 在这两个组合中，每个组合（或向量）中的第一个元素表示对应信息集 I_{21} 的行为，第二个元素对应信息集 I_{22} 的行为。

② 因为这一判断基于“$v\leqslant 2/3$”的先验判断，后者难以完全肯定绝对不存在错误（尽管这可能只是个小概率事件）。

序，下同）。

然而，对乙来说，此时他观测到甲的选择是 C。但甲选择 C 究竟是基于类型 t_1 还是基于类型 t_2，毕竟两种情况都有可能。乙对此难以确定，它毕竟不是甲"肚子里的蛔虫"。

对乙而言，辨别甲选择 C 究竟是基于类型 t_1 还是基于类型 t_2 格外重要，因为如此才能确保乙的左一节点的推断 u 最终的确出自类型 t_1（而不是类型 t_2）、左三节点的推断 $(1-u)$ 最终的确出自类型 t_2（而不是类型 t_1）。毕竟，当初轮到乙开始决策时，他所面对的只是一个内在结构较为笼统的信息集 I_{21}。后者宛如一个"黑箱"，仅仅"接纳"类型组合，然后随机"分配"出去两个决策节点，至于决策节点同类型组合的对应关系并不清楚。也就是说，事实上左一节点完全可能对应类型 t_2，左三节点完全可能对应类型 t_1。

为确保其认定的左一节点的确对应类型 t_1、认定的左三节点的确对应类型 t_2，乙须对其对左一节点的推断 u 加以检验或校验（此即后验），以让自己确信：甲的确是基于类型 t_1（而不是类型 t_2）选择的 C。

考虑到 $(a_1^{11}, a_1^{21})=(C, C)$，即无论甲面对何种类型，总会选择 C，于是有

$$p_1(C \mid t_1)=p_1(C \mid t_2)=1 \tag{4-74}$$

乙断定他所观测到甲的确是基于类型 t_1（而不是类型 t_2）选择的 C，意味着此时左一节点的推断 u 须满足

$$u=p_2(t_1 \mid C)=\frac{p_1(C \mid t_1) \cdot p_1(t_1)}{p_1(C \mid t_1) \cdot p_1(t_1)+p_1(C \mid t_2) \cdot p_1(t_2)}=\frac{1 \cdot p}{1 \cdot p+1 \cdot(1-p)}=p \tag{4-75}$$

式(4-75)表明，为保证策略路径 $C—C$ 和 $C—C$ 的确成立，左一节点的推断 u 须同类型 t_1 的概率完全相同。否则，若 $u \neq p$，策略路径 $C—C$ 和 $C—C$ 将不成立。相对于既有的自由变动的推断 u，$u=p$ 无疑是个新的约束。

至于左二节点的推断 $v \leqslant 2/3$，它同信息集 I_{21} 及策略路径 $C—C$ 和 $C—C$ 并无交集，所以推断 $v \leqslant 2/3$ 是外在的，仅出自囚徒乙本人对左二节点的先验判断，实质上并不受囚徒甲的决策的影响，所以无须对推断 $v \leqslant 2/3$ 进行修正。当然，此时若乙一味固执地坚持左二节点的推断或立足于信息集 I_{22} 选择行为，那他将选择 C。

总之，当 $v \leqslant 2/3$ 时，该博弈存在精炼贝叶斯均衡 $\{((C, C),(C, C)); u=p, v \leqslant 2/3\}$。

就结论②来看，当 $v>2/3$ 时，甲的最佳行为选择 $(a_1^{12}, a_1^{22})=(D, D)$ 意味着此时无论处于何种类型，甲一定会选择 D（而不是 C），由此乙将主要立足于信息集 I_{22}（或乙的左二或左四节点）决策，据 $a_2^{22}=D$ 乙将选择行为 D，由此将形成两条策略路径，即 $D—D$ 和 $D—D$。

然而，此时左二节点的推断 $v>2/3$ 作为一个理论前提，同理论推演的结果——策略路径 $D—D$ 和 $D—D$ 之间存在交叉（策略路径经过左二或左四节点）。为确保其认定的左二节点的确对应类型 t_1、认定的左四节点的确对应类型 t_2，乙须对其对左二节点的推断 v 加以检验或校验，以让自己确信甲的确是基于类型 t_1（而不是类型 t_2）选择的 D。

考虑到 $(a_1^{12}, a_1^{22})=(D, D)$，此时有

$$p_1(D \mid t_1)=p_1(D \mid t_2)=1 \tag{4-76}$$

乙断定他所观测到甲的确是基于类型 t_1（而不是类型 t_2）选择的 D，意味着此时左二节点的推断 v 须满足

$$v=p_2(t_1\mid D)=\frac{p_1(D\mid t_1)\cdot p_1(t_1)}{p_1(D\mid t_1)\cdot p_1(t_1)+p_1(D\mid t_2)\cdot p_1(t_2)}=\frac{1\cdot p}{1\cdot p+1\cdot(1-p)}=p \tag{4-77}$$

式(4-75)表明，左二、四节点的推断同类型组合的概率分布$(p,1-p)$须完全一致，否则，若$v\neq p$，则难以让乙确信他所观测到甲的确是基于类型t_1(而不是类型t_2)选择的D。相对于既有的$v>2/3$，$v=p$无疑是个新的约束，进一步表明类型组合同节点推断之间的深层联系。后者须同前提$v>2/3$不存在冲突，所以

$$v=p>\frac{2}{3} \tag{4-78}$$

至于左一节点的推断u，它同信息集I_{22}及策略路径$D—D$和$D—D$并无交集，所以推断u是外在的，仅出自囚徒乙本人对左一节点的先验判断，实质上并不受囚徒甲的决策的影响，所以无须对推断u进行修正。当然，此时若乙一味固执地坚持左一节点的推断或立足于信息集I_{21}选择行为，那他将选择C。

总之，当$v>2/3$时，该博弈存在精炼贝叶斯均衡$\{((D,D),(C,D));v=p>2/3\}$。

综上可知，该囚徒博弈的精炼贝叶斯均衡有两个，即：$\{((C,C),(C,C));u=p,v\leqslant 2/3\}$和$\{((D,D),(C,D));v=p>2/3\}$。

四、信号博弈及其分离均衡与混同均衡问题

信号博弈是较为常见的一种不完全信息动态博弈。所谓信号博弈，即围绕着信号的发送和接受而在信号发送者和信号接受者之间形成的策略互动及其行为选择活动。在现实生活中，只要行为人依赖信号展开决策、选择行动，其间难免就会形成信号博弈，且从中产生诸如“逆向选择”和“道德风险”等问题。

比如，在旧货市场上，卖家可能将实质上只有五成新的旧货处理得看起来足足有九成新，继而向买家强调旧货的成色(虚假成色)及其“依旧强大”的功能，由此向买家发出错误信号；买家由于缺乏对旧货的专业鉴别能力，结果就很可能按照九成新的价格买入旧货。这就是所谓的“逆向选择”问题：由于信息不对称，处于信息劣势但追求理性的行为人最终还是做出了错误的选择。此时，“信号”就是旧货的成色及其功能，“信号的发出者”即旧货卖家，“信号的接受者”即旧货买家。

又如，在公司高管聘用时，求职者可能会极力表现他对公司价值的理解及其过往工作业绩与未来工作潜力，由此向负责招聘的公司董事会或股东会主要成员发出信号，表明他具有全心全意为公司发展效力的品质和能力；然而，当聘用合同签署后，尤其在试用期结束之后，公司董事会或股东会主要成员逐渐发现，新招录的公司高管会在合同规定事项之外，总会不失时机地借助公司平台为自己谋取私利，后者有时甚至会动摇公司的发展目标。这里，求职者发出了错误的信息，招聘者接受了错误的信息，做出了不利于公司未来发展的选择，个中仍属逆向选择问题。但在合同签署之后，正式入职的高管充分利用合同中未能明确约定的权利和收益(即“剩余控制权”和“剩余索取权”)，最大限度地拓展自己的权利，为自己攫取尽可能多的收益。这种背离合同原旨以致可能损害出资人(股东或董事)的现象，则属“道德风险”。这仍存在信号博弈问题，只不过此时的“信号”是合同条款及其订立宗旨，“信号的发出者”是公司股东会或董事会主要成员，“信号的接

受者”则是正式入职的公司高管。

逆向选择与道德风险背后的信号博弈表明，信号发出者未必是信息优势方，信息接收者也未必是信息劣势方，反之亦然。但作为不完全信息动态博弈的信号博弈，无论如何，任一局中人（信号发出者和信号接受者）关于对方皆非知根知底。其中，对信号掌握得相对清晰准确、理解得相对全面深入的局中人构成信息的优势方；反之，对信号掌握得相对模糊笼统、理解得相对片面肤浅的局中人则构成信息的劣势方。

相对来说，信号发出者较可能是信息优势方（如股市中的大型机构投资者），他往往根据他对某些事物的不同的判断（如股市看涨还是看跌）发出不同的信号（做多还是做空操作）。此时，对于信号接受者（如散户）来说，面对信号发出者发出的各种信号，如果他能分清各种信号所对应的、信号发出者关于事物的不同判断（如认定大型机构投资者做多是出于对股市看涨的判断，认定大型机构投资者做空是出于对股市看跌的判断），进而做出自己的最优策略反应或最佳行为选择，那么，如此形成的精炼贝叶斯均衡则属分离均衡（seperating equilibrium）。推而广之，分离均衡即不同类型的信号发送者发送不同的信号；当其发送某一特征的信号时就不会发送另外特征的信号；相应地，信号接收者根据所接收到的信号特征可对信号发送者的类型做出合理推断。

当然，信号接受者也可能实在难以分清各种信号所对应的、信号发出者关于事物的不同判断，而后者也的确不影响他（信号接受者）做出最优策略反应或最佳行为选择，如此形成的精炼贝叶斯均衡则属混同均衡（pooling equilibrium）。推而广之，混同均衡即不同类型的信号发送者可发送相同的信号；相应地，信号接收者将无法根据所接收到的信号特征对信号发送者的类型做出合理推断。

关于信号博弈中的精炼贝叶斯均衡，其探求方法与前文“两囚徒不完全信息动态博弈”算例所诠释的解法并无实质性区别。它同样突出逆向归纳（因而须从末位局中人的策略反应开始讨论）、序贯理性或前向归纳（因而任一局中人均须立足历史信息、着眼未来所有后位局中人所有可能的策略反应，继而选择自己的最优策略）、合理推断与最优策略之间合乎逻辑地匹配等分析要领。具体算例读者可参阅本书提到的一些文献，这里不再展开。

本章小结

博弈论框架即立足于行为人之间的策略互动或（和）行为互动而形成的分析框架。其基本内容在于，将行为人之间的策略互动或行为互动视作经济问题分析的视角和切入点，将行为人之间策略互动或行为互动的均衡状态视作经济问题分析的参照系。如果说供求论框架集中体现为商品背后的供求推力的平衡，那么，博弈论框架则集中体现为行为人之间在策略或行为选择上取得平衡。当然，行为人之间的策略互动或行为互动在现实中是具体的，在不同场景有不同的类型，如非合作博弈和合作博弈（按博弈之前是否存在共同约束力的信念或规则划分，若存在则属合作博弈，否则属非合作博弈），理性博弈和非理性博弈等（按行为人是否基于理性选择确定其策略或行为，若基于理性选择则属理性博弈，否则属非合作博弈）。

一般地，在非合作意义上，博弈活动可被大体划分为完全信息静态及动态博弈、不完全信息静态及动态博弈。不同类型的博弈有其相对特定的理论架构，后者可视作由笼统的博弈论框架出发而形成的“具体框架”“特定框架”。它们各自具有相对特定的理论假设，因而各自具有相对特定的适用范围。比如，不完全信息静态博弈基于互动的行为人之间存在私人信息（彼此之间并非知根知底），且需要所有行为人同时做出策略或行为选择。这意味着不完全信息博弈的适用范围：对于那些互动的行为人之间存在私人信息，且所有行为人须同时做出策略或行为选择的问题，可首先考虑采用不完全信息静态博弈框架展开分析。

第五章 唯物辩证法框架与经济学分析

关于唯物辩证法，或许大家在学习马克思主义哲学时都已接触过。这种具有普遍意义和根本性质的世界观与方法论，果真能够“降格”成为颇具工具性质的经济学分析框架？如果答案是肯定的，那么，个中可能性究竟何在？它作为一种分析框架被不断套用的特点是否有悖于唯物辩证法精神的基本要义①？作为一种经济学分析框架，唯物辩证法同理性人框架、供求均衡框架和博弈论框架有何实质性区别？有人将辩证法视作“变戏法”“诡辩论”，那么，这是否意味着，在经济学分析中运用辩证法是一种诡辩？对于这些关于唯物辩证法及其用于经济学分析中的一些疑问或顾虑，我们有必要先做些澄清。在此基础上，结合《资本论》和社会主义政治经济学的若干理论观点，从基础框架与衍生框架层次发掘唯物辩证法框架的具体应用特点，借以深化唯物辩证法框架的内容与方法侧面在经济学分析中的运用技巧。

第一节 作为经济学分析框架的唯物辩证法

作为一种经济学分析框架，唯物辩证法不免遭受一些质疑、引起一些困惑。后者往往触及唯物辩证法的工具属性及应用于经济学分析的合理性与有效性，大致可归结为三个基本问题。本节依次做些说明。

一、唯物辩证法能否成为颇具工具性质的经济学分析框架？

答案是肯定的。我们知道，马克思首次将唯物辩证法用于分析经济问题②，其经典成果即《资本论》。事实也的确如此。在阅读《资本论》的过程中，我们不难发现唯物的观点（如强调从历史或事实出发）、联系的观点（如分析生产关系问题总是联系生产力或生产方式）、运动的观点（如分析商品和资本均立足于各自内在的矛盾及其运动）和发展的观点（如分析价值形式问题）。不仅如此，我们还能看到三大基本规律的巧妙运用，如对立统一分析的运用（尤其见于商品二因素分析、劳动二重性分析）、质量互变的运用（如强调货币向资本转换中须以货币积累到一定规模为前提）、否定之否定分析的运用（如指出资本主义私有制对个人私有制或个体劳动制度的否定、社会公有制又是对资本主义私有制的否定）③。此外，整体与部分、个别与一般、特殊与普遍、相对与绝对、原因与结果、偶然与必然、形式与内容、现象

① 毕竟，唯物辩证法视阈下“绝对理念”并无存身之地。将唯物辩证法视作一种经济学分析框架且直接套用，这一做法本身在某种程度上似乎将唯物辩证法“固化”或“僵化”。事实果真如此吗？

② 马克思曾在给恩格斯的信中明确指出：《资本论》是“把辩证方法应用于政治经济学的第一次尝试”。当然，此处“辩证方法”指唯物主义辩证法，而不是黑格尔的唯心主义辩证法。可参见《马克思恩格斯书信集》，人民出版社 1976 年版，第 239 页。

③ 参见洪远朋：《〈资本论〉难题探索》，山东人民出版社 1985 年版，第 20～24 页。

与本质、可能与现实等的关系①、唯物史观、阶级斗争等的思想观点和分析方法也都在《资本论》中得到广泛运用。

这些足以说明唯物辩证法可用于分析经济问题。然而,这里的唯物辩证法到底是方法论、方法体系还是分析框架?依照上面的描述,唯物辩证法首先是一种方法论、方法体系。作为一种纯粹的哲学层次的概念,它具有相当的普适意义,并无明确的学科分析指征,更未特别强调其经济学分析价值。也就是说,它不仅能够用以分析经济问题,还可用以分析政治、社会甚至科技问题。那么,在这种情形下,唯物辩证法同时还能算是"经济学分析框架"吗?

本书导论约定:"分析框架就是指分析具体经济问题时所采用的基本框架。它是由一系列较具普适意义的主要变量(或分析要素)及其关系所组成的、具有一定抽象性质进而能在一些具体经济问题分析时提供视角、出发点或参照系的逻辑关系系统"。按此定义,唯物辩证法虽然不如理性人框架、供求均衡框架和博弈论框架那样直观、具体、富有针对性,但它着实提供了诸多分析具体经济问题的视角、出发点(切入点)和参照系。也就是说,唯物辩证法的哲学方法论身份并不影响它"客串"的"经济学分析框架"的角色,只要它能在经济学分析中发挥实质性(直指经济问题本身)、普适性(可用于某类而非某个经济问题)和建设性(可依据现实需要增减变量及其关系)的作用。

实际上,针对任何经济现象(如价格现象),唯物辩证法总是强调从经济现象背后的本体因素(或经济事物,如商品,下同)的具体性和历史性出发,通过剖析经济事物的内外矛盾揭示经济现象的动因、条件、趋势、规律。这里,"经济现象""经济事物""具体性""历史性""内外矛盾"构成唯物辩证法分析的"主要变量","经验关系"则完全遵从辩证唯物主义和历史唯物主义所揭示的基本规律。与理性人框架、供求均衡框架和博弈论框架相比,唯物辩证法这种"框架"是无形的、抽象的、普适的,更具基础性、方向性和指导性,但同时它也是探究经济现象或经济事物所必需的,因其着实能够触及经济现象或经济事物的本质问题,且随着研究过程的展开而扬弃某些变量及其关系。

那么,是否任何哲学方法论均可被视作经济学分析框架?不一定。这是因为,严格说来,经济学分析框架并非仅是一种方法论,更非仅是一种研究程序或程式。它须具备一定的实体性(或本体性)要件(即后文所说的"内容侧面"),否则它将难以充任研究或讨论具体经济问题的参照系,也就不能被视作经济学分析框架。

比如,证伪主义哲学或方法论仅仅涉及研究程序及其评价问题,并未直接触及研究对象的实体要件,从中看不到有助于直接观察具体事物的视角和切入点,因而证伪主义哲学或其方法论不能作为经济学分析框架。相比之下,"对立统一"可被视作分析框架。这是因为,当人们试图解释某个经济现象(不论是经济决策、商品价格还是策略或行为选择)的形成机理时,可考虑运用对立统一分析,立足于该现象背后的经济事物(或本体)的具体特点,关注经济事物的内外部矛盾,在其矛盾双方的对立统一中把握其发展动因。在此过程中,原本属于哲学范畴的、极具普适意义的"对立统一"分析已被悄然固化下来,以致成为思考一般经济现象形成机理问题的惯用视角、出发点和参照系。

进一步说,作为经济学分析框架,唯物辩证法并非某个特定的具体分析框架,而是可被

① 参见李建平:《〈资本论〉第一卷辩证法探索》,福建人民出版社 2017 年版第 124～170、194～230 页。

赋予经济学语义的、一系列经济学分析框架的有机组合,实质上是具有开放意义的经济学分析框架系统。我们不妨将其称作“唯物辩证法总框架”。它不仅包括以辩证法基本规律和唯物史观为核心的基础框架①,还包括运用这些基础框架分析典型经济问题而派生形成的一些较具针对性质或专门意义的特定框架(可将其称作“衍生框架”)。

比如,对立统一框架就是一种基础框架,它在经济事物的动因分析中可广泛使用。在此基础上,它在商品生产中的经典运用形成了用于解释商品交换问题的“价值—使用价值”框架、用于分析价格波动问题的“价值规律—市场供求”框架,这些都是衍生框架。可见,与基础框架相比,衍生框架更具针对性质因而也更具局部意义;基础框架的内容及结构大体稳定,衍生框架的内容和结构则可能随着实践活动的积累和理论研究的深入而逐步做出调整。借用西方科学哲学家拉卡托斯关于“研究纲领”的说法,如果说基础框架是唯物辩证法总框架的“不变硬核”,那么,衍生框架就是唯物辩证法总框架的“可变保护带”。

列宁曾经指出:“虽说马克思没有遗留下‘逻辑’(大写字母的),但他留下了《资本论》的逻辑”②。个中“《资本论》的逻辑”首先且直观体现的就是辩证法在经济学分析领域中的应用艺术,后者可鉴、可师、可法。这不正是经济学分析框架所担负的角色?

总之,唯物辩证法能够成为颇具工具性质的经济学分析框架。这早已被《资本论》所证实且示范,归功于马克思的开创性贡献。不仅如此,国内学者还曾引申出所谓的马克思主义政治经济学的“理论假设”③与“方法论命题”④,这些都有助于人们理解唯物辩证法总框架。

二、唯物辩证法何以可能成为颇具工具性质的经济学分析框架?

在马克思系统研究政治经济学问题之前,辩证法并未被世人纳入经济学分析的视野。但在马克思开始系统研究政治经济学之后,尤其在其《资本论》第一卷完稿之后,辩证法(当然此时也是唯物辩证法)方在经济学领域登堂入室,正式拥有了分析框架的新角色。所以,在主体要件上,正是马克思——这位真正的辩证唯物主义者——最先使得唯物辩证法成为颇具工具性质的经济学分析框架。这正如,正是由于航天工作者的智慧与努力,某些通用器材不仅可被用于探月工程,且在探月工程中发挥着重要作用,以至于只要涉及探月工程,这些通用器材首先就会被人提起且运用。

那么,在客体要件上,或就其本身而论,唯物辩证法何以可能成为经济学分析框架?

对此,我们不妨考察理性人、供求均衡和博弈论框架(后文简称为“三大分析框架”),发掘其成为分析框架的内在因由,继而说明辩证唯物法何以可能成为分析框架。

首先,不难发现,三大分析框架在内容侧面反映了学界关于部分经济规律的认知成果,在形式侧面各有其相对特定且不乏统摄意义的数学形式,在逻辑侧面则完全依托形式逻辑。

---

① 与马克思主义哲学相比,基础框架主要突出其经济学语义,是马克思主义哲学在经济学领域(语境)中的特殊表现形态。倘若抛开经济学语义,基础框架同马克思主义哲学并无实质性区别。这就如同理性人框架与其相应的数学规划问题(Max-s. t)之间的关系:前者因具体而相对特殊,后者因抽象而相对一般。当然,由于被赋予经济学语义,基础框架的适用范围相对窄于马克思主义哲学:它首先立足于能够直接针对某些经济现象、经济事物提供相对特定的视角、切入点或参照系,强调对经济学分析直接且相对明确的指导价值;即便在联系发展的意义上,它可能仍会关注非经济现象和非经济事物,但这并不具有首要意义。

② 参见《列宁全集》(第五十五卷),人民出版社 1990 年版,第 290 页。

③ 参见程恩富:《现代马克思主义政治经济学的四大理论假设》,《中国社会科学》2007 年第 1 期,第 16～29 页。

④ 参见张宇、孟捷、卢荻:《高级政治经济学》(第二版),中国人民大学出版社 2007 年版,第 42～65 页。

就内容侧面来看，理性人框架反映了行为人利益最大化倾向对经济选择的决定意义，供求均衡框架反映了经济力量之间的平衡关系对经济物品价格和数量的决定意义，博弈论框架反映了人际互动对策略或行为选择的决定意义。尽管这些认知成果缺乏历史性，但其中不乏真理成分[①]，也因此构成三大分析框架切入现实经济问题分析的理论前提。

就形式侧面来看，理性人框架可归结为特定约束（s. t）下的目标最大化（max）问题，其基本数学形式为 max-s. t；供求均衡框架可归结为供给（S）与需求（D）的平衡问题，其基本数学形式为 $D=S$；博弈论框架可归结为策略或行为互动问题，其基本数学形式可归结为反应函数 $s_i=f(s_j)$。这些抽象架构不乏丰富的拓展空间和推广应用价值，可作为探究现实经济问题的视角、出发点或参照系，构成三大分析框架切入现实经济问题分析的方法前提。

就逻辑侧面来看，受制于其内容和形式的单向度特征，三大分析框架的核心概念都是相对抽象且确定的（如理性人就是经济理性人，不同时兼有其他角色），基本命题或假设都是相对严格甚至武断的（如理性人在特定的约束条件下均力求利益最大化），推理都是线性的、递进式的（如立足于特定的约束条件和目标函数必能在数学意义上导出最佳选择；推理链条完全立足于经典的数理逻辑），指导思想多带有唯心主义或机械唯物主义成分。当然，形式逻辑的确定性和严密性也增强了三大分析框架在内容侧面与形式侧面的学理性质，且在证伪主义（实则“暂且非证伪＝暂时即真理”理念）的匹配下，共同推动着现代经济学（实则当代西方经济学，下同）成为一门似乎可以比肩当代自然科学的所谓的“科学”。

相比之下，唯物辩证法富有强烈的真理气质。它在相当程度上诠释了世界的基本特征（如物质的第一性与统一性特点、普遍联系和永恒发展特点），描述了世界联系和发展的基本环节（如整体与部分、个别与一般、特殊与普遍、相对与绝对、原因与结果、偶然与必然、形式与内容、现象与本质、可能与现实等），揭示了世界联系和发展的基本规律（即对立统一规律、质量互变规律和否定之否定规律）。这些源于自然科学发现且被自然科学发现所证实的思想和观点还被应用于社会历史领域，继而形成了特色鲜明的唯物史观（历史唯物主义）。不仅如此，唯物辩证法尊重实践，追求真理，强调实践是检验真理的唯一标准，是理论认识的根本源泉。这些使得，作为一种理论体系，唯物辩证法具有现实的质感和丰富的思想内容，能够正确反映客观世界的基本特征与基本规律，因而更可用于分析现实经济问题。

其次，唯物辩证法具有强烈的方法论启示，它的任一思想和观点都可构成研究现实经济问题的方法指引，且由马克思首先做出了经典的示范。比如，普遍联系的观点告诫人们，不可孤立地看待经济事物，须关注其内部与外部联系；与之相应，在讨论商品价格问题时，马克思充分考虑了商品体的内在联系与外部联系，进一步关注了商品体的内在矛盾（使用价值与价值的矛盾、具体劳动与抽象劳动的矛盾、私人劳动与社会劳动的矛盾、物的人格化与人格的物化的矛盾）和外在矛盾（使用价值形式与价值形式的矛盾、商品与货币的矛盾、买和卖的矛盾、买者和卖者的矛盾）[②]。又如，永恒发展的观点告诫人们，不可静止地看待经济事物，须在其运动、变化与发展中考察经济事物；与之相应，马克思立足于对商品体（或商品体的内外矛盾）的动态审视，最终揭示了“商品—货币—资本”之间的嬗变逻辑。当然，由于辩证法强调事物内在的矛盾性和发展性，使用诸如三大分析框架那样简洁明了的数学形式完全刻

① 即便绝大多数西方经济学者回避或否认经济学及其研究的真理性问题。

② 参见洪远朋：《〈资本论〉难题探索》，山东人民出版社 1985 年版，第 69 页。

画唯物辩证法框架并非易事，在相当程度上也取决于数学科学本身的发展①。

最后，从思维形式上看，唯物辩证法处处闪现着事物存在与发展的辩证逻辑，在经济学分析中植入唯物辩证法必然使得分析过程充斥着辩证逻辑相对特殊的思维形式。这在经济思想史上同样具有划时代的革命意义，当然也首先归功于马克思的贡献。

实际上，即便放眼当代，马克思运用辩证逻辑深入且系统地研究经济理论的高超艺术也鲜有与之匹敌者。我们不妨将《资本论》同当代市面上最为流行的所谓"现代经济学"著作（如萨缪尔森、斯蒂格利茨和曼昆等人的经济学教科书）相对照，即可清晰感知这一点。

如前所述，一般现代经济学作品往往单纯依托形式逻辑（或普通逻辑，下同），其概念是相对抽象且确定的，其命题或假设是相对严格甚至武断的，其推理是单向度的。但在《资本论》中，马克思在运用形式逻辑之时强调辩证逻辑的主导地位或统摄意义。这使得，《资本论》中的概念往往灵活且具体（如强调商品是使用价值与价值的统一体、是历史发展到一定阶段的产物，这些明显超越了在直观意义上从规格、性能等角度对商品的表象且静态界定），命题往往容纳矛盾（如"资本不能从流通中产生，又不能不从流通中产生"），推理往往是多向度的、立体的、扬弃的、允许出现跃变（如对商品—货币—资本—剩余价值的推理链条，其间并非单纯地表现为数量累积，而是存在质量突变、继承发展、层次转换；推理链条除依托经典逻辑外，更依托非经典逻辑，如弗协调逻辑），其背后的指导思想即唯物辩证法，尤其是辩证法的三大基本规律②。

如果说作为一种理论体系的唯物辩证法为唯物辩证法总框架提供了思想内容，作为一系列方法启示的唯物辩证法为唯物辩证法框架提供了可予丰富的方法形式（基本套路），那么，辩证逻辑及其同形式逻辑的有机统一则为思想内容与方法形式的二重统一再度提供思维引导、联系枢纽和技术性支撑。这些使得唯物辩证法足以成为一种经济学分析框架。

与三大分析框架类似，唯物辩证法框架的内容、形式、逻辑侧面之间也是相互渗透、相互说明、相互依赖、有机统一的，割裂其中任一侧面都是对唯物辩证法总框架的肢解或背离。就此而论，唯物辩证法总框架的内容、形式和逻辑三位一体，唯物辩证法总框架亦是内容、形式与逻辑的三重统一，如同列宁所指出的那样："在《资本论》中，唯物主义的逻辑、辩证法和认识论[不必要三个词：它们是同一个东西]都应用于一门科学……"③

与三大分析框架不同的是，唯物辩证法本身亦是对客观世界的正确反映，这使得唯物辩证法框架直指客观世界，由此赋予唯物辩证法框架以更为真切的本体论性质。在某种程度上，三大分析框架可视作高度简化且静态的模型、对客观世界的抽象反映。相比之下，唯物辩证法框架虽然可视作对客观世界的抽象反映，但它强调研究对象的具体性和历史性，由此而生成的模型（表现为"概念框架"或"范畴体系"）则是立体的、复杂的、动态的，更加贴近研

① 三大分析框架均立足于感性思维和普通逻辑，后者亦是数学发展的重要基石。唯物辩证法框架立足于哲学反思和辩证逻辑，后者虽不能脱离感性思维和普通逻辑，但在认识层次或阶段上高于感性思维和普通逻辑，以致在某种程度上难以直接以数学形式刻画。不过，国内学者孟凯韬先生关于"哲理数学"的研究，或许有助于理解基于哲学反思和辩证逻辑的数学模型。关于哲理数学及其与辩证法和数理模型的关系问题，可参见孟凯韬：《哲理数学概论》，科学出版社2005年版，第122～166页。

② 参见马佩、杨红玉：《逻辑·普通逻辑·辩证逻辑：马佩教授访谈录》，《中州学刊》2014年第1期，第112～121页。

③ 参见《列宁全集》第55卷，人民出版社1990年版，第290页。

究对象的本来面目，由此更有助于全面指导实践活动。所以，尽管都是内容、形式与逻辑的三重统一，但与三大分析框架相比，唯物辩证法总框架具有更为强大的实践基础。

唯物辩证法总框架的三位一体或三重统一特点启发我们：在运用唯物辩证法总框架时，需要充分且同时尊重现实经济问题（包括资源配置、商品价格与数量、策略与行为选择）的客观性、具体性、历史性、联系性、层次性、结构性、矛盾性和突变性，立足矛盾且将分析与综合辩证地统一起来。为此，在从具体到抽象的研究过程中，在整体把握现实具体经济问题的前提下，不妨考虑以实体内容侧面为前提，叠加且融入方法形式侧面和思维形式侧面，最终形成对唯物辩证法总框架的综合运用，对事物形成具体的、全面的、立体性的把握。这样，在从抽象到具体的叙述环节，现实经济问题方可逐步具体地、完整地、立体地呈现在人们面前。我们都知道劳动价值论是马克思运用辩证法的绝唱，但若没有立足于具体、整体且融合三类侧面的研究过程，劳动创造商品价值的秘密又何以能够清晰地呈现在世人面前？

与三大分析框架相比，更为现实的内容、更为普适的形式、更为丰厚的逻辑，铸就了唯物辩证法总框架的相对优势，在相当意义上有助于防止经济研究及其讨论在不知不觉之中坠入“刻舟求剑”或“盲人摸象”的怪圈。当然，针对唯物辩证法及其分析框架，人们也容易存在一些困惑甚至误解，后者亦须给予正视。

三、运用唯物辩证法框架是否意味着经济学分析将坠入诡辩论或机械论？

之所以抛出这个问题，是因为，辩证法（包括唯物辩证法）往往被人视作诡辩论，其运用或拓展也可能由此被人担心形成新的形而上学以致造成新的机械论。这些误解和困惑在相当程度上都可能阻滞唯物辩证法总框架用于经济学分析的进程。

在一些人看来，辩证法似乎是万能套路——任何人面对任何问题都能简单套用。这主要表现在：满足于使用“一方面＋另一方面”“作用＋反作用”“贡献＋不足”“成绩主要＋问题不少”之类的公式[①]简单描述现实问题。然而，如此看似“全面把握”现实问题，实则极易忽略后者的具体性、矛盾性和突变性等特征，有悖于唯物辩证法总框架内容、形式与逻辑三位一体的基本要求。

比如，针对当代资本主义生产关系，如果仅仅描述其两面性（相对于过去历史阶段的进步性及相对于未来社会主义阶段的局限性），固然能够部分体现其客观性、历史性、联系性甚至层次性和结构性，但由此却难以把握其具体性（当代资本主义生产关系之所以成为它自身而非其他）、矛盾性（当代资本主义生产关系的内外矛盾及其内在的相互依赖、相互作用、相互渗透、相互转化性质）和突变性（当代资本主义生产关系的量变积累与质变跃迁），难以辨析当代资本主义生产关系同《资本论》所揭示的资本主义生产关系的异同，难以从中发掘市场经济同社会主义的契合之处。所以，简单止步于当代资本主义生产关系的两面性，等于将两面性孤立起来，这有悖于对立统一规律及唯物辩证法总框架形式、内容和逻辑三重统一的基本要求，并非真正的辩证法，也难以立体揭示当代资本主义生产关系及其运动规律。

进一步看，将辩证法视作诡辩论更有其逻辑学根源（主要表现为肯定或推崇形式逻辑、否定或排斥辩证逻辑），后者可能在深层意义上阻滞着唯物辩证法总框架用于经济学分析的进程，尤其在社会科学中极度推崇证伪主义标准的情况下。

---

① 参见孙正聿：《马克思主义辩证法研究》，北京师范大学出版社 2017 年版，第 8 页。

一般认为，基于形式逻辑的判断或推理过程须遵从三项基本规律，即同一律、矛盾律和排中律。其中，同一律的公式为“A 是 A”，借以杜绝判断或推理过程出现混淆概念或偷换概念的问题。矛盾律，或称“不矛盾律”，其公式为“A 不是非 A”，或“既是 A 又非 A 的情形不存在”，借以杜绝判断或推理过程出现自相矛盾、形成悖论。排中律即排除中间状态的规律，其公式为“要么 A，要么非 A，两者仅居其一，两者间不存在中间状态或模糊地带”，借以杜绝判断或推理过程出现模棱两可（或模棱两不可）的问题。在此前提下，命题结论非此即彼，绝不会亦此亦彼，由此可在现实意义上予以证伪、判断结论的现实存在性。

然而，辩证法和唯物辩证法总框架允许矛盾存在。这使得在基于辩证逻辑的推理过程中，矛盾律和排中律都是被否定的：允许 A 与非 A 同时并存且允许 A 与非 A 之间存在中间状态、过渡阶段或模糊区域，由此命题结论允许亦此亦彼。对此，不承认辩证逻辑、只承认形式逻辑（尤其是其中的经典逻辑）的人们（包括证伪主义代表人物波普尔）认为，如果允许两个相反的前提同时并存，那么，最终可推导出一切结论。后者既不能被证实亦不能被证伪，以致无所谓对错，这有悖于科学求真（追求“非真即假”）的基本旨趣。

不过，立足于弗协调逻辑，命题虽然能够容纳矛盾，但这并不意味着任何特定意义上的矛盾都能够推导出一切结论；或者说，并非所有矛盾都可导出一切结论[①]。更主要地，辩证逻辑有别于形式逻辑，前者在本质上属内涵逻辑，后者在本质上属外延逻辑。这些使得，辩证逻辑尤为关注前提及其结论的思想内涵（而非思维外壳），强调其具体性和历史性[②]。

实际上，正是由于客观问题的具体性和历史性，内在矛盾的双方在特定的时空条件下总是具体的、有限度的，继而从根本上决定了基于辩证逻辑的实际推理过程总是相对确定的，因此针对客观问题在其具体发展阶段或具体所处情境意义上总会形成相对特定的判断。这正如，我们不可能从患者身体正邪之气的争斗中导出适用于天体物理的结论[③]。

那么，唯物辩证法总框架的运用能否产生新的形而上学以致被视作机械论？不会！同之前三大分析框架一样，唯物辩证法总框架仅仅提供了分析现实经济问题的视角、出发点或参照系。真正深入分析问题，尚需把握问题内在的客观性、具体性和历史性，关注问题内在的层次、结构、矛盾、质量、变动，贯彻落实唯物辩证法总框架内容、形式和逻辑三位一体、三重统一的基本要求，如此方可具体、完整、立体地揭示问题的发展规律。其间具体研究过程因时因地因事制宜，并不必然存在某个能够贯彻始终、完全统一且特定的分析套路。

总之，只有牢牢抓住现实经济问题的客观性、具体性和历史性，方可有效破解关于唯物辩证法总框架的诡辩论或机械论困惑，真正揭示现实经济问题的内在规律与发展趋势。

---

① 这也正是辩证法（尤其是唯心主义辩证法）及其逻辑理论饱受非议的原因，其主要症结或在于视角及出发点的选择差异。由经典逻辑出发将导致对辩证法的负面评价（不协调且无意义、不足道）；从弗协调逻辑出发则会导致对辩证法的正面评价（虽不协调但足道、有意义）。参见杨武金：《辩证法的逻辑基础》，商务印书馆 2008 年版，第 13～19 页。

② 比如，对于命题“帝国主义是真老虎又是纸老虎”，从形式逻辑角度看是错误的，因为“真老虎”和“纸老虎”相互否定，这有悖于形式逻辑的同一律和矛盾律，存在逻辑矛盾。然而，从辩证逻辑角度看，“帝国主义是真老虎又是纸老虎”是正确的，因为“真老虎”和“纸老虎”是从不同角度言说的，各自有其特定的语境和内涵，将其同时并列陈述可反映帝国主义的两面性或而二重性，背后体现了语境和内涵的转换（因而看似出现逻辑矛盾，实则表述辩证矛盾）与叠加（表现为矛盾双方共存于命题之中）；如果出于形式逻辑考虑而仅仅肯定“真老虎”或“纸老虎”，那么，帝国主义的这种二重性将得不到说明。

③ 当然，其间或有相似之处，但这将是另外一个话题，或在其他某个意义上成立。

第二节　基础框架与经济学分析

与马克思主义哲学基本范畴体系大体对应，基础框架至少包括如下五大框架：物质性与联系发展性框架、联系发展的基本环节框架、联系发展的基本规律框架、社会系统及其发展框架、人的本质及全面自由发展框架①。下面依次说明其基本内涵和应用特点。

一、物质性与联系发展性框架

所谓物质性与联系发展性框架，即将客观存在的经济事物视作独立于研究者之外的对象，在此前提下深入探究经济事物的内部联系与外部联系、把握其绝对运动与相对静止的统一性。该框架大体对应着“实事求是”路线中的“实事”环节，是确保研究对象具备存在性（非空幻之物）、具体性（非类他之物）和历史性（非永恒之物）的基本方式。

所谓“独立于研究者之外”即要求将客观存在的经济事物视作与研究者平等且独立的对象，研究者不可将其主观臆断之物强加于客观存在的经济事物，以免背离既成事实。比如，在讨论所有制问题时，研究者往往基于个人生活体验和局部经验观察，将私有制或拥有私产视作人类的天性，这就偏离了所有制的本来面目，不符合人类社会发展的历史事实，由此难以解释所有制问题，因其看不到社会公共需要的重要性及公有制的合理性与必要性。

所谓“经济事物的内部联系和外部联系”即经济事物同其他相对独立的事物之间的关系以及经济事物内部各因素之间的关系，尤其包括其间的对立统一关系。比如，一般将生产关系视作政治经济学研究的主要对象，但与此同时，研究者总会强调要在研究生产关系时联系生产力和上层建筑，这就反映了经济事物之间的外部联系，且生产力与生产关系之间、生产关系和上层建筑之间均存在对立统一关系。不仅如此，由于生产关系具体包括生产、交换、分配和消费等关系，因而对生产关系的研究可转换为对生产关系、交换关系、分配关系和消费关系及其间相互关系的研究，且这些局部性的关系之间往往也是对立统一的。对马克思主义政治经济学分析而言，只有抓住对立统一关系，方可从中把握主要矛盾以及矛盾的主要方面，以便最终把握经济事物的运动规律。同时，从外部联系到内部联系，对经济事物的考察往往历经多个层次，经济事物的功能、层次与结构特性也逐步凸显出来。

所谓“绝对运动与相对静止”即经济事物内在的绝对动态性质与相对静止性质。其中，绝对运动性质表明经济事物实质上是富于变化的，有其自在的发生、发展乃至消亡过程，因而不存在一成不变的经济事物。这意味着，在现实意义上，没有永恒的私有制，没有一成不变的公有制，没有一劳永逸的创新模式。相对静止表明经济事物在暂时意义上是静止的，因而在某种程度上需要把握经济事物的规模和结构，继而予以解构并探究其内外联系，且在不同的静态剖面转换之间考察经济事物的发展动因及其与相关事物之间的动态联系。

比如，对剩余价值、剩余价值率、资本存量等经济变量的测算，就是立足于变量的相对静态性质，反映了这些变量在某一时点的规模。后者在不同时点之间的变化可说明这些变量

① 本书关于马克思主义哲学的概念提法和思想观点主要依据：肖前：《马克思主义哲学原理（合订本）》，中国人民大学出版社 2012 年版；李秀林、王于、李淮春：《辩证唯物主义和历史唯物主义原理》（第四版），中国人民大学出版社 1999 年版。

的运动特点(可从中计算增长率)甚至发展趋势(如对增长率的变动再做推断)。又如,《资本论》第一卷着力考察资本的生产过程,其中,第三篇到第六篇从间断性角度考察资本生产,第七篇则将资本生产视作一个连续不断的过程,从连续性角度考察资本的生产过程①。这里,间断性意味着连续性的中断,实则时间维度的孤立状态、相对静止状态,而连续性则是资本生产过程的常态,实则时间维度的联系状态、绝对运动状态。

当然,动态并非意味着静态的简单循环,经济事物在其运动中往往伴随着量变、质变或形态转换。比如,伴随着资本主义产业部门之间的竞争,剩余价值率逐步转换为平均利润率,此时尽管全社会意义上剩余价值总量等于各部门平均利润总量,但各部门的剩余价值不再等于其平均利润;这里,剩余价值是动态变化的,它的数量随着资本的跨行业流动而不断壮大,它的具体表现形式与结构分布随之变化着:各部门由不同的剩余价值转换为相同的平均利润②。如果说内部联系和外部联系皆属横向意义上的联系,那么,绝对运动与相对静止则属纵向意义上的联系。在纵横交错之间,经济事物的具体性和历史性方可逐步呈现出来。

物质性与联系发展性框架可用于经济研究的起点选择、(研究)条件假设、(研究)环境设计、假说检验、政策判断等环节。这是因为,作为一门社会科学,经济学具有强烈的现实性,其研究起点、基本假设、初始环境、假说检验、政策研判均须依据客观事实而非主观体验甚或臆造。当然,理论与实践之间终有距离,理论研究须对现实展开必要的简化甚至抽象。但是,无论如何简化或抽象,都不能忽略掉那些有助于反映经济事物内外联系和运动发展特性的因素,且应抓住那些有助于揭示基本矛盾或矛盾主要方面的关键因素。

比如,《资本论》在阐述劳动价值论时采用了科学抽象法,将商品视作价值与使用价值的统一体。这是一种高度的科学抽象,但恰恰抓住了商品内在的基本矛盾,如此方能合乎逻辑地解释商品、货币和资本之间的层次转换问题。又如,在分析工资的本质问题时,马克思将资本家视作生产资料的拥有者,将工人视作除拥有自身劳动力之外的无产者,这种抽象固然同现实存在距离,但却抓住了资本主义制度的本质,切中了资本主义的要害,因为资本主义社会矛盾发展到最后终将归结为资本与劳动的对决。

二、联系发展的基本环节框架

如果说上述物质性与联系发展性框架中的"联系发展"是模糊的,那么,此处"联系发展基本环节框架"中的"联系发展"则是相对清晰的。它明确指向经济事物的内在特性之间和不同经济事物之间(以及由此产生的经济范畴之间,下同)的基本关系,后者构成经济事物内外联系发展的桥梁或中间环节,亦使经济事物内外之际的联系发展成为可能。实际上,当论及联系发展时,人们不免追问:到底是如何联系的?又是怎样发展的?联系发展的环节框架正是这些刻画经济事物的内在特性之间以及不同经济事物之间具体联系方式的框架。

具体来看,经济事物的内在特性之间及不同经济事物之间可能存在着诸如整体(或全局性)与部分(或局部性)、个别(或个性)与一般(或共性)、特殊(或特殊性)与普遍(或普遍性)、相对(或相对性)与绝对(或绝对性)、原因与结果、偶然(或偶然性)与必然(或必然性)、形式

① 参见李建平:《〈资本论〉第一卷辩证法探索》,福建人民出版社2017年版,第251页。

② 参见洪远朋:《通俗〈资本论〉》,上海科学技术出版社2017年版,第239页。

与内容、现象与本质、可能(或可能性)与现实(或现实性)等的关系。这些关系及其有机组合[①]即所谓联系发展基本环节框架(下文简称为"基本环节框架"),它提供了分析经济事物内在特性之间或不同经济事物之间基本关联方式的视角、切入点和参照系。它如同考察经济事物内外联系的多棱镜,从不同维度映照着经济事物内外关联的基本方式,使得经济事物的内在特性之间以及不同经济事物之间的联系与发展过程充满着复杂性与立体感。限于篇幅,我们在此仅讨论其中的整体与部分之间、个别与一般之间、特殊与普遍之间、相对与绝对之间、原因和结果之间的关系,其他关系留作读者拓展思考。

(一)整体与部分之关系

整体与部分之间的关系即全局性与局部性之间的关系[②],它主要从层次或系统维度刻画经济事物的特性之间或不同经济事物之间的关联方式。一般而论,整体与部分之间既相互对立又相互依存,既相互包含又可能相互转化,整体功能未必等同于各部分功能之加总;不仅如此,整体与部分之间还蕴含着综合与分析之间的关联[③]。

在经济学分析过程中,出于规模与功能考虑,经过综合与分析可以发现,某个特定的经济事物 A 可能从属于某个更高层次的经济事物 B,此时 A 具有部分性质。同时 A 可能包含更低层次经济事物 C、D 等,此时 A 具有整体性质。如微观经济单位相对于行为人个体而言具有整体性质,但相对于宏观经济而言具有部分性质。

另外,两个经济事物之间(如微观经济和宏观经济之间)可能存在整体与部分的关系,此时可明确各自的边界(如微观经济和宏观经济的产权边界和地理边界),在此基础上既要把握其间的相对独立性(如微观经济和宏观经济彼此相对独立、各自决策主体及其利益追求有别),又要把握其间的相互依存性(如微观经济与宏观经济互为条件,一方发展欠缺或将阻碍另一方发展)。

不仅如此,部分(局部)在某种程度上可能包含着整体(如典型微观经济运行无效可能是整个宏观经济运行无效的缩影),或在某种条件下取代整体(如某个微观经济部门由于发展势态持续向好成为宏观经济的风向标甚至发展支柱)。此外,整体功能未必等同于各部分功能的加总,意味着各部分功能的最优化未必带来整体功能的最优化(因而为了促进宏观经济的最优发展,有可能需要促进微观经济的差异化发展而非所有微观经济的最优化发展)。

《资本论》不乏整体与部分关系框架的经典运用。比如,在阐述相对剩余价值概念时,马克思立足于整个资本主义生产系统,强调相对剩余价值的生产须以社会各个生产部门劳动生产率的全面提高为前提,以所有部门资本家对超额剩余价值的追求及其自由竞争为条件,个中体现了分析的整体性基础[④]。在分析资本主义协作问题时,马克思创设了"个人劳动""结合劳动",具体讨论了个人劳动与结合劳动的关系,贯彻了协作劳动中的整体与部分之间的辩证关系,从中甚至可引申出影响整体功能的若干一般因素(如组元的量和质、组元组成

---

① 在经济学分析过程中,具体经济事物的内在特性之间或不同经济事物之间的这些联系发展的基本环节(实则八大维度的联系方式)未必都能同时清晰地体现出来,因而具体分析过程中所面对的联系方式往往意味着其中部分环节(关联方式)的组合。

② 参见肖前:《马克思主义哲学原理(合订本)》,中国人民大学出版社 2012 年版,第 125 页。

③ 参见肖前:《马克思主义哲学原理(合订本)》,中国人民大学出版社 2012 年版,第 127~129 页。

④ 参见李建平:《〈资本论〉第一卷辩证法探索》,福建人民出版社 2017 年版,第 204~205 页。

整体时的秩序性、组元间的比例、整体结构的多级层次性)[①]。

（二）个别与一般、特殊与普遍之关系

个别与一般之间、特殊与普遍之间即个别性(即个性)与一般性(即共性)之间、特殊性与普遍性之间的关系，是整体与部分之间关系的深化[②]。与整体和部分之间关系相比，个别与一般之间、特殊与普遍之间涵盖层次关系但不限于层次关系，不仅如此，它们更多地指向事物属性之间的关联，而后者往往需要在多个角度的交汇中才能得到说明。所以，个别与一般之间、特殊与普遍之间的关系内涵远比整体与部分之间的关系丰富且具体。

比如，绿色发展与发展之间、中国特色的社会主义市场经济与社会主义市场经济之间都存在个别与一般之间、特殊性与普遍性之间的关系。尽管在逻辑上两者还都存在整体与部分之间的关系，但个别与一般之间、特殊性与普遍性之间的关系则是主要的，需要全面把握发展、绿色发展、社会主义市场经济以及中国特色的社会主义市场经济的内涵。

进一步说，个别与一般之间、特殊与普遍之间同样存在着相对独立、相互依存、相互转化的辩证关系。不仅如此，它们还蕴含着演绎法(由共性到个性、从一般到特殊)与归纳法(由个性到共性、从特殊到一般)之间的联系[③]。

比如，立足于国际共产主义运动史，可以运用归纳法和演绎法比较社会主义市场经济和中国特色社会主义市场经济，明确两者各自的基本属性与核心特征，在此基础上探究两者间的差异甚至分歧(中国特色社会主义市场经济不具备但其他社会主义市场经济国家曾经多数具备的那些特征与属性；以此明确两者间的相对独立性质)，把握两者间的共性或共识(中国特色社会主义市场经济可能蕴含的社会主义市场经济的一般属性，以及后者曾经普遍存在于所有社会主义国家的性质；以此明确两者间的相互依存性质)，此外，还可研判两者间的相互转化关系(尤其是个性转化为共性的关系，比如中国特色社会主义市场经济转换为社会主义市场经济一般的可能条件)。

（三）相对与绝对之关系

相对与绝对之间的关系是超越个别与一般之间、特殊与普遍之间的更为深刻的一种关系。如果说整体与部分之间的关系是就考察层次而言的，个别与一般之间、特殊与普遍之间的关系是就事物属性而言的，那么，相对与绝对之间的关系既可能是就层次或(且)属性而言的，又可能是就超越层次与属性而言的更为广泛的某种基准或价值(如站位高度、视域宽度、时间长度、利益结构等)而言的。

相对意味着有对、有限、有条件，绝对意味着无对、无限、无条件[④]。经济学分析中的任何一个判断都是有条件的，因而它们都是相对的；但这些判断的相对性本身则是绝对的、无条件存在的，无论如何总存在着这些基于相对性的判断。一般来说，相对与绝对之间存在着相互对立、相互统一和相互包含的关系，因而在分析时应兼顾特定经济事物的相对性方面与绝对性方面，力戒绝对主义(或极端主义)和相对主义(或虚无主义)。

比如，对经济规律而言，既应肯定经济规律的存在性又须把握具体经济规律存在的条件

① 参见李建平：《〈资本论〉第一卷辩证法探索》，福建人民出版社 2017 年版，第 211 页。

② 参见李建平：《〈资本论〉第一卷辩证法探索》，福建人民出版社 2017 年版，第 129～131 页。

③ 参见肖前：《马克思主义哲学原理(合订本)》，中国人民大学出版社 2012 年版，第 132～133 页。

④ 参见肖前：《马克思主义哲学原理(合订本)》，中国人民大学出版社 2012 年版，第 134～135 页。

性或相对性，由此既避免在实际工作中陷入纯粹的经验主义，同时也防止将具体经济规律无限扩大以致陷入教条主义。

又如，无产阶级贫困在资本主义体制下难以克服，这构成其绝对性的一面；同时，这种贫困并非意味着无产阶级实际生活水平的绝对下降（不排除资本主义体制下无产阶级的实际生活水平有可能高于社会主义体制下的无产阶级），而是一种相对于资本主义社会积累而言的相对贫困，此即资本主义体制下无产阶级贫困的相对性。进一步看，无产阶级贫困的绝对性起因于资本主义生产关系（工人除劳动力之外一无所有，资本家则占有生产资料或资本，因而在生产过程中工人始终处于支配地位），其相对性则起因于资本主义生产关系所决定的资本主义分配关系（因实行按资分配且工人不占有生产资料，故而工人仅能获得劳动力的补偿，即工资）。不难发现，绝对与相对之间的关系蕴含着对经济事物的多重考察，也使得经济事物更为丰富且具体起来。

（四）原因与结果之关系

因果关系是一种相对特殊且重要的联系方式。在某种意义上，经济学分析的主要目的就在于明确经济事物之间的因果关系，继而发掘经济规律。在经济学分析中，所谓原因，即引致其他事物（未必是经济事物）的经济事物；所谓结果，即事物（未必是经济事物）所引起的经济事物。因果联系表征了经济事物之间（以及经济事物与非经济事物之间）的引致与被引致关系，后者有别于经济事物之间的先后次序；毕竟，先发事物未必引致后发事物，后发事物①在某种意义（如在预期及其修正条件下）上有可能也是先发事物的原因。一般来说，原因和结果之间亦相互对立、相互统一、相互包含、相互转化②。由此，在分析经济事物之间的因果关系时，应避免将先后次序误作因果关系，在把握原因作用于结果的同时还应关注结果对原因可能存在的反作用。此外，由于原因或（和）结果可能是复杂的，有时还需要考虑主要原因与非主要原因以及主要结果和非主要结果问题③。

比如，关于剩余价值产生（结果）的原因问题（即剩余价值因何而能产生），马克思首先论证且排除了因流通而产生剩余价值的问题，继而论证且排除了流通之外同样不会产生剩余价值的问题，由此在归谬中导出了一个类似于康德“二律背反”的两个相反命题：“剩余价值‘不能从流通中产生，又不能不从流通中产生’”。这意味着：流通过程既是又不是剩余价值产生的原因。这虽未发掘出剩余价值产生的真正原因，但却为寻找真正的原因提供了有利条件——流通过程关乎商品价值以及剩余价值能否实现，非流通过程关乎商品价值以及剩余价值能否得到生产、分配与消费。剩余价值产生于两类看似矛盾的过程的叠加之中，而能在其中带来剩余价值且实现剩余价值的要素只有工人的劳动力，进一步说，劳动力的商品化（或劳动力转化为商品）构成剩余价值产生的原因④。

此外，经济事物的内在特性之间以及不同经济事物之间还可能存在着偶然（或偶然性）与必然（或必然性）之间、形式与内容之间、现象与本质之间、可能（或可能性）与现实（或现实性）之间的关系。这些关系分别反映了经济事物的内在特性之间以及不同经济事物之间在

① “后发”仅仅意味着“之后发生”或“之后呈现”，就此也难以排除后发事物在局部或整体意义上对先发事物的潜在作用。

② 参见肖前：《马克思主义哲学原理（合订本）》，中国人民大学出版社 2012 年版，第 140 页。

③ 参见肖前：《马克思主义哲学原理（合订本）》，中国人民大学出版社 2012 年版，第 142 页。

④ 参见李建平：《〈资本论〉第一卷辩证法探索》，福建人民出版社 2017 年版，第 131～135 页。

确定性及其形成逻辑、实体及其表现方式(或工具)、实质及其外化形态、外在性及其内在根据[①]等维度(或侧面)的联系,其间往往相互对立、相互统一、相互转化甚至在某种程度上相互包含,都有助于探究经济事物内在特性之间以及不同经济事物之间的联系。这些意味着,基本环节框架不仅有助于全面、立体地刻画经济事物,还有助于做出假设、提出假说乃至发掘经济规律。

三、联系发展的基本规律框架

联系与发展密切交融、不可分割:发展是联系的发展,联系是发展的联系;无无联系之发展,亦无无发展之联系。在经济学分析中,如果说"联系"着重突出事物的内在特性之间以及不同事物之间的多重关系,那么,"发展"则着重突出事物的运动变化。后者通常涉及动力与源泉、数量与质量以及方向与方式等侧面,进而形成联系发展的基本规律。它主要包括对立统一规律、量变质变规律和否定之否定规律,其基本观点与思维方法同样可为经济学分析提供视角、切入点和参照系,由此所形成的分析框架统称为联系发展的基本规律框架(或唯物辩证法基本规律框架,下文简称为"基本规律框架")。

在联系环节的基础上,基本规律进一步回答了联系的实质内容、表现形式和结构变迁问题,由此深化了联系且使联系发展融为一体。至此,联系才是发展的联系,发展才是联系的发展,经济世界的联系发展性质因之得到完整呈现。与之相应,基本规律框架也在系列基础框架中居于核心地位,既统合之前的物质性与联系发展性框架和基本环节框架,又同后者一起在社会历史领域广辟天地,以致形成更具针对性质的唯物史观框架。

(一)对立统一规律框架

对立统一(或矛盾[②])规律框架,即在把握经济事物内部矛盾的基础上,探究经济事物内部联系发展的"源泉、动力和实在的过程"[③]问题的分析框架。这意味着,针对经济事物联系发展的源泉、动力与实在过程问题,可首先考虑对立统一规律框架。

对立统一规律框架立足于特定经济事物内部的矛盾双方的对立统一。后者通常具体包括相互区别、相对独立、相互作用、相互限制、相互排斥、相互渗透、相互依存、相互贯通、相互转化等的斗争关系和同一关系。不难发现,这些关系在之前的基本环节框架中多有提及。不仅如此,质和量之间、质变和量变之间以及肯定与否定之间的关系实质上均属对立统一关系。因此,对立统一规律(框架)构成整个联系发展的基本规律(框架)的实质与核心[④]。

经济事物的内在矛盾亦是斗争性和同一性的统一。比如,同一社会再生产过程中的生

---

① 从某种意义上说,偶然与必然的关系类似于不确定性与确定性之间的关系,形式与内容的关系类似于形质关系、体用关系,现象与本质的关系类似于标本关系,外在性及其根据类似于虚实关系。这些关系连同之前的整体(或全局性)与部分(或局部性)、个别(或个性)与一般(或共性)、特殊(或特殊性)与普遍(或普遍性)、相对(或相对性)与绝对(或绝对性)、原因与结果等的关系一起,从多重角度刻画了事物或范畴之间的关联方式,使得事物或范畴之间的关系更为具体且明确。反过来说,在经济学分析时,我们可积极运用这些联系发展的基本环节,以其为逻辑指引,对经济事物及其间关系展开梳理和探讨。

② 注意,这里的"矛盾"指的是辩证矛盾,而不是逻辑矛盾。简言之,逻辑矛盾意味着同时出现两个互相否定的命题,其间必有真假之判因而不能同时存在。辩证矛盾意味着事物内部存在矛盾双方,两者可同时存在。

③ 参见肖前:《马克思主义哲学原理(合订本)》,中国人民大学出版社 2012 年版,第 172～173 页。

④ 参见李秀林、王于、李淮春:《辩证唯物主义和历史唯物主义原理》(第四版),中国人民大学出版社 1999 年版,第 189 页。

产与消费之间就存在对立统一关系：消费不是生产，生产也不是消费，两者相互区别且相对独立；同时，两者共存于相同的社会再生产过程，彼此相互依存(没有消费就没有生产、没有生产也就没有消费)、相互制约——生产不足影响消费，消费太多影响积累进而制约生产①。不难理解，在生产与消费的对立统一中把握生产与消费，较之单纯地就生产论生产、就消费论消费，更有助于推动社会再生产过程。

矛盾双方的对立统一关系反映了经济事物内部的本质规律，揭示了经济事物联系发展的实质内容，后者具体包括联系发展的源泉(源于矛盾)、动力(由矛盾推动)与实在过程。该过程即在一定的外部条件的影响下，经济事物内在的矛盾双方此消彼长，“一旦矛盾双方的力量对比发生了根本性变化，便引起双方地位的相互转化，于是新矛盾取代旧矛盾，新事物取代旧事物”，且由此决定着经济事物发展的基本趋势。在此过程中，外因(即外部矛盾)是变化的条件，内因(即内部矛盾)是变化的根源，外因只有通过内因才能发挥作用②。这意味着，在探究经济事物的源泉、动力和实在过程时，宜先明确该事物的内部矛盾和外部矛盾，关注内外矛盾各自的消长变化以及其间的“根据－条件”匹配关系，由此把握经济事物的发展动态及其趋向。

经济事物的矛盾决定着经济事物运动的实在过程。然而，经济事物的矛盾是复杂的。其间不仅存在着普遍性和特殊性问题，还存在着根本、非根本、主要、次要等的差别，以致形成较具系统意义的矛盾结构，继而影响着经济事物的发展过程。其中，矛盾的普遍性即事事皆有矛盾、时时均有矛盾。矛盾的特殊性即矛盾或其发展有其具体性和阶段性，以便回答“此矛盾何以区别于彼矛盾、此时矛盾何以区别于彼时矛盾”的问题。根本矛盾即在经济事物发展全过程始终存在且能规定经济事物发展过程基本性质的矛盾，它制约着非根本矛盾但又受到后者的反作用，这种反作用使得经济事物的发展过程往往具有某些阶段性特点。主要矛盾即在矛盾结构中居于支配地位、决定经济事物发展过程的态势和方向的矛盾，次要矛盾即那些在矛盾结构中不占支配地位、不能决定经济事物发展过程的态势和方向的矛盾。

此外，矛盾双方按其力量大小尚有主要方面与次要方面之分。其中处于支配地位、起主导作用的一方构成矛盾的主要方面，处于被支配地位、不起主导作用的一方则构成矛盾的次要方面。探究经济事物的发展动态及其趋向，在相当程度上就是关注经济事物的矛盾结构，充分把握各类矛盾相对力量的消长变化及其对于经济事物发展的意义。

马克思在《资本论》三卷本中模范地运用了对立统一规律框架。其中，第一卷将资本与劳动的对立统一植入剩余价值的生产过程，从中讨论了资本的生产问题；第二卷将剩余价值生产与剩余价值实现的对立统一植入剩余价值的实现过程，从中讨论了资本的流通问题；第三卷将劳资矛盾和资本主义社会各个剥削集团瓜分剩余价值的矛盾植入资本运动的总过程，从中讨论资本的分配问题③。可见，针对资本运动的不同侧面，矛盾结构各有不同，这体现了矛盾的特殊性；不仅如此，马克思在资本运动各个侧面所关注的矛盾都是该侧面的主要矛盾，由此抓住了资本运动各个侧面的关键因素。当然，与《资本论》文本的具体展开过程相比，对立统一规律框架的运用在整体上是纲领性的、统摄性的、粗线条式的，未必每一段落甚

① 参见肖前：《马克思主义哲学原理(合订本)》，中国人民大学出版社2012年版，第175～177页。

② 参见肖前：《马克思主义哲学原理(合订本)》，中国人民大学出版社2012年版，第178页。

③ 参见洪远朋：《〈资本论〉难题探索》，山东人民出版社1985年版，第21页。

或每一篇章都在迫不及待地强行使用该框架。

（二）量变质变规律框架

量变质变（或质量互变）规律框架，即在把握经济事物量变质变及其间转化关系的基础上，说明经济事物运动的最基本状态和过程①问题的分析框架。个中“最基本的状态和过程”不外乎一切经济事物的运动至少都应具备的状态和过程，而数量和质量无疑是任何状态和过程都须具备的最基本要件，所以，“最基本的状态和过程”实则质变状态和量变状态，以及由质变状态到量变状态的转换过程和由量变状态到质变状态的转换过程②。

与对立统一规律框架侧重分析经济事物发展的实质内容（动力、源泉与实在过程）不同，量变质变规律框架侧重刻画经济事物发展的数量特征、质量特征以及两者间的转换关系，后者在相当程度上均属于表现形式范畴，由此也使得经济事物发展的动力和源泉之于其实在过程的意义（或作用价值）更为直观、更加具体且更富有层次性（毕竟，质量特征和数量特征是两个不同层次的概念）。这些意味着，针对经济事物发展变化过程的数量质量特征及其间的转换关系问题，可首先考虑量变质变规律框架。

质和量是事物两种不同的规定性。质是使某个事物成为其自身且区别于其他事物的内部规定性。经济事物均有其质，经济事物不同其质亦不相同。经济事物的质可以是实体（即所谓“实体质”），亦可能是决定实体的一些关系（即所谓“关系质”），此外还可能是经济事物的某种程度的相对稳定状态③。无论何种之“质”，经济事物的质都是内在的，且都外在地表现为经济事物的多层次多方面（或多重）属性，其中，对把握经济事物的质具有决定意义的属性即本质属性，否则即非本质属性④。这意味着，在经济学分析中，应尽可能在全面把握经济事物各类属性的基础上，辨析出其中的本质属性，继而把握经济事物的质。

比如，人类经济活动作为一种经济事物，有其自然属性（体现为人与自然之间的自然与生态利益互动）、社会属性（体现为人与人之间的经济利益互动）、系统属性（体现为各类组分及其层次性、结构性和功能性）。三类属性同时并存且融为一体，然而，其中对经济活动的质具有决定意义的则是社会属性。这是因为，社会属性使得人类经济活动区别于其他非经济活动，因为经济活动以经济利益为轴心，自然属性与系统属性同经济利益并无必然联系，只有社会属性关乎经济利益，因而只有在社会属性的基础上才能进一步把握经济活动的质。所以，在自然、社会和系统三重属性中，社会属性才是人类经济活动的本质属性。

量是事物存在和发展的规模、速度、程度及其他能够量化或以形状表示的要素结构，大体上可分为外延的量（对应经济事物存在的范围和广度）和内涵的量（对应经济事物自身的等级程度、构成方式等）。经济事物的量的规定性也是多方面的，其任一属性均有其量的规定性。然而，并非所有属性的量的规定性对经济学分析都有意义⑤。在具体分析时，往往根据研究的实际需要，选择经济事物的某些方面及相应的较具关键意义的量。

比如，经济活动的量可以从规模、结构、速度、趋势、效益等角度衡量。其中，规模、速度、

① 参见肖前：《马克思主义哲学原理（合订本）》，中国人民大学出版社 2012 年版，第 159 页。

② 参见李秀林、王于、李淮春：《辩证唯物主义和历史唯物主义原理》（第四版），中国人民大学出版社 1999 年版，第 160 -161 页。

③ 此类质依托于量及其限度，反映了量对质的制约作用或前提意义。

④ 参见肖前：《马克思主义哲学原理（合订本）》，中国人民大学出版社 2012 年版，第 159 页。

⑤ 参见肖前：《马克思主义哲学原理（合订本）》，中国人民大学出版社 2012 年版，第 162～163 页。

趋势属外延量，测度了经济活动的外在形态；结构和效益属内涵量，测度了经济活动的内在实质。由此，要刻画经济活动的外延量，可考虑规模、速度和趋势等的度量，如采用产值、产值增加值、产值增长率等指标；要刻画经济活动的内涵量，可考虑结构和效益等的度量，如各产业之间产值比例、各阶层之间的收入比例、各产业的投入产出率比例，等等。

质和量是对立统一的。质非量，量亦非质。现实经济生活中，无无量之质，亦无无质之量。质和量统一于度。所谓度，即事物保持其质的量的限度。其中，限度即在上限的度量和下限的度量之间的区域、范围或幅度，也就是两个关节点（或临界点）之间的区域、范围或幅度[①]。限度之内，经济事物尚属其自身、尚未出现质变，限度之外，经济事物已不属其自身、已经发生质变。比如，正常的人类经济活动（一种特定的经济事物）总有其发展的限度，长期发展太快容易造成生态污染加剧、环境破坏严重、资源耗竭过大，长期发展太慢则容易造成基础设施落后、公共服务短缺、人民生活贫困。这些现象均超出了正常人类经济活动的限度，使得人类经济活动难以正常进行，在遭遇重大冲击时甚至崩溃无序。

值得注意的是，质与量同经济事物之间的同一性之间（即两个同一性之间）存在差异。一般地，质与经济事物之间具有直接的同一性，但量未必。比如，经济利益及其关系（质）与人类经济活动（经济事物）之间生死攸关，一旦经济利益及其关系丧失，人类经济活动将不复存在，这体现了质与经济事物之间的直接同一性。但是，单纯某个比例数字（比如 8%）的增减跳跃（量）并不能反映或决定人类经济活动（经济事物）的存亡，这说明量与经济事物之间缺乏直接的同一性，除非在特定的语境之下。就此论之，在经济学分析中，定量定性分析须密切结合，以确保质、量与经济事物之间的同一性，真实反映经济事物的质量变化。

比如，“创新、协调、绿色、开放、共享”构成当代中国的五大发展理念，经济建设、政治建设、文化建设、社会建设和生态文明建设等的“五位一体”构成中国特色社会主义事业的总体布局。这些思想深切反映了当代中国经济社会发展（经济事物）的质的规定性。研究者可据此展开定量分析：设计指标、进行测度、做出评价。然而，这些定量分析以及相关的定性分析工作，应能确保质与量统一，也就是使“量”的确能够完整且准确地反映特定的“质”（而非其他）及其（质）对应的经济事物（当代中国经济社会发展）。或许，如此才能称得起“成功地运用数学”[②]。否则，定量分析片面、歪曲反映甚至疏离经济事物，不仅难以揭示当代中国经济社会发展的质与量，也难以真正科学地评价其绩效、推断其发展趋势。

就量变与质量之间的关系来看，其间往往存在因果关系，即量变是质变的前提和基础，质变是量变的必然结果且会引起新的量变。不仅如此，质变也有别于量变。量变意味着发展过程的连续，而质变则意味着发展过程的中断，表现为发展中的跳跃（即“质的飞跃”）。此外，量变与质变往往同时并存的。质变过程固然存在着量变，但量变过程同样可能伴随着质变——局部性或阶段性的部分质变、为质变积蓄力量。当然，无论质变还是量变，两者都可能是复杂的，因而需要具体问题具体分析[③]。

《资本论》中同样不乏量变质变规律框架的运用。对于重要经济范畴，如资本、剩余价

① 参见肖前：《马克思主义哲学原理（合订本）》，中国人民大学出版社 2012 年版，第 164 页。

② 马克思认为：“一种科学只有在成功地运用数学时，才算达到了真正完善的地步”。但如何才算“成功地运用数学”，马克思本人并未给出明确的说明。或许，《资本论》本身提供（或部分提供）了“成功”运用的范例，但“成功”与否的判别标准仍然值得深究。

③ 参见肖前：《马克思主义哲学原理（合订本）》，中国人民大学出版社 2012 年版，第 166～172 页。

值、工资、利润、利息、地租、剩余价值率、资本循环次数、资本周转速度、利润率、平均利润率等，马克思在说明其实质之外，均做了大量的定量描述。不仅如此，马克思还从质量互变角度阐述了货币到资本的转换。“货币或商品的所有者，只有当他在生产上预付的最低限额大大超过了中世纪的最高限额时，才真正变为资本家。在这里，也像在自然科学上一样，证明了黑格尔在他的《逻辑学》中所发现的下列规律的正确性，即单纯的量的变化到一定点时就转化为质的区别。”①

（三）否定之否定规律框架

否定之否定规律框架，即在把握经济事物内在的肯定方面（及其因素，下同）和否定方面（及其因素，下同）及其转化的基础上，揭示经济事物自我发展的方向（向着自我否定）和方式（螺旋式上升），从而说明经济事物内在的结构与层次变迁机制的分析框架。这意味着，针对经济事物自我发展过程的方向、方式或其内在的结构与层次变迁问题，可首先考虑否定之否定规律框架。

与对立统一规律框架类似，否定之否定规律框架同样有助于理解经济事物发展的“实在过程”，只不过它侧重说明过程的方向与方式问题（而非源泉和动力问题），更加关注过程的结构侧面及其变迁机制。然而，与对立统一规律框架相比，否定之否定规律框架似乎并未突出外部条件因素，由此仿佛认为外部条件不会影响经济事物发展的方向、方式及结构变迁。这是一种错觉。实际上，无论外部条件如何变化，经济事物自我发展的方向和路径终究决定于经济事物自身，外部条件也只有在影响经济事物内部的肯定方面或否定方面的前提下才能发挥其作用。就此而论，否定之否定规律框架并非忽略外部条件，而是将其视作肯定因素或否定因素的变化的题中之义，如此间接纳入外部条件。

否定之否定规律框架立足于经济事物内在的肯定方面、否定方面以及两者间的对立统一。所谓肯定方面，即经济事物中维持其存在的方面及其因素，或肯定该事物为其自身而非他物的方面及其因素。所谓否定方面，即经济事物中促使其灭亡的方面及其因素，即破坏现存事物使之转化为他物的方面及其因素。肯定方面同否定方面相互对立、相互排斥、互为条件、相互渗透、相互包含，且在一定条件下相互转化②。

比如，社会主义初级阶段的经济制度既有公有制经济成分，又有私有制经济成分。其中，公有制经济成分是肯定社会主义初级阶段经济制度的方面，私有制经济成分在相当程度上则是否定社会主义初级阶段经济制度的方面。在社会主义初级阶段，私有制经济成分和公有制经济成分各有其相对特定的实体及关系（因而其间相对独立），且公有制经济成分不是私有制经济成分、私有制经济成分也不是公有制经济成分（因而其间相互排斥、互为条件）。两类经济成分共存于社会主义初级阶段，彼此天天打交道、存在着商品交换关系以及由此引发的物流、信息流和人员流动等的交互关系，因而其间相互渗透。各类经济成分并非一纯到底，公有制经济成分仍有个人利益及其诉求因而存在着私有制因素及其萌动，私有制经济仍有集体利益及其诉求因而存在着公有制因素及其萌动，所以两类经济成分之间在某种程度上相互包含。此外，由于存在着私有制因素及其萌动，公有制经济成分（企业）可根据

① 参见中共中央马克思恩格斯列宁斯大林著作编译局：《〈资本论〉节选本》，人民出版社1998年版，第139页。

② 参见李秀林、王于、李淮春：《辩证唯物主义和历史唯物主义原理》（第四版），中国人民大学出版社1999年版，第193～194页。

具体条件，依法通过企业改革、资本运营等方式转换为私有制经济成分（企业），反之亦然，因而两类经济成分之间在条件成熟时还可能相互转化。

否定之否定，即否定的否定。这意味着事物发展变化历经两次否定及三个阶段。其中，第一阶段是肯定阶段，该阶段事物的肯定方面在矛盾斗争中居于主导地位，展现其合理性质。第二阶段是对第一阶段的否定阶段（即第一次否定，对肯定的否定），该阶段事物的否定方面战胜其肯定方面，发展过程出现质变，但否定方面和肯定方面的诸多因素仍然存在且对立统一，两方面因素的合理性和片面性依然并存，所以第一次否定并不彻底。第三阶段是对第二阶段（即第一次否定阶段）的否定阶段（即第二次否定，对否定的否定），该阶段彻底解决了前两阶段肯定方面和否定方面的矛盾，既克服了两方面的片面性，又保留了两方面的积极性，从而实现了肯定方面和否定方面在更高层次意义上的对立统一[①]。

可以看出，否定之否定过程并非单纯的运动变化过程。首先，该过程并非单纯的量变过程。在否定之否定过程中，第二阶段（否定阶段）已经发生了质变，至第三阶段（否定之否定阶段）已经进入崭新的发展阶段，这两个阶段都有别于第一阶段（肯定阶段）。全部过程既有量的积累，更有质的飞跃，以致整体体现为发展层次的不断变迁。其次，该过程并非单纯的循环往复过程。经过两次否定之后，尽管第一阶段的因素同第三阶段的因素之间不乏相似性，但因素的种类、内涵、功能和时空结合方式可能都发生了本质性变化。全部过程既有因素数量的增减消长，更有因素质量及其组合关系的开放变革，以致整体体现为发展结构的不断变迁。再次，该过程是扬弃的过程。在否定之否定过程中，立足于当时的时空条件，仍然具有合理性的积极因素会被保留且继续发展，不再具有合理性的消极因素会被摒弃甚至被彻底消灭。也就是说，否定并非完全革除、消灭旧有事物，而是批判地吸收和发展旧有事物，后者使得肯定阶段的事物与否定之否定阶段的事物既有形态上的相似性又有实质上的差异性，也意味着事物发展的螺旋式上升特点。最后，该过程是自我发展的过程。事物内在的肯定方面、否定方面及其对立统一，在事物发展全过程中处于主导地位，构成事物发展变革的根本动力。在此过程中，外部条件或外部矛盾通过影响事物内部的肯定方面和否定方面，继而影响事物的发展变革。因此，否定之否定过程直接体现为事物自身主导的发展变革。

如果将上段分析中的“事物”换作“经济事物”，那么，否定之否定规律将有助于说明经济事物中的结构变迁与层次转换问题。换句话说，否定之否定规律框架为经济事物中的结构变迁与层次转换问题提供了有益的视角、切入点和参照系。它立足于经济事物中的肯定与否定方面及两者间基于具体时空条件的对立统一关系，从中破解经济事物的自主发展之路。

《资本论》中同样存在着否定之否定规律框架的运用。比如，在《资本论》第一卷中，马克思在讨论资本主义积累的历史趋势问题时指出，“资本主义的私有制，是对个人的、以自己劳动为基础的私有制的第一个否定。但资本主义生产由于自然过程的必然性，造成了对自身的否定。这是否定的否定”[②]。当然，后一否定并非原版重建私有制，而是在劳动者共同占有生产资料的基础上重建的个人所有制，两者虽然形态相似但实质有别。

又如，在《资本论》第一卷第三章中，马克思在讨论货币流通手段问题时，指出商品的交

① 参见李秀林、王于、李淮春：《辩证唯物主义和历史唯物主义原理》（第四版），中国人民大学出版社 1999 年版，第 195 页。

② 参见中共中央马克思恩格斯列宁斯大林著作编译局：《资本论（纪念版）》（第一卷），人民出版社 2018 年版，第 874 页。

换过程是通过“商品—货币—商品”的形式变换完成的，其中，货币对第一商品的否定（此时卖家卖出商品、获得货币），第二个商品是又是对货币的否定（此时卖家用货币购买新的商品——生产资料和劳动力）[①]。类似地，货币资本和生产资本的循环也属于否定之否定过程。不难发现，经过否定之否定的经济事物，虽然同其初始形态不无相似之处（体现为继承性），但无论在规模还是在性质上，经济事物都已发生了巨大变革（体现为发展性）。

对立统一规律框架侧重分析经济事物发展的动力和源泉，量变质量规律框架侧重刻画经济事物发展的状态与过程，否定之否定规律框架则侧重说明经济事物发展的结构与层次。至此，综合来看，基本规律框架提供了一套可用于阐释经济事物联系发展的实质内容、表现形式和结构层次等基本问题的视角、切入点和参照系，意味着基本规律框架的应用范围。

四、社会系统及其发展框架

辩证唯物主义的思想、观点和方法在社会领域中的基本运用形成了历史唯物主义（即唯物史观）。与之相应，如果说前述系列基础框架立足于辩证唯物主义，那么，社会系统及其发展框架（简称为“社会发展框架”）和人的本质及其全面自由发展框架（简称为“人的发展框架”）则立足于历史唯物主义。由于经济学分析的对象是社会经济现象，立足于历史唯物主义的框架（即唯物史观框架）较立足于辩证唯物主义的前述各类基础框架更具直接性，由此使得社会发展框架和人的发展框架较前述系列基础框架更具针对性。当然，这种直接性和针对性相对于具体经济问题，仍然是较为普适的、具有基础意义的。

当然，除社会发展框架和人的发展框架之外，基于唯物史观还有诸多分析框架，如实践论框架、认识论框架、真理论框架、价值论框架等，后者未必仅仅针对社会经济问题，未必都不能用于分析社会经济问题，未必对经济学理论的建构与发展毫无意义。不过，相比之下，社会发展框架和人的发展框架同一般经济活动的联系更为密切，同时，其针对性仍低于且普适性仍高于衍生框架。所以，我们仍将这两个框架纳入基础框架序列。

我们先重点考察社会发展框架。该框架由社会本质、社会基本结构和社会发展等模块构成。其中，社会本质模块和社会基本结构模块回答社会系统“究竟是什么”的问题；社会发展模块回答社会系统“因何发展、由何发展”的问题。前两个模块是后一模块的前提，后一模块则是前两个模块的动态化或必然发展。三个模块共同摹绘了一套刻画人类社会运动机制的关系图谱，且在其中嵌入了社会经济因素。换句话说，社会发展框架为探究某些社会经济问题提供了较具动态开放意义的分析框架。

（一）社会本质与经济学分析

唯物史观强调“实践是生成社会的基础，也就是人生成的基础”[②]，因此，历史唯物主义者着力从实践意义上探究人与社会的本质问题。据此，作为人类个体之间交往关系（即人际关系）的产物[③]，社会是一个根源于实践、依托于实践、决定于实践，“具有自我组织、自我调节、自我更新和自我意识功能的有机整体”[④]。

① 参见李建平：《〈资本论〉第一卷辩证法探索》，福建人民出版社 2017 年版，第 104～105 页。

② 参见肖前：《马克思主义哲学原理（合订本）》，中国人民大学出版社 2012 年版，第 208 页。

③ 参见肖前：《马克思主义哲学原理（合订本）》，中国人民大学出版社 2012 年版，第 254 页。

④ 参见李秀林、王于、李淮春：《辩证唯物主义和历史唯物主义原理》（第四版），中国人民大学出版社 1999 年版，第 100 页。

其中，人际关系指明了社会的核心特征，突出了人际关系的主体性，由此排除了人类与其他个体之间以及非人类个体之间经由互动形成社会的可能。换句话说，在唯物史观语境下，社会即人际关系社会。这意味着，面对社会经济问题，首先须确立人际关系的主体地位甚至评价基准，即便考虑到非人因素，最终也应强调后者之于人际关系的意义。

"根源于实践、依托于实践、决定于实践"乃指：①"实践是社会的发源地"，"实践以浓缩的形式包含着全部社会关系"，这集中体现为基本的社会关系最终源自实践中发生的人际关系（如物质的社会关系最终源自人类在物质生产实践中的相互关系）。[①] ②"实践构成了社会生活的基本领域"，这集中体现为三大基本实践——"制造物质生活资料的实践、创立和改造社会关系的实践以及创造精神文化的实践"——构成了社会生活的基本领域，即"社会的物质生活、政治生活和精神生活"。[②] ③"实践构成了社会发展的动力"，这集中体现为社会发展动力来自实践，如物质生产实践构成社会发展的根本动力，阶级斗争更是阶级社会发展的直接动力。[③]

上述描述揭示了实践与社会的内在联系。人类在实践的磨合中必然地形成了社会，没有实践就没有社会；反之未必——没有社会或缺乏某些社会关系，部分实践活动仍可暂存（此时个人仅仅作为生物个体同自然界发生联系）。因而，一方面，在实践之于社会形成的意义上，实践较之社会具有第一性、是社会的本质；相应地，社会则是实践的产物，是实践特殊的存在方式。但在另一方面，社会或其基本关系一经形成，仍须借助实践方能存在和发展。因而，在实践之于社会发展的意义上，实践又是社会的存在方式，无无实践之社会。由此，面对社会性经济问题，须看到相关各类实践活动之于社会经济问题的终极决定意义，力求从各类实践活动及其客观需要出发，把握社会经济问题中的各类经济关系及其结构的基本特点、主要动因、可能路径和基本取向。

"具有自我组织、自我调节、自我更新和自我意识功能的有机整体"进一步表明社会整体上是一个有机的系统。它拥有不同的组分（包括具有主体性和能动性的人），其间存在着层次性、结构性和功能性等的联系使得社会具备自我组织功能（自我组织）；它借助人际交往而拥有体系化的社会交往制度及规范，后者同物质生产活动的适应性匹配，赋予社会自我调节功能[④]（自我调节）；它的物质生产、精神生产（包括意识形态的生产）乃至人本身（或家庭）的生产不断更新，由此也不断生产着社会关系（自我更新）；它拥有自我意识（尤其包括意识形态），能够自觉建立社会规范，协调个体行动并推动社会整体运行[⑤]（自我意识）。

社会的有机系统观再度区分了个体与社会，进一步突出了社会是主体性（包括能动性与创造性）、结构性和动态性的三重统一。由此，面对社会性经济问题，应立足于其内在的社会性（而非个体性），将各类社会化的经济组织及其行为视作一个有别于个体（如单个经济决策

---

① 参见李秀林、王于、李淮春：《辩证唯物主义和历史唯物主义原理》（第四版），中国人民大学出版社 1999 年版，第 102 页。

② 参见李秀林、王于、李淮春：《辩证唯物主义和历史唯物主义原理》（第四版），中国人民大学出版社 1999 年版，第 103 页。

③ 参见李秀林、王于、李淮春：《辩证唯物主义和历史唯物主义原理》（第四版），中国人民大学出版社 1999 年版，第 103～104 页。

④ 参见肖前：《马克思主义哲学原理（合订本）》，中国人民大学出版社 2012 年版，第 255～256 页。

⑤ 参见李秀林、王于、李淮春：《辩证唯物主义和历史唯物主义原理》（第四版），中国人民大学出版社 1999 年版，第 107～108 页。

者)的系统,从人际关系(尤其包括人与人之间的各类经济关系)在社会发展中的主体性出发,关注人际关系同其他关系之间的具体联系或互动方式(如借助人际关系的规范化、制度化和组织化同其他各类关系相互作用),尤其关注社会经济制度以及与经济事物相关的意识形态等的变化对社会经济运行的调节作用,从中把握人际关系变动同社会经济关系变化和社会经济结构变迁之间的互动机制及其特点和趋势。

（二）社会基本结构与经济学分析

作为一个基于人际关系的有机系统,社会内部各要素(即组元)之间的相互关联形成了社会结构。后者无论表现为何种模式,都承载着人类社会在各个领域的实践活动中所结成的相互关系(即社会关系),都是社会关系的表现形式。可见,社会关系与社会结构之间存在着内容与形式的关系,两者统一于社会及其发展过程。这也意味着,在运用社会发展框架时,应当适度区分经济关系和经济结构(严格说来两者间存在着内容与形式的关系),以便抓住实质性问题,防止舍本逐末。

在社会结构中,“经济结构、政治结构和观念结构的有机结合构成了社会的基本结构”。其中,社会经济结构“即同他们(即人们,编者注)的物质生产力的一定发展阶段相适合的生产关系。这些生产关系的总和构成社会的经济结构”[①]。可见,社会经济结构实则生产关系的结合方式及其外在表现(“总和”),其本体是生产关系(经济关系),并不包括生产力。不过,由于生产力直接制约生产关系,在探究生产关系及其结构形式时难以将其忽略,故而人们往往将生产力纳入生产关系及其结构形式问题的分析过程,从中明确生产力的发展状况及其对生产关系的推动性需求。

生产力不仅包括劳动对象、劳动资料和劳动者等相对独立的“实体性要素”,还包括科学技术、经营管理等“非独立的附着性、渗透性要素”[②]。生产关系包括:① 生产资料的所有制关系;② 人们在生产中的地位及其相互关系(即狭义的生产关系或直接生产关系,编者注);③ 产品的交换关系;④ 产品的分配关系;⑤ 消费关系。[③]

一般来说,生产力与生产关系的统一构成社会生产方式,且生产力与生产关系相对独立、相互依赖(彼此互为中介或前提)、相互作用[④],尤其是生产力决定生产关系,生产关系反作用于生产力且须基本适应生产力的发展需要。由此,在分析生产关系问题时,须在把握生产力的状况经由分工对生产关系形成需求的前提下,依据两者之间的基本规律,本着以最低成本最大限度促进生产力发展的宗旨,确立生产关系整体变革的最佳导向。进一步可知,由于生产力总是发展的,生产关系的整体变革之路总是动态推进的。

测度或评价生产关系的变革成本、明确生产关系变革的具体路径和方向,都离不开对生产关系的深入理解。比如,如果要推动生产关系变革的话,那么,究竟是变革生产资料所有制关系,还是其他什么关系?我国在建立社会主义市场经济过程中,曾经一度强调“两权分离”“建立现代企业制度”,后者更多地属于生产资料所有制关系意义上的变革(尽管只是局部性的)。面对各国在“新冠疫情”管控能力上的差异及其对中国经济发展的负面影响,中国

① 参见李秀林、王于、李淮春:《辩证唯物主义和历史唯物主义原理》(第四版),中国人民大学出版社 1999 年版,第 109 页。

② 参见肖前:《马克思主义哲学原理(合订本)》,中国人民大学出版社 2012 年版,第 235 页。

③ 参见肖前:《马克思主义哲学原理(合订本)》,中国人民大学出版社 2012 年版,第 257 页。

④ 参见肖前:《马克思主义哲学原理(合订本)》,中国人民大学出版社 2012 年版,第 260 页。

政府提出了“双循环”战略，后者更多地属于开放条件下交换关系（即流通关系）意义上的变革。这些生产关系变革无疑都顺应了当时生产力发展的需要，体现了生产力对生产关系的决定作用以及生产关系对生产力的反作用。那么，究竟如何在生产关系中确定生产关系变革的重点或突破口？为何不在全球抗击疫情之际强调“两权分离”、不在20世纪90年代强调“双循环”？答案固然取决于生产力发展的现实要求，但对生产关系的深度把握亦不容忽视，毕竟这些生产关系变革措施完全源自具体的生产关系要素。

生产关系内部各要素之间是相互联系、相互作用、相互制约的，由此使得生产关系具有系统性且外化为特定的结构形态。在生产关系中，生产资料所有制关系具体表现为物权关系，直接决定着生产资料和劳动力的具体结合方式，对整个社会生产与再生产过程具有前提意义，对其他四类生产关系（即直接生产关系、交换关系、分配关系和消费关系）具有根本或最终的决定意义，因而是生产关系的本质要件。当然，其他生产关系也制约着生产资料所有制关系（比如，消费不足可能改变生产资料和劳动力的结合方式及其行业分布甚至地区分布）。直接生产关系涉及人际关系在生产过程中的法权地位和现实地位（包括但不限于现实的经济地位）是否平等的问题，体现为人们对生产资料的实际占有关系；在阶级社会中，经济地位（或生产资料实际占有关系）根本对立的阶级之间必然存在着对抗性关系。由于直接生产环节主导产品生产进而左右交换、分配和消费环节，因此，直接生产关系在生产关系中居于主导地位，具有直接的决定意义[①]。

生产关系的系统性决定了生产关系变革的系统性。换句话说，生产关系变革本身是个系统工程。就生产关系系统而言，调整其中任一要素迟早都会影响其他要素，由此不仅改变社会经济结构的形式，还可能扰动社会再生产过程甚至阻滞生产力的发展步伐。这意味着，生产关系变革要在生产力与生产关系匹配的基础上明确生产关系整体变革的导向，继而统筹考虑生产关系各个要素，最后在把握各个要素之间辩证关系的前提下，本着以最低成本最大限度地促进生产力发展、有效推进生产关系整体变革最佳导向的宗旨，选择生产关系具体变革的突破口与实现路径。

除社会的经济结构外，社会的基本结构还包括社会的政治结构和社会的观念结构。其中，社会的政治结构包括“政治法律设施、制度及其相互关联的方式，包括政党、政权机关、军队、警察、法庭、监狱和关于政权的组织形式、立法、司法、宪法和规程等。前一个系列是实体因素……后一个系列则是规章与准则。”因其建立在经济结构之上，故而政治结构又被马克思称作“政治的上层建筑”[②]。社会的观念结构包括“哲学、政治法律思想、道德观念、宗教观点、艺术思想等有确定规范的系统化的社会意识及其联结方式……又被称为意识形态的上层建筑、思想的上层建筑或观念的上层建筑”[③]。

社会的经济结构、政治结构和观念结构之间也是联系发展的。其中，社会的经济结构决

① 马克思曾对生产、交换、分配和消费之间的辩证关系做了经典阐述，相关原文参见其《1857—1858年经济学手稿》。就此，读者亦可参阅中央编译局马列部、教育部社科司：《马克思主义经典著作选读》，人民出版社2012年版，第69～84页。

② 参见李秀林、王于、李淮春：《辩证唯物主义和历史唯物主义原理》（第四版），中国人民大学出版社1999年版，第122页。

③ 参见李秀林、王于、李淮春：《辩证唯物主义和历史唯物主义原理》（第四版），中国人民大学出版社1999年版，第128页。

定社会的政治结构和观念结构，即所谓“经济基础决定上层建筑”。另一方面，社会的政治结构和观念结构亦能反作用于社会的经济结构，同时还应大体适应社会的经济结构，即所谓“上层建筑反作用于经济基础”。

上述“生产力—生产关系（经济基础）—上层建筑”框架在社会发展框架中居于主体地位。在这个主体框架内，生产力和生产关系的矛盾以及经济基础和上层建筑之间的矛盾构成了社会的基本矛盾，其动态结合构成社会发展的基本动力。由此，任何可归结为生产关系（或经济基础、社会经济结构）形成与发展的问题，以及任何可归结为上层建筑（如政治经济组织或机构、思想观点、法律制度等）形成与发展的问题，最终都可在该主体框架内做出解释。同时，由于生产力、生产关系和上层建筑均属动态开放的系统，三者之间不仅存在着整体意义上的互动，还存在着局部意义上的互动。由此，生产力整体与生产力局部（或生产力各要素），生产关系整体与生产关系局部（或各生产关系要素），其间将存在着四类基本的相互作用。其中，生产力之于生产关系的决定意义是全局性的、根本性的，但在局部意义上或在特定的时空条件下，难以排除生产关系之于生产力的决定性反作用。与之类似，经济基础与上层建筑之间的决定与反作用关系，实际上也存在类似的层次性和跃变性（或反转性）。

（三）社会发展与经济学分析

社会本质上是发展的。它常常表现为社会关系（包括但不限于社会经济关系）的变化以及社会结构（包括但不限于社会经济结构）的变迁①。其中，社会关系是社会结构的实质内容，社会结构则是社会关系的存在形式、强调社会关系各因素之间的联系方式和组合形态。

部分社会发展问题（尤其经济社会发展问题）其实已可借助“生产力—生产关系（经济基础）—上层建筑”框架得到说明。这是因为，主要的社会经济关系及其外化的基本的社会经济结构已经被嵌入该框架，其变动机制自然可在该框架内部各节点的联动中被发掘出来。不过，该框架仍未明确各节点联动时的积极因素与动力源泉。比如，该框架尚难说明：究竟何种因素积极撬动了生产力的发展？社会关系各要素的变革之路究竟是各要素自发演化的结果还是某种力量自觉推动的结果？

诚然，社会发展的动力最终源自实践。但是，各类实践之于社会发展的意义并非等量齐观。其中，科学实践相对更具革命性质，构成推动社会发展的积极因素。它源于实践，且通过改变人的劳动方式、生活方式和思维方式来推动社会发展、引导社会变革②。这表明，科学实践不仅影响着生产力（科学与技术的融合构成第一生产力），还影响着生产关系和上层建筑及其各自的因素，是在上述主体性框架之外，积极撬动生产力、生产关系和上层建筑变革的常规动力。另外，科学实践毕竟是一种最终源于生产实践的社会行为，因而，科学实践的发展及其对社会发展的推动作用，最终还要受制于社会生产的发展状况及其需求特点，以及社会制度、政治、哲学、教育等社会因素的现实条件③。所以，科学实践与技术发展因素同上述主体性框架各类因素之间相对独立、互相联系、互相制约且互相作用，由此既内含于主体性框架之内又外联于主体性框架之外。这些对阐释科学乃至技术（作为一种相对独立的

① 参见李秀林、王于、李淮春：《辩证唯物主义和历史唯物主义原理》（第四版），中国人民大学出版社 1999 年版，第 103 页。

② 参见李秀林、王于、李淮春：《辩证唯物主义和历史唯物主义原理》（第四版），中国人民大学出版社 1999 年版，第 259 页。

③ 参见肖前：《马克思主义哲学原理（合订本）》，中国人民大学出版社 2012 年版，第 349～354 页。

社会化实践)变迁或科技革命的基本逻辑不无启发。

社会发展的动力最终源于实践,而实践总是人的实践、社会化的实践。从整体角度看,人民群众构成社会发展的主体力量,是推动社会发展的动力之源,且使社会发展过程不仅是自在的还是自为的。人民群众通过创造物质财富和精神财富、决定社会制度变革等方式推动社会发展,后者且会受到经济的、政治的和精神的社会历史条件的制约[①]。不仅如此,在人民群众推动社会发展的过程中,英雄人物往往也起着显著作用。这些进一步增强了主体性框架的动态开放性质,因为人民群众的推动力既内含于框架之中又外联于框架之外。这些对运用社会发展框架解释社会利益集团的行为逻辑不无启发。

五、人的本质及全面自由发展框架

如果说社会发展框架聚焦于以社会为中心的发展,那么,人的发展框架则聚焦于以人为中心的发展。这是两类框架之间的基本区别,决定着两类框架在性质特点与分析范围上的差异:社会发展框架相对宽泛、更具横向联系性质,人的发展框架相对深入、更具纵向联系性质;凡可基本纳入社会发展框架的经济事物(如以经济组织为分析单元或评价基准的经济现象或经济问题),首先可考虑由社会发展框架予以解释;凡可基本纳入人的发展框架的经济事物(如以个人或整个人类为分析单元或评价基准的经济现象或经济问题),首先可考虑由人的发展框架予以解释。当然,两类框架不无联系。社会终究是与人相关联的社会,人终究是与社会相关联的人,无无社会之人,亦无无人之社会;尤其在唯物史观看来,人与社会都是实践的,实践构成人和社会的存在方式、联动着人与社会,且社会发展在根本上就是人的发展[②]。因而,两类框架本质上互为前提、相互渗透、相互依赖且相互贯通。

大体来看,人的发展框架至少包括两个模块,即人的本质与价值模块和人的全面自由发展模块。其中,人的本质与价值模块设定了人的本质及其存在意义,回答了人"究竟是什么"的问题,人的全面自由发展模块设定了人的发展导向,回答了人"向何处发展"的问题。类似地,前一模块是后一模块的前提,后一模块则是前一模块的动态化和必然发展。两类模块共同摹绘了一幅刻画人或人类发展取向的关系图谱,其中不乏社会经济因素。由此,人的发展框架为探究某些社会经济问题提供了又一较具动态开放意义的分析框架。

基于前述系列基础框架,我们不妨稍加归纳唯物史观视阈下的人的特征:人是具体的、历史的、实践的、社会的、发展的。这些其实都在合理地刻画人的本质。马克思曾精辟地指出:"人的本质并不是单个人所固有的抽象物,在其现实性上,它是一切社会关系的总和"[③]。就此而论,人是现实的社会关系的浓缩。当然,这并非意味着千人一面。在个体意义上,由于"总和"的具体方式未必整齐划一,人在其整体意义上的同质性并不能排斥其在个体意义上的差异性。这意味着,在刻画特定的或有代表性的行为人的特征(如决策或行为选择)时,既要把握该行为人之于现实社会关系的浓缩性,从中反映其在特定时空中的共性,又要把握该行为人之于现实社会关系的差异性或具体性,从中反映其在特定时空中的个性。同时,无

① 参见《马列著作选读(哲学)》,人民出版社 1988 年版,第 5 页。

② 参见李秀林、王于、李淮春:《辩证唯物主义和历史唯物主义原理》(第四版),中国人民大学出版社 1999 年版,第 429 页。

③ 参见李秀林、王于、李淮春:《辩证唯物主义和历史唯物主义原理》(第四版),中国人民大学出版社 1999 年版,第 429 页。

论是共性还是个性，实践及人际关系的复杂性都将赋予行为人身份特征以多重性。

人的本质决定着人的价值。人的价值即人之于人自身需要的意义。现实的社会关系终究是人的社会关系，后者总是源于且依存于实践。同时，人是自觉、自主且能动的主体，总会通过实践活动满足各类需要进而实现人的价值。因此，在人类整体意义上，人既是工具（实现人的价值的手段）又是目的（旨在实现人的价值），是两者的直接同一。但在人类个体意义上，人的工具性和目的性之间更可能相互分离甚至相互排斥，“个人价值的问题实质上涉及人和社会的关系”；不仅如此，个人价值也已分化为潜在价值与现实价值，且在社会现实条件的制约下不断发生着由现实价值向潜在价值的转化①。这些意味着：在经济学分析时，人的价值（需要与目标）同实践（行为活动）密不可分，两者均具有多维性；个体价值不同于社会价值，后者且非前者之累积；前者不断发生着“现实（个体现实价值）—目标（个体潜在价值）”的转化，且转化进程始终受制于个体所处的具体社会条件。

人的价值终点在于获得人的全面自由发展，与其相应的社会形态即共产主义社会。所谓人的全面自由发展，是指人的个性和能力获得全面而自由的发展。后者以一切人的自由发展为前提，因而人的全面自由发展等价于整个人类社会意义上的“自由人的联合体”②。就“全面自由发展”的内部结构来看，“全面发展”依赖于“自由发展”。自由发展即摆脱外部限制、最充分彰显人的主体性的发展，此时人能在实践中掌握规律（意味着必然）的基础上，依据或运用规律消除其外部限制，由此让人成为人本身的主人，如此实现自由③。“个性和能力”及其发展的“全面”性是个人和社会发展的必然要求：“社会越是向前发展，社会生活越具有丰富的内容和多样的联系，就越是要求社会成员发展多样的个性和能力，不拘一格地造就各方面的人才”④，它意味着“人的个性的丰富性和能力的多样性……使人在复杂多变的社会生活中能应付自如，显示出更强的主动精神和创造力，因而就更为自由”⑤。在诠释人的全面自由发展的内涵的同时，唯物史观还强调了人的全面自由发展的实质要件与社会条件。个中“实质要件”在于消除劳动时间（为维持生命所必需的从事物质资料生产的时间）和自由时间（可自由支配从事非物质生产活动的时间）之间的对立，而“社会条件”则在于劳动力生产率的极大提高以及社会关系的根本改造⑥。

上述关于人的全面自由发展思想为探究以人为中心的发展问题提供了有益的分析框架。这表现在：揭示了以人为中心的发展本质，提供了考察经济社会乃至生态发展的综合化视角；诠释了以人为中心的发展内涵，提供了考察经济社会乃至生态发展的立体化切入点；

---

① 参见李秀林、王于、李淮春：《辩证唯物主义和历史唯物主义原理》（第四版），中国人民大学出版社 1999 年版，第 433～434 页。

② 参见李秀林、王于、李淮春：《辩证唯物主义和历史唯物主义原理》（第四版），中国人民大学出版社 1999 年版，第 448 页。

③ 参见李秀林、王于、李淮春：《辩证唯物主义和历史唯物主义原理》（第四版），中国人民大学出版社 1999 年版，第 436 页。

④ 参见李秀林、王于、李淮春：《辩证唯物主义和历史唯物主义原理》（第四版），中国人民大学出版社 1999 年版，第 445 页。

⑤ 参见李秀林、王于、李淮春：《辩证唯物主义和历史唯物主义原理》（第四版），中国人民大学出版社 1999 年版，第 447 页。

⑥ 参见李秀林、王于、李淮春：《辩证唯物主义和历史唯物主义原理》（第四版），中国人民大学出版社 1999 年版，第 448～452 页。

明确了以人为中心的发展同以社会为中心的发展之间的关系，指出了以人为中心的发展的根本路径，提供了考察经济社会乃至生态发展的动态化参照系，由此真正体现了人类发展的人本性、有机性和发展性等“三性合一”特质。

总的说来，各基础框架之间相互联系、相互贯通，共同构筑了一套可在根本上用于全面、系统且动态考察现实经济问题的逻辑网络。其深度和复杂性明显高于西方经济学三大分析框架，由此，在文本表述时，立足于基础框架的分析线索或许较基于西方经济学三大分析框架的分析线索相对隐晦。但同时，毋庸置疑的是，因其植根于经济世界的辩证规律及对实践标准的坚守，基础框架的真理性实质上将强于西方经济学三大分析框架。

第三节　衍生框架与经济学分析

所谓衍生框架，即立足于基础框架、针对某类相对具体的经济学问题而派生的分析框架。后者表现形式同西方经济学三大分析框架或有相似之处，但其出发点却非理性人假设，而是系列基础框架。原则说来，许多经典的经济学问题在某种程度上均可在系列基础框架内得到说明。比如，消费与生产经营决策问题、分工与专业化问题、策略及行为选择问题、技术与制度变迁问题，在某种意义上均可借助社会发展框架或(及)人的发展框架展开分析，必要时还可从中部分植入实践框架[①]。当然，与基础框架相比，衍生框架针对性更强，适用范围因此也略受限制[②]。本节主要依托《资本论》及其相关研究，着力讨论其中两个较为基本的衍生框架，即价值规律框架和部类平衡框架，借以展现衍生框架的应用特点。

一、价值规律框架与商品价格决定

商品价格的决定问题不仅是西方经济学的一个基本理论问题[③]，还是马克思经济学的一个核心议题。在马克思经济学中，不仅存在着系列价格(如价格、成本价格、生产价格、垄断价格等)及相关概念(如价值、剩余价值、利润、平均利润、超额利润、利息、地租等)，还存在一些相应的具体分析框架。后者可被统称为价值规律框架，因其以价值规律为基础。我们不妨先明确价值规律及其框架的基本内容，接下来大体以价格、平均价格、生产价格以及垄断价格等的决定问题为线索，具体阐述该框架的分析意义。

(一) 价值规律与价值规律框架

价值规律就是价值在其生产、交换、流通、分配和实现等过程形成的基本规律，是在市场经济条件下分析价格现象的基本指南。按照《资本论》的逻辑展开方式，交换以生产为前提，流通以交换为前提，分配以流通为前提，故而，价值从生产、交换、流通、分配直至实现的过程类似于生物体由胚胎从萌芽、生长到成熟的逐级扩展且自我否定过程，因而

---

① 本书并未讨论实践框架。读者可依循本章第三节的论证思路，对照马克思主义哲学的实践原理，自行归纳且推演实践框架。

② 基础框架与衍生框架的关系如同理性人框架与生产经营决策分析(或框架)的关系一样，其间均属一般与特殊的关系。

③ 西方微观经济学一度被视作“以价格为中心的理论”，甚至被称作“价格理论”。

这些价值规律之间有层次之别[①]。其中,后一规律皆是基于前一规律的扩展、包含着前一规律,是前一规律的进一步具体化,直至最终完全作用于且外化于现实经济系统的价值实现规律。

价值规律框架即是以价值规律为基础而形成的、可用于分析商品价格决定机制的一种衍生框架。当然,由于价值规律涉及众多因素,价值规律框架本身并非仅可用于说明商品价格的决定问题。同时,由于价格是价值的货币表现,价格因而首先决定于价值(构成价格的实体内容),其次还要取决于货币及其价值(不是由货币表现出来的东西不叫价格,况且货币价值也将影响着商品价值的对外表现)。在纯粹的生产和交换过程无须货币,所以,能够直接揭示商品价格决定机制的价值规律主要存在货币出现之后,亦即流通、分配和实现时的价值规律。即便如此,生产与交换关乎价格的实质内容(无价值时的价格终属空幻之物)与基本条件(无交换不成价格),构成流通、分配和实现时价值规律作用的前提,因而,在分析商品价格决定机制时仍可将生产与交换中的价值规律纳入价值规律框架。

(二) 价格与平均价格的决定

一般商品价格(或商品价格一般),即笼统意义上的商品价格。此时不关注商品的规格、形状、功能、产地等商品学特征,也不考虑商品之间的行业差别和市场结构差别,由此讨论一般商品价格的决定有助于理解商品价格及其变动的共性或根本因素。

整体来看,有助于说明商品价格决定基础的价值规律即生产、交换和流通中的价值规律。其中,生产中的价值规律揭示了商品价格的基本源泉(价值),有助于引导人们关注商品价格的实质内容;交换中的价值规律指明了商品价格的基本前提(交换),有助于引导人们关注商品价格赖以存在的基本环境;流通中的价值规律指明了商品价格的基本尺度(货币),有助于引导人们关注商品价格潜在的社会意义。

生产中的价值规律是指价值在其生产过程中形成的基本规律,具体即:生产商品的社会必要劳动时间决定该商品的价值量。可见,生产中的价值规律实则价值形成规律。

在马克思经济学中,"社会必要劳动时间"是一个颇具核心意义的经典概念。它是指"在现有的社会正常的生产条件下,在社会平均的劳动熟练程度和劳动强度下制造某种使用价值所需要的劳动时间"[②]。

在此,请稍稍注意一下马克思的措辞——"制造某种使用价值"而不是"制造某种商品"或"制造某种物品"。言下之意,这个劳动(制造)的成果首先得具有使用价值。这表明,社会必要劳动时间以物的有用性为前提,制造的无用之物、完全不被社会认可或接纳的产品一开始就谈不到社会必要劳动时间,因而也不存在价值(劳动价值)问题。

其次,"现有的社会正常的生产条件"确立了商品价值的生产条件(或劳动条件)基准。价值形成或社会必要劳动时间强调生产条件的现实性及其在社会范围内的正常性质,由此排除了那些并非现实的或在社会范围内反常的生产条件(即太过简陋或太过先进的生产条件),突出了生产条件的现实化和中等化要义。当然,"社会"是分层次的,因此,关于劳动条件的评价可能以商品所属的行业社会为基准,也可能以商品所处的整个社会甚或全球社会为基准,由此使得商品价值可能存在行业价值(或行业内价值)、社会

① 参见张薰华:《〈资本论〉脉络》(第二版),复旦大学出版社 1999 年版,第 25~28 页。

② 转引自《〈资本论〉导读》编写组:《〈资本论〉导读》,高等教育出版社 2017 年版,第 31 页。

价值(或跨行业价值)甚至国别价值(或全球价值)之分。在最直观的意义上,商品价值首先指其行业价值,即基于从事同种商品(同行业)的所有劳动者的生产该商品的劳动时间,具有一定的绝对值性质。

再次,“社会平均的劳动熟练程度和劳动强度”确立了商品价值的劳动技能和劳动强度基准。价值形成或社会必要劳动时间强调劳动技能和劳动强度的社会平均性质,由此排除了那些技能太过生疏或太过成熟的劳动、以及那些强度太低或太高的劳动。同样,由于社会是分层的,劳动技能和劳动强度实际上也存在着行业内、行业间乃至国别间的差异,商品价值因而存在着行业价值、社会价值和国别价值等的区别。

最后,价值形成或社会必要劳动时间虽然强调以竞争主导,但并非决然排除垄断及其作用。由上述社会必要劳动时间定义可知,劳动条件的正常化、劳动技能和劳动强度的平均化构成价值形成及其水平测度与评价的核心基准。现实生产活动中,劳动条件很难同时处于正常水平或正常状态,同样,劳动技能和劳动也很难同时处于中等水平或均质状态。劳动条件、劳动技能和劳动强度的现实差别意味着竞争地位的差别甚至出现垄断,后者必然伴随着且影响着商品生产者之间的竞争过程。潜在的垄断性质将与潜在的社会分层因素一起深刻影响着价值本原,以致为商品价格的多样化及其分析埋下伏笔。

社会必要劳动时间首先在行业内部确立了商品价值测度与评价的基准,构成行业内部平均价格的计算基础。比如,对从事生产商品 A 的行业而言,该行业共有 5 家生产单位,从第一家到第五家生产单位商品 A 的个别劳动时间分别为 10、20、30、40、50 个标准小时(工作日),那么该行业生产单位商品 A 的社会必要劳动时间就是 30 个标准小时,后者构成该行业内商品平均价格的计算依据。明显地,第一家和第二家生产单位的个别价值均低于社会必要劳动时间,生产效率相对较高、有望获利;第四家和第五家生产单位的个别价值均高于社会必要劳动时间,生产效率相对较低,有可能亏损。不仅如此,价格高于与 30 个标准小时对应的单价的生产单位将发现自己的产品很难销售出去,反之,价格低于与 30 个标准小时对应的单价的生产单位将发现自己的产品很容易销售出去。

交换即物物交换。它以生产为前提,是在生产基础上的展开。两种使用价值不同的商品之间相互交换必然形成一定的交换比例,后者决定于各个商品蕴含的价值量,此时商品价值借助交换比例被表现出来。这种以交换比例表现的商品价值又称作交换价值。

交换中的价值规律就是指价值在其交换过程中形成的基本规律,具体即:商品按其价值量实行等价(等价值量)交换;其中,商品的价值量决定于生产商品的社会必要劳动时间。比如,A 商品的社会必要劳动时间是 10 小时(或工作日,下同),B 商品的社会必要劳动时间是 20 小时,那么,根据等价交换原则(或交换中的价值规律),一个单位的 B 商品可以同两个单位的 A 商品交换。可见,交换中的价值规律是对生产中的价值规律的“扩容”。

流通以货币为媒介的商品交换,是交换关系发展的特殊阶段。由于价格以货币为要件(价格是价值的货币表现),所以,直至流通过程,商品的价格及其决定问题才明确地表现出来。不仅如此,由于货币是固定充当一般(跨越行业直至延伸到全社会所有行业)等价物的特殊商品(它本身有价值、凝结着社会一般的无差别的人类劳动),任何商品的价值最终都在全社会意义上(而不是起初在其所属行业意义上)得到评判,价值的社会性由此得到最为充分且最为直观的体现。因而,以货币为媒介的交换关系实质上反映的是全社会意义上的劳动交换关系，其背后起决定作用的全社会意义上的需求结构[①]。

流通中的价值规律是指价值在流通过程形成的基本规律，具体即：价值表现为价格；价格以价值为中心、围绕价值而上下波动。这意味着，在流通过程中，原本在交换中的等价交换规律此时已转换为价格（准确即“平均价格”）与价值相符的规律。其中，“相符”是价格在其纵向平均意义上与价值之间大体接近、趋势基本一致的性质。比如，商品 A 的计价周期（或观测窗口期）为 n 天，其中第 i 天的价格为 p_i，，那么，商品 A 的日均单价 $\bar{p}$ 为

$$\bar{p}=\sum_{i=1}^{n} p_i / n \tag{5-1}$$

其中，$\bar{p}$（而不是 p_i）同该商品在计算周期内的价值大体接近。

除具有纵向平均的意义之外，流通条件下的价值规律乃至价格水平还具有一定的横向分配意义。假设社会有三种商品，商品 A、商品 B 和货币（黄金），且经过流通（市场交换）后，A 商品共成交 10 个单位且单位价格为黄金 1.5 盎司，B 商品共成交 20 个单位且单位价格为黄金 0.5 盎司，黄金每盎司须耗费 20 小时（该行业社会必要劳动时间）。这意味着，生产全部商品 A 共须耗费 300 小时（合单位商品 A 的社会必要劳动时间为 30 小时），生产全部商品 B 共须耗费 200 小时（合单位商品 B 的社会必要劳动时间为 10 小时），另生产 25（＝10×1.5＋2×0.5）盎司黄金须耗费 500 小时。全社会总劳动时间 1 000 个小时在三种商品门类中进行分配，且在商品 A、商品 B 和黄金部门之间的分配比例（3∶2∶5）最终源自三部门所形成的全社会总需求[②]。

现实生活中，由于交换随时发生且市场供求千变万化，各类商品的价格往往随行就市。因此，随着时空的推移，上例中商品 A 的单位价格未必总是 1.5 盎司，商品 B 的单位价格也未必总是 0.5 盎司；但是，只要社会需求的规模与结构不发生变化，在平均或趋势意义上，商品 A 和商品 B 的单位价格仍将分别维持在 1.5 盎司和 0.5 盎司的水平。

在纸币甚至数字货币条件下，货币仅是观念意义上的，它本身并无价值、只是价值的符号。尤其是数字货币，它只是数据记录，甚至没有纸质载体。货币的虚化（或信用化，下同）或其与币材劳动的脱离，意味着上例中不再有 500 小时的采金劳动。这些节余的劳动完全可用于生产更多的商品。所以，在某种程度上，一部货币的虚化史就是一部商品世界的繁荣史，同时也是价格与价值渐行渐远但终究藕断丝连且最终仍然受制于价值的历史。

（三）生产价格及其决定

产业资本即以物质生产为核心任务的资本，可视作实体资本。在马克思的概念体系中，

---

① 这已涉及两种含义的社会必要劳动时间问题。第一种含义的社会必要劳动时间即前文在生产和交换中所说的“社会必要劳动时间”，它立足于同一商品（或行业，下同），表明生产该商品的不同生产者的平均劳动时间，大体形成商品的行业价值。第二种含义的社会必要劳动时间立足于不同商品，大体形成不同商品的社会价值，表明不同种类商品的平均劳动时间之间的比例关系，体现了社会总劳动时间在不同商品之间的分配结构，这种分配背后最终又取决于全社会对不同商品的需求（或需求结构）。

② 可参见马克思：《资本论》（第三卷），人民出版社 1975 年版，第 716 页。实际上，马克思的劳动价值论并非决然排斥需求因素及其对商品价格的影响。严格说来，商品二因素中的使用价值既包括主观意义上的使用价值——这相当于西方微观经济学中的“效用”（进一步则意味着需求），还包括需求所不能涵盖的客观意义上的使用价值。不仅如此，在实际分析过程中，马克思有时还会根据分析的需要将供给和需求视作互为条件的范畴，如在第二种含义的社会必要劳动时间意义上就强调全社会需求的决定性质。当然，整体看来，马克思对劳动（而不是需求）或劳动价值更为强调。个中颇具前提意义亦不乏合理之处：商品最终还是要靠劳动生产出来，舍此一切都是无谓的，都属空谈；更何况，劳动及商品本身同样还会直接影响商品价格。

产业资本包括生产资本(以生产条件形式存在的实体资本)、商品资本(以商品形式存在的实体资本)和货币资本(以货币形式存在的实体资本)等三种形式,后者标识了产业资本在其具体运行时所采取的不同身份或面孔,但其任务都在于直接推动或直接服务于物质生产。

生产价格不同于我们日常所说的生产成本。实际上,我们日常所说某商品"生产成本"往往指该商品的单个生产成本,而该种商品单个生产成本的全行业加总[①]才对应马克思所说的该商品所属行业的"成本价格";当然,马克思所说的成本价格,立足于该商品所属行业整体在生产过程中实际发生(而不是实际占用)的费用,而不是单个商品的成本或成本价格。类似地,马克思所说的某行业的"生产价格"大体对应着我们日常所说的该行业商品(亦即某特定商品)的"市场价格总额",而不是我们日常所谓的单个商品的市场价格。总之,在马克思经济学中,生产价格与成本价格均以行业(或生产部门)为基本的分析单元,两概念(指标)都具有行业加总性质,不同于我们日常所谓的市场价格和生产成本。

在全社会(或社会全要素参与)意义上的价值分配[②]及其实现过程中,上文屡屡提及的商品价值也由此转换为生产价格。相应地,价值规律也转换为以生产价格为中心的价值规律,具体即全社会的生产价格总额与全社会的商品价值总额相同。

价值转换为生产价格以先后两个更具前提意义的转化为条件,即剩余价值转化为利润,利润转化为平均利润。其中每次转化都意味着价值实体的外化、价格进一步远离价值实体。

首先,剩余价值转化为利润。在马克思经济学中,利润和剩余价值实质相同,只不过语境(经济意义)有别。剩余价值(记作 m)是相对于工人的工资(记作 v)而言的,本质上是由工人创造但被资本家无偿占有的活劳动,直观表现为资本家对工人的剥削水平,且可借助剥削率(=剩余价值/工资)指标评估资本家对工人的剥削程度。利润则是相对于预付资本而言的。所谓预付资本,即资本家在组织生产时预先支付的用于购买生产资料(支付额记作 c)和劳动力(支付额即上述 v)而形成的资本,即 $c+v$。利润被视作预付资本(而不只是工人活劳动)的产物,直观表现为预付资本的价值增值。言下之意,生产资料同样创造价值;且不论其具体耗费多少,只要存在它就在创造价值。实际上,由于生产资料并不创造价值(仅在生产过程中转移其价值),利润仅是工人活劳动的产物,也就是剩余价值。使用"利润"的说法为借助利润率(=利润/预付资本总额)指标评价资本家的盈利能力或经营效率提供了便利。但在同时,该说法掩盖了利润的实质及其背后的剥削关系,淡化了剥削的程度——利润率水平显然低于剥削率水平,因而对把握资本主义生产关系实质来说具有欺骗性。

其次,利润转化为平均利润。平均利润即按照平均利润率计算的利润。所谓平均利润率(或社会平均利润率),是指平均每一单位社会总资本所产生的利润(或剩余价值),其计算公式为:全社会所有行业利润总额(亦即全社会各行业剩余价值总额)÷全社会所有行业预付资本的加总。相应地,某商品所属行业(或企业)的平均利润即该行业(或企业)预付资本总额(而非所费——实际耗费——资本总额)同平均利润率的乘积。

某商品的生产价格即该商品所属行业的成本价格与平均利润之和。该商品的价值则为该商品所属行业的成本价格与其剩余价值之和。由于各行业的平均利润未必等同于其剩余

① 在马克思经济学中,一个行业对应一种商品,只不过行业中可能存在多家企业(或多个生产者)。

② 此处"分配"主要指剩余价值的分配,也就是工人活劳动的新创价值(剩余价值)被产业资本家、借贷资本家、商业资本家、土地所有者(地主)、农业资本家等共同瓜分的过程。这意味着,社会剩余价值总和等于企业主收入(对应产业资本家和农业资本家的收入)、利息(对应借贷资本家收入)、地租(对应地主和农业资本家的收入)。

价值，各行业的生产价格未必等于其价值。但是，由于全社会的平均利润总和等于全社会的剩余价值总额，全社会的生产价格总额将等于全社会的商品价值总额。

关于预付资本、剩余价值、成本价格、商品价值、平均利润率、平均利润、生产价格之间的计算示例可见表 5-1。表 5-1 中，生产资料价值、劳动力价值、预付资本总额、剩余价值、成本价格、商品价值、平均利润、生产价格的计量单位均假定为万元。

表 5-1　关于预付资本、剩余价值、成本价格、商品价值、平均利润率、平均利润、生产价格的算例

行业门类		行业Ⅰ	行业Ⅱ	行业Ⅲ	行业Ⅳ	行业Ⅴ	合计
预付资本	生产资料价值①	180	150	210	280	350	1 170
	劳动力价值②	20	50	90	120	150	430
	总额③=①+②	200	200	300	400	500	1 600⑩
剩余价值率④		1	1	1	1	1	—
剩余价值⑤=②×④		20	50	90	120	150	430⑪
消耗的生产资料价值⑥		80	100	150	180	300	810
成本价格⑦=②+⑥		100	150	240	300	450	1 240
商品价值⑧=⑦+⑤		120	200	330	420	600	1 670
个别利润率⑨=⑤÷③		0.1	0.25	0.3	0.3	0.3	—
平均利润率⑫=⑪÷⑩		0.268 75	0.268 75	0.268 75	0.268 75	0.268 75	—
平均利润⑬=③×⑫		53.75	53.75	80.625	107.5	134.375	430
生产价格⑭=⑦+⑬		153.75	203.75	320.625	407.5	584.375	1 670
生产价格与价值之差⑮=⑭−⑧		33.75	3.75	−9.375	−12.5	−15.625	0

我们不妨将上述计算稍加一般化，由此更能直接看到一些颇具规律性的判断。

设有 n 个行业（对应 n 种商品生产），各行业剩余价值率（即剥削率）均为 m'。其中，第 i 个行业预付资本中的生产资料价值和劳动力价值分别为 c_i 和 v_i，预付资本总额为 c_i+v_i。该行业在生产过程中生产资料的耗费比例为 e_i，剩余价值（利润额）为 $m'v_i$。于是，第 i 个行业的成本价格为 $K_i=e_ic_i+v_i$，第 i 个行业的商品价值为 $W_i=K_i+m'\times v_i=e_ic_i+v_i+m'\times v_i$。于是，平均利润率 p 为

$$p=\frac{m'\cdot\sum_{j=1}^{n}v_j}{\sum_{j=1}^{n}(c_j+v_j)} \tag{5-2}$$

其中，$j=1,2,\cdots,n$。于是，第 i 个行业的商品生产价格 P_i 为

$$P_i=K_i+(c_i+v_i)p=e_ic_i+v_i+(c_i+v_i)\frac{m'\cdot\sum_{j=1}^{n}v_j}{\sum_{j=1}^{n}(c_j+v_j)} \tag{5-3}$$

显然，$p\cdot\sum_{i=1}^{n}(c_i+v_i)=m'\cdot\sum_{i=1}^{n}v_i$，$\sum P_i=\sum W_j$。对式（5-2）稍加变式，可得

$$p=\frac{m'\cdot\sum_{j=1}^{n}v_j}{\sum_{j=1}^{n}(c_j+v_j)}=\frac{m'\cdot\sum_{j=1}^{n}v_j}{\sum_{j=1}^{n}v_j(\frac{c_j}{v_j}+1)}\xlongequal{a_j\triangleq\frac{c_j}{v_j}}\frac{m'\cdot\sum_{j=1}^{n}v_j}{\sum_{j=1}^{n}v_j(a_j+1)}\qquad(5\text{-}4)$$

式(5-4)中的 a_j 称作第 j 个行业的资本有机构成，表示该行业预付资本中用于生产资料(机器设备原材料等)部分和劳动力部分的比例。换句话说，当各行业用于生产条件的资本(或投资)普遍增加时，资本有机构成上升。由式(5-4)可知，当其他条件不变时，随着各部门的资本有机构成(a_j)普遍提高，平均利润率(p)将趋于下降。

然而，平均利润率下降并不意味着全社会利润总额也会下降。由于全社会利润总额最终为 $m'\cdot\sum_{i=1}^{n}v_i$，剥削率(m')或劳动力价值总量($\sum_{i=1}^{n}v_i$)的增加，或者剥削率和劳动价值总量的同时增加都会增加社会利润总额。事实上，这些情况都可能存在。一方面，随着资本积累以及生产资料(比如机器人或人工智能应用)的扩张，资本主义社会中不断形成相对过剩人口，后者有可能被资本雇佣进而形成更多的活劳动，由此增加 $\sum_{i=1}^{n}v_i$。同时，资本家也可通过延长工作日(要求员工加班加点但不付报酬)、加大劳动强度(如在行业内制造内卷化竞争压力)、提高劳动生产率(即提高劳动技能或劳动熟练程度)等手段提高剥削率，即增加 m'。

由式(5-3)可知，各行业影响其商品生产价格(即市场价格总额)的因素主要包括：该行业的成本价格、该行业的预付资本以及全社会意义上的平均利润率，其中该行业的成本价格为该行业预付资本的函数。由此可见，在平均利润率整体趋于下降时，行业的预付资本(尤其是其中的所费资本)规模将在相当程度上决定行业生产价格。表 5-1 的算例也大致表明了这一关系。进一步看，生产价格关乎资本主义社会所有阶级的收入实现，如资本家需要收回所耗费的生产资料价值和平均利润，工人需要保障其工资收入。由此，从资本主义(甚至一般市场经济)简单或扩大再生产角度看，各行业客观上均存在稳定且扩大预付资本的内在冲动，后者对平均利润下降趋势的“拽升”能力的高低决定着该行业生产价格的变动。

前已述及，各行业的生产价格为该行业的市场价格总额。在马克思的分析中，单个商品生产以物的有用性为前提，各行业的生产以适应全社会的需要结构为前提，这些使得各行业的生产价格或市场价格总额实质上均具有供求均衡性质(尽管它往往偏离该行业的商品价值)①。这也表明，相比于西方经济学者侧重讨论市场价格(实则商品单价及其形成的价格体系)同其均衡水平的偏离与复归问题，马克思更关注供求均衡时市场价格(实则市场价格总额)内在的决定问题。我们知道，商品单价不仅决定于总量和结构意义上的供求关系(由此决定全社会的生产价格总和以及各行业的生产价格，这些构成商品单价计算的分子项)，还决定于劳动生产力和资本周转等因素(决定商品的数量，即商品单价计算的分母项)。就此而论，实现商品单价意义上的市场价格均衡需要商品生产处处时时供求一致；否则，即便市场价格总额处于均衡状态，商品单价也未必处于均衡状态。

① 因此，某市场均衡价格总额＝该市场的生产价格总额，后者未必等于该市场的商品价值总额。类似地，某商品的均衡价格＝该商品的单位生产价格，后者未必等于该商品的价值。总之，马克思笔下的价格自带均衡含义，但未必自带价值含义。

(四) 商业价格与垄断价格及其决定

上述分析过程撇去了产业资本在其现实运动过程中不可或缺的一些因素，如经营管理、资金融通、商品流通、土地租用等。这意味着，上述分析过程实际上假定产业资本在其运动过程中内含着诸如经营管理、资金融通、商品流通、土地租用之类的功能因素。就此而论，上述生产价格包含着这些功能因素的贡献。尽管后者未必都能创造价值，但至少构成产业资本运动及价值生产的重要条件，因而有理由参与收益分配、从生产价格总额（尤其是平均利润总额）中获取相应的报酬。

值得注意的是，随着社会分工的发展，这些功能因素逐步从依附于产业资本的运动中分离出来以致拥有相对独立的运动形式（如商业资本和借贷资本），且在参与产业资本运动中影响着全社会剩余价值总量的分配结构。

比如，经营管理日趋专业化且分离出来，由此形成两权（所有权和经营权）分离并参与产业资本运动，剩余价值总量因而就须区分对股东的支付和对经理人的支付。资金融通日益专业化且分离出来，逐步形成借贷资本家和借贷资本（生息资本），继而参与产业资本运动，剩余价值总量因而就会存在对借贷资本的支付（即利息）。商品流通日益专业化且分离出来，逐步形成商人和商业资本，继而参与产业资本运动，剩余价值总量因而就会存在对商人的支付（销售利润）。土地租用日益专业化且分离出来，逐步形成两权（所有权和经营权）分离以及地主（土地所有者）与农业资本家的分离，继而参与产业资本运动，剩余价值总量因而就会存在对地主的支付和对农业资本家的支付。

总之，不论这些分化出来的资本具有何种形式或运动特征，其所获收益（或求偿权益）最终均源自全社会的剩余价值，其收益分配结构本质上都体现为各剥削阶级（非劳动阶级）共同瓜分工人阶级活劳动的关系。

可见，非产业资本的价值分配与实现实则社会剩余价值在非产业资本之间的分配及实现，后者决定了非产业资本价格的实质与源泉。当然，就价格的具体表现形式和直接决定机制来看，这些非产业资本有其相对特殊之处。

其中，借贷资本源自产业资本运动中的闲散资金。利息率可视作借贷资本的价格，也就是单位借贷资本带来的收益（利息收入）或使用单位借贷资本所需支付的代价。在计算时，利息率＝利息÷贷出资本＝（贷出资本所属行业平均利润×贷出资本所属行业平均利润中属于利息收入的份额）（以下简称为“利息收入份额”）÷贷出资本＝（贷出资本×平均利润率×利息收入份额）÷贷出资本＝平均利润率×利息收入份额。

由于利息收入份额一般在 0 和 1 之间，所以，利息率一般在 0 和平均利润率之间，具体水平主要取决于平均利润率以及利息收入份额。其中，平均利润率主要取决于各行业资本有机构成、剥削率以及活劳动使用情况，而利息收入份额反映了产业资本家和借贷资本家对平均利润的分割（由此使得平均利润分为利息和企业主收入），取决于借贷资本家和产业资本家之间的竞争、实力对比或讨价还价。这些同时也说明，利息的最终来源就是剩余价值。

商业资本出现后，商品价格存在购价和销价的区分。在商业资本参与产业资本运动后，商品购价即存在商业资本参与时的产业资本家的生产价格[①]，销价则在购价基础上，综合考

① 有商业资本参与之下的生产价格不同于无商业资本参与之下的生产价格。一般来说，由于商业资本的参与，平均利润率会被稀释。所以，当其他条件不变时，有商业资本参与时的生产价格要低于无商业资本参与之下的生产价格。

虑商人的商业资本、平均利润率以及商人付出的纯粹流通费用厘定，即商品销价＝产业部门生产价格（出厂价格，即商品购价）＋商业利润＋纯粹流通费用＝产业部门生产价格（出厂价格）＋商业资本×平均利润＋纯粹流通费用[①]。

这说明，随着商业资本的独立化，原本以生产价格为中心的价值规律逐步转换为以商业价格为中心的价值规律。与之相应，商业价格亦将成为价格分析的首要内容和主导线索。

土地有其特殊之处。作为一种资源物品，其供给量的相对有限性使得土地的所有权及其经营活动都具有垄断性，由此赋予土地价格以垄断性。后者使得从事土地经营在抵补其成本价格乃至商业成本之外，不仅能够获得平均利润，还能够产生超额利润。其中，平均利润归于农业资本家（农业资本家至少须获得与产业资本相当的平均利润，否则他不如加入产业资本），超额利润则转化为地租，主要归于土地所有者（地主）。

在垄断支配资本运动的前提下，原本以生产价格为中心的价值规律进一步转换为以垄断价格为中心的价值规律。与之相应，垄断价格亦将成为价格分析的首要内容和主导线索。

土地并非劳动产品，因而本身并无价格问题。土地价格实则土地长期出租所产生的经济价值，也就是土地地租（或租金）的资本化。因此，土地价格＝地租（或租金）÷利息率。当然，严格说来，地租不同于租金。租金相对宽泛，它除地租外，还包括“合并在土地上的固定资本的利息和折旧费等内容”[②]。

地租由农业资本家（租户）向土地所有者支付，体现着土地所有权的垄断权益，具体又有绝对地租与级差地租之分（两种情况的区分）。其中，绝对地租指不论地块及其位置、质量如何，只要是块土地均须向土地所有者缴纳的地租。级差地租指基于土地特殊的自然条件（如地理位置、天然肥力）与后天投入（如追加投资改善基础设施或耕作条件）造成土地之间因生产能力存在等级差别而形成的差异化地租，后者具体又有级差地租Ⅰ（基于自然条件因素形成）与级差地租Ⅱ（基于后天投入因素形成）之分。

“价值—（交换与货币）→价格→主要基于行业内部竞争形成的平均价格→主要基于行业之间竞争形成的生产价格→基于商业资本的商业价格→基于资源垄断及其权益主张的垄断价格”反映了商品价格的形变之路。不同形态商品价格的决定问题可在相当程度上借助多层价值规律框架予以说明。这些框架均以劳动价值论为最终理论基础，其分析过程涵盖且明显超出供求因素，其分析焦点尤其聚结于供求均衡时商品价格的本质及其构成问题[③]。

实际上，商品作为用来交换的劳动的产品，其价格实则其价值的货币表现，且价格与价值之间存在形式与内容、现象与本质的关系。因而，立足于价值规律、通过解构商品价格的内在组分及其背后的生成逻辑，从根本上更有助于阐释商品价格的决定问题，更有助于把握商品价格决定中那些具有深远意义的实质性内容，由此产生的政策主张对经济现实也更具根本的推动意义。曾几何时，虚拟经济异军突起，信用泡沫急速膨胀，商品价格普遍上扬，但这些并不能遮蔽实体经济效率低下、后劲缺乏的痼疾。此时，稳定市场价格，让商品价格普遍回归理性，就须充分尊重且利用价值规律，充分释放价值规律对国民经济的推动潜力，尤其注重调整、巩固、充实、提高实体经济，突出劳动意识与工匠精神，如此方能真正为社会创

---

① 参见张薰华：《〈资本论〉脉络》（第二版），复旦大学出版社 1999 年版，第 150～153 页。

② 参见张薰华：《〈资本论〉脉络》（第二版），复旦大学出版社 1999 年版，第 181 页。

③ 在上述分析中，并没有考虑货币价值及其对价格的影响问题。读者可就此展开进一步研究。

造价值，夯实稳定商品价格的物质基础。

需要注意的是，价值规律中的“价值”，不是别的什么价值（如伦理道德价值），而是以劳动或社会必要劳动时间为基准（基本内核）的价值。它具有相当的客观性和系统性，且随着社会政治、经济和文化条件的变化而变化，因而予以准确且动态测度并非易事。当然，那些并不具有劳动价值基础的物品（如资源物品、被视作“服务”的生态环境），以及价格并非（劳动）价值之货币表现的经济物品（如古董），其价格决定问题原则上并不适合由价值规律予以说明，此时一些偶然性的供求因素或非经济类的因素（如偏好风潮、社会道德理念、政治法律权利等）可能起主导作用。其实，在地租问题分析时我们应当敏锐地感觉到这一点。

二、部类平衡框架与经济结构决定

部类平衡框架即由马克思的部类平衡理论衍生的分析框架。部类平衡理论是马克思在《资本论》第二卷中研究社会再生产过程问题时创立的。该理论深入分析了全社会意义上的生产活动与消费活动之间在物质（使用价值）维度和价值维度上的动态平衡关系，从中阐述了国民经济“按比例发展”和“生产资料优先增长”等的基本原理，为我们考察经济结构、经济增长乃至经济周期问题提供了独树一帜的视角、切入点和参照系，可视作一种解析经济结构、经济增长乃至经济周期问题的分析框架。囿于篇幅，我们在此仅说明该理论的基本内容及其作为一种分析框架对经济结构分析的意义。

（一）基本假设

马克思的部类平衡理论立足于一些基本假设，后者涉及产品部类、行为主体、商品交换、动态平衡等方面，实则塑造了一个扼要反映资本主义经济结构化运行机理的动态模型。

首先，马克思提出了产品部类假设。全社会共有两大生产部类[①]，即生产生产资料的部类（马克思称之为“第Ⅰ部类”，用符号“Ⅰ”标识），以及生产生活资料的部类（马克思称之为“第Ⅱ部类”，用符号“Ⅱ”标识）。

其次，马克思提出了行为主体假设。每个部类的行为主体均涉及资本家和工人。其中，资本家拥有生产资料，工人拥有劳动力；资本家预付资本用于购买生产资料（其价值记作 c）和劳动力（其价值即工资，记作 v），并且无偿占有工人的剩余劳动（其价值记作 m）。

再者，马克思提出了商品交换假设。每个部类内部以及两大部类之间都存在着商品交换：第Ⅰ部类内部的商品交换（即不同生产资料之间的交换）至少可满足生产资料的更新；第Ⅱ部类内部的商品交换（即不同生活资料的交换）至少可满足第Ⅱ部类的工人和资本家的消费资料的更新；两大部类之间的商品交换（即第Ⅰ部类让渡其生产资料给第Ⅱ部类以获取消费资料，或第Ⅱ部类让渡其消费资料给第Ⅰ部类以获取生产资料），至少可满足第Ⅰ部类的工人和资本家的更新以及第Ⅱ部类的生产资料的更新。不仅如此，商品交换不仅对应着实物（使用价值）的流转，还同步对应着价值的反向流转。

最后，马克思提出了动态平衡假设。不考虑缩小的社会再生产，社会再生产过程都是动态持续的。其中，第Ⅰ部类产品（生产资料）的生产成果除满足第Ⅰ部类内部生产资料更新、维持（以及扩张）需要外，还要能满足第Ⅱ部类生产资料的更新、维持（以及扩张）需要（生产消费资料需要机械、设备、厂房，因而也借助其生产资料，后者源于第Ⅰ部类）。同样，第Ⅱ部

① “部类”兼有“部门”和“类别”（或“种类”）的双重语义。部类内部商品同类，部类之间商品异类。

类产品（消费品）的生产成果除满足第Ⅱ部类工人和资本家的个人消费更新、维持（以及扩张）需要外，还要能满足第Ⅰ部类工人和资本家的个人消费的更新、维持（以及扩张）需要（生产生产资料需要资本家和工人能够维持其个人消费，否则无人生产）。

当然，这种动态平衡要求各部类内部及两大部类之间不仅在实物意义上实现动态平衡（也就是关于实物的供给同关于实物的需求实现动态平衡、如此社会劳动成果没有闲置或浪费），同时还在价值意义上实现动态平衡（也就是与实物供求动态平衡相对应的货币供求或价值供求实现动态平衡，如此社会劳动没有闲置或浪费）。所以，“动态平衡”是一种涵盖部类内外、价值与使用价值等的四重意义上的动态平衡。

基于上述假设，马克思考察了简单再生产情形和扩大再生产情形中的部类平衡过程和条件。其中，简单再生产是扩大再生产的基础，对前者的分析构成对后者分析的起点。

简单再生产，即不存在积累的社会再生产，也就是第Ⅰ部类的产品除满足第Ⅰ部类的生产资料的更新和维持之外，能够满足第Ⅱ部类的生产资料更新和维持需要即可；第Ⅱ部类的产品除满足第Ⅱ部类的工人和资本家的个人消费更新和维持之外，能够满足第Ⅰ部类工人和资本家的个人消费的更新和维持即可。此时，无论生产资料还是消费资料，两者均既不扩张也不萎缩，由此，社会再生产过程仅是既有规模与结构的简单重复过程。

所谓扩大再生产，即存在积累的社会再生产。此时，无论生产资料还是消费资料，两者都是扩张的，既能满足各部类内部和两大部类之间的更新和维持需要，还能满足各部类内部和两大部类之间的扩张需要。由此，社会再生产不仅存在规模扩张，也可能伴随结构变革。

（二）平衡条件

出于简化考虑，我们直接举例说明简单再生产情形中两大部类实现动态平衡的基本条件，继而考虑扩大再生产的内在要求，论证扩大再生产情形中两大部类实现动态平衡的基本条件，以便为拓展算例、探究各类因素对经济结构的影响做些铺垫。

图 5-1 描述了一则简单再生产情形中两大部类之间的交换关系。其中，第Ⅱ部类的年总产品价值为 6 000（个货币单位，下文从略），分别包括生产资料价值（记作Ⅰc）为 4 000、工人工资（即劳动力价值，记作 Iv）为 1 000、剩余价值（记作Ⅰm）为 1 000；第Ⅱ部类的年总产品价值为 3 000，分别包括生产资料价值（记作Ⅱc）为 2 000、工人工资（即劳动力价值，记作Ⅱv）为 500、剩余价值（记作Ⅱm）为 500。

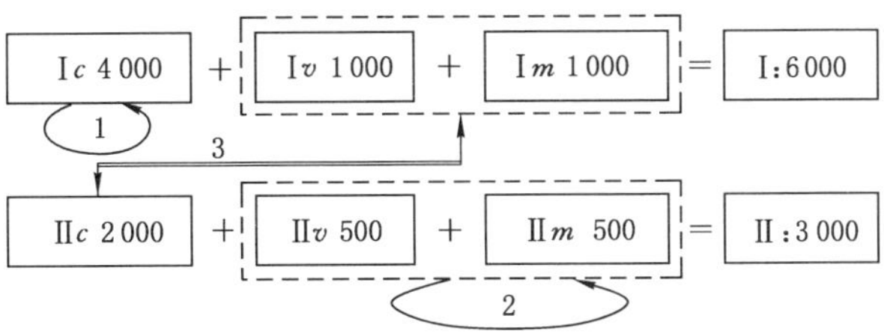

图 5-1　简单再生产情形中两大部类平衡示例

根据简单再生产的含义，可知此时存在三类交换活动，即图 5-1 中第Ⅰ部类内部交换活动（以标号为“1”的带箭头的曲线表示）、第Ⅱ部类内部交换活动（以标号为“2”的带箭头的曲线表示）以及两部类之间的交换活动（以标号为“3”的带箭头的双直线表示）。经过交换，不仅各部类内部和两个部类之间在实物层面上的需求均得到满足（亦即都存在供给），各部类内部和两大部类之间在价值层面上也得到了足额实现(各方劳动价值都得到了承认,没有闲置的劳动或短缺的劳动及其价值)。

在三类交换及其平衡过程中,两大部类之间的交换(即双直线所示部分的交换)及其平衡相对来说更具关键意义。这是因为,一方面,第Ⅰ部类中的工人劳动力价值和剩余价值的实物形态都是生产资料,该部类工人和资本家(剩余价值的无偿占有者)的个人消费需求源自第Ⅱ部类,因而,他们(第Ⅰ部类的工人和资本家)只能让渡自己的生产资料同第Ⅱ部类的资本家相交换以获取消费资料,否则第Ⅰ部类的工人和资本家将难以生存下去;另一方面,第Ⅱ部类生产资料产出的实物形态都是消费资料,第Ⅱ部类的资本家若要实现简单再生产,就需要及时更新和维持第Ⅱ部类的生产资料,为此他们就需要用其产品(消费资料)同第Ⅰ部类相交换。经过两大部类之间的交换,两大部类的更新和维持恰好都能得到实现,此时既不存在对对方实物产品的多余需求,又不存在对自身实物产品的多余供给,且交换中与实物流转相应的价值(社会劳动时间)流转完全对等(即第Ⅰ部类让渡给第Ⅱ部类的实物价值等同于第Ⅱ部类让渡给第Ⅰ部类实物的价值)。

上述过程意味着简单再生产过程的动态平衡条件为

$$\text{Ⅰ}(v+m)=\text{Ⅱ}c \tag{5-5}$$

容易看出,上式等价于$\text{Ⅰ}(c+v+m)=\text{Ⅰ}c+\text{Ⅱ}c$和$\text{Ⅱ}(c+v+m)=\text{Ⅰ}(v+m)+\text{Ⅱ}(v+m)$。其中,$\text{Ⅰ}(c+v+m)=\text{Ⅰ}c+\text{Ⅱ}c$表明:为维持简单再生产,第Ⅰ部类的全部产品(生产资料)除能满足本部类生产资料的更新和维持之外,还要能满足第Ⅱ部类生产资料的更新和维持需要。

$\text{Ⅱ}(c+v+m)=\text{Ⅰ}(v+m)+\text{Ⅱ}(v+m)$表明:为维持简单再生产,第Ⅱ部类的全部产品(消费资料)除能满足本部类工人和资本家的个人消费之外,要能满足第Ⅰ部类工人和资本家的个人消费。可见,两个公式分别从两种产品的实物保障角度刻画了简单再生产的条件。当然,在此实物交换中,价值交换也是同步的、需要平衡的,否则也影响实物交换的平衡。

下面以图5-1为基础,考虑扩大再生产情形中的动态平衡过程及其条件。扩大再生产意味着两大部类的生产资料、劳动力甚至资本家消费都在原有基础上有所增加,具体包括:

(1) 第Ⅰ部类的生产资料除满足本部类生产资料的更新和维持外,还要能追加一部分(追加的第Ⅰ部类生产资料价值记作$\text{Ⅰ}\Delta c$),后者对应的实物须在第Ⅰ部类内部实现。

(2) 第Ⅰ部类的工人个人消费除维持既有需要之外,也要能增加一部分(追加的第Ⅰ部类劳动力价值记作$\text{Ⅰ}\Delta v$),后者对应的实物须在第Ⅰ部类同第Ⅱ部类之间的交换中实现。

(3) 第Ⅰ部类追加的生产资料和劳动力价值来自该部类资本家所攫取的剩余价值($\text{Ⅰ}m$);第Ⅰ部类资本家不能将其攫取的、最终由第Ⅰ部类工人创造的剩余价值全部消费掉,他只能消费其中的一部分(消费比例记作$1/x$),然后将其余部分用于第Ⅰ部类扩大再生产所须追加的生产资料和劳动力。或者说,第Ⅰ部类追加的生产资料价值($\text{Ⅰ}\Delta c$)和追加的劳动力价值($\text{Ⅰ}\Delta v$)源自第Ⅰ部类资本家个人消费第Ⅰ部类剩余价值的结余[即$\text{Ⅰ}m\times(1-1/x)$,$(1-1/x)$即积累率];同样,第Ⅰ部类资本家个人消费对应的实物须在两大部类之间的交换中实现。

(4) 第Ⅱ部类的生产资料除满足该部类更新和维持需要外,还要追加一部分(追加的第Ⅱ部类生产资料价值记作$\text{Ⅱ}\Delta c$);由于第Ⅱ部类产出为消费资料,第Ⅱ部类追加的生产资料实物连同其维持既有生产的生产资料实物均须在其同第Ⅰ部类之间的交换中方可实现。

(5) 第Ⅱ部类的工人个人消费除维持既有需要之外，也要追加一部分(追加的第Ⅱ部类劳动力价值记作ⅡΔv)，后者对应的实物(消费资料)可在第Ⅱ部类的内部交换中实现。

(6) 第Ⅱ部类追加的生产资料和劳动力价值来自该部类资本家所攫取的剩余价值(Ⅱm)；该部类资本家只能消费掉部分剩余价值(假设消费比例同第Ⅰ部类资本家相同，亦为 $1/x$)，其余部分用于第Ⅱ部类扩大再生产所须追加的生产资料和劳动力，即第Ⅱ部类追加的生产资料价值(ⅡΔc)和追加的劳动力价值(ⅡΔv)源自第Ⅱ部类资本家个人消费第Ⅱ部类剩余价值之后的结余[即Ⅱ$m\times(1-1/x)$]。

(7) 在一定的技术条件下，两大部类各自追加的生产资料价值和劳动力价值须能符合各自部类的资本有机构成的需要，否则两大部类产品及其价值就会出现浪费或闲置。

由上述分析，可得到扩大再生产时的部类平衡关系及其机制。具体如图 5-2 所示。

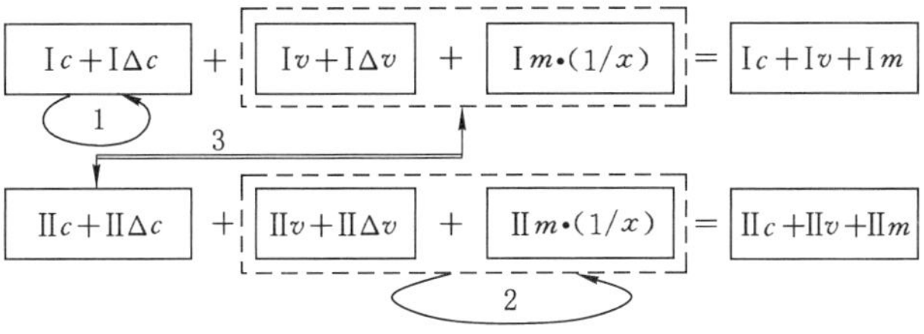

图 5-2　扩大再生产情形中两大部类平衡关系及其机制

假设部类内部交换平衡，由图 5-2 易知扩大再生产情形中两大部类平衡的核心条件，即

$$\text{Ⅰ}(v+\Delta v+m\cdot 1/x)=\text{Ⅱ}(c+\Delta c) \tag{5-6}$$

上式表明，在扩大再生产情形下，第Ⅰ部类所需的消费资料须同第Ⅱ部类所需的生产资料在价值上相同，在实物上有保障。或者说，第Ⅰ部类多余的生产资料(即超出第Ⅰ部类内部更新与扩大所需的生产资料)恰好可满足第Ⅱ部类维持且扩大再生产对生产资料的需求。由于Ⅰ$\Delta c+$Ⅰ$\Delta v=$Ⅰ$m\times(1-1/x)$，将其代入式(5-6)，于是有

$$\text{Ⅰ}(c+v+m)=\text{Ⅰ}(c+\Delta c)+\text{Ⅱ}(c+\Delta c) \tag{5-7}$$

这表明，在扩大再生产情形中，第Ⅰ部类的产出在价值形态和实物形态上均既须满足本部类扩大再生产对生产资料的需要，又须满足第Ⅱ部类扩大再生产对生产资料的需要。

同时，由Ⅱ$\Delta c+$Ⅱ$\Delta v=$Ⅱ$m\times(1-1/x)$及式(5-6)，可得

$$\begin{aligned}&\text{Ⅱ}(c+\Delta c)+\text{Ⅱ}(v+\Delta v+m\cdot 1/x)\\&=\text{Ⅱ}(c+v+m)\\&=\text{Ⅰ}(v+\Delta v+m\cdot 1/x)+\text{Ⅱ}(v+\Delta v+m\cdot 1/x)\end{aligned} \tag{5-8}$$

这表明，在扩大再生产情形中，第Ⅱ部类的产出在价值形态和实物形态上既须满足本部类扩大再生产对消费资料的需要，又须满足第Ⅱ部类扩大再生产对消费资料的需要。

由于生产资料最终决定着两大部类的产出，因而，在现实生产与交换过程中，为保持两大部类生产与交换的连续性，需要适度优先增加生产资料的生产与交换。

(三) 算例及其模拟分析

为直观展现部类平衡理论的动态性质，我们不妨随意建立某个经济系统模型，利用 Excel 工具简单模拟该系统的交换关系，考察经济结构的动态特点。具体参见表 5-2。

表 5-2　两大部类动态平衡问题的一个数值模拟

T	0	1	2	3	4	5	6	7	8	9	10	11	12	13
Ⅰc	**100**	100.0	106.4	113.1	120.3	127.8	135.8	144.2	153.1	162.4	172.2	182.5	193.2	204.4
ⅠΔc	0	6.4	6.8	7.2	7.6	8.0	8.4	8.9	9.3	9.8	10.3	10.7	11.2	11.7
Ⅰv	**10**	10.0	10.6	11.3	12.0	12.7	13.4	14.1	14.9	15.7	16.5	17.3	18.1	18.9
ⅠΔv	0	0.6	0.7	0.7	0.7	0.7	0.7	0.8	0.8	0.8	0.8	0.8	0.8	0.8
a_1	**1**	**1.0**	**1.0**	**1.0**	**1.0**	**1.0**	**1.0**	**1.0**	**1.0**	**1.0**	**1.0**	**1.0**	**1.0**	**1.0**
b_1	**0.3**	**0.3**	**0.3**	**0.3**	**0.3**	**0.3**	**0.3**	**0.3**	**0.3**	**0.3**	**0.3**	**0.3**	**0.3**	**0.3**
D_1	**10**	**10.0**	**10.0**	**10.1**	**10.1**	**10.2**	**10.2**	**10.3**	**10.4**	**10.5**	**10.6**	**10.7**	**10.8**	**11.0**
Ⅰm	10	10.6	11.3	12.0	12.7	13.4	14.1	14.9	15.7	16.5	17.3	18.1	18.9	19.7
Ⅰm/x	0	3.0	3.2	3.5	3.7	4.0	4.2	4.5	4.8	5.1	5.4	5.7	6.1	6.4
Z_1		13.6	14.5	15.4	16.4	17.3	18.3	19.4	20.5	21.6	22.7	23.8	25.0	26.1
Z_2		13.6	14.5	15.4	16.4	17.3	18.3	19.4	20.5	21.6	22.7	23.8	25.0	26.1
Ⅱc	**20**	20.0	13.6	14.5	15.4	16.4	17.3	18.3	19.4	20.5	21.6	22.7	23.8	25.0
ⅡΔc	0	−6.4	0.9	0.9	0.9	1.0	1.0	1.0	1.1	1.1	1.1	1.1	1.2	1.2
Ⅱv	**20**	20.0	13.6	14.5	15.3	16.2	17.1	18.0	18.9	19.7	20.6	21.5	22.3	23.1
ⅡΔv	0	−6.4	0.8	0.9	0.9	0.9	0.9	0.9	0.9	0.9	0.9	0.8	0.8	0.8
a_2	**1**	**1.0**	**1.0**	**1.0**	**1.0**	**1.0**	**1.0**	**1.0**	**1.0**	**1.0**	**1.0**	**1.0**	**1.0**	**1.0**
D_2	**1**	**1.0**	**1.0**	**1.0**	**1.0**	**1.0**	**1.0**	**1.0**	**1.0**	**1.0**	**1.1**	**1.1**	**1.1**	**1.1**
Ⅱm	20	13.6	14.5	15.3	16.2	17.1	18.0	18.9	19.7	20.6	21.5	22.3	23.1	23.9
Ⅱm/x	0	32.8	11.9	12.7	13.5	14.3	15.2	16.0	16.9	17.8	18.6	19.5	20.3	21.2
Ⅰ	120	120.0	127.6	135.7	144.2	153.2	162.6	172.5	182.9	193.8	205.1	217.0	229.4	242.2
Ⅱ	60	60.0	40.9	43.4	46.0	48.7	51.5	54.3	57.1	59.9	62.8	65.6	68.4	71.1
Ⅰ/Ⅱ	2	2.0	3.1	3.1	3.1	3.1	3.2	3.2	3.2	3.2	3.3	3.3	3.4	3.4

注：① 为节省篇幅，此处仅列出 0～13 期的模拟情况；② 表中数值原则上均取小数点后一位；③ Ⅰ和Ⅱ分别表示第Ⅰ部类和第Ⅱ部类的产品价值；④ 第二列为简单再生产情形，此时剩余价值全部用于资本家个人消费；⑤ 加粗字体处反映外生变量及其赋值情况。

该系统模型初始状态假定为：第Ⅰ部类的生产资料价值（Ⅰc_o）为 100，劳动力价值（Ⅰv_o）为 10，剥削率 a_1 为 1，则第Ⅰ部类的剩余价值（Ⅰm_o）为 10，产品总价值（Ⅰ_o）为 120；第Ⅱ部类的生产资料价值（Ⅱc_o）为 20，劳动力价值（Ⅱv_o）为 20，剥削率（a_2）为 1，则第Ⅱ部类的剩余价值（Ⅱm_o）为 20，产品总价值（Ⅱ_o）为 60。计量单位从略。

为简单起见，兹假设：① 两大部类的剥削率（即表 5-2 中 a_1 和 a_2）各期均相同且均为 1；② 第Ⅰ部类剩余价值中用于资本家个人消费的初始比例（即消费率）为 0.3，之后各期增幅均为 1%；③ 第Ⅰ部类的资本有机构成（即 D_1）初始值为 10，之后各期增幅均为 0.1%；④ 第Ⅱ部类的资本有机构成（即 D_2）初始值为 1，之后各期增幅亦为 0.1%。

值得注意的是，受制于动态平衡条件[即式(5-6)，表 5-2 中即 $Z_1=Z_2$]以及第Ⅱ部类资本有机构成的约束，第Ⅱ部类资本家的个人消费实际上是被动决定的。也就是说，第Ⅱ部类的资本家不能像第Ⅰ部类的资本家那样——先确定个人消费，然后用余下的剩余价值根据

第Ⅰ部类资本有机构成安排追加生产资料和劳动力价值。

之所以如此，是因为：动态平衡条件（即 $Z_1=Z_2$）直接决定了第Ⅱ部类用于扩大再生产所须追加的生产资料价值（即ⅡΔc）①，在此基础上，第Ⅱ部类资本有机构成进一步决定了第Ⅱ部类用于追加的劳动力价值（即ⅡΔv）。由此，第Ⅱ部类资本家若要第Ⅱ部类乃至两大部类实现扩大再生产，首先应当确保这两个“追加价值”在价值形态和实物形态上都能得到实现，在此前提下再去考虑个人消费。否则，如果第Ⅱ部类资本家先考虑个人消费，之后将剩余的剩余价值用于“追加价值”，最终既可能闲置资源，更可能“捉襟见肘”。

表 5-2 中各变量之间运算关系如下（下标 t 均表示时间）：

① Ⅰv_0 + Ⅰm_0 = Ⅱc_0；

② Ⅰc_0 + Ⅰv_0 + Ⅰm_0 = Ⅰ$_0$；

③ Ⅱc_0 + Ⅱv_0 + Ⅱm_0 = Ⅱ$_0$；

④ Ⅰc_t = Ⅰc_{t-1} + ⅠΔc_{t-1}；

⑤ ⅠΔc_t = ((D_{1t} × (Ⅰv_t + Ⅰm_{t-1} × $(1-b_{1t-1})$)) − Ⅰc_t) ÷ $(1+D_{1t})$；

⑥ Ⅰv_t = Ⅰv_{t-1} + ⅠΔv_{t-1}；

⑦ ⅠΔv_t = [Ⅰm_{t-1} × $(1-b_{1t-1})$ − D_{1t} × Ⅰv_t + Ⅰc_t] ÷ $(1+D_{1t})$；

⑧ Ⅰm_t = (Ⅰv_t + ⅠΔv_t) × a_{1t}；

⑨ Ⅰm/x_t = Ⅰm_{t-1} × b_{1t-1}；

⑩ Z_{1t} = Ⅰv_t + ⅠΔv_t + Ⅰm/x_t；

⑪ $Z_{2t}=Z_{1t}$ = Ⅱc_t + ⅡΔc_t；

⑫ Ⅱc_t = Ⅱc_{t-1} + ⅡΔc_{t-1}；

⑬ ⅡΔc_t = Z_{1t} − Ⅱc_t；

⑭ Ⅱv_t = Ⅱv_{t-1} + ⅡΔv_{t-1}；

⑮ ⅡΔv_t = (Z_{1t} − D_{2t} × Ⅱv_t) ÷ D_{2t}；

⑯ Ⅱm_t = (Ⅱv_t + ⅡΔv_t) × a_{2t}；

⑰ Ⅱm/x_t = Ⅱm_{t-1} − ⅡΔc_t − ⅡΔv_t；

⑱ Ⅰ$_t$ = Ⅰc_t + ⅠΔc_t + Ⅰv_t + ⅠΔv_t + Ⅰm/x_t；

⑲ Ⅱ$_t$ = Ⅱc_t + ⅡΔc_t + Ⅲv_t + ⅡΔv_t + Ⅱm/x_t。

具体模拟结果见表 5-2（其中 T 为时间序号）。

由表 5-2 可知：立足于此处给定的经济系统，在资本有机构成逐步提高且第Ⅰ部类资本家个人消费逐步增长的条件下，两大部类各自产值及其间比例随时间的推移逐步增加，即便受制于“两个追加”，第Ⅱ部类资本家个人消费最终仍然是不断提高的。

（四）算例引申讨论

上述算例中“各变量之间运算关系”实质上构造了一个较具一般意义的动态经济系统，其外生变量包括Ⅰc_0（第Ⅰ部类期初生产资料价值，记作 C_{10}）、Ⅰv_0（第Ⅰ部类期初劳动力价值，下文记作 V_{10}）、a_1（第Ⅰ部类剥削率）、b_1（第Ⅰ部类资本家个人消费率）、D_1（第Ⅰ部类期资本有机构成）、Ⅱc_0（第Ⅱ部类期初生产资料价值，记作 C_{20}）、Ⅱv_0（第Ⅱ部类期初劳动

① 由于ⅡΔc = Z_1 − Ⅱc，其中，当期的 Z_1 是已知的，当期的Ⅱc 取决于前期的Ⅱc 和ⅡΔc，后者在当期都是已知的（读者不妨追溯到期初稍作尝试），所以当期的ⅡΔc 是已知的。这体现了生产资料（相对于消费资料）优先增长的性质。

力价值,下文记作 V_{10})、a_2(第Ⅱ部类剥削率)、D_2(第Ⅱ部类期资本有机构成)。也就是说,对于某个由两大部类构成且其内外交换存在动态平衡的经济系统,只要能够根据现实特点,赋予上述外生变量以初始值甚至运动路径(主要指 a_1、b_1、D_1、a_2、D_2),那么,总可根据模拟结果发掘该经济系统的规模、结构、增长甚至周期等的特征。

接下来,我们将侧重就其中的结构关系问题做些讨论,个中出发点即上述外生变量的初始值,落脚点即两大部类产值的比例关系。

出于简化,我们假设 a_1、b_1、D_1、a_2、D_2 在考察期内保持不变(均等于其期初水平),且 D_1 和 D_2 均分别等于第Ⅰ和第Ⅱ部类初始的生产资料价值和劳动力价值之比。于是可得到一个虽然更为简化但有助于说明经济结构问题的经济系统,其变量间关系如下:

$$D_1=\frac{C_{10}}{V_{10}}=\frac{C_{1t}+\Delta C_{1t}}{V_{1t}+\Delta V_{1t}},\quad D_2=\frac{C_{20}}{V_{20}}=\frac{C_{2t}+\Delta C_{2t}}{V_{2t}+\Delta V_{2t}} \tag{5-9}$$

$$M_{1t}=a_1(V_{1t}+\Delta V_{1t}),\quad M_{2t}=a_2(V_{2t}+\Delta V_{2t}) \tag{5-10}$$

$$\Delta C_{10}=\Delta V_{10}=\Delta C_{10}=\Delta V_{20}=0,\quad \lambda_t\triangleq\frac{I_{1t}}{I_{2t}} \tag{5-11}$$

$$V_{10}+M_{10}=C_{20}\Rightarrow V_{10}(1+a_1)=V_{20}D_2 \tag{5-12}$$

$$C_{10}+V_{10}+M_{10}=I_{10}=V_{10}(1+D_1+a_1) \tag{5-13}$$

$$C_{20}+V_{20}+M_{20}=I_{20}=V_{20}(1+D_2+a_2) \tag{5-14}$$

$$V_{1t}=V_{1\cdot(t-1)}+\Delta V_{1\cdot(t-1)} \tag{5-15}$$

$$C_{1t}=C_{1\cdot(t-1)}+\Delta C_{1\cdot(t-1)}=D_1V_{1\cdot(t-1)}+D_1\cdot\Delta V_{1\cdot(t-1)}=D_1V_{1t} \tag{5-16}$$

$$M_{1t}^x=b_1M_{1\cdot(t-1)}=b_1a_1V_{1\cdot(t-1)} \tag{5-17}$$

$$\underline{\Delta C_{(1\cdot t)}+\Delta V_{(1\cdot t)}=M_{1\cdot(t-1)}\cdot(1-b_1)} \tag{5-18}$$

$$I_{1t}=C_{1t}+\Delta C_{1t}+V_{1t}+\Delta V_{1t}+M_{1t}^x=(1+D_1)V_{1\cdot(t+1)}+a_1\cdot b_1\cdot[V_{1\cdot(t-1)}+\Delta V_{1\cdot(t-1)}] \tag{5-19}$$

$$Z_{1t}=V_{1t}+\Delta V_{1t}+M_{1t}^x=V_{1\cdot(t+1)}+b_1\cdot M_{1t}=Z_{2t}=C_{2t}+\Delta C_{2t}=C_{2\cdot(t+1)}-D_2V_{2\cdot(t+1)} \tag{5-20}$$

$$M_{2t}^x=M_{2\cdot(t-1)}-\Delta C_{2t}-\Delta V_{2t}=a_2V_{2\cdot t}-(1+D_2)(V_{2\cdot(t+1)}-V_{2\cdot t})>0 \tag{5-21}$$

$$I_{2t}=C_{2t}+\Delta C_{2t}+V_{2t}+\Delta V_{2t}+M_{2t}^x=C_{2t}+V_{2t}+M_{2\cdot(t-1)}=(1+D_2)V_{2\cdot t}+a_2V_{2\cdot t} \tag{5-22}$$

式中,V 和 M 均分别指劳动力价值和剩余价值,M_{1t}^x 和 M_{2t}^x 分别指第Ⅰ和第Ⅱ部类的资本家个人消费,各变量第一下标中的"1"和"2"分别指第Ⅰ部类和第Ⅱ部类、第二下标中的"t"或"$t-1$"均指时间且 $t=1,\cdots,n$。

由式(5-16),可得 $\Delta C_{1\cdot t}+\Delta V_{1\cdot t}=(1+D_1)\Delta V_{1\cdot t}=M_{1\cdot(t-1)}\cdot(1-b_1)$,进一步则有

$$\Delta V_{1\cdot t}=\frac{1-b_1}{1+D_1}M_{1\cdot(t-1)},\Delta G_{1\cdot t}=D_1\Delta V_{1\cdot t}=\frac{1-b_1D_1}{1+D_1}M_{1\cdot(t-1)} \tag{5-23}$$

由式(5-10)可得 $M_{1\cdot(t-1)}=(V_{1\cdot(t-1)}+\Delta V_{1\cdot(t-1)})a_1$,将其代入式(5-23)之 $\Delta V_{1\cdot t}$,可得

$$\Delta V_{1\cdot t}=\frac{1-b_1}{1+D_1}(V_{1\cdot(t-1)}+\Delta V_{1\cdot(t-1)})a_1\xrightarrow{V_{1\cdot(t-1)}+\Delta V_{1\cdot(t-1)}=V_{1\cdot t}}V_{1\cdot(t+1)}-V_{1\cdot t}=\frac{1-b_1}{1+D_1}V_{1\cdot t}a_1$$

$$\Rightarrow V_{1\cdot(t+1)}=\frac{1+D_1+a_1(1-b_1)}{1+D_1}V_{1\cdot t}\Rightarrow V_{1\cdot t}=\left[\frac{1+D_1+a_1(1-b_1)}{1+D_1}\right]^{t-1}V_{1\cdot 1} \tag{5-24}$$

注意，根据约定[即式(5-11)]，$V_{1\cdot1}=V_{1\cdot0}+\Delta V_{1\cdot0}=V_{1\cdot0}$。由式(5-24)可知，

$$\Delta V_{1\cdot t}=V_{1\cdot(t+1)}-V_{1\cdot t}=\frac{a_1(1-b_1)}{1+D_1}\left(\frac{1+D_1+a_1(1-b_1)}{1+D_1}\right)^{t-1}V_{1\cdot1} \tag{5-25}$$

将式(5-24)和式(5-25)代入式(5-19)，可得

$$I_{1t}=\left[\frac{1+D_1+a_1(1-b_1)}{1+D_1}\right]^{t-1}(1+D_1+a_1)V_{1\cdot1} \tag{5-26}$$

将式(5-24)代入式(5-20)，可得

$$Z_{1t}=\left[\frac{1+D_1+a_1(1-b_1)}{1+D_1}\right]^{t-1}\left[\frac{1+D_1+a_1+a_1b_1D_1}{1+D_1}\right]V_{1\cdot1} \tag{5-27}$$

相应地，仍由式(5-20)，可得

$$V_{2\cdot(t+1)}=\frac{Z_{1t}}{D_2}=\left[\frac{1+D_1+a_1(1-b_1)}{1+D_1}\right]^{t-1}\left[\frac{1+D_1+a_1+a_1b_1D_1}{(1+D_1)D_2}\right]V_{1\cdot1} \tag{5-28}$$

将上式代入式(5-22)可得，

$$I_{2t}=(1+D_2+a_2)\left[\frac{1+D_1+a_1(1-b_1)}{1+D_1}\right]^{t-2}\left[\frac{1+D_1+a_1+a_1b_1D_1}{(1+D_1)D_2}\right]V_{1\cdot1} \tag{5-29}$$

根据式(5-26)和式(5-29)，可得到第Ⅰ部类和第Ⅱ部类产值的比例λ_t，即

$$\lambda_t=\frac{I_{1t}}{I_{2t}}=\frac{D_2(1+D_1+a_1)(1+D_1+a_1-a_1b_1)}{(1+D_2+a_2)(1+D_1+a_1+a_1b_1D_1)} \tag{5-30}$$

对于式(5-30)，容易看出$\frac{\partial\lambda_t}{\partial a_2}<0$，$\frac{\partial\lambda_t}{\partial D_2}>0$，$\frac{\partial\lambda_t}{\partial b_1}<0$，但对$\frac{\partial\lambda_t}{\partial a_1}$和$\frac{\partial\lambda_t}{\partial D_1}$而言，因其内部均存在可相互抵消因素，其正负号均难以完全确定[①]。

即便如此，既有结论已可表明：当其他条件不变时，两大部类的产值之比随着第Ⅱ部类剥削率的上升而下降，随第Ⅱ部类资本有机构成的提高而提高，随第Ⅰ部类资本家个人消费率的提高而下降。其中机制可能在于：① 第Ⅱ部类剥削率提高有助于提高第Ⅱ部类可供追加的劳动力价值以及增加资本家个人消费，由此就会逐步增进第Ⅱ部类产值，以致降低两大部类的产值之比；② 第Ⅱ部类资本有机构成越高，对劳动力的吸纳能力相对就越低，由此就会逐步降低第Ⅱ部类产值、提高两大部类的产值之比；③ 第Ⅰ部类资本家用于个人消费的比例越高，可用于第Ⅰ部类扩大再生产所需的追加生产资料和追加劳动力价值相对就越低，由此就会逐步缩减第Ⅰ部类的产值及两大部类产值之比。

前已述及，部类平衡理论或其框架不仅可用于解释经济结构问题，还可用于解释经济总量、经济增长和经济周期问题。由上述分析不难推知：立足于部类平衡框架，可以得到各年度的两大部类价值的总和，后者即一个经济社会的经济总量，由此，可由部类平衡框架揭示经济总量的决定机制；从整体上看，经济增长体现为经济总量的增长，经济周期体现为经济总量的周期波动，将两大部类价值总和视作经济总量之后，有望考察各类因素（及其增长或波动）对经济总量的增长与周期波动的作用关系。可见，部类平衡框架在阐释经济总量、结构、增长甚至周期时本质上是同步的，或者说，同一宏观经济变量问题的四个方面（规模、结构、增长、周期）可在部类平衡框架中同时得到说明。这种“一体多棱多面”的独特性质和“一招多用”的分析价值，明显有别于西方经济学三大分析框架，集中体现了部类平衡框架内在

① 读者可手工计算或调用 mathematica 软件辅助计算。因太过烦琐，其结果此处从略。

的唯物辩证法底蕴。不仅如此，如果将两部类拓展为多部类、将部类内部的经济因素（即生产资料、劳动力、剩余价值）扩展融入资源生态和社会文化因素，那么，部类平衡理论及其背后的思想更可能成为真正且全面思考经济发展问题的视角、出发点和参照系。

由于商品价格和经济产出是现实生活中较为常见且较具基础意义的经济现象，本节着重阐述了与之相关的两类衍生框架：价值规律框架和部类平衡框架。实际上，立足于《资本论》以及后续马克思主义经典作家的研究成果，包括当代中西方马克思主义研究的优秀成果，我们应该还可发掘更多有助于分析和理解当代社会经济问题的衍生框架。不仅如此，批判地吸收且有机地整合当代西方经济学界的有益成果，在某种程度上同样有助于丰富唯物辩证法总框架及其基础框架和衍生框架。读者不妨放胆尝试！

本章小结

唯物辩证法框架（或辩证法框架）立足于经济事物的联系发展本性（或经济事物的客观辩证法）而形成的分析框架。其基本内容在于，将经济事物的联系发展本性视作经济问题分析的视角和切入点，将经济事物的运动规律视作经济问题分析的参照系甚至基本遵循。不同于理性人框架、供求论框架和博弈论框架，辩证法框架不强调个体或群体意义上的理性及其选择问题，也不追问所谓的非理性问题。在辩证法框架下，经济事物是现实的、具体的、联系的、发展的，未必是个体及群体理性选择（抑或是非理性选择）的结果。比如，关于行为人，理性人框架、供求论框架和博弈论框架均强调人的理性及其选择能力，以致最终可被归结为一个最优规划模型；但辩证法框架强调人的社会性、实践性和发展性，后者很难被简单归结为某个最优规划模型，且如此归纳也可能偏离人的社会性、实践性和发展性。

辩证法框架实质上是一个总框架。它的联系发展本性使之有别于理性人框架、供求论框架和博弈论框架，以致使得后者更像一类机械论框架。在辩证法总框架内部，按照对现实经济问题指导的普适性和针对性，具体又可细分为基础框架（或基础类框架）和衍生框架（或衍生类框架）。其中，基础框架主要依托辩证唯物主义哲学和历史唯物主义哲学的基本原理，突出后者的经济学语义及其对经济问题分析的鲜明指导价值，涵盖经济问题分析的基本立场、联系和发展的基本环节与基本规律、唯物史观以及人的全面发展等极具根本导向性的原则内容，不仅适用于经济学分析，也可适用于其他社会科学甚至自然科学问题分析。衍生框架本质上依托基础框架，主要形成于对具体经济问题的系统分析，如价值规律框架和部类平衡框架。与基础框架相比，衍生框架更具直接的指导意义。比如，针对商品价格的决定问题可首先考虑采用价值规律框架展开分析，对于宏观经济总量及其结构和增长问题可首先考虑采用部类平衡框架展开分析。

从某种意义上看，在辩证法总框架内，基础框架与衍生框架之间的关系，类似理性人框架与供求论框架和博弈论框架之间的关系。当然，基础框架的内涵通常较理性人框架现实且具体，衍生框架也因其内在的辩证法气质而深刻区别于供求论框架和博弈论框架。

参考文献

[1]《〈资本论〉导读》编写组.《资本论》导读[M].北京:高等教育出版社,人民出版社,2017.
[2] 阿西莫格鲁.现代经济增长导论・上册[M].唐志军,等译.北京:中信出版集团,2019.
[3] 编写组.马克思主义政治经济学概论[M].北京:人民出版社,高等教育出版社,2011.
[4] 博普诺.社会学[M].11版.李强,等译.北京:中国人民大学出版社,2011.
[5] 程恩富.现代马克思主义政治经济学的四大理论假设[J].中国社会科学,2007(1):
[6] 方福前.当代西方经济学主要流派[M].3版.北京:中国人民大学出版社,2019.
[7] 菲尼.制度安排的需求和供给[M]//奥斯特罗姆,菲尼,皮希特.制度分析与发展的反思:问题与抉择.王诚,等译.北京:商务印书馆,2001.
[8] 高鸿业,吴易风,刘凤良.研究生用西方经济学(微观部分)[M].2版.北京:经济科学出版社,2000.
[9] 洪远朋.《资本论》难题探索[M].济南:山东人民出版社,1985.
[10] 洪远朋.通俗《资本论》[M].上海:上海科学技术出版社,2017.
[11] 科尔内.短缺经济学(上册)[M].张晓光,等译.北京:经济科学出版社,1986.
[12] 李建平.《资本论》第一卷辩证法探索[M].福州:福建人民出版社,2017.
[13] 李秀林,王于,李淮春.辩证唯物主义和历史唯物主义原理[M].4版.北京:中国人民大学出版社,1999.
[14] 厉以宁,秦宛顺.现代西方经济学概论[M].3版.北京:北京大学出版社,2010.
[15] 吕宝海.图示・表解《资本论》[M].北京:中国财政经济出版社,2011.
[16] 马佩,杨红玉.逻辑・普通逻辑・辩证逻辑:马佩教授访谈录[J].中州学刊,2014(1):112-121.
[17] 马佩.辩证逻辑[M].开封:河南大学出版社,2006.
[18] 马斯-克莱尔,温斯顿,格林.微观经济理论[M].曹乾,译.北京:中国人民大学出版社,2017.
[19] 蒙特,塞拉.博弈论与经济学[M].张琦,译.北京:经济管理出版社,2005.
[20] 孟凯韬.哲理数学概论[M].北京:科学出版社,2005.
[21] 平狄克,鲁宾菲尔德.微观经济学[M].8版.李彬,高远,等译.北京:中国人民大学出版社,2015.
[22] 舒元,谢识予,孔爱国,等.现代经济增长模型[M].上海:复旦大学出版社,1998.
[23] 斯诺登,文.现代宏观经济学:起源、发展和现状[M].佘江涛,等译.南京:江苏人民出版社,2019.
[24] 孙正聿.马克思主义辩证法研究[M].北京:北京师范大学出版社,2017.
[25] 托雷斯.动态宏观经济一般均衡模型入门[M].刘斌,译.北京:中国金融出版社,2015.

[26] 武康平. 高级宏观经济学[M]. 北京:清华大学出版社,2006.
[27] 肖前. 马克思主义哲学原理(合订本)[M]. 北京:中国人民大学出版社,2012.
[28] 谢政,戴丽,李建平. 博弈论[M]. 北京:高等教育出版社,2018.
[29] 于维生,朴正爱. 博弈论及其在经济管理中的应用[M]. 北京:清华大学出版社,2006.
[30] 原千晶,西格尔,塔德利斯. MWG《微观经济理论》习题解答[M]. 曹乾,译. 北京:中国人民大学出版社,2017.
[31] 张欣. 可计算一般均衡模型的基本原理与编程[M]. 2 版. 上海:格致出版社,上海人民出版社,2020.
[32] 张薰华.《资本论》脉络 [M]. 2 版. 上海:复旦大学出版社,1999.
[33] 张宇,孟捷,卢荻. 高级政治经济学[M]. 2 版. 北京:中国人民大学出版社,2007.

后　记

本书最初源自我在大连海洋大学经济管理学院面向经济学专业高年级本科生开设"中级西方经济分析"(48 学时)以及面向有关专业硕士生开设"经济学"(32 学时)、"高级经济学"(24 学时)等课程的讲义，后经梳理、整合且拓展而成，个中融入了我本人对一些经济学理论及其方法问题的反思。

感谢丁德文院士、杨子江研究员、王艳萍教授、程是东博士、林光彬教授、张苏教授、倪国华教授、徐丹丹教授、王军教授、徐则荣教授、祝金甫博士、李信宏先生、庄建华先生、万华伟先生、刘华普先生、谢煜女士、于红军教授、徐祇坤教授、王海潮博士、张孟才教授、杨灵副教授、马千里副教授、贺义雄副教授对我从事经济学相关研究工作的热情鼓励或对我抱病撰写本书的无私关切。感谢王保良、赵万里、黄世英、鹿丽、王晓波、李强、申天恩、曾雅、张瑜、洪霞、庄平、郭丽、郑世忠、于晗、鄂磊、韩蕾、杨诺等大连海洋大学同人长期以来对我从事经济学教学工作的默默支持。本书相当内容曾多次在大连海洋大学原经管楼505室讲授过，感谢赵前程、刘谦、郭建和尹利勇一直以来为我和学生们提供便利。当然，来自郑前、李雅慧、盛世超、林亚宾、张伟广、赵焱锋、周容俊、梁江涛、刘伯伋、丁振钊、仵阳及其他一些同学的真诚企盼也是持续推动我反思经济学理论及其方法问题的动力，在此一并表示感谢！

本书在编著时参阅了诸多经典教材和权威专著，有些内容甚至直接从中摘编或改造而来(据粗略统计该部分约占正文的20%)。出于对前贤时俊之尊重，书中凡摘录乃至引用的部分皆在正文中一一注明详细出处，如此既便于读者查验，也便于读者按图索骥进一步研读相关文献。毋庸置疑，限于水平，行文中定有不少错误疏漏，尚祈读者批评赐正！

乔　翔

2022 年 8 月 28 日于铁山脚下